KB271394

고려 중앙정치제도사의 신연구

고려 중앙정치제도사의 신연구

필자(논문 게재순)

김갑동   대전대학교 인문학부 교수
권영국   숭실대학교 사학과 교수
김대식   성균관대학교 박물관 학예실장
신수정   성신여자대학교 인문과학연구소 연구원
이진한   고려대학교 한국사학과 교수
박용운   고려대학교 명예교수
이정훈   국민대학교 강사
최정환   경북대학교 사학과 교수
박재우   목원대학교 역사학과 교수
김창현   고려대학교 강사
김광철   동아대학교 사학과 교수

한국중세사학회 연구총서 1

고려 중앙정치제도사의 신연구
한국중세사학회 편

2009년 6월 20일 초판 1쇄 발행

펴낸이 · 오일주
펴낸곳 · 도서출판 혜안
등록번호 · 제22-471호
등록일자 · 1993년 7월 30일

⊕ 121-836 서울시 마포구 서교동 326-26번지 102호
전화 · 3141-3711~2 / 팩시밀리 · 3141-3710
E-Mail hyeanpub@hanmail.net
ISBN 978 - 89 - 8494 - 361 - 2 93910

값   24,000 원

한국중세사학회 연구총서 1

고려 중앙정치제도사의 신연구

한국중세사학회 편

혜안

간행사

한국중세사학회는 연구총서로 『고려 중앙정치제도사의 신연구』를 간행하였습니다. 학문적 성과를 체계적으로 정리하는 연구총서 간행의 구상은 학회 차원에서 수년 전부터 여러 차례 논의가 있었습니다. 그러던 차에 학회의 직전 임원진이 본 학회 회장을 역임하신 최정환 교수의 정년을 기념하여 총서 간행을 추진하게 된 것입니다.

이번 총서의 주제인 '중앙 정치제도 연구'는 고려시대의 어느 분야보다도 활발하면서도 수준 높은 연구 성과를 거두었고, 그로 인해 고려왕조사 연구를 한 단계 끌어올린 의미 있는 연구 주제였습니다. 최근 이 주제에 대한 연구가 다시 활기를 띠기 시작하는 등 한국 중세사 연구에 여전히 중요한 주제의 하나임은 의문의 여지가 없습니다.

본서는 전체를 4장으로 구성하여 고려 중앙정치제도에 관한 그간의 주요한 연구 성과를 모은 것입니다. 주제의 특성상 제도의 성립기인 고려전기 연구 성과를 중심으로 하면서, 고려후기의 변화 양상까지 포괄한다는 취지를 반영하여 총서의 내용을 구성했습니다. 본서의 간행을 통하여 무엇보다 중앙정치제도에 대한 연구가 활성화되고 그 활력이 한국 중세사 연구의 발전을 위한 동력으로 작동되기를 기원합니다.

끝으로 총서 간행에 논문의 게재를 허락해 주신 필자 및 간행 작업에 수고하신 간행위원 여러분께 감사의 말씀을 드립니다.

2009. 6.

한국중세사학회장 **박 종 기**

목 차

제2장 고려전기 정치제도에 대한 검토

제3장 고려전기 정치제도의 운영과 구조

제4장 고려후기 정치제도의 변화

제1장
고려초기 정치제도의 정비

高麗太祖 初期의 中央官府와 支配勢力
－太祖 元年 6月 辛酉 詔를 중심으로－

金 甲 童

Ⅰ. 머리말

고려의 중앙정치제도는 唐制를 모방한 3省 6部制를 근간으로 하여 宋制를 모방한 中樞院과 三司, 신라 이래의 전통을 이어받은 都兵馬使 와 式目都監으로 구성되어 있었다는 것이 일반적인 견해이다. 그러나 이러한 체제는 하루아침에 이루어진 것이 아니었다. 고려초기의 진통을 겪으면서 형성되었다. 특히 고려 태조대의 혼란기를 거쳐 서서히 제도 적인 정비가 이루어진 것이었다. 따라서 고려 태조대의 中央官府에 대 한 검토는 신라의 執事省체제에서 고려의 中書門下省체제로 변화하는 모습을 살펴보는 데 중요한 주제라 할 수 있다.

이에 대해서는 종래 몇 편의 연구가 나와 있다.[1] 그러나 이들 연구는 太祖에서 景宗代까지의 넓은 기간에 걸쳐 있을 뿐 아니라 上位에 해당

---

1) 邊太燮, 「高麗 初期의 政治制度」, 『韓沽劤停年紀念史學論叢』, 知識産業社, 1981 ; 李泰鎭, 「高麗 宰府의 成立」, 『歷史學報』 56, 1972 ; 李基白, 「貴族的 政治機構의 成立」, 『한국사』 5, 국사편찬위원회, 1975 ; 張東翼, 「金傳의 冊尙 父誥에 대한 一檢討」, 『歷史教育論集』 3, 1982 ; 木下禮仁, 「三國遺事 金傳大 王條에みえる 冊尙父誥についての一考察」, 『朝鮮學報』 93, 1979 ; 趙仁成, 『泰封의 弓裔政權』, 푸른역사, 2007.

하는 관부만이 검토의 대상이 되어 왔다. 그리고 이들 관부에 임명된 인물과 그 성격에 대해서는 구체적인 분석이 거의 없는 실정이다.

태조대의 지배세력에 대해서도 지금까지는 주로 공신세력에 초점을 맞추어 연구가 진행되었다.[2] 그러나 행정관부의 관료들도 엄연히 지배세력의 일부를 차지하고 있었다. 이들에 대한 분석도 절실히 필요하다고 생각한다.

따라서 필자는 태조 원년 6월 辛酉일에 단행된 인사조치를 통해 당시의 중앙관부와 그 인물들의 성격을 살펴보고자 한다. 이는 대규모의 인사조치였을 뿐만 아니라 중요한 중앙관부가 망라되어 있어 당시의 정치상황을 살피는 데 매우 유용한 자료이기 때문이다. 신라의 執事省 體制에서 고려 성종 이후의 3省體制로 넘어가는 과도기를 살필 수 있는 자료이기도 하다. 또 후일 중국의 제도를 도입했으면서도 고려 특유의 성격이 가미된 원인을 탐구하기 위해서도 꼭 살펴봐야 할 자료인 것이다.

이에 필자는 태조 元年 6月 辛酉의 인사조치를 중심으로 당시의 중앙관부를 검토의 대상으로 삼아 그 기능과 조직, 그리고 그에 임명된 인물들을 분석하여 당시의 정치상황과 지배세력의 성격을 검출해 보고자 한다. 여기서 태조 초기는 태조의 즉위를 전후한 시기를 가리키는 것임을 밝혀둔다.

---

2) 金光洙, 「高麗太祖의 三韓功臣」, 『史學志』7, 1973 ; 周藤吉之, 「高麗初期의 功臣, 特に 三韓功臣의 創設」, 『東洋學報』66-1・2・3・4合號, 1985 ; 金甲童, 「高麗初期의 功臣制」, 『羅末麗初의 豪族과 社會變動 硏究』, 高麗大 民族文化研究所, 1990 ; 김갑동, 「나말려초의 면천과 복지겸」, 『한국중세사회의 제문제』, 2001.

Ⅱ. 太祖 初期 中央官府의 序列과 그 機能

고려 태조 왕건은 즉위한 지 6일만에 인사조치를 단행하였다. 각 중앙관부의 관직에 인물들을 등용하였다. 우리는 이를 통해 당시의 중앙관부와 지배세력의 일단을 엿볼 수 있다. 다음 기록을 보자

① (태조 원년 6월) 辛酉에 詔하기를, “官制를 설치하고 직분을 나눔에는 유능한 사람을 임명하는 길이 있고, 풍속을 이롭게 하고 백성을 평안하게 하는 데는 현명한 사람을 고르는 일이 급한 것이다. 진실로 관직에 소홀함이 없으면 어찌 정사가 거칠어짐이 있겠는가. 짐이 외람되이 天命을 받아 국가를 밝게 운용함에 있어 왕위에 임하여 보니 마음 편하기 어려움을 알게 되었고 용렬하고 부실한 벼슬아치는 가히 두려워할 만한 것이라 생각된다. 오직 사람을 알아봄에 밝지 못하고 신하들을 살핌에 실수가 많아 어진 사람을 빠뜨렸다는 탄식을 일어나게 하고 깊이 선비 얻는 도리에 어긋날까 염려하여 자나깨나 걱정되는 것은 오직 이것뿐이다. 안팎의 관원들이 모두가 그 직책에 충실하면 다만 이때만의 다스림을 이룩할 뿐 아니라 족히 후대의 칭찬을 남길 수 있을 것이다. 마땅히 여러 諸侯를 등용하고 여러 신하들을 시험을 거쳐 선발함에 힘써서 모두 고르게 할 것이니 중앙과 지방이 다 짐의 뜻을 알지어다.” 하였다.

② 드디어 韓粲 金行濤로 廣評侍中을, 韓粲 黔剛으로 內奉令을, 韓粲 林明弼로 徇軍部令을, 波珍粲 林曦로 兵部令을, 蘇判 陳原으로 倉部令을, 韓粲 閻萇으로 義刑臺令을, 韓粲 歸評으로 都航司令을, 韓粲 孫逈으로 物藏省令을, 蘇判 秦勁으로 內泉府令을, 波珍粲 秦靖으로 珍閣省令을 삼았다. 이러한 사람들은 모두가 품성이 단정하고 일을 처리함이 공평하고 성실하여 창업의 시초부터 천명을 받은 임금을 보좌하는 공로를 다한 사람들이었다.

③ 闕粲 林積璵로 廣評侍郎을, 前守徇軍部卿 能駿과 倉部卿 權寔으로 함께 內奉卿을, 闕粲 金堙과 英俊으로 함께 兵部卿을, 闕粲 崔

汶과 堅術로 함께 倉部卿을, 一吉粲 朴仁遠과 金言規로 함께 白書
省卿을, 林湘煖으로 都航司卿을, 姚仁暉와 香南으로 함께 物藏卿
을, 能惠와 曦弼로 함께 內軍卿을 삼았다. 이들은 다 일찍부터 사무
에 숙달하고 청렴하고 신중하여 가히 公務를 수행함에 태만함이 없
고 결단을 민첩하게 하여 진실로 여러 사람의 마음에 맞는 사람이라
고 일컬을 수가 있었다.

④ 前廣評郎中 康允珩으로 內奉監을, 前徇軍部郎中 韓粲 申一, 林寔
으로 함께 廣評郎中을, 前廣評史 國鉉으로 員外郎을, 前廣評史 倪
言으로 內奉理決을, 內奉史 曲矜會로 評察을, 前內奉史 劉吉權으
로 徇軍郎中을 삼았다.

⑤ 그 밖의 司省에는 각각 郎과 史를 두어 관원의 수를 갖추어서 하나
도 빠진 데가 없게 하였다. 대개 開國의 시초에 현명한 인재를 잘
골라 뽑아서 모든 일을 고르게 하였던 것이다.(『高麗史』권1, 태조세
가 원년 6월)

위의 기록은 크게 다섯 부문으로 나뉘어 볼 수 있다. 첫째 부분인 ①
에서는 인재 등용의 어려움과 중요성을 말하고 있다. 적재적소에 인물
을 배치한다면 정사는 저절로 이루어질 것이라 하였다. 둘째 부분인 ②
에서는 각 중앙관부의 장관급에 등용된 인물들을 열거하고 있다. 그리
고 이들이 어떤 역할을 해서 장관급에 등용되었는가를 밝히고 있다.

셋째 부분인 ③에서는 각 관부의 차관급에 해당하는 인물들의 명단
과 더불어 그들의 성격을 명시하고 있다. 마찬가지로 ④에서는 그 밑의
인물들과 그 성격을 말하고 있다. 마지막으로 ⑤에서는 중요 관부 이외
의 다른 관부에도 관직자를 임명하여 빠짐없는 인사를 단행하였음을
밝히고 있다.

여기서 보는 바와 같이 이때의 중앙관부는 廣評省·內奉省·徇軍
部·兵部·倉部·義刑臺·都航司·物藏省·內泉部·珍閣省·白書
省·內軍 등과 그 밖의 司省도 있었음을 알 수 있다. 이 중 광평성·내

봉성·병부·의형대·물장성 등은 904년부터 있었던 관부이다.3) 그러
나 나머지 관부는 그 이후 새로 생겨났거나 명칭이 개정된 것이다. 이
를 표로 나타내면 다음과 같다.

<표 1> 太祖 元年 辛酉 詔에 보이는 중앙관부와 관직

1	廣評省	(1)侍中(金行濤)	(11)侍郞(林積璵)	(26)郞中(申一) (27) 郞中(林寔) (28)員外郞(國鉉)
2	內奉省	(2)令(黔剛)	(12)卿(能駿) (13)卿(權寔)	(25)監(康允珩) (29)理決(倪言) (30)評察(曲矜會)
3	徇軍部	(3)令(林明弼)		(31)郞中(劉吉權)
4	兵部	(4)令(林曦)	(14)卿(金堙) (15)卿(英俊)	
5	倉部	(5)令(陳原)	(16)卿(崔汝) (17)卿(堅術)	
6	義刑臺	(6)令(閻萇)		
7	白書省		(18)卿(朴仁遠) (19)卿(金言規)	
8	都航司	(7)令(歸評)	(20)卿(林湘煖)	
9	物藏省	(8)令(孫逈)	(21)卿(姚仁暉) (22)卿(香南)	
10	內泉部	(9)令(秦勁)		
11	珍閣省	(10)令(秦靖)		
12	內軍		(23)卿(能惠) (24)卿(曦弼)	
13	其餘司省			郞, 史

* ( )안의 숫자는 『高麗史』의 기재 순서를 말함

　먼저, 서열 1위로 되어 있는 廣評省은 泰封때부터 있었던 관부이다.
그 기능에 대해서는 여러 가지 견해가 있다. 즉 이것을 신라 執事省의
후신으로 보고 百官을 대표하는 호족세력의 상징으로 보는 견해가 있
는가 하면,4) 新羅 大等들의 모임으로 추정되는 和白會議의 전통을 이

---

3) 『三國史記』 권50, 弓裔傳 天祐 元年조.
4) 李泰鎭, 앞의 논문, 7쪽.

은 것으로 보고 말 그대로 널리 評議하는 기관으로서 지방의 호족세력을 대변하는 관부였을 것이라는 견해도 있다.[5] 그러나 이것은 新羅 執事省의 전통을 이은 것으로 百官을 總領하는 최고 관부가 아니었을까 하는 견해도 있다.[6]

그런데『高麗史』에 보면 왕건이 궁예의 신임을 받아 侍中이 되어 百官의 최고위에 있게 되었다는 기사가 나온다.[7] 여기서 '侍中'이라는 것은 廣評省의 侍中을 말하는 것으로 新羅 執事者의 최고 장관의 명칭과 같다. 다시 말하면, 王建이 廣評省의 侍中이 되어 백관의 최고위에 있게 되었다는 것이다. 이렇게 볼 때, 廣評省은 新羅 執事省의 전통을 이은 것으로 보아야 하며 호족세력을 대변하는 기관이었다기보다는 百官을 總領하는 최고관부였다고 보는 것이 옳은 것이다. 또한, 太祖 3年 (920)에 康州將軍 閏雄이 귀부하니 태조는 郞中 春讓을 康州에 보내 慰諭하고 있고,[8] 太祖 4年에는 郞中 撰行을 보내 邊郡을 순시하고 백성을 存撫케 하고 있다.[9] 여기서는 막연히 郞中이라고만 되어 있어 어느 관부의 郞中인지 잘 알 수가 없다. 그러나『高麗史』에는 다른 관부의 직위에는 다 그 관부명을 붙이고 있는데 '王侍中'이나 '前侍中 金行濤'[10] '前侍中 具鎭'[11] 등의 예에서 볼 수 있듯이 廣評省이라는 관부는 생략하고 있다. 그러므로 이는 廣評省의 郞中임이 틀림없으며 이들은 태조의 명을 받아 중요한 일을 수행하고 있다. 따라서 廣評省은 '王權

---

5) 李基白, 앞의 논문, 18쪽.

6) 邊太燮, 앞의 논문, 170쪽.

7)『高麗史』권1, 태조세가 乾化 3年條, "乾化三年 以太祖屢著邊功 累階爲波珍粲兼侍中 以召之 水軍之務 盡爲副將金言等 而征討之事 必令稟太祖行之 於是 太祖位冠百僚".

8)『高麗史』권1, 태조세가 3년 정월조.

9)『高麗史』권1, 태조세가 4년 9월조.

10)『高麗史』권1, 태조세가 원년 7월 癸亥조.

11)『高麗史』권1, 태조세가 원년 7월 癸巳조.

의 安全瓣' 구실을 하였던 新羅 中代 執事省의 경우와 같이[12] 王權을
옹호하고 百官을 總領하는 관부로 생각되는 것이다.

　內奉省에 대해서는 이것이 監·理決·評察 등의 관직명으로 보아
주로 인사업무를 담당하여 新羅의 位和府에 해당된 것이라는 견해가
있다.[13] 또 이것을 執事省에 비기면서 왕명을 받들어 행정을 실시하는
관부로 보는 견해도 있다.[14] 그런데 監은 侍郎級에 해당하는 卿보다도
하위직이었다.[15]

　한편, 太祖 元年 6月 辛酉에 內奉監에 임명된 康允珩과 同年 6月
乙丑에 內奉員外郎으로 있다가 內奉郎中이 된 尹珩은[16] 동일인물로
추정된다. 양자는 같은 관부에 임명된 인물이고 당시 姓을 빼고 이름만
기록한 예가 많기 때문이다. 그렇다면, 監은 員外郎과 同職이거나 同列
의 직임을 알 수 있다.

　또한 太祖 元年 6月 辛酉에 內奉史였다가 評察에 임명된 曲矜會와
그 4일 후에 內奉史로 內奉員外郎에 임명된 李矜會도[17] 동일인임이
분명하다. 李矜會도 그 때까지 갖고 있던 관직명이 內奉史이었으므로
評察이 內奉史와 같은 직이거나 同列의 職임이 틀림없다. 이렇게 볼
때 理決도 員外郎과 同列의 직이거나 하위직일 것이다. 그렇다면 內奉
卿보다도 下位職인 이들의 관직명을 가지고 이들이 百官의 인사업무
에 관여했다고 볼 수 있을까?

　물론 후대에는 宰相들보다도 하위직이면서 인사업무를 담당한 경우

---

12) 李基白,「新羅 執事部의 成立」,『震檀學報』, 25·26·27合倂號, 1964/『新羅
　　政治社會史研究』, 一潮閣, 1974, 171쪽.

13) 李泰鎭, 앞의 논문, 9쪽.

14) 邊太燮, 앞의 논문, 171쪽.

15)『三國史記』권40, 職官志 四天王寺成典條.

16)『高麗史』권1, 태조세가 원년 6월 辛酉 및 乙丑조.

17) 위와 같은 조항.

가 있었다. 또 재상보다 직위가 낮은 壹諫들이 인사문제에 깊이 관여하기도 했다. 그러나 당시는 아직 정치가 혼란한 시기였으므로 그렇게 조직적인 관부가 설치되지 못했다. 이에 대해서는 뒤에 다시 살피겠지만, 아무래도 필자는 內奉省의 주요업무가 인사문제였을 것이라는 데에는 선뜻 찬동하고 싶지 않다. 그렇다고, 이것이 신라의 執事省의 후신으로 생각하지도 않는다. 그러나 이것이 국왕의 측근에서 奉命實踐하는 관부였을 것이라는 의견에는 수긍이 간다. 물론, 여기에는 인사문제도 어느 정도 포함되었을 것이다. 이것은 궁예가 왕건에게 역모를 했다고 몰아세울 때 순간적인 기지로 위기에서 왕건을 구해준 崔凝이 태조 초기에 內奉卿을 지냈던 사실로도 알 수 있다.[18] 거기에다 신라의 內司正典과 같이 司正 기능도 담당했던 것으로 보인다.[19] 理決이나 評察이 신라의 內司正典에 있었던 議決·貞察과 같은 직능을 담당했을 것이기 때문이다.

그러면 군사문제와 관련이 있는 관부였던 徇軍部와 兵部는 어떤 기능을 가졌을까? 여기에는 병부가 왕명을 이행하는 관부였던 반면 순군부는 諸豪族의 군사력과 연결된 협의체제적인 군사지휘권의 統帥府로 보는 견해가 있다.[20] 徇軍部는 兵權을 典掌하여 軍中에 호령하는 군사지휘권을 가진 관부이고 兵部는 단순한 군사행정기구의 역할만을 담당하는 관부일 것이라는 견해도 있다.[21] 전자의 견해에 따른다면 호족세

---

18) 『高麗史』권92, 崔凝傳.

19) 『三國史記』권39, 職官志中 內司正典조.

20) 李泰鎭, 앞의 논문, 8쪽 ; 李基白, 「高麗 京軍考」, 『高麗兵制史硏究』, 一潮閣, 1968, 55쪽.

21) 李基白, 앞의 논문, 1975, 21쪽. 鄭景鉉도 이 같은 견해에 대체로 찬성하였다. 그리하여 순군부는 문사출신으로 구성된 왕의 직속기관이며 發兵權을 행사하였다고 보았다.(「高麗初期 京軍의 統帥體系 - 徇軍部의 兵權에 대한 再解釋을 겸하여 - 」, 『韓國學報』62, 1991) 그러나 전경숙은 순군부가 軍令기구가 아닌 軍政기구라 하고 있다.(「高麗初의 徇軍部」, 『한국중세사연구』12, 2002)

력이 왕권을 능가한 것으로 여겨지는 태조 초기에는 徇軍部가 兵部보다 우위에 있는 것이 당연하다. 그러나 호족세력의 억압에 힘써 徇軍部를 軍部로 고친 것을 호족억압정책으로 보는 光宗代에는 兵部가 軍部(徇軍部의 후신) 보다 우위에 있어야 한다. 그러나 景宗 元年의 冊尙父誥의 서명순서를 보면 여전히 軍部가 兵部보다 우위를 점하고 있다.[22] 물론 이것이 景宗代이고 광종 말년 호족세력의 재등장을 반영하는 것으로 볼 수 있다. 그러나 관부의 서열이란 것이 하루아침에 바뀌는 것은 아니므로 그것은 광종대의 정치상황을 반영한 것으로 보아야 할 것이다. 따라서 후자의 견해가 옳은 것이라 생각한다. 이러한 순군부가 새로이 설치된 것은 궁예가 군사지휘권 내지 왕권의 강화를 꾀한 데서 비롯되었다고 볼 수 있다.[23]

다음 倉部는 국가의 공적인 재정을 담당하는 관부로 후대의 戶部에 해당한다고 볼 수 있다. 義刑臺는 후대의 刑部에 해당하는 관부로서 群臣들이나 백성들의 非違를 처벌하고 刑訟을 담당한 관부였을 것이다.

白書省은 그 명칭 자체에서도 알 수 있듯이 국왕에 대한 정책건의기관이 아니었나 한다. 그것은 太祖 元年 辛酉에 白書省卿에 임명된 金言規나 朴仁遠을 보아도 알 수 있다. 金言規는 당시 청주의 가장 유력한 호족인 淸州 金氏로서 청주에 일찍부터 學校가 설치되었을 것이라는 견해[24]를 볼 때 상당한 학식을 갖춘 儒臣이었을 것으로 추측된다. 朴仁遠은 신라의 儒臣이었던 朴仁範과 같은 新羅(慶州) 朴氏로 추정되기 때문에 같은 유학자였을 것이다. 이 백서성에 孔目이란 관직이 있음에서도[25] 짐작할 수 있다. 공목은 원래 중국에 있던 관직으로 唐代에

---

22) 『三國遺事』 권2, 紀異2 金傅大王조.

23) 趙仁成, 앞의 책, 114쪽.

24) 金光洙, 「羅末麗初의 地方學校問題」, 『韓國史研究』 7, 1972 참조.

25) 『高麗史』 권1, 태조세가 원년 6월 戊辰조, "以白書省孔目直晟 爲白書郞中 徇

공문서 작성의 일을 맡았다. '集賢殿孔目'이란 직책이 있었던 것이다.[26] 따라서 白書省孔目은 유학을 깊이 공부한 사람의 직책이라 하겠다. 이들 유학자들은 당시의 정책결정에 깊이 참여했을 것이다.

또한, 우리가 주목할 것은 太祖 13年에 白書省郎中 行順·英式으로 內議舍人을 삼았다는 기사이다.[27] 이를 內議省 신설로 보는 견해도 있다.[28] 그런데 內議舍人은 中書舍人의 前身으로 여겨지는데 중서사인은 中書門下省의 下部構造인 郎舍의 일원으로 諫官이었다. 이로써 미루어 볼 때 이를 단순한 전보발령으로 보기보다는 그 때까지 內議舍人과 비슷한 일을 하고 있던 그들을 內議省 신설과 함께 그 職任을 맡긴 것으로 보아야 할 것이다. 신설한 內議省은 기존의 白書省을 더 확대, 강화한 것으로도 볼 수 있다. 따라서 白書省은 內議省의 前身으로 볼 수 있으며 그 기능은 국왕에 대해 정책을 建議, 助言하였던 것이 아닌가 한다. 그런 까닭에 이 白書省은 內議省으로 확대 강화되어 태조 말년에는 廣評省, 內奉省과 함께 어깨를 나란히 할 수 있는 관부로 승격할 수 있었던 것이라 하겠다.

都航司는 西京에도 설치되어 있던 관부로[29] 그 명칭으로 볼 때 水軍이나 船舶을 관장한 관부로 여겨진다. 그러나 군사적인 면보다는 경제적인 면에서 더 큰 비중을 차지하는 관부로 여겨진다. 당시는 수군이나 육군의 구별이 크게 되어있지 않아 수군도 徇軍部나 兵部에서 관장했을 것이기 때문이다.

物藏省은 신라의 物藏典에 해당하는 관부로 생각된다.[30] 이는 후일

軍郎中閔剛 爲內軍將軍".
26) 日中民族科學研究所 編,『中國歷代職官辭典』, 國書刊行會, 1980, 91쪽.
27)『高麗史』권1, 태조세가 13년 3월조.
28) 李基白, 앞의 논문, 1975, 25쪽.
29)『高麗史』권77, 백관지2 西京留守官조.
30)『三國史記』권39, 職官志中 物藏典조.

의 小府監에 해당하는 것으로 工技寶藏을 관장하는 것으로 되어있으나,[31] 실은 일반 공사도구와 兵器를 관장하는 관부였을 것이라 생각한다.[32] 물론 신라에서 보물로 여기던 聖帝帶를 경순왕이 태조에게 바치자 태조가 이를 物藏庫에 보관토록 했다는 기록이 있다.[33] 그러나 이는 태조가 일부러 취한 조치라 생각한다. 즉 신라에서는 보물로 여긴 것이었지만 우리는 별로 보물로 생각지 않는다는 것을 보여주기 위해 취한 조치가 아닌가 한다.

그러면 寶藏을 관장하는 관부는 어떤 관부였을까? 여기서 우리는 泰封朝에 珍閣省卿으로 있던 柳陟良이 혁명시 다들 몸을 피해 달아났으나 홀로 창고를 지킨 공으로 廣評侍郞에 임명되고 있음을 주목할 필요가 있다.[34] 여기서의 창고는 珍閣省이라는 글자가 뜻하듯이 宮中의 寶器를 넣어둔 창고가 아니었을까 한다. 또 이 창고는 그가 珍閣省卿이라는 직으로서 책임을 지고 있던 곳일 것이다. 그러므로 바로 이 진각성이 宮中의 工技나 寶藏을 관장하는 관부로 여겨지는 것이다. 또 이 관부는 신라시대의 穢宮典의 기능을 이은 것으로 생각한다. 예궁전은 경덕왕 때에 珍閣省으로 불린 적이 있기 때문이다.[35]

內泉部는 倉部가 국가재정을 담당했던 데 비해 왕실의 재정을 담당했을 것이다. 內軍은 신라시대 侍衛府의 전통을 이은 것으로[36] 왕의 친위군으로 추정된다. 태조는 인사조치를 단행한 다음날 內軍將軍 狄鈇가 아첨하여 궁예에게 寵幸을 받아 어질고 착한 사람을 誣陷하였다 하여 그를 주살하였다.[37] 그 며칠 후에는 徇軍部中 閔剛으로 內軍將軍

---

31) 『高麗史』 권76, 백관지1 小府寺조.
32) 李基白, 앞의 논문, 1975, 21쪽.
33) 『高麗史』 권2, 태조세가 20년 5월조.
34) 『高麗史』 권1, 태조세가 원년 9월 丁酉조.
35) 『三國史記』 권39, 직관지중 穢宮典조.
36) 『三國史記』 권40, 직관지하 侍衛府조.
37) 『高麗史』 권1, 태조세가 원년 6월 壬戌조.

을 삼았다.[38] 그것은 태조가 弓裔의 심복이었던 狄鈇를 제거하고 자기의 심복인 閔剛을 그 자리에 앉혀 자신의 신변보호를 더욱 강화한 것으로 해석할 수 있다. 그렇다면 內軍이 王의 신변 안전을 위한 친위군이었을 가능성을 더욱 짙게 해 주는 것이다.『高麗史』찬자는 儀物器械를 관장한 衛尉寺의 前身으로 內軍을 보고 있다.[39] 이것은 內軍이 왕의 친위병적인 역할과 아울러 儀物器械를 넣어둔 창고를 수비하는 임무를 맡았는데 이를 직접 관장한 것으로 오해한 소치일 것이다. 따라서 徇軍部가 주로 궁성 밖에 있는 군대의 典兵權을 장악했던 반면 內軍은 궁성 안에서 왕의 친위대 역할과 아울러 宮城守備의 역할을 담당한 것이 아닌가 한다.

이 밖에도 우리는 기록에서 당시 元鳳省이나 禮寶省 등의 관부를 더 찾을 수 있으나 본고의 범주에서 벗어나는 일이므로 생략한다. 지금까지 살펴온 각 중앙관부의 서열과 기능을 알기 쉽게 표로 만들어 보면 다음 <표 2>와 같다.

<표 2>에서 알 수 있듯이 크게 보아서 廣評省을 최고 관부로 하여 그 아래에 人事問題를 포함한 政治와 관련된 관부인 內奉省, 軍事와 관련된 徇軍部와 兵部, 國家 財政과 형벌을 담당한 관부인 倉部·義刑臺, 정책 건의기관인 白書省, 王室과 관련된 것으로 보이는 都航司·物藏省·內泉部·珍閣省·內軍의 순서로 되어 있었다. 여기서 白書省이 하위로 처져있는 것은 그것이 설치 초기일 뿐 아니라 당시가 전쟁기였던 상황을 반영한 것이었다. 이는 정치가 안정되고 통일이 진척됨에 따라 內議省 기구로 확대 강화되어 드디어는 三省의 대열에 끼게 되었던 것이다. 또한 高麗의 六部가 唐·宋과는 달리 戶部보다 兵部가 우위에 있었던 연원도 이러한 고려초의 정치상황과 중앙관부의 서열에

---

38)『高麗史』권1, 태조세가 원년 6월 戊辰조.
39)『高麗史』권76, 백관지1 衛尉寺조.

서 찾을 수 있지 않을까 한다.

<표 2> 太祖 元年 중앙관부의 서열과 그 기능

	관부	기 능
1	廣評省	신라 執事省의 후신으로 百官을 總領하는 최고 관부
2	內奉省	王命을 받들어 奉命實踐하는 機關 (人事問題 포함)
3	徇軍部	宮城 밖의 典兵權을 가진 관부
4	兵部	단순한 軍事行政機構
5	倉部	尙書戶部의 前身으로 國家의 財政을 담당한 관부
6	義刑臺	尙書刑部의 前身으로 群臣과 百姓의 非違를 처벌하고 諍訟을 담당
7	白書省	內議省의 前身으로 政策을 協議하고 建議하는 機關
8	都航司	船舶과 漕運을 담당
9	物藏省	工技와 兵器를 주로 管掌
10	內泉部	王室財政을 담당
11	珍閣省	王室의 工技·寶器를 관장
12	內軍	王의 親(近)衛兵 역할과 宮城 守備 담당

Ⅲ. 太祖 初期 中央官府의 組織

이제 우리는 太祖 元年 辛酉의 인사 조치에 나타난 각 중앙관부의 내부가 어떻게 조직되어 있었을까 하는 문제에 봉착하게 된다. 또한 『高麗史』 百官志에 나오는 태조 초기 중앙관부의 관직도 보완해보고자 한다.

먼저 廣評省에 대해서는 당시의 인사조치에 侍中·侍郎·郎中·員外郎 등의 이름이 나오고 있으며 '前廣評史 倪言' '前廣評史 國鉉' 등의 記錄으로 보아[40] 侍中－侍郎－郎中－員外部－史의 組織體係를 갖고 있었음을 알 수 있다.

內奉省에 대해서는 內奉令·內奉卿·監·理決·評察 등의 官職名

---

40) 『高麗史』 권1, 태조세가 원년 6월 辛酉조.

을 찾을 수 있다. 그러나 그 4일 후인 6月 乙丑에 內奉郎中 能梵을 審
穀使로 삼고 內奉員外部 尹珩으로 內奉郎中을, 內奉史 李矜會로 內
奉員外郎을 삼고 있다.[41] 여기의 尹珩과 李矜會가 辛酉 詔의 康允珩
과 曲矜會와 각각 동일 인물일 것이며 監·評察이 員外郎·史와 각각
同職異稱일 것임은 앞서 본 바와 같다. 신유일에 內奉理決에 임명된
倪言이 前廣評史였던 점으로 미루어 볼 때 理決은 內奉史와 同列의
직이거나 員外郎과 史의 중간직일 수 있다. 그러나 그 직임이 특수한
것이기 때문에 理決이라 한 것일 것이다. 이렇게 볼 때 內奉省도 廣評
省과 같은 완전한 조직체계인 令－卿(侍郎)－郎中－員外郎(監)－史(理
決, 評察)로 되어있음을 알 수 있다.

狥軍部와 兵部에 있어서는 狥軍部令·狥軍郎中 등을 찾을 수 있다.
內奉卿에 임명된 能駿의 前職이 守狥軍部卿임을 보아[42] 狥軍部卿도
있었다고 여겨진다. 兵部에는 令·卿이 있었고 太祖 元年 9月 庚寅에
狥軍郎中 玄律을 兵部郎中에 임명하고 있어[43] 狥軍部와 兵部는 令－
卿(侍郎)－郎中으로 組織되어 있었음을 알 수 있다. 그러나 林春吉이
지냈던 狥軍吏나[44] 王式廉이 역임했던 軍部書史라는[45] 표현으로 볼
때 적어도 순군부에는 말단 행정직인 史도 있었을 가능성을 배제할 수
없다.

倉部·都航司·物藏省 등의 관부에서도 令·卿의 관직을 찾을 수
있다. 義刑臺의 경우 辛酉 詔書에는 令의 이름만 보이지만 太祖 元年
10月 庚申에 '守義刑臺卿 能律'이란 官職名이 보이므로[46] 卿이란 관

---

41) 『高麗史』 권1, 태조세가 원년 6월 乙丑조.
42) 『高麗史』 권1, 태조세가 원년 6월 辛酉조.
43) 『高麗史』 권1, 태조세가 원년 9월 庚寅조 및 권92, 洪儒 附 裴玄慶傳.
44) 『高麗史』 권1, 태조세가 원년 6월 乙酉조.
45) 『高麗史』 권92, 王式廉傳. 여기서 軍部는 순군부를 가리키는 것이라 생각된
    다.

직명이 있었음을 알 수 있다. 內泉部에도 卿이 있었음은 太祖 5年에 설치한 것으로 보이는 西京留守官 중 內泉部에 卿이란 관직명이 있는 것으로[47] 미루어 알 수 있다. 珍閣省에도 이미 태조 즉위 이전에 '珍閣省卿'이 있었다. 그것은 柳陟良이 태조의 혁명시 珍閣省卿으로써 맡은 바 창고를 훌륭히 지켰다는 기록에서 알 수 있다.[48] 이렇게 보면, 辛酉詔에 서열 5, 6, 8, 9, 10, 11位로 나타나는 倉部, 義刑臺, 都航司, 物藏省, 內泉部, 珍閣省 등의 6관부에는 슈－卿(侍郎)의 組織體系가 있었음을 알 수 있다.

白書省에서는 卿의 이름밖에 보이지 않지만 太祖 元年 6월에 白書省孔目 直晟으로 白書郎中을 삼은 기록이 나오므로[49] 孔目·郎中 등의 관직이 있었음을 알 수 있다. 그런데 太祖 元年 9월에 尙州賊帥 阿字盖가 使者를 보내 來附하자 그 영접의식을 연습할 때 廣評郎中 柳問律과 直省官 朱瑄劫이 班列을 다투었다는 기록이 있다.[50] 여기에서의 直省官은 아무래도 白書省의 관원으로 생각되며 直省官이 廣評省의 郎中과 비슷한 직임을 알 수 있다. 그리고 앞에 든 孔目이란 官職을 띠고 있던 直晟이 白書郎中으로 된 것은 승진이거나 同列의 이동으로 생각할 수 있으나 昇進으로 보는 것이 타당할 것이다. 그렇다면, 孔目은 員外郎급의 특수 職任임을 알 수 있다. 따라서 白書省은 卿－郎中－員外郎(孔目)의 조직체계였음을 알 수 있다.

內軍에는 卿이란 관직이 있었고 '內軍將軍 狄鈇'의 예에서 보듯이 將軍의 직도 있었다. 그 밑에는 관부의 성격으로 보아 武班의 관직체계를 갖고 있을 것으로 생각되나 확실한 것은 알 수 없다.

---

46) 『高麗史』 권1, 태조세가 원년 10월 庚申조.
47) 『高麗史』 권77, 백관지2 西京留守官조.
48) 『高麗史』 권1, 태조세가 원년 9월 丁酉조.
49) 『高麗史』 권1, 태조세가 원년 6월 戊辰조.
50) 『高麗史』 권1, 태조세가 원년 9월 甲午조.

그런데 白書省과 內軍에 令의 관직명이 보이지 않는 것은 기록의 소략이 아니라 본래 없었기 때문이라 생각한다. 이것은 이들 관부가 하위 관부일 뿐 아니라 그 설치 초기인 것을 반영하는 것이다. 그것은 新羅의 司正府가 卿의 설치로부터 시작하는 것[51]과 궤를 같이 하는 것이다.

지금까지 辛酉詔에 나타난 中央관부의 조직을 서열순으로 살펴보았는데 이를 알기 쉽게 표로 작성하면 다음과 같다.

<표 3> 太祖 初期 중앙관부의 서열과 그 조직

관직 / 서열		令(侍中)	卿(侍郎)	郎中	員外郎(監, 孔目)	史(理決, 評察)
1	廣評省					
2	內奉省					
3	徇軍部					
4	兵 部					
5	倉 部					
6	義刑臺					
7	白書省					
8	都航司					
9	物藏省					
10	內泉部					
11	珍閣省					
12	內 軍					

<표 3>에서 알 수 있듯이 서열이 낮아질수록 그 조직이 불완전하다는 것을 알 수 있다. 그러나 白書省은 서열이 하위인데도 비교적 많은 관직을 갖고 있다. 이는 그 기능면에서 본 바와 더불어 서열이 상승할 수 있는 소지가 다분히 있었음을 알려준다. 또 白書省이 하위로 되어있는 것은 그것이 설치 초기이기 때문이며, 당시가 전쟁기로서 순군부와 병부 등 武人관련 기관이 더 중요시된 것을 반영한다.

---

51) 『三國史記』 권38, 직관지(상) 司正府조.

Ⅳ. 太祖 初期의 支配勢力

太祖 初年의 지배세력을 알아보는 데는 여러 가지 방법이 있다. 그러나 여기서는 太祖 元年 6月 辛酉詔에 나타난 각 중앙관부에 임명된 인물들을 분석해 봄으로써 미흡하나마 당시의 정치상황과 지배세력의 성격을 알아보고자 한다.

앞서 잠시 보았듯이 辛酉詔의 인사조치는 크게 3부류로 나누어 행하고 있다. 첫째 "稟性이 方正하고 處事가 원만하여 創業 당시 使命의 역할을 충분히 발휘한" 功勞者 10명을 각 관부의 장관직인 侍中·令에 임명하고 있다. 이들 10명 가운데 姓을 알 수 있는 자는 金行濤·林明弼·林曦·陳原·孫迥·秦勁·秦靖 등 7명이고 나머지는 姓을 알 수 없는 자들이다. 金行濤는 太祖 5年에 西京으로 사민해간 金行波와 동일인이거나 형제로 추측된다.[52] 김행파는 洞州(瑞興) 豪族으로 태조에게 2명의 딸을 준 인물이다.[53] 그런데 그가 侍中에 임명된 지 하루만에 다시 韓粲 朴質榮을 侍中으로 임명하고 있어 侍中이 2명이 아니었나 생각할 수도 있다.[54] 그러나 당시의 정세가 아주 불안정한 처지였으며 태조가 즉위한 지 6일밖에 지나지 않은 점을 감안할 때 그는 하루만에 侍中에서 해임된 것 같다. 이때 정계에서 축출되었다가 太祖 5년 行波·質榮 등과 같이 西京으로 사민가서 거기서 관직생활을 한 것이 아닌가 한다.[55]

徇軍部令에 임명된 林明弼은 그 딸이 태조의 부인이었던 鎭州人 名必과 이름이 같다.[56] 또한, 당시 林曦와 같은 鎭州 林氏가 정계에 있었

---

52) 李樹健,『韓國中世社會史研究』, 一潮閣, 1984, 128쪽.

53)『高麗史』권88, 后妃傳 太祖 大西院夫人·小西院夫人조.

54) 李基白, 앞의 논문, 1975, 19쪽.

55)『高麗史』권1, 태조세가 5년조, "是歲 徙大丞質榮行波等父兄子弟及諸郡縣良家子弟 以實西京", "幸西京新置官府員吏 始築在城".

음을 볼 때 이들은 同一人物로 보는 것이 타당하다.57) 당시 靑州(淸州)
가 모반의 염려가 있어 洪儒·庾黔弼 등을 鎭州에 보내 靑州의 反側
을 막은 점을 생각할 때58) 鎭州는 태조에 있어 상당한 동조세력이었음
을 알 수 있다.

兵部令에 임명된 林曦는 太祖 4年 武(뒤의 惠宗)가 正胤으로 封해질
때 그 딸을 惠宗의 妃로 준 人物로59) 林明弼과 함께 鎭州人임을 알 수
있다. 이로써 볼 때 당시 軍事權을 장악하고 있던 徇軍部와 兵部의 최
고장관이 모두 鎭州人임을 알 수 있어 왕건에게 있어 鎭州의 군사적인
중요성이 얼마나 지대했는가를 알 수 있다.

倉部令에 임명된 陳原은 그 姓貫이 어디였는지 확실히 알 수 없으며
陳이 姓이었는지 아니면 이름의 일부인지도 알 수 없다. 다만 倉部가
國家財政을 담당했던 관부로 여겨짐으로 큰 실권은 없었을 것으로 생
각된다.

物藏省令에 임명된 秦勁과 珍閣省令에 임명된 秦靖은 동족으로 추
정되며 忠州의 土姓으로 나오는 성씨가 아니었을까 한다.60) 孫迥은 그
姓貫을 확실히 알 수 없다. 개성부근 군현의 土姓인지 淸州의 土姓인
지 확언할 만한 기록이 없다. 그러나 광종대에 조성된 청주의 龍頭寺幢
竿記를 보면 '前侍郎 孫熙' '學院郎中 孫仁謙' 등이 나오고 있어61) 청
주의 호족이었을 가능성이 크다.

나머지 姓을 알 수 없는 黔剛·閣萇·歸評 등은 어느 지역 출신인지

---

56) 『高麗史』 권88, 太祖 肅穆夫人조.
57) 申虎澈도 이 양자를 동일인물로 보고 있다.(「高麗의 建國과 鎭州豪族」, 『後三
   國 時代 豪族 硏究』, 개신, 2002, 393~394쪽)
58) 『高麗史』 권92, 洪儒傳.
59) 『高麗史』 권88, 후비전 惠宗 義和王后 林氏조.
60) 李樹健, 「後三國時代 支配勢力의 姓貫分析」, 『大邱史學』 10, 1976/ 『韓國中
   世社會史硏究』, 一潮閣, 1984, 129쪽.
61) 『朝鮮金石總覽(上)』, 龍頭寺幢竿記.

알 수 없으나 前職이 표시되어 있지 않은 점으로 보아 太祖의 즉위에 어느 정도 공을 세운 자들로 추정된다.

다음 "事務에 숙달하고 淸勤奉公하여 與望에 副應하는" 專門的인 官僚였으므로 侍郎·卿 등 차관직에 임명된 인물 14명에 대해 살펴보자. 이들 중 姓을 알 수 있는 자는 林積璵·金堰·崔汝·朴仁遠·金言規·林湘煖·姚仁暉 등 7명이고 나머지는 姓을 알 수 없다.

廣評侍郎에 임명된 林積璵와 都航司卿에 임명된 林湘煖은 기록에서 그 姓貫을 찾을 수 없다. 그러나 鎭州人일 가능성이 많다. 林曦·林明弼 등과 같이 鎭州 土姓인 林氏로 생각되기 때문이다. 兵部卿에 임명된 金堰은 新羅 金氏로 볼 수도 있다. 그러나 당시는 아직 新羅가 高麗에 큰 관심을 기울였던 때가 아니었음을 감안하면 金言規와 같은 淸州 金氏가 아니었을까 한다. 金言規는 淸州人으로 淸州의 토착인들에게 매우 감정이 좋지 않았던 인물이었다. 이를 이유로 청주의 領軍將軍이었던 堅金은 수도에 올라와 勤謙·寬駿·金言規 등을 제거할 것을 태조에게 건의하기도 했다.[62] 그는 惠宗과 定宗에게 두 딸을 준 청주호족 金兢律과도[63] 同族으로 생각된다. 당시 淸州에서 金氏는 제일 강대한 호족이었다.[64] 이들이 官職에 임명된 것은 904年 靑州人戶 一千을 鐵原으로 사민할 때 협조한 공이거나[65] 당시 靑州人들의 민심을 무마시키기 위한 회유책의 일환이었을 것으로 생각된다. 또, 白書省卿에 임명된 朴仁遠은 그 직이 儒臣들의 직책인 점으로 미루어 新羅(慶州) 朴

---

62)『高麗史』권92, 王順式 附 堅金傳.

63)『高麗史』권88, 惠宗 淸州院夫人·定宗 淸州南院夫人조.

64)『朝鮮金石總覽』龍頭寺幢竿記에 보면 檀越 兼 令 金希一·正朝 金守△·金寬謙 등의 이름이 제일 먼저 나오고 있어 이들 김씨가 청주에서 가장 세력이 큰 호족이었음을 알 수 있다.

65) 金甲童,『羅末麗初의 豪族과 社會變動研究』, 高麗大民族文化研究所, 1990, 39쪽.

氏가 아닌가 한다.

崔汶은 六頭品 계층의 성씨인 慶州 崔氏로 추정된다. 姚仁暉는 그 姓貫이 어디인지 전혀 알 수 없다. 中國系 歸化人이 아닌가 하는 견해도 있지만66) 단언할 수 없다.

나머지 姓을 알 수 없는 인물 중 能駿과 能惠는 혹 能이 당시 姓으로 사용된 것이 아닌가 생각된다. 우선 '能'으로 시작되는 이름을 가진 者들이 많다. 예컨대 能駿·能惠·能梵·能達·能文 등 이 시기에 18명에 달하는 인물들이 있는 것이다.67) 그리고 能씨가 사성을 받아 林씨가 된 것 같은 기록이 있기 때문이다. 즉 태조 원년 6월 辛酉에 徇軍郎中이었던 林寔이 廣評郎中에 임명되었는데 同年 7月 壬申에 廣評郎能寔으로 徇軍郎中을 삼았다는 것이다.68) 그런데 광평성에는 廣評史는 있었지만 廣評郎이란 관직은 없었다. 그러므로 능식의 관직 광평랑은 廣評郎中의 誤記로 보는 것이 타당하다. 그렇다면 그들은 동일 인물로 徇軍郎中이었던 林寔이 廣評郎中에 임명되었다가 다시 徇軍郎中이 된 것으로 해석된다. 따라서 林寔은 能寔이 姓을 改名한 것으로 두 개의 이름이 때에 따라 같이 사용되었던 것이다. 이러한 예는 많아서 '朴儒'와 '王儒'가 同一人이고69) '韓申一'과 '王申一'이 역시 同一人인 것이다.70) 앞서 본 바와 같이 '曲矜會'와 '李矜會'가 同一人인 것도 그 예다. 그러나 斷言할 수 있는 자료가 없어 안타깝다.

---

66) 李樹健, 앞의 책, 129쪽.

67) 李樹健, 앞의 책, 120쪽.

68) 『高麗史』권1, 태조세가 원년 7月 壬申조.

69) 『高麗史』권92, 王儒傳, "王儒 本姓名朴儒 字文行 光海州人……聞太祖卽位 來見 太祖以禮待之……仍賜冠帶 令管機要 有功 遂賜姓王".

70) 태조 원년 8월 廣評侍郎으로 견훤의 사신 閔郃을 맞이했던 韓申一이 태조 24년 後晉에 사신으로 갈 때는 王申一로 표기되어 있다.(『高麗史』권1, 태조세가 원년 8월조 ; 권2, 태조세가 24년조) 이는 동일인이 분명하며 한신일이 '王'姓을 받아 왕신일이 된 것이다.

다음 세 번째 부류는 모두 前職이 있던 자들로 다만 직책을 바꾸었거나 승진된 것에 지나지 않는 人物들이다. 이들 7명 중 姓을 알 수 있는 자는 康允珩·林寔·曲矜會·劉吉權 등 4명이다.

이들 중 內奉監에 임명된 康允珩은 며칠 후 內奉郎中에 임명되는 尹珩과 同一人일 것임은 前述한 바와 같다. 그 姓貫은 확실히 알 수 없으나 개경 부근 군현의 土姓으로 여겨진다. 林寔은 앞에서 본 바와 같이 能寔과 동일인으로 혹 鎭州人이기 때문에 林氏를 자처한 것이 아닐까 생각한다.[71] 徇軍郎中에 임명된 劉吉權은 忠州人 劉權說이나 太祖의 妃父인 劉兢達과 同族인 忠州 劉氏로 보는 것이 옳을 것이다.

이것을 종합해 볼 때 첫 번째 부류인 長官級의 인물 10명 중 姓을 알 수 있는 자는 7명이다. 그런데 軍事權과 관련있는 관부인 徇軍部와 兵部의 장관이 鎭州人임을 보아 당시 鎭州(鎭川)의 군사적 중요성을 알 수 있다. 두 번째, 세 번째 부류 중에도 鎭州·忠州·淸州人으로 여겨지는 인물이 다소 포함되어 있어 당시 中部內陸地域勢力이 중앙에서 상당한 지위를 차지하고 있었음을 알 수 있다.

그러나 太祖 元年 7月 辛亥의 功臣 책봉시에는 辛酉 詔에서 관직에 임명된 자를 하나도 찾을 수가 없다. 이때 공신으로 책봉된 인물들은 1등공신으로 洪儒·裴玄慶·申崇謙·卜智謙 등 4인, 2등공신으로 堅權·能寔·權愼·廉湘·金樂·連珠·麻煖 등 7인, 3등 공신 2천여 인이었다.[72] 따라서 辛酉 詔書에 나오는 자들은 태조의 즉위에 직접적으로 공헌한 자들은 아니었다 할 수 있다. 그러나 이들은 궁예 통치기에 왕건에게 우호적이었던 인물들이라 하겠다. 즉 이들은 대부분 문신들로 행정관료였고 개국공신들은 무인들이었지만 둘 다 왕건을 도와 준 세

---

71) 申虎澈도 이를 鎭州人으로 추정하고 있다. 나아가 그는 林寔뿐 아니라 林積璵와 林相煖까지도 진주인일 것이라 하였다.(앞의 논문, 395~396쪽)
72)『高麗史』권1, 태조세가 원년 7월 辛亥조.

력이었다는 것이다. 결국 辛酉 詔에 나타난 인물들은 태조 왕건이 궁예 휘하에 있을 때 도와 준 문신들로 태조의 즉위 이후에 등장한 공신세력과 함께 태조대의 정국을 이끌어간 한 축이 되었음을 알 수 있다.

따라서 태조 초기에 중부 내륙지역 세력과 개국공신세력은 서로 견제하면서 갈등을 빚기도 했다. 특히 그 가운데서도 청주세력과 개국공신세력은 많은 갈등과 대립을 겪었다. 예컨대 태조 원년(918) 9월 청주출신 徇軍吏 林春吉의 모반사건을 사전에 밀고한 것도 개국 1등공신이었던 복지겸이었고 이 사건 이후 청주인 玄律을 徇軍郎中에 임명하려 하자 이를 반대한 것도 개국 1등공신이었던 배현경과 신숭겸이었다.[73]

그러나 이후에도 이들 중부 내륙지역세력은 강고한 연합관계를 유지하면서 세를 과시하였다. 그 단적인 예를 왕실 혼인에서 찾아볼 수 있다. 먼저 태조의 后妃로 忠州 劉氏와 鎭州 林氏가 있었으며 혜종의 왕비로 鎭州 출신 林曦의 딸과 淸州 金氏인 金兢律의 딸이 선정된 것에서 그 위세를 짐작할 수 있다. 태조와 충주 유씨 부인 사이에서 난 定宗은 청주인 김긍률의 딸을 아내로 맞이하였다. 또 같은 충주 유씨 계열인 光宗도 惠宗과 진주출신 왕비 義和王后 林氏와의 사이에서 낳은 딸을 아내로 맞이하였던 것이다.[74] 이렇듯 이들 중부 내륙지역세력은 광종대까지 연합관계를 형성하여 위세를 떨치다가 경종이 즉위하면서 약세를 면치 못하게 되었다. 따라서 중부 내륙지역세력이 위세를 떨치게 된 계기는 태조 왕건의 혁명 직후 단행된 辛酉日의 인사조치에서 요직을 맡게 되면서라고 할 수 있다.

---

73) 『高麗史』 권127, 桓宣吉 附 林春吉傳 ; 권92, 洪儒 附 裴玄慶傳 ; 申虎澈, 「後三國 建國勢力과 淸州 豪族」, 『中原文化論叢』 2·3합집, 1999 ; 『後三國時代豪族硏究』, 도서출판 개신, 2002, 378~385쪽.

74) 『高麗史』 권88, 后妃傳.

Ⅴ. 맺음말

지금까지 태조초기의 중앙관부와 정치상황을 太祖 元年 6月 辛酉 詔書의 인사조치를 중심으로 간단하게 살펴보았다. 여기서 우리는 몇 가지 사실을 알 수 있었다. 이를 요약하면 다음과 같다.

첫째, 당시 중앙관부의 서열과 그 기능을 대비해 볼 때 대체로 政治 (人事問題 포함), 軍事, 經濟, 刑罰과 王室관계 부서의 순으로 되어 있어 軍事問題가 중시되었던 사실을 알 수 있었다. 즉 廣評省을 최고 관부로 하여 內奉省, 徇軍部, 兵部, 倉部, 義刑臺, 白書省, 都航司, 物藏省, 內泉部, 珍閣省, 內軍의 순서로 되어 있었다. 그런데 여기서 왕에게 정책을 건의하고 조언했던 기관인 白書省이 서열 7위로 처져있는 것은 그것이 설치 초기일 뿐 아니라 당시가 전쟁기였던 상황을 반영한 것이었다. 이는 정치가 안정되고 통일이 진척됨에 따라 內議省기구로 확대 강화될 수 있는 여지가 있는 것이었다. 그리하여 태조 말년에는 三省의 대열에 끼게 되었던 것이다. 또한 고려의 6部가 唐·宋과는 달리 戶部보다 兵部가 우위에 있었던 연원도 이러한 고려초의 정치상황과 중앙관부의 서열에서 찾을 수 있지 않을까 한다. 高麗의 尙書 6部는 唐·宋과는 달리 吏·兵·戶·刑·禮·工의 순으로 되어 있었던 것이다.

둘째, 조직면에서 볼 때 서열이 낮아질수록 완전한 조직체계를 갖추지 못하고 있었다. 최고 관부인 廣評省과 內奉省은 완전한 조직체계인 令－卿(侍郎)－郎中－員外郎(監)－史(理決, 評察)로 되어 있었다. 徇軍部와 兵部는 적어도 令－卿(侍郎)－郎中으로 組織되어 있었음을 알 수 있다. 倉部, 義刑臺, 都航司, 物藏省, 內泉部, 珍閣省 등의 6관부에는 令－卿(侍郎)의 組織體系로 이루어져 있었다. 반면 白書省은 장관인 令은 없고 卿－郎中－員外郎(孔目)의 組織體係였다. 白書省은 서열이 낮은 데도 불구하고 조직체계가 비교적 갖추어져 있었다. 그것은 그 기능의 확대·강화와 함께 점차 그 기구 자체의 서열도 상승할 수 있는 소지가 다분히 있었음을 알 수 있었다. 內軍에는 卿이란 관직이 있었고 將軍의 직도 있었다. 그 밑에는 관부의 성격으로 보아 武班의 관직체계를 갖고 있을 것으로 생각되나 확실한 것은 알 수 없다.

셋째, 辛酉 詔에 보이는 인물들은 대체로 태조 즉위 이전에 왕건을 도와준 인물들로 여기에는 청주·충주·진천 등 中部 內陸地域勢力이 상당한 부분을 차지하고 있었다. 첫 번째 부류인 장관급의 인물 10명 중 姓을 알 수 있는 자는 7명이다. 그런데 이 중 군사권과 관련있는 관부인 徇軍部와 兵部의 장관이 鎭州人임을 보아 당시 鎭州의 軍事的 重要性을 알 수 있다. 두 번째, 세 번째 部類 중에도 鎭州·忠州·淸州 人으로 여겨지는 인물이 다수 포함되어 있었던 것이다. 그러나 太祖 元 年 7月 辛亥의 功臣 책봉시에는 辛酉 詔에서 관직에 임명된 자를 하나도 찾을 수가 없다. 이는 당연한 결과로 辛酉 詔書에 나오는 자들은 태조의 즉위 이전에 왕건을 도와 준 문신들이고 개국공신들은 무인 중심으로 선정하였기 때문이었다. 따라서 辛酉 詔에 나타난 인물들은 개국공신세력과 함께 태조대의 정국을 이끌어간 한 축이었다. 이들은 개국공신세력과 때로 갈등을 보이면서도 자신들끼리의 연합관계를 지속하였다. 태조·혜종·정종의 후비 중 일부를 배출하였고 종국에는 이 계열에서 光宗과 같은 인물을 배출하였던 데서 알 수 있다.

고려초 徇軍部의 설치와 기능의 변화

권 영 국

I. 머리말

일반적으로 兵權, 즉 군사통수권이라 함은 軍令權과 軍政權을 통틀어 일컫는 것으로 국가의 최고 통치권자가 행사하는 권한이다. 그중에서 군령권은 군의 작전·용병 등에 관한 것으로 실제적인 군대의 운용 및 지휘 통솔과 직결되는 군에 대한 지휘·명령·감독권이며, 군령체계는 다양한 군사조직을 실제로 움직여 나가는 지휘·명령계통을 말한다.[1]

한편 군정권은 군령권에 대응하는 것으로 군대의 편성과 조직, 보충과 동원, 兵役·인사·복무·병기 등을 주요 내용으로 하는 행정권이다. 본래 군정권은 전력의 유지·배양을 주축으로 하여 군의 내부로 향하는 작용을 주체로 하지만 병력의 동원·징발 등 군의 외부로 향하는 것, 또는 쌍방에 걸치는 것도 적지 않아 군령권과 군정권의 경계가 명확하지 않다.

고려시대의 군사제도에서 군령체계와 군령기구의 내용이 어떠하였는지 아직 명확하게 밝혀지지 않은 상태이다. 흔히 중추원, 도병마사, 중방, 2군6위 등이 軍令과 관련된 기구로 지적되고 있는데 군령체계상

---

1) 李文基, 「제4장 中古期의 軍令體系와 軍政機構」, 『新羅兵制史硏究』, 일조각, 1997.

이들이 횡적 또는 종적으로 어떠한 관계를 맺고 있었는지 등의 문제가 아직 파악되지 못하고 있다.[2]

선초의 기록에 의하면 고려에서 군령권이 집행되는 계통이 국왕을 정점으로 하여 發命權者인 宰相, 發兵權者인 樞密, 그리고 掌兵權者인 상·대장군 이하 武官의 상하관계로 체계화되었던 것으로 이해되고 있다.[3] 이러한 사실을 통해 볼 때 고려에서는 추밀원, 즉 중추원이 군령체계상 發兵업무를 담당하였던 기구임을 알 수 있다.[4]

중추원이 처음 설치되는 시기는 성종대이므로 그 이전에 군령업무를 담당하였던 기구는 무엇이었을까. 이와 관련하여 건국초기에 군사관계 기구로서 병부와 함께 등장하는 徇軍部의 존재가 주목을 받고 있다. 병부가 군사행정 업무를 관장하는 군정기관이었으므로 병부보다 서열이 앞서는 순군부가 군정과 대비되는 군령기관이었을 것으로 생각된다.[5]

---

2) 閔賢九, 「제1장 제4절 軍令 軍政機關의 整備」, 『韓國軍制史 - 근세조선전기 편』, 육군본부, 1968.

3) 『定宗實錄』 권4, 定宗 2년 4월 辛丑.

4) 지금까지의 연구에서 중추원의 기능에 대한 견해들을 정리하면 다음과 같다.
 ① 고려전기 중추원은 왕명출납과 숙위, 禮司로서의 역할을 수행했을 뿐 군정기구로서의 기능을 부정적으로 보는 견해(周藤吉之, 「高麗初期の官吏制度」, 『東洋大學大學院紀要』 11, 1974 ; 『高麗官僚制の硏究』, 法政大出版局, 1980 ; 朴龍雲, 「高麗의 中樞院 硏究」, 『韓國史硏究』 12, 1976 ; 『高麗時代 中樞院 硏究』, 고대민족문화연구소, 2001 ; 邊太燮, 「高麗의 中樞院」, 『震檀學報』 41, 1976 ; 周藤吉之, 「高麗初期の中樞院, 後の樞密院の成立とその構成 - 唐末·五代·宋初の樞密院との關係に於いて」, 『朝鮮學報』 119, 1986 ; 金炅希, 「高麗前期 中樞院 承宣硏究」, 『梨大史苑』 24·25합집, 1990)
 ② 禁軍에 한정되는 것이기는 하지만 군령, 군정기구로 보는 견해(宋寅州, 「高麗時代의 禁軍과 樞密院」, 『한국중세사연구』 7, 1999)
 ③ 초기의 왕명출납, 왕의 신변보호에서 점차 軍機로까지 확대되었다고 보는 견해(이정훈, 「고려전기 중주원의 설치와 職掌의 변화」, 『東方學志』 134, 2006)

5) 순군부를 군령 기구로 보는 연구로는 邊太燮, 「高麗初期의 政治制度」, 『韓沽劤博士停年紀念史學論叢』, 1981 ; 鄭景鉉, 「高麗 太祖代의 徇軍部에 대하

지금까지 순군부에 대한 연구는 고려 건국초기의 정치제도나 군사제도를 다루는 글에서 부수적으로 취급한 연구[6]와 순군부 자체를 주제로 한 본격적인 연구들[7]이 있다. 그동안의 연구에서 쟁점이 되었던 것은 순군부의 기능과 성격에 관한 문제였다. 즉 순군부가 호족들의 군사지휘권을 효율적으로 관리하기 위한 협의체적인 군사지휘권의 통수부였다는 견해와, 호족과의 관련성를 부정하고 병권을 장악한 국왕직속의 군통수기관이었다는 견해의 대립이 그것이다.

이 글에서는 그동안의 연구성과를 바탕으로 순군부가 처음 설치되는 시기의 정치적, 군사적 상황과 관련하여 순군부의 설치 배경, 기능 및 성격, 그리고 이후 순군부의 변화과정을 검토하고자 한다.

Ⅱ. 徇軍部의 설치 배경

성종대에 중추원이 설치되기 이전인 건국초에도 군령관련 업무를 담당하는 기구가 존재했을 것으로 생각된다. 왕건은 즉위 직후 태봉의 관제를 참용하여 廣評省 이하 12개 관부에 대한 인사조치를 단행하였는

여」, 『韓國學報』 48, 1987 ; 「高麗初期 京軍의 統帥體系 - 徇軍部의 兵權에 대한 재해석을 겸하여」, 『韓國學報』 62, 1991 ; 趙仁成, 『泰封의 弓裔政權 研究』, 서강대 박사학위논문, 1991 등이 있다.

6) 李基白, 「高麗京軍考」, 『李丙燾博士華甲紀念論叢』, 1956 ; 『高麗兵制史研究』, 일조각, 1968 ; 李泰鎭, 「高麗宰府의 成立」, 『歷史學報』 56, 1972 ; 邊太燮, 「高麗初期의 政治制度」, 『韓洁劤博士停年紀念史學論叢』, 지식산업사, 1981 ; 趙仁成, 『泰封의 弓裔政權 研究』, 서강대 박사학위논문, 1991.

7) 鄭景鉉, 「高麗 太祖代의 徇軍部에 대하여」, 『韓國學報』 48, 1987 ; 「高麗初期 京軍의 統帥體系 - 徇軍部의 兵權에 대한 재해석을 겸하여」, 『한국학보』 62, 1991 ; 崔圭成, 「徇軍部考」, 『祥明史學』 1, 1993 ; 韓永哲, 「泰封末 高麗初 徇軍部의 政治的 性格」, 서강대 석사학위논문, 1996 ; 전경숙, 「高麗初의 徇軍部」, 『한국중세사연구』 12, 2002.

데,8) 이때 나타나는 관서 가운데 군사 업무와 관련된 기구는 徇軍部, 兵部, 內軍 등이다. 이 중에서 병부는 신라의 병부를 계승한 것으로 武選·軍務·儀衛·郵驛 등 군사행정 업무를 관장하는 기구였다.9) 신라의 병부는 신라가 본격적으로 영역을 확장해 나갔던 법흥왕 때 설치한 기구로10) 일반적인 군사행정을 담당하였다.11) 다음 內軍은 그 명칭과 후대에 掌衛府로 개편되는 것으로 보아 국왕의 신변과 왕실의 경호를 담당하는 친위군과 같은 기구로 이해할 수 있다.12)

한편 순군부는 병부보다 앞에 위치하여 서열상 병부보다 우위에 있는 중요한 기구임을 짐작할 수 있다. 이처럼 순군부가 군사행정을 담당한 兵部보다 서열상 앞에 위치하는 군사기구였다면 그것은 軍政과 더불어 兵權의 또 한축을 구성하는 軍令업무와 관계된 기구였을 것이다. 건국초기의 순군부는 전체 중앙기구 가운데 서열 3위, 군사관련 기구 가운데 서열 1위의 중요한 기구인 만큼 순군부의 설치와 관련하여 설치 당시의 정치적·군사적 상황에 주목해야 할 것으로 생각된다.

순군부가 설치된 시기에 대해서는 여러 추정이 있지만13) 아마도 국

---

8) 『高麗史』 권1, 世家1, 太祖 원년 하6월.

9) 『高麗史』 권76, 百官1 兵曹.

10) 李仁哲, 「제1편 제1장 新羅 中央行政官府의 組織과 運營」, 『新羅政治制度史研究』, 일지사, 1993, 30쪽.

11) 군사행정은 물론 軍令 업무까지 담당하던 관부로 추정하는 연구도 있다.(趙仁成, 「Ⅲ장 3. 태봉」, 『한국사』 11, 국사편찬위원회, 1996)

12) 李基白, 「高麗京軍考」, 『李丙燾博士華甲紀念論叢』, 1956 ; 『高麗兵制史研究』, 일조각, 1968, 56쪽.

13) 순군부의 설치시기에 대해서는 다음과 같은 연구들이 있다.

① 904년설 ; 궁예가 천도를 위해 철원, 부양 등지를 둘러보던 903년에서 청주 사민이 이루어진 904년 8월 사이에 사민업무를 담당하기 위해 설치한 것으로 보는 견해(전경숙, 「高麗初의 徇軍部」, 『한국중세사연구』 12, 2002, 12쪽)

② 909년설 ; 궁예가 왕권강화를 위한 핵심세력으로 청주세력을 대거 등용하면서 이에 대한 반발세력을 통제하고 군부를 장악하기 위해 설치한 것으로 보는 견해(韓永哲, 「泰封末 高麗初 徇軍部의 政治的 性格」, 서강대 석사학위논

호를 泰封으로 고친 911년 무렵으로 보인다. 국호의 개정과 함께 새로이 관제를 정비하면서 병부로부터 군령권을 분리하여 이를 담당하기 위해 설치하였던 것이 아닌가 한다.[14] 즉 순군부가 설치되는 것은 점차 병부의 군사관련 기능이 확대됨에 따라 그동안 병부가 담당하였던 기능 가운데 군령기능이 분리된 것을 의미하는 것이다.

순군부의 설치 시기와 관련하여 주목되는 점은 이때를 전후하여 태봉의 정복지역이 확대되고 궁예 휘하로 귀부하는 호족들이 크게 늘어나고 있다는 사실이다. 궁예의 정복사업은 898년 송악군에 도읍하면서 본격적으로 시작되는데 그해에 浿西道 및 漢山州 관내의 孔巖·黔浦·穴口 등 30여 성을 취하였고, 900년에는 漢水 남쪽 漢州·中原·唐恩·西原·槐陽 등지를 모두 평정하였으며, 903년에는 왕건을 보내어 錦城 등 10군을 취하였다. 이어 904년에는 궁예가 尙州를 침략하여 30여 읍을 취하였고,[15] 같은 해에 후백제의 熊州將軍 弘奇가 배반하여 궁예에게 항복하였으며, 패서도의 10여 읍도 또한 항복하였다.[16] 그리고 905년에는 궁예가 새로 점령한 패서지역에 13진을 설치하고, 남으로 죽령을 침략하여[17] 영토가 신라의 동북 변경지역까지 이르게 되었다. 909년에는 후백제의 후방인 진도군과 고이도를 함락하여[18] 전라도 남해안까지 진출하였다.

문, 1996, 13쪽)

③ 914년설 ; 연호를 政開로 바꾼 무렵 신라 구영토의 태반을 차지하고 후백제와의 투쟁에서 유리한 입장에 서게 되면서 광대한 영토를 효율적으로 통치하기 위해 설치한 것으로 보는 견해(崔圭成,「徇軍部考」,『祥明史學』1, 1993, 57쪽).

14) 趙仁成,『泰封의 弓裔政權 硏究』, 서강대 박사학위논문, 1991, 90쪽.

15)『三國史記』新羅本紀, 孝恭王 2년 추7월 및 8년.

16)『三國史記』新羅本紀, 孝恭王 8년.

17)『三國史記』新羅本紀, 孝恭王 9년 8월.

18)『三國史記』新羅本紀, 孝恭王 13년 하6월.

이처럼 궁예의 초기 세력기반은 영월·명주·철원 등 강원도 일부 지역이었으나, 896년 이후 왕건 집안과 평산 박씨 등 浿西지역 호족들과 연합하여 강화·김포 등 경기도지역을 통합하였고, 이후 충주·청주·공주 등 충청도지역과 상주·죽령 등 경상도 북부 일대까지 진출함으로써 그 지배영역을 크게 확대하였다.[19)]

그에 따라 군사적인 업무도 대폭 늘어나 종래의 병부만으로는 증가된 군사 업무를 감당하기 어렵게 되었을 것이다. 특히 고려의 지배질서 내로 들어온 이들 지역의 호족 군사력에 대한 효율적인 통제가 중요한 과제로 대두하였다. 바로 이러한 상황에서 그동안 兵部가 담당하던 업무 가운데 軍政업무를 제외한 나머지 군령관련 업무를 새로 담당할 기구로서 순군부를 설치하였던 것으로 생각된다.[20)] 즉 새로 정복한 지역의 군사력을 통일전쟁에 효과적으로 동원하는 업무를 담당할 기구가 필요하였고, 또 귀부를 통해 고려의 지배체제 내로 들어온 호족들이지만 정세에 따라 언제든지 向背를 달리할 수 있는 그들 군사력에 대한 통제와 감독을 담당할 기구가 필요하였던 것이다.

---

19) 趙仁成,「弓裔의 勢力形成과 建國」,『震檀學報』75, 1993.

20) 순군부의 설치를 청주지역과 연결시키는 연구들도 있다. 한영철은 904년 이후 909년 무렵까지 청주인들이 궁예정권의 핵심 지지세력이 되는 과정에서 패서 지역을 중심으로 한 기존 호족세력(왕건을 중심으로 한 近畿지역 정치인)들의 반발과 정치적 진출을 견제하기 위한 정치적·군사적 성격의 기구로 순군부를 설치한 것으로 보았고(「泰封末 高麗初 徇軍部의 政治的 性格」, 서강대 석사학위논문, 1996, 5~18쪽), 전경숙은 궁예의 군사적 기반 마련을 위해 청주민의 사민이 이루어지는데 그 사민업무를 담당하기 위한 기구로 설치된 것으로 보았다.(「高麗初의 徇軍部」,『한국중세사연구』12, 2002, 8~11쪽)

Ⅲ. 徇軍部의 기능과 성격

지금까지의 순군부에 관한 연구에서 특히 쟁점이 되었던 것은 그 기능과 성격 문제였다. 즉 고려초 군대 장악의 권한이 호족들에게 개인적으로 분산되어 있는 상태에서 제호족의 군사력을 효율적으로 관리하기 위한 호족 협의체적인 군사지휘권의 통수부로 보거나,[21] 아니면 호족과의 관련성을 부정하고 병권을 장악한 국왕직속의 군통수기관으로 보았다.[22]

순군부가 호족군사력의 협의체라는 견해는 이미 기존의 연구들이 비판한 것처럼 많은 문제점을 안고 있다. 즉 순군부는 병부와 함께 궁예 때에 설치된 관제이므로 이를 호족군사력의 협의체라는 주장은 성립되기 어렵고, 실제로 병마권이란 군대를 동원 지휘하는 발병권으로 최고 통수권자인 국왕 고유의 권한이므로 독립적인 여러 호족세력에게 위임한다는 것은 있을 수 없는 일이었다.[23] 또한 건국 직후 중앙과 지방에 독자적인 군사력을 거느린 호족세력이 광범하게 존재하던 시기에는 국왕직속의 병마통수권을 가진 기구의 설치가 절실하였을 것이다.

이 밖에도 궁예정권이 광대한 국토를 효율적으로 통치하고 지방세력의 동요를 사전에 방지할 필요성에서 설치한 지방통치 전담기구라는

---

21) 李基白, 「高麗京軍考」, 『李丙燾博士華甲紀念論叢』, 1956/『高麗兵制史硏究』, 일조각, 1968, 54~56쪽 ; 李泰鎭, 「高麗 宰府의 成立」, 『歷史學報』 56, 1972, 8쪽.

22) 邊太燮, 「高麗初期의 政治制度」, 『韓㳓劤博士停年紀念史學論叢』, 지식산업사, 1981, 172~173쪽 ; 鄭景鉉, 「高麗 太祖代의 徇軍部에 대하여」, 『韓國學報』 48, 1987, 46쪽 ;「高麗初期 京軍의 統帥體系 - 徇軍部의 兵權에 대한 재해석을 겸하여」, 『韓國學報』 62, 1991, 27~28, 43~52쪽 ; 趙仁成, 「Ⅲ장 3. 태봉」, 『한국사』 11, 국사편찬위원회, 1996, 153쪽.

23) 邊太燮, 「Ⅰ장 1절 중앙의 통치기구」, 『한국사』 13, 국사편찬위원회, 1993, 14쪽.

견해[24]와 904년 이후 909년 무렵까지 청주인들이 궁예정권의 핵심 지지세력이 되는 과정에서 패서지역을 중심으로 한 기존 호족세력들의 반발과 정치적 진출을 견제하기 위해 설치한 기구라는 견해,[25] 그리고 905년에 궁예가 자신의 군사적 기반을 마련하기 위해 청주인을 철원으로 徙民할 때 사민 업무를 관장하기 위해 설치한 기구라는 견해[26] 등도 제시되고 있다.

이처럼 순군부의 기능이나 성격에 대해서 견해 차이를 보이는 연구들도 있지만 대체로 軍政기구인 병부와 대비되는 軍令기구로 보는 것이 일반적이다.[27] 그렇다면 당시 순군부가 담당하였던 군령 업무의 구체적인 내용은 어떤 것이었을까. 사료의 부족으로 자세한 내용은 알 수 없으나 대체로 다음과 같은 기능을 수행하였던 것으로 생각된다.

우선 군령기구로서 가장 중요한 업무인 군대의 동원, 즉 發兵에 관한 업무이다. 고려초 기록에 의하면 순군부가 병권을 장악한 기구로 알려지고 있으나[28] 병권의 내용에 대해서는 구체적인 설명이 없다. 다만 고려시대의 제도를 언급한 선초의 기록을 통해 그 내용을 유추할 수 있을 뿐이다.

신 등이 삼가 상고하건대, 예전에 병법을 설치함에 發命, 發兵, 掌兵의 차이가 있었습니다. 발명자는 宰相이고, 발병자는 중간에 있는 摠制

---

24) 崔圭成, 「徇軍部考」, 『祥明史學』 1, 1993.

25) 韓永哲, 「泰封末 高麗初 徇軍部의 政治的 性格」, 서강대 석사학위논문, 1996.

26) 전경숙, 「高麗初의 徇軍部」, 『한국중세사연구』 12, 2002, 11쪽.

27) 邊太燮, 「高麗初期의 政治制度」, 『韓㳓劤博士停年紀念史學論叢』, 지식산업사, 1981, 172~173쪽 ; 鄭景鉉, 「高麗 太祖代의 徇軍部에 대하여」, 『韓國學報』 48, 1987, 46쪽 ; 「高麗初期 京軍의 統帥體系 - 徇軍部의 兵權에 대한 재해석을 겸하여」, 『韓國學報』 62, 1991, 27~28, 43~52쪽 ; 趙仁成, 「Ⅲ장 3. 태봉」, 『한국사』 11, 국사편찬위원회, 153, 1996.

28) 『高麗史節要』 권1, 太祖 원년 9월.

이며, 장병자는 명령을 받아서 행하는 자였습니다. 재상은 임금의 명령을 받지 아니하면 발명하지 못하고, 총제는 재상의 명령이 있지 않으면 발병하지 못하며, 장병자는 총제의 명령이 없으면 실행할 수가 없었습니다. 상하가 서로 유지되어 체통이 문란하지 않았으므로, 비록 변을 꾸미고자 하더라도 스스로 움직일 수가 없었으니 이것이 정해진 법이었습니다. 고려의 옛 제도는 당·송의 제도를 본받아, 省宰는 나라의 정치와 軍國의 일을 맡아서 통속하지 않은 바가 없었으므로 곧 發命者이고, 中樞는 軍機를 맡아 곧 摠制하였으니 發兵者이며, 諸衛의 상·대장군 이하는 부병을 專掌하여 숙위를 담당하였는데, 작은 변이 있으면 낭중·낭장을 보내고, 큰 변이 있으면 장군 이상을 보내어 적에 대응하게 해서 일찍이 패배한 적이 없었으니, 이것이 掌兵者입니다.[29]

위의 기록에서 볼 수 있듯이 조선초 관료들은 고려에서 군령권이 집행되는 계통이 발명·발병·장병의 상하관계로 체계화되었던 것으로 이해하고 있었다. 즉 다양한 군사조직을 실제로 움직여 나가는 지휘·명령계통인 군령체계가 국왕을 정점으로 하여 발명권자인 宰相, 발병권자인 樞密, 그리고 장병권자인 武官의 상하관계로 체계화되어 있었던 것이다. 군령체계상 발병 업무를 담당하였던 중추원은 성종대에 설치되었으므로 그 이전에 이러한 발병 업무를 담당했던 기구는 병부보다 서열이 앞서는 순군부였을 것으로 생각된다.

이미 앞장에서 서술한 것처럼 순군부가 설치되는 시기를 전후하여 많은 새로운 지역들이 정복되거나 호족들이 귀부함으로써 단기간에 걸쳐 지배영역이 크게 확대되었다. 그에 따라 이들 지역에 대한 통치가 중요한 문제가 되었고, 특히 지방 군사력에 대한 감독이나 동원 등이 중요한 과제로 대두하였을 것이다.

귀부한 호족들 중에는 개경으로 올라와 중앙관인으로 편입되는 자들

---

29) 『定宗實錄』 권4, 定宗 2년 4월 辛丑.

도 있었겠지만 그대로 지방에 머무르는 자들도 많았다. 특히 통일전쟁
이 종식되기 이전에는 인질의 성격을 띤 일부 친족이나 휘하 세력만을
중앙으로 보내고 호족 자신은 그대로 지방에 머무는 경우가 많았다. 이
러한 사실은 왕순식의 사례를 통해 짐작할 수 있다.

순식은 처음에 왕건에 대해 비협조적인 태도를 보였으나 태조 5년에
장남 守元을 보내 귀부 의사를 밝혔고,[30] 5년 후인 태조 10년에 아들
장명에게 군사 600인을 주어 왕건의 숙위를 담당하게 하였으며,[31] 그
다음해에는 순식이 직접 무리를 이끌고 친조하였다. 이에 태조는 순식
과 그의 小將 官景에게 王씨 성과 官階를 수여하고 아들 장명에게는
廉이란 이름을 하사하는 등 후한 대우를 하였다.[32]

순식은 왕건에게 귀부하였지만 아들만을 개경으로 보내고 자신은 여
전히 명주에 남아 있었다. 순식이 귀부한 후 아들 장명에게 주어 왕건
의 숙위를 담당하게 한 군사 600은 중앙군에 편입되었을 것이다.[33] 그
러나 순식에게는 여전히 많은 군사력이 명주에 남아 있었다.[34]

이처럼 귀부한 이후에도 여전히 지방에 남아 있는 호족들의 군사력
에 대한 중앙의 통제가 어떤 방식으로 이루어졌는지가 문제이다. 귀부
한 이상 호족 휘하의 군대에 대한 통수권은 일단 국왕에게 귀속되어 중

---

30)『高麗史節要』권1, 太祖 5년 7월.

31)『高麗史節要』권1, 太祖 10년 8월.

32)『高麗史節要』권1, 太祖 11년 정월.

33) 鄭景鉉,「高麗初期 京軍의 統帥體系 – 徇軍部의 兵權에 대한 재해석을 겸하
     여」,『한국학보』62, 1991, 42쪽. 그러나 이를 장명이 직접 지휘하는 私兵으로
     보는 견해도 있다.(河炫綱,「고려왕조의 성립과 호족연합정권」,『한국사』4,
     국사편찬위원회, 1987, 48~50쪽)

34) 후백제와의 최후 결전 당시 군사를 이끌고 참전한 왕순식에게 태조가 한 꿈
     이야기 가운데 "(왕건이) 꿈에 이상한 중이 갑옷 입은 병사 3천을 거느리고 온
     것을 보았는데 다음날 그대가 군대를 거느리고 와서 도와 주었으니 이것이 바
     로 그의 감응이다"라고 한 것을 통해 당시 명주에 있던 왕순식 휘하의 군사력
     은 3천여 명 정도였을 것으로 추측할 수 있다.(『高麗史』권92, 王順式)

앙의 통제하에 놓이게 되었을 것으로 생각된다.

귀부의 의미에 대해 서로 상반된 해석이 있지만[35] 귀부는 국왕에게 臣屬하는 것을 의미하는 것이라 생각된다. 보통 귀부와 함께 개경에 인질을 두게 되는데 이는 지방세력에 대한 견제책으로서 사실상 국왕의 필요에 의해 강요된 것으로 볼 수 있다.[36] 귀부는 국왕에 신속하여 국가의 공적인 지배체제 내로 들어감으로써 그동안 독자적으로 행사해오던 출신지역에 대한 행정·재정·사법·군사 등 지배권을 국왕에게 귀속시키는 것이었다. 그러나 귀부는 자발적인 신속을 의미하였으므로 국가는 귀부한 호족들에게 官階를 수여하여 공적인 질서체계 속에 편입시키는 한편, 지배 지역에 대한 기존의 지배권을 상당 부분 그대로 위임하였다.[37]

그러나 호족에게 위임된 지배권의 내용은 귀부 이전에 행사하였던 그것과는 큰 차이가 있었을 것이다. 그중에서도 가장 큰 차이는 軍事에 관한 권한이라 생각된다. 그동안 호족들은 자신의 무력기반인 군대를 징발·동원하고 지휘·통솔하는 등의 병권을 독자적으로 행사해왔다. 그러나 귀부함으로써 호족들이 독자적으로 행사해 오던 일체의 병권은 일단 국왕에게 귀속되었다. 특히 군대의 동원과 같은 군령권은 중앙의 통제하에 놓이게 되었을 것이다.

다만 지휘의 효율성을 위해 호족들에게는 휘하 군대에 대한 지휘권 등 일부 권한만이 허용되었을 것이다. 따라서 그동안 호족들이 마음대로 동원하고 지휘 통솔하던 군대는 이제 최고 통수권자인 국왕의 명령

---

35) 국왕과 귀부 호족과의 관계를 호혜적 또는 협조적 관계로 보는 견해와 군신적 상하관계로 보는 견해로 나뉘어져 있다.

36) 朴菖熙, 「고려초기 豪族聯合政權說에 대한 검토 - 歸附 豪族의 정치적 성격을 중심으로 - 」, 『한국사의 시각』, 연신문화사, 1984, 21쪽.

37) 金日宇, 「고려초기 郡縣의 主屬關係 형성과 지방통치」, 『민족문화』 12, 1989, 51쪽.

에 의해서만 움직일 수 있게 되었다. 즉 종래 호족이 장악하고 있던 병권 가운데 가장 중요한 發兵에 관한 권한은 중앙에서 회수하였고, 호족에게는 지휘와 관련한 장병권 등 일부 권한만이 주어지게 된 것이다. 고려와 후백제와의 최후 결전시 왕순식을 비롯한 여러 호족들이 휘하 군대를 인솔하고 와서 전투에 참여하였는데,[38] 바로 이들 군대는 호족들이 자의적으로 동원한 것이 아니라 최고 통수권자인 왕건의 발병 명령에 따라 동원된 것으로 보아야 할 것이다.

바로 순군부가 군령체계상 최고 통수권자인 국왕의 발병 명령에 따라 중앙군을 비롯한 호족 휘하의 군대를 동원하는 발병 업무를 담당한 기구였을 것이다. 순군부가 발병 업무를 담당한 구체적인 자료는 보이지 않지만 다음의 기록을 통해 순군부의 역할을 간접적으로나마 유추할 수 있을 것으로 생각된다.

㉮ 9월에 마군장군 복지겸이 아뢰기를, "徇軍吏 林春吉이 그 고을 靑州人 裵恩規, 季川人 康吉·阿次貴, 昧谷人 景琮과 함께 반역을 모의했습니다."라고 하였다. 왕이 사람을 시켜 잡아서 신문하니 모두 자백하므로 그들을 목베게 명령하였으나 총규는 도망하여 죽음을 면하였다.[39]

㉯ 靑州 사람 玄律을 徇軍郎中으로 삼으니 마군장군 玄慶·崇謙 등이 말하기를, "지난 번에 임춘길이 순군리가 되어 반역을 꾀하다가 일이 누설되어 죽음을 당하였는데, 이것은 곧 병권을 맡고 청주를 후원으로 믿었기 때문입니다. 그런데 이제 또 현율을 순군낭중으로 삼으니 신들은 의아하게 여깁니다."라고 하니, 왕이 "옳다"고 여겨 곧 현율을 兵部郎中으로 고쳐 임명하였다.[40]

---

38) 『高麗史』 권2, 太祖 19년 9월.
39) 『高麗史節要』 권1, 太祖 원년 9월.
40) 『高麗史節要』 권1, 太祖 원년 9월.

㉰ 여름 5월에 征南大將軍 유금필이 義城府를 지키는데 왕이 사신을 보내어 이르기를, "나는 신라가 후백제에게 침략당할까 염려하여 일찍이 장수를 보내어 지키게 하였는데, 지금 후백제가 槽山城과 阿弗鎭 등을 위협하고 약탈한다고 하니, 만약 신라의 國都까지 침공하거든 경이 마땅히 가서 구원하라."고 하였다. 금필이 드디어 壯士 80명을 뽑아 달려갔다.[41]

㉮는 태조 때 徇軍吏인 임춘길의 반역 모의사건인데 임춘길이 출신지인 청주의 군사력을 믿고 불궤를 도모한 사실은 당시 순군부가 갖는 發兵 기능과 관련이 있었던 것이 아닌가 한다. 즉 청주 출신인 임춘길이 발병 업무를 담당한 순군부 관리로서 本州의 군대를 동원할 수 있는 기회를 이용하여 반역을 도모한 것이라 생각된다.

㉯는 태조가 청주인 현율을 순군낭중으로 임명하자 마군장군 배현경·신숭겸 등이 임춘길 사건을 예로 들면서 순군낭중은 兵權을 맡은 직책이라 하여 반대하였다는 것인데 여기서 병권이라 함은 군대를 동원할 수 있는 發兵權이었을 것이다.[42] 순군부가 군대를 동원할 수 있는 발병권을 가진 기구였기 때문에 청주인 현율의 순군낭중 임명을 반대하였던 것이다.

㉰는 후백제의 침략 위협에 대응하여 태조가 유금필에게 사신을 보내어 신라를 구원하게 한 내용이다. 이때 태조가 유금필에게 보낸 사신이 어떤 직책을 가진 인물인지 알 수 없으나 아마도 국왕의 명령을 받들어 의성부에 주둔하고 있던 유금필로 하여금 군사를 동원하게 하는 임무를 맡은 순군부 관리가 아니었을까 한다. 이처럼 순군부는 최고 군

---

41) 『高麗史節要』 권1, 太祖 16년 하5월.

42) 조인성은 병권을 군사지휘권을 가리키는 것으로 보았다.(『泰封의 弓裔政權 硏究』, 서강대 박사학위논문, 1991, 89쪽) 그러나 군사지휘권은 上·大將軍 이하의 武官들이 갖는 것이었다.

통수권자인 국왕의 명령을 받들어 지방호족 휘하의 군대나 중앙에서 파견되어 지방에 주둔하고 있는 군대를 동원하는 업무를 담당하였던 것이다.

이와 함께 순군부는 호족 휘하 군사력에 대한 순행·감독 업무도 수행하였던 것으로 보인다. 새로 정복된 지역이나 귀부를 통해 고려의 지배체제하로 편입된 지역이라 하더라도 중앙의 통제력이 제대로 미치기 어려운 상황이었다. 통일전쟁이 진행 중이었으므로 이들 지역에 곧바로 지방관을 파견하거나 통치기구를 설치한다는 것은 쉬운 일이 아니었을 것이다. 통일 후 반세기가 지난 성종대에 와서 비로소 지방관이 파견되기 시작한 것은 당시의 이러한 사정을 잘 보여주는 것이라 생각된다.

특히 지방호족들 중에는 정세의 변화에 따라 向背를 달리하는 자들이 나타나는 상황에서 이들 호족들의 군사력에 대한 감독은 절대적으로 필요하였다. 따라서 지방을 巡行하면서 호족들의 군사력을 감독하는 것이 순군부의 또 다른 업무의 하나였던 것이다. 이 시기에 귀부한 지역이나 변방 고을에 관리를 파견하여 순시하거나 백성들을 위무하는 기록들이 보이는데, 아마도 이는 지방호족 군사력에 순군부의 순행·감독 업무와 관련된 것이 아닌가 한다.

> ㉠ 康州의 장군 閏雄이 그 아들 一康을 보내어 볼모로 삼게 하니, 일강에게 阿湌을 임명하고, 卿 行訓의 누이동생을 아내로 삼게 하였으며, 낭중 春讓을 보내어 강주를 위유하였다.[43]

> ㉡ 가을 9월에 낭중 撰行을 보내어 변방 고을을 순시하고 백성을 위무하게 하였다.[44]

---

43) 『高麗史節要』 권1, 太祖 3년 정월.
44) 『高麗史節要』 권1, 太祖 4년 9월.

㉠은 귀부한 강주에 낭중 춘양을 보내어 위유했다는 내용이고, ㉡은 변방 고을에 낭중 찬행을 보내어 순시하고 위무하게 했다는 내용인데 이때 파견된 사신은 모두 郎中이라는 직함을 가진 관리였다.

국초의 낭중은 廣評郎中·內奉郎中·徇軍郎中·兵部郎中 등이 있었는데, 이들 가운데 광평성과 내봉성은 정치면을 관장하고 순군부와 병부는 군사면을 담당한 기구였다. 광평성은 서열이 가장 앞서고 수상에 해당하는 시중이 있는 것으로 보아 조정에서 널리 정치를 평의하는 최고 정무기관이고, 내봉성은 명칭상으로 보아 국왕측근에서 왕명을 받들어 시행하는 행정집행기관이었다.[45] 이처럼 이들 두 기관은 각각 중앙에서 정책결정과 행정집행을 담당하는 기관이었으므로 이들 두 기관에 속한 낭중이 지방민의 위무를 위해 파견된 것으로 보기는 어렵다.

낭중을 파견한 목적이 표면상으로는 지방민의 위무와 순시라고 되어 있으나 실질적으로는 그러한 목적 이외에 이들 지역의 군사력에 대한 순행 감찰이 더 중요하였을 것으로 생각된다. 즉 귀부한 지방이나 멀리 떨어진 변경지역의 군사력에 대한 감독에 낭중 파견의 더 큰 목적이 있었을 것이다. 그렇다면 파견된 낭중은 군사적인 임무를 띤 것으로 순군낭중이나 병부낭중 가운데 하나로 볼 수 있다. 이미 앞에서 본 것처럼 병부는 군사행정을 담당한 기구이므로 지방에 파견되어 지방 군사력을 감독하는 것과 같은 기능은 순군부의 업무와 관련이 있는 것이다. 따라서 위 기록에서의 낭중은 순군부 소속의 낭중으로 볼 수 있을 것이다.

徇이란 글자의 의미에 '軍令을 내리다'는 뜻과 '巡行하다'는 뜻이 모두 포함되어 있으므로,[46] 순군부는 고려의 지배체제 내로 편입된 지방

---

45) 邊太燮, 「高麗初期의 政治制度」, 『韓㳓劢博士停年紀念史學論叢』, 지식산업사, 1981. 이에 대해 광평성은 호족세력에 의한 정책결정 기관이고, 내봉성은 왕권을 배경으로 정책을 시행하는 집행기관이라 하여 양자를 대립시켜 보는 견해도 있다.(李泰鎭, 「高麗宰府의 成立」, 『歷史學報』 56, 1972 ; 李基白, 「귀족적 정치기구의 성립」, 『한국사』 5, 국사편찬위원회, 1975)

을 순행하면서 호족 휘하의 군사력을 감독하는 기능도 수행하였던 것이다.[47] 앞에서 언급했듯이 귀부한 호족들에게는 장병권 등 일부 병권이 그대로 인정된 상태였으므로 순군부는 지방 순행을 통해 그들 군사력에 대한 감독업무를 수행하였던 것이다.

순군부는 궁예정권에서 처음 설치되었지만 왕건이 즉위한 이후에도 그대로 존속되었다. 그 이유는 왕건에게도 순군부는 여전히 필요한 존재였기 때문이다. 만약 순군부가 궁예 개인의 정치적·군사적 필요에 의해 설치된 기구였다면 궁예의 몰락과 함께 폐지되거나 변질되었을 것이다. 그러나 왕건 즉위 이후에도 순군부는 여전히 같은 기능을 수행하면서 계속 존속하였다.

태조 즉위 이후에도 궁예 집권 때와 마찬가지로 호족들의 귀부와 정복지역의 확대는 계속되었다. 태조 원년 9월에 尙州帥 阿字蓋가 내부하였고, 태조 3년 정월에는 康州장군 윤웅이 귀부하였으며,[48] 태조 5년 6월에는 하지현장군 원봉,[49] 7월에 명주장군 순식,[50] 11월에는 진보성주 홍술[51] 등이 연이어 귀부하였다. 태조 6년 3월에는 命旨城將軍 城達과 그 동생 伊達·端林 등이 내부하였고,[52] 8월에는 碧珍郡將軍 良

---

46) 실제 徇이 순행이란 의미로 사용된 예를 찾을 수 있다.『高麗史節要』권1, 태조 10년 8월, “王徇康州 行過高思葛伊城 城主興達 先遣其子歸款 是於百濟所置守城官吏 亦皆降附 王嘉之”.
47) 순군부를 왕권을 보위하기 위하여 중앙의 여러 병력들의 동태를 순행 감시하던 일종의 보안기구였다고 보는 견해도 있으나(鄭景鉉,「高麗 太祖代의 徇軍部에 대하여」,『韓國學報』48, 1987, 66쪽), 당시로서는 중앙 무장세력의 병력보다는 오히려 지방호족 휘하 군사력에 대한 순행 감찰이 더 절실하고 중요한 기능이었을 것으로 생각된다.
48)『高麗史節要』권1, 太祖 3년 정월.
49)『高麗史節要』권1, 太祖 5년 6월.
50)『高麗史節要』권1, 太祖 5년 추7월.
51)『高麗史節要』권1, 太祖 5년 11월.
52)『高麗史節要』권1, 太祖 6년 3월.

文이,[53] 태조 8년 9월에는 買曹城將軍 能玄이,[54] 10월에는 고울부장군 능문이 내항하였다.[55] 태조 13년 정월에는 재암성장군 선필이 귀순하였고,[56] 2월에는 동해안의 여러 주군이 귀순하여 고려의 영역이 명주에서 興禮府에까지 이르게 되자, 왕건은 경주 북쪽 50리 되는 곳에 昵於鎭을 설치하고 몸소 이곳을 순행하기도 하였다.[57] 이처럼 왕건이 즉위한 이후에도 고려의 지배 영역은 계속 확대되었고 이들 지역의 호족 군사력에 대한 동원과 감독은 여전히 필요하였으므로 순군부는 그대로 존속하였던 것이다.

이처럼 순군부는 고려의 지배영역이 확대되고, 군사 업무가 증대됨에 따라 업무의 전문화 필요성에서 설치되었다. 통일신라에서 처음 설치되어 군정은 물론 군령업무까지 담당하던 병부의 업무가 크게 증대됨에 따라 병부는 軍政업무만을 담당하고, 새로 순군부를 설치하여 軍令관계 업무를 전담하게 한 것이었다. 이는 군사 업무 수행의 효율화·전문화는 물론 군통수체계 상의 발전을 의미하는 것으로 이해할 수 있을 것이다.

Ⅳ. 徇軍部에서 軍部로의 개편

광종대에 들어와 徇軍部는 군부로 개편되었는데 그 명칭에서 徇字가 없어진 것이다.[58] 이러한 변화에 대해 기존 연구에서는 대체로 순군부 권한이나 기능의 약화로 이해하였다. 즉 군부로의 개편은 왕권의 집

---

53) 『高麗史節要』 권1, 太祖 6년 8월.
54) 『高麗史節要』 권1, 太祖 8년 9월.
55) 『高麗史節要』 권1, 太祖 8년 11월.
56) 『高麗史節要』 권1, 太祖 13년 정월.
57) 『高麗史節要』 권1, 太祖 13년 2월.
58) 『高麗史』 권77, 百官1 兵曹.

권화를 위한 병권집중과 관련을 갖는 것으로서 과거 병권 장악의 최고
기관이며 무장들의 아성인 순군부 권한의 약화를 의미하는 것으로 보
거나,[59] 후삼국통일과 함께 왕권과 중앙정부의 권한이 강화되면서 그동
안 순군부가 가지고 있던 다양한 기능이 변화하여 지방세력의 반란에
대처해서 신속하게 진압할 수 있는 기동타격대와 같은 성격을 가진 군
단으로 축소되고 대부분의 업무는 병부나 기타 유관부서로 이관됨으로
써 그 명칭도 단순히 군부로 바뀌게 되었다고 보았다.[60]

그러나 이와 반대로 순군부의 개편은 광종의 전제적인 왕권강화책의
일환으로서 그 기능이나 조직이 한층 강화되었을 것으로 보는 견해도
있다. 즉 경종 원년의 金傳誥書에 軍府의 장관과 차관이 각 1명씩 늘어
난 것을 근거로 하여 광종의 전제적인 왕권강화정책들이 추진되는 가
운데 다시금 그 기능과 조직이 증강된 것으로 보거나,[61] 왕권강화를 구
상한 광종이 순군부를 군부로 개편하고 侍衛軍을 이용해 勳臣宿將을
제거하는 역할을 담당하게 하였는데, 이는 순군부가 종래의 軍政的 업
무뿐만 아니라 侍衛軍의 통솔이라는 軍令的 업무도 담당하게 된 것을
의미하는 것으로 이해하였다.[62]

이처럼 기존의 연구를 통해 알 수 있듯이 순군부의 군부로의 개편은
단순한 명칭상의 변경이 아니라 기능의 변화도 포함하는 것이었다. 이
미 앞에서 언급하였듯이 徇자는 巡行의 의미를 포함하고 있기 때문에
명칭에서 순자가 없어졌다는 것은 더 이상의 지방 순행이 필요하지 않
게 된 사정을 반영하는 것이 아닐까 한다. 즉 통일 이후 지방의 호족들
이 중앙 관료에 편입되거나, 軍籍의 작성, 光軍의 조직 등으로 호족 휘

---

59) 李基白, 「高麗京軍考」, 『李丙燾博士華甲紀念論叢』, 1956/ 『高麗兵制史硏究』,
     일조각, 1968, 60~62쪽.
60) 崔圭成, 「徇軍部考」, 『祥明史學』 1, 1993, 76~77쪽.
61) 鄭景鉉, 「高麗 太祖代의 徇軍部에 대하여」, 『韓國學報』 48, 1987, 67쪽.
62) 전경숙, 「高麗初의 徇軍部」, 『한국중세사연구』 12, 2002, 33~36쪽.

하의 군사력이 점차 국가에 장악됨에 따라 이들 군사력에 대한 순행 감독이 더 이상 필요하지 않게 된 결과로 생각된다.[63]

주지하듯이 광종대에 들어와 侍衛軍을 비롯한 군사제도의 정비가 본격적으로 실시되었다. 우선 광종은 지금까지 호족들의 휘하에 있던 군사력을 회수하여 군적에 올리고 국가의 군대로 귀속시키고자 하였다. 광종은 즉위와 함께 주현 歲貢의 액수를 정하였는데[64] 이때 액수의 산정을 위해 그 기준이 되는 주현의 호구와 토지조사가 당연히 실시되었을 것이다. 호구조사와 양전사업은 요역이나 군역징발의 토대가 되는 것으로서 이미 태조대 이후 여러 차례에 걸쳐 실시되었다.[65] 이러한 중앙에서의 호구파악과 호적작성은 종래 호족들에게 맡겨져 있던 징병에 관한 권한을 중앙으로 회수하는 계기가 되었을 것이다.

그동안 지방호족들은 자신이 지배하는 영역의 통치를 위해 독립적 성격을 가진 행정조직을 갖추어 운영하였다.[66] 즉 주·부·군·현에는 兵部·倉部 등의 행정조직이 있어 지방의 군사·재정 등의 업무를 담당하였다. 이러한 지방 행정조직은 후삼국의 혼란기에 들어와 지방호족들이 중앙정부의 통제로부터 벗어남에 따라 점차 그 독립성을 강화하면서 동시에 중앙의 그것과 대등하게 명칭을 격상시켰다.[67] 호족들은 이들 행정조직을 이용하여 자신의 지배영역 내에서 독자적으로 군인을

---

63) 이기백은 광종대의 개혁이 왕권에 대립하는 중앙귀족세력의 제거에 바빴기 때문에 순군부와 내군 등 중앙군사기구의 정비에 한정되고, 지방의 군사적 세력에 대해서는 조금도 손을 대지 못했다고 보았다.(「高麗京軍考」, 『李丙燾博士華甲紀念論叢』, 1956/『高麗兵制史研究』, 일조각, 1968)

64) 『高麗史』 권78, 食貨 1 田制 貢賦 光宗 즉위년.

65) 光宗 6년에 見州 양전(『高麗史』 권78, 食貨1 經理 文宗 13년 2월), 7년에 若木郡 양전(李基白編, 「若木郡淨兜寺五層石塔造成形止記」, 『韓國上代古文書資料集成』, 일지사, 1987) 등이 실시된 기록이 발견된다.

66) 『高麗史』 권76, 選擧3 銓注 鄕職 成宗 2년.

67) 권영국, 「고려전기 軍役制의 성격과 운영」, 『國史館論叢』 87, 1999, 7쪽.

징발·동원하고 지휘 통솔하는 등 일체의 병권을 장악하였던 것이다.[68]

　호족들이 고려 왕실에 귀부하면서 일단 그들의 수중에 있던 병권은 중앙으로 귀속되었다. 그러나 아직 지방관이 파견되지 못하여 전국적인 호구조사와 호적 작성 등의 업무를 중앙에서 장악하지 못한 초기에는 군역 대상자를 파악하고 군적을 작성하는 등의 징병 업무는 여전히 호족들에게 맡겨져 있었을 것이다. 그러나 통일 이후 점차 집권화가 추진됨에 따라 호족들에게 맡겨져 있던 징병 업무를 국가에서 회수하려는 작업이 진행되었던 것이다.

　국초에 행해진 군적 작성[69]은 집권화 과정에서 지방호족들로부터 징병권을 중앙정부가 회수하기 위한 작업이었다고 생각된다. 그러나 혜종·정종대의 정치적 상황으로 보아 전국적인 군적 작성이 어려웠고, 따라서 호족들의 수중에 맡겨져 있던 징병권을 곧바로 국가가 회수하지는 못하였을 것이다. 定宗代에 거란의 침입에 대비하여 30만의 光軍이 조직되는데 이를 중앙정부의 징병에 의한 것이라고 보기 어렵기 때문이다. 즉 광군은 중앙정부의 의도에 의해 조직된 것이지는 하지만 그것이 중앙정부의 직접적인 징병에 의한 것이 아니고 당시 지방 통치를 사실상 담당하고 있던 지방호족의 징병에 의해 조직된 것으로 보아야 할 것이다.[70]

　광종 11년에 이르러 왕권강화를 위한 일련의 개혁과 함께 군제의 정

---

68) 군적 작성이나 군인 징발 등의 군사행정적 업무는 兵部 소속의 兵部卿·筳上·維乃 등 吏職이 담당하였을 것이다.

69) 『高麗史節要』 권2, 성종 7년 10월, "武班年老無子孫, 自癸卯年 錄軍籍者 皆放還鄕里". 여기서 계묘년은 혜종 즉위년으로 이 이후에 군적에 올린 자라 하였으니 이미 그 이전에도 군적을 작성했음을 알 수 있다.(李基白, 「高麗京軍考」, 『李丙燾博士華甲紀念論叢』, 1956/ 『高麗兵制史硏究』, 일조각, 1968, 49쪽)

70) 李基白, 「高麗光軍考」, 『歷史學報』 27, 1965/ 『高麗兵制史硏究』, 일조각, 1968, 164~165쪽.

비가 시작되었다. 광종대 행해진 일련의 개혁에는 중국 五代의 마지막 왕조인 後周의 영향이 크게 작용한 것으로 보인다. 광종대에는 후주와 긴밀한 외교활동을 전개하였는데, 2년 정월에 廣評侍郎 徐逢 등 97인의 대규모 사신단을 후주에 보내 朝貢한 것을 시작으로 이후 고려에서 후주로 파견한 사행이 6회, 후주에서 고려로 파견한 사행이 4회에 이르렀다.[71]

특히 광종대의 군제개혁과 관련하여 주목되는 것은 후주의 世宗이 행한 군제개혁이다. 후주 세종은 顯德 원년(광종 5)에 군제개혁을 단행하였는데, 당시 후주는 군사력의 핵심을 이루는 중앙 禁軍의 군사력이 크게 약화된 상황이었다. 즉 後晋·後漢 이래 금군은 오랫동안 황제를 수행하여 점차 나태하고 교만해져서 거란의 원조를 받은 北漢과의 高平전투에서 크게 고전하였다. 이에 세종은 우선 군법을 엄히 하고 고평전투에서 패전한 主將 이하 軍官 70여 인을 참하여 교만한 장수와 나태한 병졸로 하여금 두려움을 알게 하였으며, '務精不務多'의 원칙에 의거하여 금군에 대한 개혁을 진행하였다. 금군에서 노약자와 연장자를 도태시키고 정예병만을 선발하였으며, 천하의 호걸을 모집하여 殿前諸班에 분속시키는 등 금군을 강화하였다. 이러한 군제개혁으로 금군의 군사력은 크게 제고된 반면 藩鎭의 실력은 약화되어 중앙집권이 강화되었다.[72] 세종은 강성해진 금군의 무력을 활용하여 절도사의 횡포를 억제함으로써 당말 이래의 '足重頭輕'의 국면을 변화시키고 강남 여러 나라와 북방의 거란에 대하여 적극적 정책으로 맞서게 되었던 것이다.[73]

---

71) 李基白, 「高麗 初期 五代와의 關係」, 『韓國文化研究院論叢』 1, 한국문화연구원, 1960 ; 『高麗貴族社會의 形成』, 일조각, 1990, 137쪽.

72) 中國軍事史編史組, 『中國歷代軍事制度』, 解放軍出版社, 2006, 306~307쪽.

73) 栗原益男, 「五代十國의 추이와 節度使체제」, 『중국의 역사 - 수당오대편』, 혜안, 2001, 365~366쪽.

이러한 군제개혁을 행한 후주와의 빈번한 사신 왕래나 후주인의 귀화 등은 고려 광종의 군제개혁에도 적지 않은 영향을 미쳤을 것이다. 특히 고려에서 군제개혁이 이루어지기 1년 전인 광종 10년에 양국간의 使行이 많았는데 후주에서 온 사신 가운데 左驍衛大將軍의 존재가 주목된다. 당시 후주에서 諸衛의 장군직은 무신을 우대하기 위한 일종의 명예직이었지만,[74] 이 시기에 무관 직함을 가진 무신출신의 인물이 고려에 사신으로 파견되었다는 사실은 어떤 형태로든 광종 11년의 군제개혁에 영향을 주었을 것으로 생각된다.

이처럼 광종 11년의 군제개혁은 후주 세종의 그것을 본뜬 것이 많았다. 藩鎭세력이 발호했던 후주의 상황과 마찬가지로 당시 고려에서는 개국공신이나 호족의 세력이 강성하여 양국의 사정이 서로 통하는 바가 있었던 것이다.[75] 광종 역시 후주의 세종과 마찬가지로 주현에서 풍채있는 자들을 뽑아서 시위군을 강화하고,[76] 將相들에 대한 숙청작업을 단행하였다.[77] 그리고 이와 때를 같이하여 徇軍府를 군부로, 內軍을 掌衛府로 개편하는 군사기구의 정비를 실시하였다.[78]

이처럼 순군부의 개편은 그 기능의 일부가 변화한 것과 관련이 있는 것이었다. 그동안 군적 작성이나 光軍조직을 통해 지방호족 휘하의 군사력이 국가에 장악되었고,[79] 侍衛軍의 강화 등으로 중앙의 개국공신

---

74) 諸衛의 武官職은 唐朝 중후기에 諸衛제도가 유명무실화하면서 단지 職官의 명목만 존재하고 실제 職掌이 없는 虛衛이 되어 무신을 安置하는 데 많이 이용되었고 五代에도 역시 그러하였다.(宋衍申主編,『兩五代史辭典』, 山東敎育出版社, 1998)

75) 李基白,「高麗 初期 五代와의 關係」,『韓國文化研究院論叢』1, 한국문화연구원, 1960 ;『高麗貴族社會의 形成』, 일조각, 1990, 142쪽.

76)『高麗史』권83, 兵2 宿衛 成宗 원년 6월.

77)『高麗史』권2, 光宗 11년 3월.

78)『高麗史』권77, 百官1 兵曹.

79) 이기백은 광종대의 개혁은 왕권에 대립하는 중앙귀족세력의 제거에 바빴기 때문에 순군부와 내군 등 중앙군사기구의 정비에 한정되고, 지방의 군사적 세

이나 무장들이 가졌던 군사적인 권한이 박탈되어 兵權이 중앙으로 집
중됨에 따라 종래 순군부가 담당하던 지방호족의 군사력에 대한 巡行
감독 기능이 불필요하게 된 결과, 그 명칭에서 순행을 의미하는 徇자가
없어지게 된 것이다.

　이처럼 기능의 일부가 축소되었다 하더라도 통일 직후 군부는 軍令
업무를 담당한 기구로서 여전히 중요하였기 때문에 軍政을 맡은 병부
보다 상위에 위치하였다. 즉 978년에 경순왕이 죽자 그를 尙父로 책봉
하였는데 그 誥文에 시중, 내봉령, 군부령, 병부령의 순서로 서명을 한
것으로 볼 때 여전히 군부가 병부보다 상위에 있었음을 알 수 있다.[80]

V. 맺음말

　순군부가 설치된 시기는 국호를 泰封으로 고친 911년 무렵으로 국호
의 개정과 함께 새로이 관제를 정비하면서 병부로부터 군령권을 분리
하여 이를 담당하게 하기 위해 설치한 것이었다. 순군부는 태봉의 정복
지역이 확대되고 귀부하는 호족들이 크게 늘어나는 시기에 설치되었다.
궁예의 초기 세력기반은 강원도 일부 지역이었으나 이후 경기도와 충
청도지역을 통합하고 경상도 북부 일대까지 진출함으로써 그 지배영역
이 크게 확대되었다. 그에 따라 군사적인 업무도 대폭 늘어나 종래의
병부만으로는 증가된 군사 업무를 감당하기 어렵게 되었다.

　특히 고려의 지배체제 내로 들어온 여러 지역의 호족 군사력에 대한
통제가 중요한 과제로 대두한 상황에서 그동안 兵部가 담당하던 업무
가운데 軍政 업무를 제외한 軍令 업무를 분리하여 이를 담당할 기구로

력에 대해서는 조금도 손을 대지 못했다고 본다.(李基白, 「高麗京軍考」, 『李
　丙燾博士華甲紀念論叢』, 1956/『高麗兵制史研究』, 일조각, 1968, 62쪽)
80) 『三國遺事』紀異, 金傅大王.

서 순군부를 설치한 것이다. 이처럼 순군부는 군사 업무의 분화과정에서 설치된 것으로 이는 군사 업무 수행의 효율화와 전문화, 그리고 군 통수체계 상의 발전을 의미하는 것이었다.

군령기구로서 순군부의 가장 중요한 업무는 군대의 동원, 즉 發兵에 관한 업무였다. 그동안 호족들은 자신의 무력기반인 군대를 징발·동원하고 지휘하는 등의 병권을 독자적으로 행사해왔다. 그러나 귀부함으로써 독자적으로 행사해 오던 일체의 병권은 일단 국왕에게 귀속되었고, 호족들에게는 휘하 군대에 대한 지휘권을 비롯한 일부 병권만이 허용되었다. 따라서 그동안 호족들이 마음대로 통솔하던 군대는 이제 최고 통수권자인 국왕의 명령에 의해서만 동원할 수 있게 되었는데, 바로 순군부는 국왕의 명령을 받들어 중앙군과 호족 휘하 군대를 동원하는 발병 업무를 담당하였던 것이다.

이와 함께 순군부는 지방호족들의 군사력에 대한 순행·감독 업무도 수행하였다. 새로 정복된 지역이나 귀부를 통해 고려의 지배체제 하로 편입된 지역이라 하더라도 중앙의 통제력이 제대로 미치기 어려웠던 당시 이들 호족들의 군사력에 대한 감독은 절대적으로 필요하였다. 따라서 지방을 순행하면서 호족들의 군사력을 감독하는 것도 순군부 업무 중의 하나였던 것이다.

광종대에 들어와 순군부는 군부로 개편되었는데 이는 그 기능의 일부가 변화한 것과 관련이 있다. 통일 이후 군적 작성이나 광군조직을 통해 지방호족 휘하의 군사력이 국가에 장악되었고, 시위군의 강화 등으로 중앙의 개국공신이나 무장들이 가졌던 군사적인 권한이 박탈되어 병권이 중앙으로 집중됨에 따라, 종래 순군부가 담당하던 지방호족의 군사력에 대한 순행 감독의 기능이 불필요하게 된 결과, 순행을 의미하는 순자가 없어지게 된 것이었다. 이처럼 기능의 일부가 축소되었다 하더라도 군부는 군령업무를 담당한 기구로서 여전히 중요시되어 軍政을 맡은 병부보다 상위에 위치하였다.

성종대 이후 군부는 中樞院으로 대체된 것으로 보인다. 광종대 이후 군부의 존재가 더 이상 보이지 않고 성종대에 들어와 송의 제도를 받아들인 중추원이 설치되는데 아마도 중추원이 군부를 계승하여 이후 군령업무를 담당하였기 때문일 것이다. 고려시대 군사관계 업무에서 병부가 담당한 것은 武班의 인사, 군사관계 일반 업무, 儀仗, 교통 등 군사행정에 국한되었고 그 장관인 尚書가 3품에 불과하였던 만큼 군령관계 업무를 담당하였던 것은 중추원이었다고 할 수 있을 것이다.[81]

중추원의 군령기구로서 기능에 대해 부정적인 견해가 있으나,[82] 중추원 이외에 군령관계 업무를 담당한 기구의 존재가 찾아지지 않고,[83] 發命·發兵·掌兵의 상하관계에 의해 규제되는 군령계통의 이론이 고려에 영향을 미쳐, 고려에서의 군령계통이 省宰·中樞·上大將軍으로 체계화되었다는 선초의 이해[84]를 통해 볼 때도 군령기구로서 중추원의 존재를 부정하기는 어려울 것으로 생각된다.[85]

---

81) 閔賢九, 「제4장 軍令·軍政機關의 整備」, 『韓國軍制史 – 근세조선전기편』, 육군본부, 1968, 173쪽.

82) 周藤吉之, 「高麗初期の官吏制度」, 『東洋大學大學院紀要』 11, 1974 ; 『高麗官僚制の研究』, 法政大出版局, 1980 ; 朴龍雲, 「高麗의 中樞院 研究」, 『韓國史研究』 12, 1976 ; 『高麗時代 中樞院 研究』, 고대민족문화연구소, 2001 ; 邊太燮, 「高麗의 中樞院」, 『震檀學報』 41, 1976 ; 周藤吉之, 「高麗初期の中樞院, 後の樞密院の成立とその構成 – 唐末·五代·宋初の樞密院との關係に於いて」, 『朝鮮學報』 119, 1986 ; 金炅希, 「高麗前期 中樞院 承宣研究」, 『梨大史苑』 24·25합, 1990.

83) 이기백은 병부보다 우위에 있던 순군부가 광종 때에 군부로 변경되었다가 성종 또는 목종 때에 군부가 폐지되고 重房이 출현하는데 중방이 비록 그 조직의 성격이 다르다 하더라도 순군부의 계통을 이어나간 것으로 추측하였다. (「高麗京軍考」, 『李丙燾博士華甲紀念論叢』, 1956/ 『高麗兵制史研究』, 일조각, 1968, 54~56쪽)

84) 『定宗實錄』 권4, 定宗 2년 4월.

85) 閔賢九, 「제1장 제4절 軍令·軍政機關의 整備」, 『韓國軍制史 – 근세조선전기

편』, 육군본부, 1968, 173쪽 ; 矢木毅, 「高麗における軍令權の構造とその變質」,『東方學報』 70, 1998, 291~327쪽. 이밖에 禁軍에 한정되는 것이기는 하지만 軍令·軍政기구로 보는 견해(宋寅州, 「高麗時代의 禁軍과 樞密院」,『한국중세사연구』 7, 1999)와 초기의 왕명출납·왕의 신변보호에서 점차 軍機로까지 확대되었다고 보는 견해(이정훈, 「고려전기 중주원의 설치와 職掌의 변화」,『東方學志』 134, 2006)가 있다.

고려초기 중앙관제의 성립과 변화

김 대 식

Ⅰ. 머리말

고려의 중앙관제는 태조대에 성립된 관부가 광종대의 변화를 거쳐 성종대 3성·6부·9시·5감을 골격으로 하는 唐制를 고려사회에 맞게 부분적으로 변용한 제도였다. 고려의 3성6부제는 성종대에 도입된 이후 다소의 변화를 겪었지만 1,000년 동안 한국 전통사회의 기본적인 골격을 이룬 정치제도였다.

고려 건국 직후의 중앙관제는 건국 후 불과 6일만에 제정된 12관부를 골격으로 성립되었다.[1] 이는 태봉과 신라의 관제를 계승한 것이었다.[2] 고려사회는 태조 23년(940)에 州府郡縣의 명칭을 바꾸는 대규모의

---

1) 李泰鎭은 신라말 12개의 관부와 태봉의 19개의 관부를 『高麗史』와 『三國史記』를 근거로 고려 건국 직후 12개의 중앙관부의 계승관계를 검토하였다.(李泰鎭, 「高麗 宰府의 成立 - 그 制度史的 考察 - 」, 『歷史學報』 56, 1972) 邊太燮은 '12官府'라는 용어를 처음으로 사용하는 한편, 廣評省·內奉省·徇軍部·兵部의 서열이었으며 실제의 운영은 행정적 능력과 경험을 중심으로 한 인물 본위로 운영되었음을 구명하였다.(邊太燮, 「高麗初期의 政治制度」, 『韓沽劤停年紀念論叢』, 知識産業社, 1981) 또한 崔圭成은 '12省部'라는 용어를 사용하면서, 廣評省이 이들 관부를 총괄하는 것으로 이해하였다.(崔圭成, 「廣評省考 - 高麗 太祖代 廣評省의 性格을 중심으로 - 」, 『金昌洙華甲紀念論叢』, 1992)

2) 趙仁成은 弓裔政權 때 형성된 廣評省體制의 중앙관제가 고려로 그대로 계승

지역개편과 役分田을 제정하는 등 후삼국통일을 성취한 이후 확대된 영역과 인민을 효율적으로 운영할 새로운 체제와 방식을 필요로 했다. 광종대 과거제의 시행, 백관의 공복 제정, 중앙관제의 개편 등은 이러한 사회적 요구의 실현과정이었다.

고려초 체제정비의 실현 과정 속에서 광종의 지나친 왕권강화와 경종대 신료들의 전횡이라는 지배질서를 뒤흔드는 상황이 발생하였다. 지배세력들은 정치적 파행을 겪으면서 국왕과 신료 상호간에 견제가 가능한 근본적인 제도적 장치의 필요성을 절감하게 되었다. 성종 즉위 무렵에 이르면 제도개혁에 대한 정치세력들 상호간에도 합의가 이루어진 것으로 보인다.[3] 현재까지 진행된 연구는 중국식 중앙관제가 도입될 수 있었던 고려사회의 배경에 대한 검토가 주를 이루었다.

고려초기에 형성된 중앙관제는 이후 한국 전통사회의 근간이 되었다. 따라서 고려가 기준으로 삼았던 중앙관제의 모델이 어떤 것인가에 대한 구명은 한국 중세사의 구조적 바탕을 해명하는 단서가 된다. 하지만 고려가 도입한 제도의 구체적인 모델에 대한 연구는 아직 시도되지 않았다. 두루 알듯이 고려의 중앙정치제도는 당제를 근간으로 송제를 일부 채용한 구조이다. 당나라의 중앙관제는 수나라 관제를 계승하여 시대적 상황에 맞게 반포된 율령에 의해 변형시켜 간 제도였다. 이러한

되었다고 보았다.(趙仁成, 「弓裔政權의 中央政治組織 - 이른바 廣評省體制에 對하여」, 『白山學報』 33, 1986) 李在範은 弓裔政權 때의 19관부에 대한 개별적인 성격과 기능을 검토하였다.(李在範, 『後三國時代 弓裔政權의 研究』, 성균관대 박사학위논문, 1991)

3) 성종대 정치세력은 유교적 정치이념의 확산에 따라 정치제도개혁에 대해 적극적이었던 것으로 보인다.(이기백, 「貴族的 政治機構의 成立」, 『한국사』 5, 1975 ; 김대식, 「高麗 成宗代 三省六部制의 導入過程」, 『史林』 14, 2000) 또한 제도개혁의 실무를 담당자들은 歸化人·중국유학생·체류자 등이 주를 이루었음을 검토한 연구가 있다.(김대식, 「羅末麗初 知識人의 正體性 - 崔彦撝를 중심으로 - 」, 『新羅史學報』 9, 2007)

당제는 고정된 하나의 제도가 아니라『구당서』직관지와『신당서』백관지에 표현된 주요 개편만 20여 차례나 변천을 거듭한 것에서 알 수 있듯이 그 전형을 설정하기 힘든 제도였다. 더욱이 고려가 당제를 채용했을 당시는 당이 멸망한 지 70여 년이나 지난 시점이었다. 이러한 상황에서 고려가 당제를 도입할 수 있는 방법은 당시 오대십국에서 시행되고 있는 당제를 도입하거나, 典章書를 현실에 적용하는 방법이 있을 수 있다. 하지만 이를 구명하기 위해서는 몇 가지 난관을 극복해야 한다. 고려가 당제를 도입했던 오대십국과 관련된 자료는 여타 시대의 자료에 비해 빈약할뿐더러 이 시기에 시행된 제도와 관련된 자료는 더욱 희귀한 실정이다. 또한 중국사에서도 전장서의 行用과 유통과정에 대한 연구는『당육전』정도에 한정되어 있다. 따라서 현단계에서 고려초 당제의 도입 혹은 전장서의 행용에 대한 연구는 시론적 검토 정도만이 가능하다.

고려초기 중앙관제의 성립과 변화를 밝히는 연구는 국초의 독자적인 중앙관제가 성종대에 새로 수용된 중국제도[唐制] 속에 용해되어 흡수된 이유를 밝히는 것을 궁극적 목표로 한다. 하지만 현재로서는 국초 12관부의 기능과 성격조차 제대로 구명하지 못하고 있고, 광종대에 12관부가 10성4부로 개편되었다는 정도만이 밝혀져 있다.4)

이 글은 태조대 성립되어 성종대 이전까지 유지된 관부는 어떠한 제도였으며, 당제가 어떠한 방식으로 고려에 도입되었고, 그 텍스트가 무엇인가에 초점을 맞추었다. 우선 살펴볼 것은 태조대 성립된 관부의 전체의 모습을 파악하기 위해 건국 직후의 12개 관부 외에 있었던 주요 관부에 어떠한 것들이 더 있었으며 그 기능이 어떠했느냐 라는 점이다. 다음으로 광종대 추진된 개혁을 전후하여 중앙관제가 어떠한 변화를 겪으며 정비되었는가를 파악한다. 광종대 진행된 활발한 대외교류를 통

---

4) 金大植,「『海外使程廣記』에 나타난 高麗 光宗代 10省 4部」,『史林』24, 2005.

해 오대십국의 제도와 전장서의 도입과정에 대해 고찰한다. 특히 성종 대 남당 관제의 도입 가능성과 『통전』을 비롯한 전장서가 고려관제에 끼친 영향에 대해 검토한다. 하지만 이러한 검토는 자료적 한계와 기존 의 연구성과가 한정되어 있어 시론을 벗어나기 어려울 것이다.

Ⅱ. 태조대 중앙관제의 성립

고려초의 관부는 건국 후 6일만에 단행된 인사에서 廣評省, 內奉省, 徇軍部, 兵部, 倉部, 義刑臺, 都航司, 物藏省, 內泉部, 珍閣省, 白書省, 內軍 등 12개의 관부가 확인된다. 이는 고려 중앙관제의 기본골격으로 파악된다.[5]

고려 건국 직후의 관제정비는 건국 직후에 발생한 마군장군 桓宣吉 의 반란을 시작으로 蘇判 宗偘과 내군장군 狄鉥의 모반과 마군대장군 伊昕巖의 모반, 그리고 徇軍吏 林春吉을 중심으로 한 1차 청주세력의 모반과 파진찬 陳瑄을 중심으로 한 2차 청주세력의 모반 등 정권에 대 한 도전이 끊이지 않은 상황에서 이루어졌다.

건국 직후의 관제정비는 12관부를 골격으로 한 인사를 발표한 다음, 조칙을 통해 기본 원칙이 제시되는 순서를 거쳐 공식적으로 제도화되 었다. 태조는 관제제정 원칙을 태봉의 관제를 계승하는데, 그 가운데 알기 어려운 것은 신라제도의 명칭을 따르고 나머지는 태봉의 제도를 그대로 계승한다는 기준에 따라 제정된 것임을 詔書를 통해 밝혔다.[6]

---

5) '12관부'라는 용어는 註1)에서 밝혔듯이 邊太燮에 의해 처음 사용되었다. 12관 부로도 해석될 수 있는 사례는 『고려도경』에 '高麗之初 建官十有二級'이라는 것이 있다.(『宣和奉使高麗圖經』 권16, 官府) 하지만 이를 12관부로 단정지을 수는 없다.

6) 『高麗史節要』 권1, 太祖 元年 6월.

이러한 원칙이 표현된 사례를 살펴보면, 12개의 官府 가운데 태봉의 명칭을 버리고 신라의 명칭을 그대로 채용한 관부는 倉部 하나에 불과하지만, 광평성·내봉성·병부·의형대·물장성 등 핵심적인 5개의 관부는 태봉의 관제를 그대로 계승한 것이었다. 태조의 관제제정 원칙에 따르자면 건국 직후의 관부는 최소한 태봉의 관제의 19개 이상이었을 것으로 파악된다.

건국 직후의 12관부는 대체로 광평성·내봉성 등의 정무기구, 순군부·병부·내군 등의 군사기구, 창부·물장성·내천부·진각성 등의 재정기구, 의형대·백서성 등으로 분류해 볼 수 있다. 이들 12관부는 고려 건국에 참가한 주도세력에게 핵심적인 권한을 부여하는 동시에 빈발하는 모반에 대처하기 위해 정권기반의 구축에 필요한 주요 관부로 이해된다.

그런데 건국 직후의 인사에서 이전 직함에 사용된 사례로 보아 순군부는 태봉의 관부였음을 알 수 있다.[7] 태봉의 19개 관부는 실제로는 효공왕 8년(904) 摩震 때 제정된 관부였다.[8] 하지만 국호를 태봉으로 바꾼 이후 다소의 변화는 있었지만, 그 골격은 유지되었던 것으로 보인다. 따라서 건국 직후 12개의 관부는 정치적 혼란을 수습하기 위해 단행한 주요 보직에 대한 인사가 단행된 관부를 말하는 것이지, 12관부가 건국 직후 제정된 모든 관부를 의미하는 것은 아니다. 12개의 관부에는 포함되어 있지 않지만, 元鳳省은 백관지에도 나와 있듯이 태봉의 관제를 계승한 대표적인 관부이다.[9] 그리고 내의성 역시 국초부터 있었던 관부로

---

7) 倉部卿으로 임명된 能駿의 경우 이전 관직이 前守徇軍部卿이었고, 廣評郎中에 임명된 申一과 林寔은 前徇軍部郎中이었다.

8) 摩震의 19개 관부는 廣評省, 兵部, 大龍部, 壽春部, 奉賓部, 義刑臺, 納貨府, 調位府, 內奉省, 禁書省, 南廂壇, 水壇, 元鳳省, 飛龍省, 物藏省, 史臺, 植貨府, 障繕府, 珠淘省이다.

9) 태조가 궁예로부터 궁지에 몰렸을 때 기지를 발휘하여 위기를 모면하게 한 崔

보인다.[10] 원봉성과 내의성이 포함될 경우 건국 직후의 관부는 14개이다.[11]

이들 외에도 고려 건국 직후 12관부에 보이지 않지만 반드시 있었을 것으로 추정되는 관부가 있다. 국가의 儀禮와 외교를 담당하는 禮部와 禮賓省과 같은 기구는 國體를 상징하는 가장 기본적인 것으로 없어서는 안 되는 관부이다. 예부는 신라에서 서열 5위의 관부였던 것이 마진에 이르러 서열 4위의 壽春部로 계승되었다. 예빈성에 해당하는 領客府는 신라의 서열 10위의 관부였던 것이 마진에 이르러 서열 5위의 奉賓部로 계승했다. 이들 관부는 후삼국 정립의 상황에서 이들 관부에 대한 필요성은 더 높아졌음을 보여준다. 건국 직후의 인사에서 이들 관부가 누락된 것은 당시 극심한 혼란으로 인해 인사개편을 하지 않았기 때문이지 관부 자체의 필요성이 없어서가 아닌 것으로 판단된다.

禮部에 해당되는 관부는 건국 당시부터 존재해 있었던 것은 분명하다. 건국 직후의 예부는 '福府'라는 명칭을 가지고 있었던 것으로 보인다. 이는 태조 6년(923) 後梁에 파견된 福府卿 尹質의 사례에서 확인된다. 윤질은 당나라를 계승한 후량에 使臣으로 파견된 인물이다.[12]

이 使行은 고려가 북중국의 五代와 가진 첫 번째의 외교이다.[13] 이

凝을 즉위 직후에 知元鳳省事에서 廣評郎中에 임명했다는 기사와 崔彦撝가 임명된 元鳳大學士, 崔承老가 12세 때 元鳳省學生에 임명된 사실을 비롯하여 백관지에도 元鳳省이 泰封의 관제를 계승한 관부임을 밝히고 있다.(『高麗史』 권92, 列傳5 崔凝·崔彦撝, 列傳6 崔承老 ; 『高麗史』 권76, 百官1 藝文館)

10) 태조 13년(930) 白書省郎中 行順과 英式을 內議舍人에 임명한 인사에서 '內議'라는 명칭과 실무직인 舍人이 2명이나 임명된 사실로 보아 '內議省'이라는 관부가 존재하였음을 알 수 있다.

11) 신수정, 「고려초기 고려재부의 성립」, 2007년 9월 1일 발표문, 2007 참조.

12) 『高麗史』 권1, 太祖 6년 6월.

13) 한국사의 후삼국시기는 中國의 五代十國時期와 겹쳐진다. 이 시기는 한국사에서 혼란의 시기였지만, 중국사에서 오대십국시기는 南北朝時代와 함께 가

때 외교를 담당한 윤질은 '福府卿'이라는 직명을 가지고 있었다. 福府는 '禮府'를 잘못 기술한 것으로 추정된다.[14) 중국과 우리나라의 관직명에 '福'이라는 글자가 사용된 사례가 발견되지 않는다. 특히 이러한 직명이 사행과 관련되어 사용되었다는 점에서 '福'을 외교와 의례를 의미하는 '禮'라는 글자의 오기로 볼 경우, 건국 직후에 외교와 의례를 담당한 관부가 禮府이므로 福府보다 합리적인 것으로 판단된다. 그 職이卿이었음 감안한다면 더욱 쉽게 납득될 수 있을 것이다.[15)

국초에 사용된 예부는 윤질의 귀국 직후에 '春部'라는 명칭으로 바뀐것으로 보인다. 이는 윤질 귀국 직후에 後唐에 파견된 春部少卿 朴巖의 사례를 통해 알 수 있다.[16) 이때 파견된 박암은 광평시랑 韓申一을수행한 副使로서 春部少卿의 직함을 가지고 있었던 인물이다. 여기서박암의 소속 관부인 春部는 예부와 같은 성격의 관부로 파악된다. 이는

장 급격한 변화를 겪은 시기로 불린다. 오대십국의 분립된 여러 나라들은 각기 생존을 위해 체제정비와 대외교류에 힘을 기울였다. 후삼국이 정립된 상황에 놓인 고려도 이들과 비슷한 처지였다. 따라서 고려는 이들처럼 생존을 위해 체제정비와 대외교류에 적극적으로 나설 수밖에 없는 상황이었다. 使行은그 성격에 따라 정사와 부사의 급이 결정되고, 주요 외교적 현안일 경우 핵심적인 부서에서 책임자인 정사를 맡는다. 윤질이 파견될 무렵의 고려는 체제의정비가 진행되고 있었기 때문에 중국과의 첫 사행에 외교의 담당부서 책임자를 파견한 것으로 보인다.

14) '福'자라는 글자가 '禮'와 글자모양이 거의 유사하고, 그 기능상 禮部의 역할을담당한 관부였으므로 '禮府'의 誤記로 추정된다.

15) '禮府'라는 명칭도 중국 역대 관제에서 사용된 예가 없고, 그 용례도『高麗史』이외에는 찾아지지 않는다. 禮와 府는 중국식의 명칭이지만 이러한 조합은 한반도에서 흔히 보이는 용례이다.

16) 고려의 첫 번째 외교의 상대였던 後梁은 윤질의 방문 직후에 後唐에 멸망한다. 고려는 불과 수개월만에 새로 건국한 후당에 使臣을 파견했다. 이처럼 신속하게 사신을 파견한 것은 吳越人으로 신라를 거쳐 고려로 귀화한 文士 朴巖을 고려의 사신으로 임명한 조치와 함께 고려가 의욕적으로 대중국외교에나선 것과 무관하지 않은 것으로 보인다.

『周禮』에 입각한 春官이라는 관부가 예부의 통칭으로 사용되고 있는 점과 측천무후 때 예부를 춘관으로 바꾸어 사용된 사례를 통해 알 수 있다.

하지만 춘부라는 명칭 역시 예부와 같이 중국의 역대관제에서 사용된 예가 없는 고려의 고유명칭으로 보인다. 이 같은 사례는 고려의 3성 6부제가 도입된 성종 2년에 사용된 '禮官'에서도 보인다. 이 역시 중국의 역대 관제에서 그 유례를 찾을 수 없는 관명이다. 이처럼 고려의 관직명은 건국 직후부터 중국식의 관명을 사용하면서도 중국에서는 사용하지 않는 고려 나름으로 조합된 이름을 사용하였다. 이는 고려초 동아시아의 국제정세 속에서 선진적인 제도의 도입과 함께 이를 주체적으로 체화해 가는 과정을 보여준다.

태조 6년 이후 고려의 외교는 북중국의 오대와 남중국의 十國 여러 나라들과 거란, 일본 등 동아시아 전역으로 확대된다.[17] 고려는 對中國 외교가 본격화된 이후 正使를 광평시랑이 담당하게 하였을 정도로 심혈을 기울였다. 이러한 외교의 실무는 예부를 계승한 춘부가 담당하였던 것으로 보인다.

고려는 후삼국통일을 성취한 이후 확대된 영역과 인민의 지배를 위해 새로운 지배구조와 방식을 필요로 했다. 이는 태조 23년(940)에 州府郡縣의 명칭을 바꾸는 대규모의 지역개편과 役分田을 제정하는 등의 개혁을 통해 알 수 있다. 하지만 이와 관련된 전모를 밝혀줄 자료는 아직까지 발견되지 않고 있다. 관제에 있어서도 추적 가능한 단서도 몇 가지에 불과할 뿐이다.

그 사례의 하나로 禮賓省을 들 수 있다. 예빈성은 그 기능상 사신을 접대하고 연회를 베푸는 관서로 신라에는 領客府가 있었고, 마진에서는 奉賓部가 있었다. 예빈성은 이를 계승하여 태조 4년(921) 설치된 관

---

17) 金大植, 「高麗 光宗代 對外關係」, 『史林』 29, 2008, 108~117쪽.

부였다.[18] 후삼국통일을 전후하여 예빈경이 정사나 부사로 파견되기 시작하였다.[19] 이후 예빈경이 부사로 임명되는 것이 상례화 된다. 이는 외교의 실무를 담당한 관부가 춘부에서 예빈성으로 옮겨가지 않았는가를 추정하게 한다.[20] 예빈성은 원래 사신접대를 맡은 작은 기구에 불과했다. 이러한 기구의 禮賓卿은 정사 혹은 부사에 예외적으로 임명된 것이 아니라 상시적으로 임명되었다. 이는 예빈성이 대중국외교에서 중요한 역할을 담당하였음을 의미한다.[21] 성종대 3성6부제가 도입된 이후에도 예빈경은 부사로서 사행에 참가하는데, 예빈성이 사행의 실무를 담당했다는 점에서 고려 관제운영의 특징적인 면을 보여주는 사례로 보인다.[22]

태조대에 성립된 고려의 중앙관제는 건국 직후 인사개편에 보이는 12개의 관부 외에도 앞서 언급한 원봉성·내의성·예부·예빈성 등 최

---

18) 『高麗史』 권76, 百官1 禮賓寺.

19) 태조 18년(935) 後唐에 使臣으로 禮賓卿 邢順의 파견을 시작으로 후삼국통일 이후 金裕와 金廉 등 禮賓卿은 使行의 실무를 담당한 副使로 임명된 사례가 발견된다.

20) 당시 중국측 기록을 보면 禮賓卿 邢順은 正使였고, 副使는 崔遠이었다. 하지만 후삼국통일 이후인 태조 26년(943)에 後晉의 使行에서 正使는 廣評侍郎 金仁逢, 副使는 禮賓卿 金裕였다. 혜종 즉위년(944)과 혜종 2년(945) 2차례 後晉에 副使로 파견된 禮賓卿 金廉의 사례 등에서 볼 때 禮賓卿은 使行의 실무를 담당한 副使의 職으로 정해졌던 것으로 이해된다.(『高麗史』 권1·권2 ; 『高麗史節要』 권1·권2 ; 『新五代史』 권9 ; 『五代會要』 권30)

21) 중국에서 禮賓省은 禮部의 작은 속사에 불과한 기구였다. 예빈성의 관원이 외교사절로 파견된 예는 국가가 아닌 부족의 交隣에 동원될 경우에 한정되었다.

22) 중국의 역대관제에서 禮賓省에 비견되는 관부는 禮賓院이다. 원래 예빈원은 唐 玄宗 天寶 13년(754) 이전에 설치된 鴻臚寺의 屬司 典客署의 부속기구인 客館에 불과한 기구였다.(『唐會要』 권66, 鴻臚寺) 이후 宋과 契丹은 이들 禮賓院의 使·副使가 외교사신으로 파견되기도 하였다. 하지만 이들은 邢順의 사례와 같이 副使가 아닌 正使로서 파견된 점에서 고려의 제도운영과는 다른 방식이었다.

소한 16개 이상의 관부로 구성되어 있었던 것으로 보인다. 그 기능면에
서 광평성·내봉성·내의성 등의 정무기구, 순군부·병부·내군 등의
군사기구, 창부·도항사·물장성·내천부·진각성 등의 재정기구, 의
형대·백서성 등의 기구 외에도 예부(춘부)·예빈성 등의 외교를 담당
하는 기구 등도 갖추고 있었다. 하지만 이들 관부는 업무의 상당부분이
중복되었던 것으로 이해된다. 이로 인해 통일 이후 춘부의 업무가 예빈
성으로 대체된 사례와 같이 기구의 효율적인 재배치가 필요하게 되었
다.

Ⅲ. 광종대 중앙관제의 개편

광종대는 후삼국통일 이후 혜종·정종에 걸치는 왕위쟁탈전의 과정
에서 약화된 왕권을 강화하는 동시에 중국 오대십국의 여러 나라들과
의 교류를 통해 과거제와 공복제도를 비롯한 중국식의 제도를 도입하
여 고려사회를 혁신시켜 3성6부제 도입의 기초를 마련한 시기였다.

고려는 後周의 건국에서 멸망까지 9년 동안 공식적으로 9차례 사신
을 파견하고,[23] 후주로부터 5차례 사신을 맞았다.[24] 고려가 중국 문물

---

23) 고려의 사신 파견 기사는 다음과 같다.

① 광종 2년 正月 : "遣廣評侍郎徐逢等 九十七人來朝貢"(『五代會要』 권30,
廣順 元年 正月) ; "遣使朝貢 以昭 爲特進檢校太保使持節元莬州都督充大義
軍使高麗國 後加太師"(『文獻通考』 권325) ; "權知高麗國事王昭 爲特進檢校
太保使持節玄莬州都督充大義軍使兼御史大夫高麗國王 仍命衛尉卿劉皞 通
事舍人顧彦浦 持節冊之 劉皞尋卒於路 顧彦浦溺海而死"(『五代會要』 권30,
廣順 元年 2월)

② 광종 3년 正月 : "遣廣評侍郎徐逢如周獻方物"(『高麗史』 권2 ;『高麗史節
要』 권2) ; "庚午高麗權知國事王昭 遣使貢方物"(『舊五代史』 권112, 廣順 2년
正月) ; "庚午 高麗王昭 使其廣評侍郎徐逢來"(『新五代史』 권11, 廣順 2년 正
月) ; "高麗權知國事王昭 遣廣評侍郎徐逢等九十七人 來朝貢"(『冊府元龜』 권

972, 廣順 2년 正月)

광종 3년 7월 : "高麗僧 思泰 獻方物"(『冊府元龜』 권972, 廣順 2년 7월)의 기사는 공식적인 使行이었던 것으로 추정되지만, 확실한 내역을 알 수 없어 공식적인 사행에서는 제외하였다.

③ 광종 5년 10월 : "高麗國遣王子太相王融 來貢方物"(『冊府元龜』 권972, 顯德 元年 10월)

④ 광종 6년 10월 : "遣大相王融 如周獻方物"(『高麗史』 卷2 ;『高麗史節要』 권2) ; "戊寅 高麗國遣使朝貢"(『舊五代史』 권115, 顯德 2년 10월) ; "戊寅 高麗使王子太相融來"(『新五代史』 권12, 顯德 2년 10월) ; "復遣使王子大相王融 來貢方物"(『五代會要』 권30, 顯德 2년 10월)

⑤ 광종 6년 11월 : 後周世宗 顯德 2년 : "遣廣評侍郎荀質 如周賀卽位"(『高麗史』 권2 ;『高麗史節要』 권2) ; "高麗復遣本國廣評侍郎荀質 來貢方物 稱賀登極"(『冊府元龜』 권972, 顯德 2년 11월) ; "高麗國王王昭開府儀同三司檢校太尉 依前使持節玄菟州都督大義軍使 王如故"(『舊五代史』 권115, 顯德 2년 11월) ; "又遣廣評侍郎荀質 來賀登極"(『五代會要』 권30, 顯德 2년 11월) ; "其年十二月 授其國王王昭 開府儀同三司檢校太師高麗國王"(『五代會要』 권30, 顯德 2년 12월). 광종 6년 10월 기사의 正使가 王融인데 반해, 11월 기사의 正使는 荀質이다. 여기서는 다른 사행으로 판단하였다.

⑥ 광종 10년 정월 : 後周世宗 顯德 6년 : "遣春佐丞王兢佐尹皇甫魏光如周獻名馬織成衣襖弓劍"(『高麗史』 권2 ;『高麗史節要』 권2) ; "壬子 高麗國王王昭遣使貢方物"(『舊五代史』 권119, 顯德 6년 正月) ; "高麗王昭 遣使者來"(『新五代史』 권12, 顯德 6년 正月) ; "又遣其臣王子佐丞王兢佐伊王皇甫魏光等 貢名馬織成衣襖弓劍等"(『五代會要』 권30, 顯德 6년 正月) ; "高麗國王王昭遣使王子佐丞王兢佐伊王皇甫魏光等來 進名馬及織成衣襖弓劍器甲等"(『冊府元龜』 권972, 顯德 6년 正月)

⑦ 광종 10년 8월 : 後周 恭帝 元年 : "秋遣使如周進『別序孝經』一卷·『越王孝經新義』八卷·『皇靈孝經』一卷·『孝經雌雄圖』三卷"(『高麗史』 권2 ;『高麗史節要』 권2) ; "壬寅 高麗遣使者來"(『新五代史』 권12, 恭帝 元年 8월) ; "壬寅 高麗國遣使朝貢 兼進別序孝經一卷·越王孝經新義一卷·皇靈孝經一卷·孝經雌圖三卷"(『舊五代史』 권120, 恭帝 元年 8월) ; "其年八月 遣使進別序孝經一卷 越王新義孝經八卷 皇靈孝經一卷 孝經雌圖三卷"(『五代會要』 권30, 恭帝 元年 8월) ; "高麗國遣使朝貢 兼進別序孝經一卷·越王孝經新義八卷·皇靈孝經一卷·孝經雌圖二卷"(『冊府元龜』 권972, 恭帝 元年 8월) ; "高麗俗知文字 喜讀書 昭進別敍孝經一卷·越王新義八卷·皇靈孝經一卷·孝經雌圖一卷"(『新五代史』 권74, 恭帝 元年 8월) ; "又遣使 別敍孝經一卷·越王孝經一卷·越王新義八卷·皇靈孝綛一卷·孝經雌圖一卷"(『文獻通考』 권325,

의 도입에 심혈을 기울였듯이, 후주 역시 고려로부터 銅의 구입과 말
[馬]과 군수물자의 도입과 각종 『孝經』을 비롯한 서적류의 입수에 대

恭帝 元年 8월)

⑧ 광종 10년 9월 : "周遣左驍衛大將軍戴交來. 後周 恭帝 元年 : 周侍御雙哲
來拜爲佐丞"(『高麗史』 권2 ; 『高麗史節要』 권2) ; "丙寅, 左驍衛大將軍戴交使
于高麗"(『新五代史』 권12, 恭帝 元年 9월) ; "乙卯 高麗王王昭加檢校太師, 食
邑三千戶"(『舊五代史』 권12, 恭帝 元年 9월).

⑨ 광종 10년 11월 : "冬遣使如周獻銅五萬斤紫白水精各二千顆"(『高麗史』 권
2 ; 『高麗史節要』 권2) ; "高麗遣使者來"(『新五代史』 권12, 恭帝 元年 11월) ;
"高麗復遣使 貢銅五萬斤 白水精各二千顆"(『冊府元龜』 권972, 恭帝 元年 11
월) ; "遣使貢銅五萬斤 紫白水精各二千顆"(『五代會要』 권30, 恭帝 元年 11월)
; "昭遣使者 貢黃銅五萬斤"(『新五代史』 권74, 恭帝 元年 11월) ; "高麗遣使
貢紫白水晶二千顆"(『舊五代史』 권138, 恭帝 元年 11월)

24) 후주에서 고려에 사신을 파견 기사는 다음과 같다.

① 광종 3년 4월 : "癸巳 以權知高麗國事王昭 爲高麗國王"(『舊五代史』 권
112, 廣順 2년 2월) ; "甲午 高麗國冊使 衛尉卿劉皞卒"(『舊五代史』 권12, 廣
順 2년 4월) ; "廣順二年春 朝廷以皞爲高麗冊使"(『舊五代史』 권131, 廣順 2
년 4월)

② 광종 3년 9월 : "乙丑 大僕少卿王演使于高麗"(『新五代史』 권11, 廣順 2년
9월) ; "復以太僕少卿王演 借衛尉卿 充高麗國王冊禮使 右衛率府呂繼贇 借
將作少監充副使"(『五代會要』 권30, 廣順 2년 9월) ; "周遣衛尉卿王演將作少
監呂繼贇來冊王爲特進檢校大保使持節玄菟州都督充大義軍使兼御史大夫高
麗國王"(『高麗史』 권2 ; 『高麗史節要』 권2).

③ 광종 7년 : "周遣將作監薛文遇來加冊王爲開府儀同三司檢校大師 仍令百
官衣冠從華制 前大理評使雙冀從文遇來"(『高麗史』 권2 ; 『高麗史節要』 권2)

④ 광종 9년 7월 : "是歲 周遣尙書水部員外郎韓彦卿尙輦奉御金彦英齎帛數
千匹來市銅"(『高麗史』 권2 ; 『高麗史節要』 권2) ; "乙酉 水部員外郎韓彦卿
市銅于高麗"(『新五代史』 권12, 顯德 5년 7월) ; "其地産銅銀 周世宗時 遣尙
書水部員外郎韓彦卿以帛數千匹市銅於高麗以鑄錢"(『新五代史』 권74, 顯德 5
년 7월) ; "命尙書水部員外郎韓彦卿 尙輦奉御金彦英使 於高麗 因命齎帛數
千匹 就彼市銅 以備鑄錢之用"(『五代會要』 권30, 顯德 5년 7월)

⑤ 광종 10년 9월 : "丙寅, 左驍衛大將軍戴交使于高麗"(『新五代史』 권12, 恭
帝 元年 9월) ; "乙卯 高麗王王昭加檢校太師 食邑三千戶"(『舊五代史』 권120,
恭帝 元年) ; "周遣左驍衛大將軍戴交來 周侍御雙哲來拜爲佐丞"(『高麗史』 권
2 ; 『高麗史節要』 권2)

해 상당한 관심을 가졌던 것으로 보인다.[25] 이는 광종 9년(958)의 고려 사행에 참여한 韓彦卿이 고려에 관한 최초의 사행기인 『高麗博學記』를 남긴 것을 통해 드러난다. 후주와의 교류가 고려에 끼친 영향은 두루 알듯이 후주인 쌍기의 주도로 시행된 과거제와 이어 제정된 백관의 공복 등 이전에 없었던 새로운 제도의 도입이었다.

고려는 五代의 후주 외에도 양자강 유역의 吳越·南唐 등과도 활발한 외교를 펼쳤다.[26] 특히 고려와 남당과의 교류는 후삼국통일 후인 태조 20년(937)부터 활발하게 진행되었다.[27] 이후 광종대에 이르러 남당은 후주에서 『고려박학기』를 작성한 사례와 마찬가지로 광종 12년(961) 무렵 章僚를 파견하여 『海外使程廣記』를 작성하게 할 정도로 고려에 대한 관심을 기울였다.[28]

남당은 화북의 오대정권을 타도하여 唐의 옛 영토 회복을 명분으로 하여 당의 관제로 복귀하였다. 이러한 성격으로 인해 南唐은 오대십국

---

25) 김대식, 「高麗 光宗代의 對外關係」, 『사림』 29, 2008, 109쪽.

26) 오월과의 관계는 광종 12년(961) 광종이 諦觀을 시켜 吳越王 錢弘俶이 요청한 天台四敎儀를 보냈고, 전홍숙은 그 사례로 八萬四千塔을 보내는 등 활발한 교류가 있었다.(李永子, 「天台四敎儀의 成立背景과 그 特徵」, 『佛敎學報』 23, 東國大, 1986 ; 梅原末治, 「吳越王 錢弘俶 八萬四千塔」, 『考古美術』 8-4, 1967, 288쪽)

27) 南唐이 吳를 계승하여 건국한 직후에 고려가 張訓을 사신으로 보낸 사실이 확인된다. 이후 태조 21년 廣評侍郎 柳勳律을 正朝使로, 22년에 柳勳律을 다시 파견했고, 23년에 廣評侍郎 柳兢質을 파견하는 등 긴밀한 관계를 유지했다.(『十國春秋』 권79 ; 『十國春秋』 권15 ; 『陸氏南唐書』 권1)

28) 南唐 保大 4년(946)에 편찬한 佛經目錄인 『大唐保大乙巳歲續貞元釋敎錄』과 保大 10년(952)에 편찬된 最古의 禪宗史書인 『祖堂集』은 『宋版大藏經』 등 중국의 大藏經에는 없고 『高麗大藏經』에만 실려 전한다. 이러한 사실은 고려와 남당과의 긴밀한 관계를 확인시켜주는 대목이다. 또한 현존하는 最古의 묘지명인 蔡仁範 墓誌는 南唐 출신인 채인범이 광종 21년(970) 江南 泉州持禮使를 따라와 고려로 귀화했다는 사실을 알려준다. 이는 고려와 남당과의 인적 교류가 있었음을 알려주는 자료이다

시기에 당의 3성6부제의 형식을 가장 온전하게 갖춘 나라였다.[29] 남당의 관제는 唐制의 기본 골격을 수용했지만, 『당육전』을 그대로 원용한 것은 아니었다. 이러한 관제는 승원 6년(942)에 반포된 『昇元刪定條』라는 기본법전에 의거하여 제정되었고, 이는 唐 중기의 관제에 따라 기본 골격을 잡고 당말오대의 슈外官이 일부 반영된 구조였다.[30] 이러한 『승원산정조』는 3성6부제의 형태와 구성을 오대십국시기에 율령체제를 부활시킨 유일한 사례로 보인다. 고려가 남당으로부터 『조당집』 등을 도입한 사례와 같이 이 자료 역시 광종대에 도입되었을 가능성이 있다.

성종대 시행된 3성6부제는 기존의 고려관제와는 다른 구조의 관제였다. 현재까지 이러한 관제가 성종대에 갑자기 시행된 이유를 알 수 없었다. 『승원산정조』와 같은 기본법전이 광종대 도입되어 10여 년간의 검토를 거쳐 이를 모델로 3성6부제를 시행하였다면 고려에서 당제 수용과정이 명확해질 수 있을 것이다. 하지만 『승원산정조』가 어떠한 내용을 담고 있는지에 대해서는 전혀 알려진 바가 없다. 남당에서 시행되었다는 것으로 보아 변형된 3성6부제의 모델로 보인다. 그렇지만 이러한 제도가 당제라고 볼 수는 없다. 당시 고려의 지배세력들도 이러한 사실을 인지하고 있었을 것이다.

광종대의 제도개혁은 과거제의 실시와 공복의 제정으로 대표된다. 광종대 중앙관제 편제 혹은 개편과 관련된 내용은 『해외사정광기』에

---

29) 이러한 명분을 삼게 된 이유로 南唐을 건국한 李昇은 본명이 徐知誥로 원래 吳의 丞相 徐溫의 양자로 들어간 인물이었다. 그는 吳 睿帝 楊溥로부터 禪讓을 받은 후 스스로를 唐 憲宗의 다섯째 아들인 李恪의 4世孫으로 自稱하여 이름을 李昇으로 바꾸고 국호를 唐으로 고쳤다.

30) 남당을 건국한 烈祖 李昇은 昇元 3년(939)에 『昇元格』을 제작하여 시행했고, 이어 6년(942)에 『昇元刪定條』 30권을 반포하였다. 이는 五代十國時期 唐 중기 이후 대단히 복잡하게 설정된 슈外官體制를 정리하고자 한 시도였다. 南唐은 5대10국에서 정비된 통치법령을 갖춘 유일한 나라였다.(高新生, 「十國法律制度考」, 『十國典制考』, 中華書局, 2004, 83～85쪽)

나타난 '10성4부'라는 기술이 유일하다. 이외의 사례와 기록은 아직까지 발견되지 않고 있다. 이러한 10성4부는 남당의 사신 장료가 광종 12년 무렵에 고려에서 본 고려의 중앙관제를 말한다.[31] 그 구조는 <표 1>과 같이 기존의 조직을 개편하여 내의성·내봉성·광평성·진각성·보천·예빈성·내서성·원봉성·의형대·도항사 등 10개의 省과 군부·병부·장위부·창부 등 4개의 部로 편제한 것으로 추정된다.

<표 1> 太祖 元年 官府와 光宗代 十省·四部制[32]

太祖 元年 12官府			光宗代 10省4部		
(2)	內奉省	→		① 內議省	太祖 26年
(1)	廣評省	→		② 內奉省	太祖 元年
(8)	物藏省	→		③ 廣評省	太祖 元年
(10)	珍閣省	→		④ (物藏省⇒)寶泉	光宗 11年
(9)	內泉部		十省	⑤ 珍閣省	太祖 元年
(11)	白書省	→		⑥ 禮賓省	太祖 4년
				⑦ 內書省	國初-百官志
(6)	義刑臺	→		⑧ 元鳳省	太祖代
(7)	都航司	→		⑨ 義刑臺	太祖 元年
				⑩ 都航司	太祖 元年
(3)	徇軍部	⇨		① (徇軍部⇒)軍部	光宗 11년
(4)	兵部	⇨	四部	② 兵部	光宗 5年(金石)
(12)	內軍	⇨		③ (內軍⇒)掌衛部	光宗 11년
(5)	倉部	⇨		④ 倉部	*惠宗 元年

10개의 省은 내의성·내봉성·광평성과 같이 이후 三省을 지향하는 정무기구와 함께 진각성·보천·도항사와 같이 재정기구, 예빈성 혹은 춘부와 같이 외교기구, 내서성·원봉성과 같이 학술자문기구, 의형대와 같이 형정기구 등으로 태조대에 성립된 기구를 개편하여 정비한 형태였을 것으로 생각된다.

---

31) 金大植, 「『해외사정광기』에 나타난 고려 광종대 10성4부」, 『士林』 24, 2005.
32) 앞의 논문, 146쪽.

4개의 部는 광종대 순군부가 군부로, 내군이 장위부로 개편된 점에서 볼 때, 여기에 병부를 포함시킬 경우 군사관계의 3개 관부를 말하는 것으로 보인다. 그리고 태조대 대표적인 '部' 명칭의 관부가 倉部였던 점을 감안한다면 여기에 포함시킬 수 있을 것이다. 이들 4개의 '部'는 군사와 경제를 총괄하는 기구로 추정된다. 광종대는 개혁과 관련하여 여러 차례의 반란과 숙청이 있었고 특히 노비안검법의 시행에 대한 반발이 컸던 것으로 보인다. 이들 관부는 이러한 배경에서 나온 구조로 추정된다.

앞서 검토한 바와 같이 태조대의 관부가 최소한 16개 이상이었음을 감안한다면, 광종대의 10성4부제는 태조대 성립된 주요 관부를 14개로 재편한 조치로 보인다. 하지만 이것이 16개의 관부가 14개로 축소된 것을 의미하는 것은 아니다. 이후 성종대 3성6부제라는 복잡한 기구로 재편하기 위해 상위기구를 재편하고 하위기구를 세분화 한 것으로 보인다.

이러한 변화는 그 저변에 후주와 남당 제도의 영향이 있었던 것으로 보인다. 3성6부제를 복원한 남당은 논외로 하더라도 후주의 경우도 해체된 형태였지만 3성6부제의 요소를 어느 정도 갖추고 있었다. 3성6부제는 당의 대표적인 유산으로 『당육전』이 완성된 이후에도 지속적으로 治世를 대표하는 제도로 인식되었다.33) 광종대는 그 역사적인 비중에 비해 잔존하는 사료가 적다. 이러한 광종대 기사 가운데 광종 스스로가 항상 『정관정요』를 읽었다는 내용이 전한다.34) 이는 당제가 당시 동아시아의 세계에서 차지하는 위상의 단면을 보여준다. 광종이 기존의 관

---

33) 唐의 極盛期인 '開元의 治' 때 성립된 국가의 법과제도, 문물의 具備 등은 후세에 통치의 규범이 되었다. 『六典』에 포함된 법과 제도는 옛 중국에서 법과 제도의 '典型'으로 이해되었다.(奧村郁三, 「大唐六典」, 『中國法制史 - 基本資料の研究』, 東京大學出版會, 1993, 242쪽)

34) 『高麗史』 권2, 光宗 元年 正月.

제를 10성4부제로 정비한 것은 당제를 도입하기 위한 사전 조치로 파악된다. 태조대 광평성·내봉성·내의성에서 광종대에 내의성·내봉성·광평성으로의 서열이 변화된 것은 단순히 서열의 변화만을 의미하는 것이 아니라 그 내부의 기능에서도 3성제를 전망하는 변화가 있었을 것으로 판단된다. 하지만 그 배경에는 과거제를 필두로 관제개편, 공복의 제정 등이 시행되었기 때문으로 보인다. 이러한 개혁은 이후 3성6부제를 도입하게 한 기반이 되었다.

Ⅳ. 성종대 3성6부제의 도입

당 玄宗 개원 26년(738)에 완성된 『당육전』은 唐代 행정체계를 총체적으로 살펴볼 수 있는 유일한 행정법전으로 후대 동아시아 여러 나라의 국가 법전체제의 모범이었다.[35] 그 기본 골격은 오대·송·원·명·淸으로 이어졌고, 明代는 이러한 당의 육전제도를 발전시켜 『大明會典』을 성립시켰고, 淸代는 이를 계승한 『大淸會典』이 있고, 朝鮮의 『經國大典』으로 이어진다.

성종대 성립된 중앙관제는 『고려사』 백관지 서문에 "기본 골격이 당제를 모방하였다(略倣唐制)"라고 표현한 것과 같이 당제와 기본 골격이 유사하다. 하지만 태조 때의 중앙관제와 광종대 개혁 때 이루어진 10성4부는 중국관제와는 다른 형태의 구조였다.

고려의 중앙관제는 성종대에 이르러 당제를 도입하여 3성6부제를 골격으로 한 구조로 탈바꿈한다. 성종대 중앙관제의 개혁은 기존의 관료사회를 근본적으로 뒤바꾸는 혁명적인 변화였지만 별다른 반발 없이 수용되었다. 이러한 개혁이 수용된 것은 후삼국통일 이후 변화된 사회

---

35) 『新唐書』 권58, 藝文2 職官類.

의 요구가 반영된 것으로, 오랜 기간동안의 준비과정을 통해 이루어진 결과물이기 때문이다.

고려에서 광종대 성립된 과거제는 관제의 운영을 위한 기본적인 토대가 되었다. 이는 후주인 쌍기의 건의로 시행된 것으로 후주의 관제가 도입되었음을 알려준다.[36] 당시 후주에서 송으로 이어지는 중앙관제는 당제와는 성격이 다른 제도가 되어 있었지만 신진 관료를 선발하는 과거제는 커다란 변화 없이 지속적으로 이어진 제도였다.

성종대 도입한 3성6부제는 당나라 말기의 변형된 令外官體制의 관제가 아니라 당나라 초기인 玄宗代 완성한 『당육전』을 기본골격으로 한 것으로 파악된다. 하지만 『당육전』은 율령과 같이 반포되어 시행된 문서가 아니라 중국 황실의 서고에 비치되어 典章과 율령 편찬에 주요 참고 자료로 사용되던 문서였던 것으로 보인다.[37]

그렇다면 고려가 참고한 문서는 어떤 것이 있었을까? 당나라 제도의

---

36) 과거제의 시행은 단순히 관원 혹은 예비관원의 선발만을 의미하지는 않는다. 과거제는 선발하려는 관원을 필요로 하는 관부와 그 정원이 선발 이전에 정해져 있어야 한다. 따라서 관제의 운영방식 내지 관부 자체의 정비를 전제로 한다. 과거제가 후주인 쌍기에 의해 시행되었기 때문에 과거제 이전의 관제정비에 어떠한 형식인지는 알 수 없지만 후주식의 관제가 도입되었음은 분명해 보인다. 이러한 정비에 대한 단서는 10성4부제를 통해 알 수 있다. 하지만 어떠한 편제로 어떠한 職掌을 가졌는지에 대해서는 향후 보다 진전된 연구가 있어야 할 것이다.

37) 內藤乾吉은 『開元禮』의 기사에 『당육전』이 반포되어 시행되지 않았다는 기사와 『職源撮要』 등에 당육전을 참조했다는 사례를 들어 『당육전』이 완성된 후 배포된 것이 아니라는 점을 논증하였다.(內藤乾吉, 「唐六典の行用に就いて」, 『東方學報』 7, 1936/『中國法制史考證』, 有斐閣, 1963 재수록) 嚴耕望은 『당육전』이 당대에 行用되지 않았을 뿐만 아니라 開元시대에 실행된 제도가 아니라는 점을 밝혔다.(嚴耕望, 「略論唐六典之性質與施行問題」, 『嚴耕望史學論文選集』, 聯經出版事業公司, 臺灣, 1991)『당육전』은 왕실 서고에 보존되다가 北宋 神宗 元豐 3년(1080)에 이르러서야 최초로 판각된 이후 典章制度의 전형으로서 자리잡았다.

구성과 조직편성을 상세하게 규정한 핵심적인 법전자료는 『唐令』과 『通典』, 『唐會要』 정도이다. 당령은 국가의 주요 문서로서 지방관이 지참한 법전이다. 당말 오대의 혼란기에 당령이 국외로 유출될 가능성은 완전히 배제할 수는 없지만 그 가능성은 낮아 보인다. 『당회요』는 성종 즉위년인 981년에 북송에서 완성된 국가 기밀에 속하는 政書로 고려에 도입될 수는 없었다. 현실적으로 『당육전』을 대체할 수 있는 문헌은 『통전』밖에 없다.

『통전』은 당 천보 연간(742~756)에 杜佑가 편찬한 중국 역대 전장제도의 대표적인 서적이다. 私撰文書이지만 완성된 이후에도 여러 사람에 의해 증보되어 『당육전』과 『開元禮』까지 포함한 고대 중국관제의 결정판이라 불리는 관제의 백과사전이다. 또한 『통전』은 당말오대시기에 이르면 필사본 형태로 전파되었고, 송나라 초부터 청대까지 간행되어 동아시아사회에 널리 전파되었다. 고려의 관제에서 중국 역대 관제의 명칭이 두루 사용된 것이 보이는데, 이는 『통전』을 그 기본 텍스트로 했기 때문으로 파악된다.[38]

그러나 이 문헌만으로 제도를 구성한다는 것은 현실적으로 불가능하다. 더욱이 3성·6부·9시·5감을 근간으로 당제는 대단히 복잡하고 치밀한 구조를 가진 이상적 법제였지만 현실이 반영된 제도는 아니었다. 이 때문에 이를 도입하는 쪽에서 현실에 구현하기 위해서는 실제의 운영 모델을 필요로 했다. 고려는 3성6부제를 구현하기 위해 당시 이러한

---

38) 대표적인 사례로 성종 2년에 처음으로 3성6부제가 시행될 때, 尙書吏部를 選官御事라 불렀다. 고려의 選官이라는 명칭은 『周禮』의 天官에서 '官'과 後漢의 靈帝 때 처음 보이는 選部의 '選'字를 채용한 것으로 보인다. 戶部에 해당하는 '民官'은 漢 武帝 때 '民曹', 唐 高宗의 '民部' 등에서 '民'字를 채용한 것으로 보이는데, 이들 명칭은 성종이 교서에서 밝힌 '周漢之儀'를 '考厥典常'하였다는 것과 부합한다. 당시 이러한 내용이 정리된 자료는 『通典』이 유일했다.

3성6부제가 가장 유사하게 시행된 나라를 비교 모델로 삼았을 것으로 보인다.

중국에서 국가를 건국할 때, 國體의 모델을 국명으로 그대로 따르는 경우가 많다. 唐帝國 멸망 이후 오대십국시기에 존재한 '唐'나라는 2개였다. 이는 오대의 後唐과 십국의 南唐이었다. 후당과 남당 모두는 唐의 부활을 명분으로 '唐'이라는 국명을 내세웠다.[39] 하지만 후당이 황제독제체제를 강화한 데 비해 남당은 당나라 초기의 관제를 복구하는 정책을 시행하였다.[40]

남당이 도입한 3성6부제는 그 전모를 알 수 없지만 『십국춘추』의 백관표 등을 통해 그 구성과 기본 골격을 살펴볼 수 있다. 3성6부제는 상서성·문하성·중서성의 3성, 이부·예부·병부·호부·형부·공부의 6부, 태상시·광록시·위위시·종정시·태복시·대리시·사농시·태부시의 9시, 국자감·소부감·장작감·군기감·도수감의 5감의 중앙관부를 기본 골격으로 한 정무기구를 말한다. 여기에 삼사·삼공, 비서성·전중성·내시성의 內三省과 감찰기구인 어사대 등이 부가된다.

<표 2>는 『당육전』과 남당관제, 그리고 성종대 관제를 비교한 것이다. 남당의 관제는 『당육전』의 구성인 3성·6부·9시·5감과 삼사·삼공, 내삼성, 御史臺 등의 구성을 따르고 있고, 성종대 관제 역시 그러하다.

---

39) 五代의 後唐(923~936)은 唐帝國을 이은 後梁 멸망 후 唐나라를 계승한다는 명분으로 돌궐계의 李存勗이 唐이라는 국명으로 세운 나라이다. 후당은 明宗 때 三司使와 侍衛親軍 등 唐末 이후 절도사체제를 강화한 皇帝獨裁體制라는 새로운 형태의 관제개혁을 실시하였다. 이러한 관제는 五代를 거쳐 宋代 官制의 근간이 되었다. 후당의 관제는 六典制의 틀을 形骸化시킨 체제를 구축하여 고려 성종대 관제의 기본골격과는 상당한 거리가 있다.

40) 남당은 건국 직후부터 양자강 하구의 吳越의 일부를 제외하고 양자강 중하류의 전역에서 淮水 이남의 대운하를 아우르는 五代十國 최고의 강국이었다. 따라서 경제적 안정을 바탕으로 3성6부제를 도입할 수 있었다.

<표 2>『唐六典』·南唐官制·成宗代官制 비교

	唐六典	南唐	成宗代官制
三師·三公	太師 太傅 太保 太尉 司徒 司空	太師 太傅 太保 太尉 司徒 司空 大司徒 左丞相 平章事	太師 太傅 太保 太尉 司徒 司空
中書省	中書令 中書侍郎 右散騎常侍 右補闕 右拾遺 中書舍人 起居舍人 通事舍人 集賢殿書院學士 直學士 侍講學士 修撰官 校理官 史館 史官	中書令 侍郎 右散騎常侍 右諫議大夫 右補闕 右拾遺 中書舍人 起居舍人 通事舍人 集賢殿學士 直學士 侍讀學士 侍講學士 校理 史館修撰	內史令 內史侍郎平章事 內史舍人
門下省	侍中 黃門侍郎 給事中 左散騎常侍 諫議大夫 左補闕 左拾遺 起居郎 弘文館學 校書郎	侍中 侍郎 給事中 左散騎常侍 左諫議大夫 左補闕 左拾遺 起居郎 弘文館 校書郎	門下侍中 門下侍郎平章事
尙書都省	尙書都省 尙書令 左丞相 右丞相 左丞 右丞 左司郎中 員外郎 右司郎中 員外郎	 尙書令 參判尙書都省 知尙書都省事 判尙書二省 左僕射 右僕射 左丞 右丞 左司郎中 員外郎 右司郎中 員外郎	御事都省/尙書都省 (尙書都省事) (知都省事)
尙書6部	吏部尙書 侍郎 郎中 員外郎 司封郎中 員外郎 司勳郎中 員外郎 考功郎中 員外郎	吏部尙書 侍郎 郎中 員外郎 司封郎中 員外郎 司勳郎中 員外郎 考功郎中 員外郎	①選官御事/尙書吏部 侍郎 郎中 員外郎 /尙書考功

尙書6部	戶部尙書 侍郞 郞中 員外郞 度支郞中 員外郞 金部郞中 員外郞 倉部郞中 員外郞	戶部尙書 侍郞 郞中 員外郞 度支郞中 員外郞 金部郞中 員外郞 倉部郞中 員外郞	③民官御事/尙書戶部 侍郞 郞中 員外郞 司度/尙書度支 金曹/尙書金部 倉曹/尙書庫部
	禮部尙書 侍郞 郞中 員外郞 祠部郞中 員外郞 膳部郞中 員外郞 主客郞中 員外郞	禮部尙書 侍郞 郞中 員外郞 祠部郞中 員外郞 膳部郞中 員外郞 主客郞中 員外郞	⑤禮官御事/尙書禮部 侍郞 郞中 員外郞 祠曹/尙書祠部
	兵部尙書 侍郞 郞中 員外郞 職方郞中 員外郞 駕部郞中 員外郞 庫部郞中 員外郞	兵部尙書 侍郞 郞中 員外郞 職方郞中 員外郞 駕部郞中 員外郞 庫部郞中 員外郞	②兵官御事/尙書兵部 侍郞 郞中 員外郞 庫曹/尙書庫部
	刑部尙書 侍郞 郞中 員外郞 都官郞中 員外郞 比部郞中 員外郞 司門郞中 員外郞	刑部尙書 侍郞 郞中 員外郞 都官郞中 員外郞 比部郞中 員外郞 司門郞中 員外郞	④刑官御事/尙書刑部 侍郞 郞中 員外郞 都官郞中 員外郞
	工部尙書 侍郞 郞中 員外郞 屯田郞中 員外郞 虞部郞中 員外郞 水部郞中 員外郞	工部尙書 侍郞 郞中 員外郞 屯田郞中 員外郞 虞部郞中 員外郞 水部郞中 員外郞	⑥工官御事/尙書工部 侍郞 郞中 員外郞 虞曹/尙書虞部 水曹/尙書水部
內三省	秘書省 監 少監 丞 秘書郞 校書郞 正字	秘書省 監 少監 丞 秘書郞 校書郞 正字	(內書省)/秘書省 監 少監 丞 秘書郞 校書郞 正字
	著作局 著作郞 著作佐郞	著作局郞 著作佐郞	
	太史局 令 丞	司天臺 監 少監	<太卜監·太史局> <監 少監·令 丞>
	殿中省 監 少監 丞 主事	殿中省 監 少監	
	內侍省 內侍 內常侍 內給事	內侍省 監	
御史臺	御史臺 大夫 中丞 侍御史 殿中侍御史 監察御史	御史臺 御史大夫 中丞 侍御史 殿中侍御史 監察御史	(司憲臺)/御史臺 大夫 中丞 侍御史 殿中侍御史 監察御史

9寺	太常寺 卿 少卿 丞 博士 奉禮郎	太常寺 卿 少卿 丞 博士 奉禮郎	
	光祿寺 卿 少卿 丞	光祿寺 卿 少卿	
	衛尉寺 卿 少卿 丞	衛尉寺 卿 少卿 丞	(司衛寺)/衛尉寺 卿 少卿 丞
	宗正寺 卿 少卿 丞 宗正郎	宗正寺 卿 宗正郎	
	太僕寺 卿 少卿 丞	太僕寺 卿 少卿	
	大理寺 卿 少卿 丞 司直 評事	大理寺 卿 少卿 司直 評事	
	鴻臚寺 卿 少卿 丞	客省使 引進使	客省
	司農寺 卿 少卿 丞	司農寺 卿 少卿	
	太府寺 卿 少卿 丞	太府卿	
5監	國子監 祭酒 司業 丞 國子·大學·四門博士	國子監 司業 博士	國子監 國子司業 國子·大學·四門博士
	小府監 監 少監 丞	小府監 少監	(寶泉/光宗)小府監 監 少監 丞
	將作監 大匠 少匠 丞		
	(軍器監) (監 丞)		
	都水監 使者 丞		
令外官		樞密院使 副使	中樞院 副使
		宣徽院使 副使	(宣徽諸使) (副使)

우선 남당관제와 『당육전』을 비교하면, 남당관제는 기본적으로 『당육전』과 거의 유사한 구조이다. 남당의 3성은 중서성과 문하성·상서도

성의 주요 관직이 거의 같지만 직명에서는 『당육전』보다는 『통전』과 『당서』에 전하는 당 중기의 관제 쪽에 가깝다.[41] 『당육전』에서 변경된 사항은 9시의 홍려시가 客省使로 바뀐 것과 5감에서 장작감·군기감·도수감 등이 찾아지지 않는 정도이다.

하지만 남당의 관제는 당제의 기본 골격을 수용했지만, 『당육전』을 원형대로 채용한 것은 아니었다. 이는 당나라는 중기 이후 唐令에 입각하여 제도화된 『당육전』의 틀에서 벗어나 새롭게 생긴 관직인 영외관이 부각되면서 기존의 관직체제가 유명무실해 가던 상황과 무관하지 않다. 오대와 송대에 이르면 3성6부제는 기본 골격조차 거의 대부분 사라지고 영외관으로 대체된 상황에서 원형으로 복귀하기는 불가능한 제도로 변형되었다. 따라서 남당의 관제는 당나라 멸망 이후 당나라 관제를 가장 원형에 가깝게 복원한 것이었지만, 여기에는 당말의 대표적인 영외관인 추밀원과 선휘원을 비롯하여 상서도성의 參判尙書都省·知尙書都省事·判尙書二省 등의 요소도 포함되어 있었다.

주목되는 점은 남당의 관제가 율령의 제정방식에 입각하여 제정되었다는 점이다. 남당의 관제는 昇元 6년(942)에 반포된 『승원산정조』令이라는 기본법전에 의거하여 제정되었다. 이는 唐令 자체가 아니라 당중기의 관제에 따라 기본 골격을 계승하여 수정한 남당의 令이었다. 『승원산정조』는 당시 당의 멸망 이후 오대시기에 반포된 유일한 율령이다. 당시 남당에서 반포한 새로운 율령체제는 『승원격』과 『승원산정조』에 의거한 것이었음을 알려준다.[42] 고려는 성종 즉위 초에 3성6부제를 도

---

41) 『唐六典』에서 門下省의 諫議大夫가 南唐官制에서는 門下省의 左諫議大夫와 中書省의 右諫議大夫로 나누어졌다. 諫議大夫는 唐 德宗 貞元 4년(788)에 左·右로 분리되었고, 右諫議大夫는 中書省의 관직에 포함되었다. 左右丞相은 唐 玄宗의 開元 元年(713)에서 天寶 元年(742) 左右僕射로 변경되기 이전까지 사용된 職名이다.

42) 任爽, 「修正律令」, 『南唐史』, 東北師範大學出版社, 1995, 53~55쪽.

입하여 시행하는데, 이는 고려가 당시 유일한 율령체제를 도입하였다고 해도 큰 무리는 아니라고 판단된다.

이러한 기본 법전의 도입은 3성6부제를 이해하고 제도를 새로 만들 수 있는 바탕이 되었던 것으로 보인다. 성종 14년 교서에 제시되어 있는 "今以諸官司 事體雖遵 於禮典……考厥典常"에 나오는 기본 텍스트인 '典'은 앞서 언급했듯이 『통전』이 분명해 보인다. 그리고 그 시행 모델은 남당의 『승원산정조』로 여겨진다. 현재 『승원산정조』는 전하지 않아 그 내용은 확인할 수 없다. 하지만 <표 2>에 보이는 것과 같이 당 중기의 제도를 모범으로 구성한 것으로 보인다.

성종대는 3성·6부·9시·5감과 삼사·삼공, 내삼성, 어사대 등 관부를 기본으로 한 당의 육전제도의 기본 골격을 대부분 갖추었다. 하지만 현존하는 자료만으로 그 완전한 모습을 확인할 수 없다. 백관지를 통해 확인되는 것은 <표 2>의 성종대 관제 정도이다. 그리고 중서성의 관제에 내사령, 내사시랑평장사, 내사사인 정도, 문하성은 문하시중과 문하시랑평장사 정도가 확인될 뿐이다. 목종대에 있었던 좌우산기상시, 좌우간의대부 등도 성종대 설치된 것이 분명해 보이는데, 이를 포함하면 그 구조상으로 『당육전』에서 크게 벗어나지 않는다.

성종대 도입된 3성6부제가 남당관제에 직간접적인 영향을 받았음을 보여주는 사례로 남당에서 홍려시를 변형한 객성사와 고려의 객성은 유사한 관부로 이해된다. 또한 전시과에서 찾아지는 선휘원과 인진사 등은 남당의 관제에서 찾아진다. 이는 남당관제의 영향이 있었음을 알려주는 것으로 보인다.

이상에서 성종대 3성6부제가 시행될 수 있었던 자료적 근거를 남당의 관제와 『통전』과 같은 전장서의 도입이라는 것으로 살펴보았다. 당시의 상황을 알려줄 수 있는 사료가 전무한 상황에서 이러한 도입이 실재했는가를 증명할 수 있는 없지만 당시 고려가 멸망한 지 80년이나 지난 당나라의 전장서를 구한다는 것은 현실적으로 어려웠다고 판단된다. 하지만 교류를 가졌던 남당이 당제를 수정하여 반포한 『승원산정조』라는 전장서가 있었다. 전장서를 필요로 하는 고려의 입장에서는 당연히 이러한 것들을 받아들였을 것이다. 이와 관련된 자료가 발견되고 있고 이에 대한 연구가 활발해지고 있어 향후 이에 대한 보다 정치한 연구가 이루어지기를 기대한다. 또한 고려에서 성종대 3성6부제가 도입되었듯이 거란의 남면제도와 금의 관제 역시 고려와 유사한 3성6부 형식을 갖는 관제가 출현하였다. 다음의 연구는 고려의 관제와 당제 등 주변 여러 나라들의 관제와의 비교를 통해 당시 동아시아세계의 중앙관제가 어떠한 양상을 갖는가에 대해 살펴볼 것이다.

V. 맺음말

고려 성종대 당제에 입각한 3성6부제를 채용했을 때는 당이 멸망한 지 거의 80년이 지났고 북송이 건국한 지도 20년이 지난 시점이었다. 당시 북송은 중국 제도사에서 가장 복잡한 관제를 운영한 사회였다. 당대는 12번이 넘는 율령 반포가 있었고, 중앙정치제도의 개편도 30차례 이상이 확인된다. 따라서 일반적인 견해와 같이 「개원 7년령」과 「개원 25년령」이 습합된 『당육전』을 당제의 기준으로 삼았다. 그리고 당제가 도입된 광종대에서 성종대의 연구는 상당히 축적되어 있고, 고려 중앙관제의 독자성 문제는 재론의 여지가 없다. 따라서 본 연구는 대외적인 면에 초점을 맞추어 제도의 도입에 필요한 전장서 가운데 당시 고려가 구할 수 있었던 것이 어떠한 것들이었고, 실제 고려의 외교적 교섭을 통해 이를 어떻게 들여올 수 있었는가 하는 점에 주목하였다.

본 연구는 국초의 독자적인 중앙관제가 성종대에 새로 수용된 중국

제도[唐制] 속에 용해되어 흡수된 연유를 밝히기 위해 고려 건국 직후의 12관부가 어떠한 구조였으며, 성종대 3성6부제의 시행 이전까지의 변화과정을 고찰한 것이다. 그 내용을 다음과 같이 정리할 수 있다.

우선, 태조대에 성립된 고려의 중앙정치기구는 건국 직후 인사개편에 보이는 12개의 관부 외에도 원봉성·내의성·예부·예빈성 등 최소한 16개 이상의 관부로 구성되어 있었다 것을 밝혔다. 그 기능면에서 광평성·내봉성·내의성 등의 정무기구, 순군부·병부·내군 등의 군사기구, 창부·도항사·물장성·내천부·진각성 등의 재정기구, 의형대·백서성 외에도 예부(춘부)·예빈성 등의 외교를 담당하는 기구로 나누어져 있었음을 검토하였다.

다음은 광종대 중앙관제에 대해 검토하였다. 태조대의 관부는 업무의 상당부분이 중복되었던 것으로 보이는데, 이는 후삼국통일 이후 춘부의 업무가 예빈성으로 대체된 사례를 통해 확인된다. 당시 고려사회는 변화된 사회에 맞는 기구의 효율적인 재배치를 필요하였다. 이는 태조대의 16개 이상의 관부가 광종대의 10성4부제로 통폐합된 것을 통해 알 수 있다. 광종이 기존의 관제를 10성4부제로 정비한 것은 당제를 수용하기 위한 사전 조치로 파악된다. 태조대의 광평성·내봉성·내의성이 광종대에 내의성·내봉성·광평성으로 서열이 변화된 것은 단순히 관부의 서열 변화만을 의미하는 것이 아니라 그 내부의 기능에서도 3성제를 전망하는 변화가 있었을 것으로 판단된다. 하지만 그 배경에는 과거제를 필두로 관제개편, 공복의 제정 등이 시행되었기 때문으로 보인다. 이러한 개혁은 이후 3성6부제를 도입하게 한 기반이 되었다.

그리고 고려가 3성6부제를 시행할 수 있었던 요인을 당말 이후 오대시기에 성립된 유일한 율령체제인 남당의 『승원산정조』와 『통전』 등의 전장서 도입으로 파악하였다. 이러한 문물의 도입은 광종대 진행된 활발한 대외교류의 결과였음을 살펴보았다. 성종대 도입된 3성6부제와 남당관제와의 비교를 통해 홍려시에 해당하는 객성사가 고려의 客省으로 도입한 것으로 파악하였다. 또한 전시과에 보이는 宣徽院과 引進使 등도 남당의 관제와의 관련이 있음을 검토하였다. 하지만 국초의 독자적인 중앙관제가 성종대에 새로 수용된 중국제도[唐制] 속에 용해되어 흡수된 이유를 밝히기에는 역부족이다. 이 부분에 대한 보다 면밀한 검토는 이후의 연구를 통해 성종대 3성6부제가 도입되어 시행되는 과정을 보다 구체적 사례의 분석을 통해 진행할 예정이다.

제 2 장

고려전기 정치제도에 대한 검토

高麗前期 宰相의 構成에 대한 再考

신 수 정

I. 머리말

고려시대에는 全官吏를 '宰臣及文武三品以下' 또는 '宰樞·文武兩班'이라 총칭하였다. 2품 이상을 宰臣·宰樞라 하고 3품 이하를 文武兩班이라 하여 양자를 구분하였다. 그리고 3품의 품계는 재상의 다음이라 하여 경솔하게 제수하지 않았다[1]고 하여 2품 이상을 재상직으로 보았던 것이다.

고려시대에 2품 이상직은 어떻게 구성되고 있었을까. 『高麗史』百官志에 나타난 이들의 구성을 보면 다음의 <표 1>과 같다. 이 표에 나타난 것처럼 2품 이상의 재신직은 3師·3公과 中書門下省, 尙書省, 中樞院으로 나타난다. 이 중 3師·3公은 최고 관직이지만 "無其人則闕"하는 虛職이다. 그러므로 中書門下省, 尙書省, 中樞院만이 실제 재상이 존재하는 관청이라 하겠다.

그런데 고려시대 재상의 구성에서 문제가 되는 것은 상서성의 2품 이상이 재상에 들어가느냐의 문제와, 추신이 7職이라 할 때 정3품에 해당하는 3職 즉 중추원 부사, 첨서원사, 직학사를 어떻게 볼 것인가 하는 것이다. 백관지 서문에는 재상은 省5 樞7로 구성되어 있다[2]는 것을 보

---

1)『高麗史』권75, 選擧志3 忠烈王 24年 正月條, "本朝三品之階 貳於宰相 未嘗輕授".

여 주고 있다. 또한 『高麗史』를 검토해 보면 '兩府宰樞'란 말이 자주 등장한다. 양부는 중서문하성과 중추원을 말한다. 그렇다면 재상이 있는 관청 중에 상서성이 빠져야 할 듯하다.

<표 1> 高麗 2品 이상직의 구성

관서 / 품계	三師 · 三公	中書門下省	尚書省	中樞院
正1品	太師 · 太傅 · 太保 · 太尉 · 司徒 · 司空 각 1인			
從1品		中書令 1인 門下侍中 1인	尚書令 1인	
正2品		中書侍郞平章事 1인 中書平章事 1인 門下侍郞平章事 1인 門下平章事 1인	左僕射 1인 右僕射 1인	
從2品		參知政事 1인 政堂文學 1인 知門下省事 1인	知省事 1인	判院事 1인 院使 2인 知院事 1인 同知院事 1인

　이러한 문제점을 생각하면서 재상의 구성에 대해 살펴보고자 한다. 본고에서 고려전기는 의종(1146~1170)대까지를 기점으로 하고, 2品 이상의 고관들이 있던 중서문하성(내사문하성), 상서성, 중추원(추밀원)을 통해 재상직을 구성해 보고자 한다. 이를 통해 『고려사』 백관지의 내용을 고려전기까지 다 적용하는 것이 고려 관제를 이해하는 데 무리가 있다는 것을 알 수 있을 것이다.

---

2) 『高麗史』 권76, 百官志1, "省不過五 樞不過七".

Ⅱ. 中書門下省의 宰臣

　중서문하성의 재신은 省宰라고도 하는데, 백관지 서문에는 "省不過五"라 하여 5개의 재상직이 있었음을 보여 준다. 그런데 중서문하성의 2품 이상의 관직은 中書令, 門下侍中, 諸平章事, 參知政事, 政堂文學, 知門下省事의 6관직이 있다.

　중서령은『高麗史』百官志에 의하면 국초에 內議令이라고 부르던 것을 성종(981~997)대에 內史令으로 고쳤고, 문종(1046~1083)대에 와서 중서령이라 고쳤으며, 품계는 종1품, 정원은 1명으로 하였다고 하였다.3) 그러나『高麗史』世家에 기록된 관직 임명의 예를 통하여 보면 실제로 중서령에 임명된 사람도 적을 뿐만 아니라, 실제 임명된 인물을 분석해 보아도 중서령직은 죽은 사람에 대한 贈職에 가장 많고 산 사람에 대하여는 대체로 致仕職으로 수여한 것이었다.4) 그러므로 省5란 시중이하 지문하성사까지라 하겠다.

　門下侍中은 총재직으로서 실무를 수행한 實職이었다. 이는 성종대에 처음 두었고 문종이 정원 1인, 품계 종1품으로 정하였다.5) 시중은 본래 漢代 宮內의 근시관으로 황제의 좌우에서 여러 가지 잡다한 일을 살피는 직이었는데, 隋에서 3省제도가 성립되자 시중이 문하성의 장관이 되었다. 그리고 송대에 이르기까지 계속되었다.6) 이 관직을 신라에서 받아들여 진덕왕 5년에 中侍를 두었다가 경덕왕 6년에 시중으로 고쳤으며 관등은 대아찬에서 이찬까지로 하였다.7) 태봉의 광평성 체제에서도 시중은 최고의 관직으로 존재하였다.

---

3)『高麗史』권76, 百官志1 判門下條.
4) 邊太燮,「高麗宰相考」,『高麗政治制度史硏究』, 一潮閣, 1971, 64쪽.
5)『高麗史』권76, 百官志1 侍中條.
6) 淸·黃本驥 編,『歷代職官表』, 국사연구실, 1973, 74쪽.
7)『三國史記』권38, 雜志7 執事省條.

중서문하성(내사문하성) 체제하에 처음 시중으로 임명된 인물은 최승로로 성종 7년 守門下侍中에 제수되었다. 문하시중의 임명은 꾸준히 나타나고 있으나 때로는 공석일 경우도 있었다. 이때는 平章事가 그 역할을 대신하였다.

平章事에 대해서는, 성종대에 內史侍郎平章事와 門下侍郎平章事를 두었고, 문종이 문하시랑평장사와 중서시랑평장사 각각 1명씩으로 정하였고 또 중서와 문하에 각각 평장사를 두었는데 품계는 모두 정2품이었다.8) 이에 의하면 평장사는 문하시랑평장사, 중서시랑평장사, 문하평장사, 중서평장사가 존재하였다. 그러나 고려전기 즉 성종대에서 의종대까지 세가에 나타나는 관직 임명 중에는 문하평장사, 중서평장사는 나타나지 않는다. 오히려 평장사와 동중서문하평장사가 보여, 문하시랑평장사, 문하시랑동중서문하평장사, 중서시랑평장사, 중서시랑동중서문하평장사의 구분이 있는 것처럼 나타나고 있다. 이들의 서열은 문하시랑이 중서시랑보다 위이고 그냥 평장사보다 동중서문하평장사가 상위가 되었다. 따라서 평장사 중에서는 중서시랑평장사가 초직이고 문하시랑동중서문하평장사가 최상직이라 보았다.9)

그러나 『고려사』 세가에 나타난 관직 임명을 살펴보면 다른 면을 알 수 있다. 즉 중서시랑과 문하시랑의 반차는 문하시랑이 높았지만, 그냥 평장사와 동중서문하평장사와의 상하관계는 찾아보기 어려웠다.

몇 가지 예를 들면 다음과 같다.

劉瑨 : 內史侍郎平章事(顯宗 2년)－門下侍郎(顯宗 3년)－檢校太師·守
　　　門下侍中(顯宗 5년)
崔士威 : 內史侍郎平章事(顯宗　2년)－門下侍郎平章事(顯宗　5년)－檢

---

8)『高麗史』 권76, 百官志1 贊成事條.
9) 邊太燮, 앞의 글, 66쪽.

　　校太師・守門下侍中(顯宗 12년)
　徐訥：內史侍郎(顯宗　18년)－門下侍郎同平章事・判尙書吏部事(顯宗
　　　21년)－門下侍中(德宗 즉위년)
　崔冲：內史侍郎平章事(靖宗 7년)－守司徒・修國史・上柱國(靖宗 9년)
　　　－門下侍郎平章事－門下侍中(文宗 원년)
　李子淵：內史侍郎平章事(文宗　4년)－門下侍郎平章事(文宗　7년)－門
　　　下侍中(文宗 9년)
　魏繼廷：中書侍郎同中書門下平章事(肅宗　6년)－門下侍郎平章事(肅宗　9
　　　년)－門下侍中(睿宗 즉위년)

　　위의 예를 통해 볼 때 내사(중서)시랑, 내사시랑평장사, 중서시랑동중
서문하평장사에서 문하시랑, 문하시랑평장사, 문하시랑동중서문하평장
사를 거쳐 문하시중에 임명되고 있다. 이는 시랑이라 불리든 평장사 또
는 동중서문하평장사를 더하든 같은 반열에 속하였다고 볼 수 있다. 平
章이란 商量處理의 뜻으로 唐 초에 비록 명분상으로 3省 長官을 재상
으로 삼았지만 실제적으로는 他職에 있는 사람들을 특별히 參議朝政,
參預朝政, 參議得失, 參知政事 등의 명칭으로 재상의 일을 맡게 하였
다.
　그러다가 당 고종대에 同中書門下平章事란 명칭을 비로소 정하였
다. 그리하여 동중서문하평장사는 재상의 官銜이 되었고 줄여서 同平
章事라고 한 것이다.[10] 고려에서도 중서문하성의 차관인 문하시랑과
중서시랑은 자동적으로 평장사의 직을 갖고서 재상의 역할을 담당했다
고 하겠다. 그러므로 고려전기 평장사는 2개의 관직이 설치되어졌다고
볼 수 있다.
　그러나 백관지의 기사에 의하면 문종대에 4종류의 평장사가 있었던
것처럼 되어 있다. 이는 공민왕(1351～1374) 5년 관제를 개정하면서 문

____

10) 淸・黃本驥 編,『歷代職官表』, 52쪽.

종대의 옛 관제를 회복하였는데, 이때에 비로소 동중서문하평장사와 평장사가 나타난다. 고려후기에는 여러 번에 걸쳐 관제개정이 되풀이되었다. 처음 충렬왕(1274~1298, 1298~1308)대에 원의 압력에 의해 관제가 격하되었고, 그 뒤 여러 차례 관제개혁이 이루어지다가 공민왕 5년에 문종대의 관직명으로 고치려 한 것이다. 그러나 이미 시대상황이 다르므로 똑같을 수는 없어 그 시대에 맞는 관직을 설치할 수밖에 없었다.[11]

결국 백관지에 기록된 문종대 4개 職의 평장사는 고려후기의 상황을 『고려사』 찬자가 오해하여 기록한 것으로 여겨지며, 따라서 고려전기에는 중서문하성의 차관은 중서시랑평장사와 문하시랑평장사의 2직이었다고 생각된다. 평장사의 정원은 중서시랑평장사 1명, 문하시랑평장사 1명이 정상이었으나, 때에 따라서는 문하시랑 1명에 중서시랑 2명을 임명한 경우와 문하시랑 2명, 중서시랑 2명을 임명한 경우도 보여 次官인 侍郎平章事는 2~4명이 동시에 임명되었음을 알 수 있다.

參知政事는 唐에서 他官에 있는 자에게 參知機務, 參知政事, 同中書門下平章事 등의 이름을 加하여 재상 자격을 준 것에서 유래되었으며, 宋에서는 同平章事의 아래에 참지정사를 두어 재상의 권한을 나누게 하였다. 즉 참지정사는 송대에 副宰相으로 大政을 돕고 庶政에 참여하였다.[12]

『고려사』 백관지를 보면, 목종 때 참지정사가 있었는데 문종이 정원을 1명으로 하고 품계를 종2품으로 하였다[13]고 기록되어 있다. 이에 의하면 참지정사는 목종대에 처음 있었던 것으로 생각할 수 있지만, 이미 성종대 崔亮이 좌산기상시·참지정사로 임명된 기록이 있다.[14]

---

11) 恭愍王 3년 이후 軍功을 포상하기 위하여 설치된 添設職의 남발과 관련하여 인원이 늘어난 것으로 생각할 수도 있지 않을까 생각된다.

12) 『宋史』 권161, 職官1 參知政事條, "掌副宰相 毗大政 參庶務".

13) 『高麗史』 권76, 百官志1 評理條.

『高麗史』 백관지에 보이는 참지정사는 당에서와 같은 假以他名이
아니라 종2품의 관직이었다.15) 실제로『고려사』 세가에 나타난 참지정
사는 대체로 중서(내사)시랑으로 승진하는 것이 대부분이었다. 문종이
정원을 1명으로 하였으나 실제로는 2명이 동시에 임명된 경우도 종종
있었다.

    顯宗 2년 : 趙之遴·崔士威
    顯宗 18년 : 郭元·李可道
    文宗 7년 : 金廷俊·朴成傑
    宣宗 즉위년 : 王錫·柳洪
    仁宗 14년 : 金克儉·李資德·任元濬

    그러므로 문종이 비록 1명을 정원으로 했지만 필요에 따라 증원하기
도 하였던 것이다.
    참지정사는 분명히 종2품의 단독직으로 나타나면서도 他官으로 겸
직하고 있는 예가 상당수 나타나고 있다. 즉 6部尙書와 尙書左僕射의
本職을 가지고 참지정사를 겸직하고 있는 것이다. 관직이 정비된 문종
대를 예로 들어 보면 다음의 <표 2>와 같다.
    이 도표는『高麗史』世家의 관직 임명 중 참지정사의 임명을 나열한
것이다. 표를 통해서 볼 때, 참지정사가 本職인 경우도 보이지만 상서
좌복야나 6부 상서의 본직을 가지고 겸직한 경우도 있다는 것을 알 수
있다. 이는 唐의 영향이라 생각된다. 참지정사는 고려 독자적인 것과
중국의 영향이 동시에 존재하고 있다고 여겨진다.

---

14)『高麗史』 권93, 列傳 崔亮傳.
15) 변태섭, 앞의 글, 67쪽.

<표 2> 고려 문종대 참지정사 임명

	인명	관직
원년	朴有仁	尙書左僕射・參知政事
	李子淵	吏部尙書・參知政事
7년	金廷俊・朴成傑	參知政事
9년	金元鼎	尙書左僕射・參知政事・兼太子少保
11년	金 顯	尙書左僕射・參知政事
15년	任從一	參知政事
	崔惟善	參知政事・權判翰林院事
	李惟忠	參知政事・柱國
25년	金行瓊	參知政事
29년	鄭惟産	參知政事・監修國史
	金若珍	戶部尙書・參知政事・權判三司・兼太子少保
31년	文 正	參知政事・兼西京留守使
33년	金 悌	吏部尙書・參知政事・兼太子少保
35년	崔 奭	檢校司空・吏部尙書・參知政事・判三司事
	金良鑑	參知政事・判尙書兵部事・兼西京留守使
	李靖恭	參知政事・修國史

政堂文學과 知門下省事는 고려의 필요상 뒤에 加置한 宰臣職이다.[16] 정당문학이 기록상 처음 제수된 경우는 현종(1009~1031) 원년의 일이다. 현종은 교서를 내려,

……崔沆은 식견과 재간이 고명하여 참으로 그 동료들 중에서 특출한 사람이니 정당문학으로 임명하여 나의 스승으로 삼으려 한다.[17]

고 하였다. 정당문학은 재신의 관직 중에서 특별히 문학과 관계되는 측면을 알려주고 있다.

백관지에 문종이 정원을 1명으로 품계는 종2품으로 정하였다고 하였

---

16) 邊太燮, 앞의 글, 67쪽.
17) 『高麗史』 권93, 列傳 崔沆傳.

지만, 실제로 문종대에 세가에서 정당문학을 제수한 예는 보이지 않는다. 그리고 현종대부터 의종대까지 정당문학의 관직을 임명한 예는 그리 자주 나타나고 있지 않다. 성종에서 의종대까지 임명된 실례를 보면 다음과 같다.

顯宗 : 崔沆(원년)
德宗 : 黃周亮(3년)
宣宗 : 金上琦(8년)
獻宗 : 李預(원년)
肅宗 : 李頲 · 柳伸(8년) · 鄭文(10년)
睿宗 : 金緣(8년) · 金緣(9년) · 李軌(12년)
仁宗 : 朴昇中(2년) · 金富佾(4년) · 金富軾(8년) · 李之氐(19년)
毅宗 : 高兆基(2년 3월) · 尹彦頤(2년 12월) · 金永錫(5년) · 崔誡(11년)

이로써 보건대 정당문학은 상설되는 재상직이었다고 보기는 어렵지 않을까. 비록『고려사』세가의 임명이 많은 부분이 빠져 있다 하더라도 재상의 임명을 이와 같이 간략하게 기록하였을지 의심스럽다. 그러므로 특별히 문학적 재능이 요구되는 관직이라 필요할 때나 또는 적당한 인물이 있을 때만 제수한 관직이었다고 생각되어진다. 金緣과 같은 경우는 예종 8년 12월에 禮部尙書 · 政堂文學 · 判翰林院事에 임명되었고,[18] 다음해 3월에는 檢校司空 · 戶部尙書 · 參知政事 · 判禮部事 · 兼西京留守使로 임명되고, 4월에는 禮部尙書 · 政堂文學 · 判翰林院事로 되었다.[19] 즉 같은 직책에 두 번이나 임명된 것이다. 위의 高兆基와 尹彦頤의 경우는 같은 해 2명을 임명한 예도 보이고 있다. 더구나 改定田柴科와 更定田柴科의 지급규정에도 없고, 문종대나 인종(1122~1146)

---

18)『高麗史』권30, 世家 睿宗 8年 12月條.
19)『高麗史』권13, 世家 睿宗 9年 3 · 4月條.

대의 녹봉규정 어디에도 나타나지 않고 있다.

知門下省事 역시 문종이 정원 1명, 품계 종2품으로 정하였다고 『고려사』 백관지에 기록되어 있지만, 문종대의 세가에 나타난 관직 임명 중 지문하성사의 임명은 보이지 않는다. 처음 지문하성사에 제수된 인물은 선종(1083~1094) 9년 李子威로 尙書右僕射·權知門下省事·兼西京留守事를 제수하였다. 그 후 예종(1105~1122)대에 金景庸과 林有文을 임명한 예가 보이다가 인종, 의종대에는 본격적으로 제수되었다. 이 재신직도 정당문학과 마찬가지로 전시과 지급규정과 녹봉규정에서 빠져 있다. 지문하성사는 고려가 필요에 따라 加置한 관직이므로 고려전기에는 특히 예종대까지는 상설직이라 보기는 어렵다.

선종 즉위년 12월 왕에게 시정의 득실을 논한 재신은 문하시랑평장사 李靖恭, 중서시랑평장사 金良鑑, 참지정사 王錫과 柳洪 등이었다.[20] 이때에 문하시중과 정당문학·지문하성사는 빠져 있다. 선종은 문종의 아들로서 순종(1083. 7~1083. 10)의 뒤를 이어 왕위에 올랐다. 선종이 즉위하기 전부터 문하시중의 임명은 보이지 않고 있다. 아마 공석으로 있었던 것이 아닌가 생각된다. 이때 역시 정당문학과 지문하성사가 임명된 사실도 찾아지지 않고 있다. 그리고 李顗 묘지명에는 그의 관직경력이 나타나고 있는데, 40세에 同知中樞院事·兼三司使, 44세에 右散騎常侍, 46세에 戶部尙書·中樞使·權西京留守使, 47세에 吏部尙書, 48세에 參知政事·判三司事·柱國, 51세에 中書侍郎同中書門下平章事·判尙書兵部事 등으로 나타나고 있다.[21] 李顗은 이자연의 아들로서 문종대에 활약했던 인물이다. 그는 재추의 관직을 역임하였는데, 재신으로서 지문하성사나 정당문학을 거치지 않고 바로 참지정사로 나아

---

20) 『高麗史』 권10, 世家 宣宗 卽位年 12月條, "門下侍郎平章事李靖恭 中書侍郎平章事金良鑑 參知政事王錫 柳洪 陳時政得失".

21) 金龍善 編著, 「李顗墓誌銘」, 『高麗墓誌銘集成』, 한림대 아시아문화연구소, 1993, 27쪽.

가고 있다.

이러한 사실을 통해서 볼 때 정당문학과 지문하성사에 관해 문종이 정하였다는 백관지의 기록과 세가에 나타난 임명은 차이가 있음을 알 수 있다. 결국 정당문학과 지문하성사는 재신직으로 임명하지 않을 때가 많았고 그러다 보니 고려전기에는 시중, 평장사, 참지정사에 비해 비중 있는 宰臣職은 아니었다고 볼 수 있겠다.

Ⅲ. 中樞院의 樞密

中樞院은 왕명의 出納과 宿衛, 軍機之政을 관장하는 중요기관이다. 성종 10년에 兵官侍郎 韓彦恭이 송에 사신으로 갔다가 돌아와서 송의 추밀원은 곧 우리나라의 왕궁을 숙직 보위하는 관직이라고 하였으므로 처음으로 중추원을 두었다[22]고 하였다. 중추원의 하부구조인 承宣은 왕명출납을 담당하였고, 상부구조인 樞臣은 군기의 일을 담당하여 고려 정치체제 가운데 중요한 위치를 차지하였다. 樞府가 중서문하성의 宰臣과 함께 宰樞兩府로 병칭되고 중요 국사를 의논하였음은 중추원이 권력기구였음을 나타낸다.

중추원의 2품 이상의 관직은 判中樞院事, 中樞院使, 知中樞院事, 同知中樞院事이다. 그러나 『고려사』에는 樞7이라 하여 정3품인 中樞院副使, 簽書院事, 中樞院直學士를 포함하여 이들을 재상이라고 보고 있다.

판중추원사에 관해서는 『高麗史』 백관지에 文宗이 정원을 1명으로 하고 품계는 종2품으로 정하였다고 기록되어 있다. 그러나 判事의 임명

---

22) 『高麗史』 권76, 百官志1 密直司條, "成宗十年 丙官侍郎韓彦恭使宋還 奏 宋樞密院卽我朝直宿員吏之職 於是始置中樞院".

은『高麗史』世家에는 자주 나타나고 있지 않다.

> 金良鑑 : 參知政事·判尙書兵部事·兼西京留守使(文宗 35년)－權判
> 中樞院事－左僕射(文宗 37년)－中書侍郎平章事(宣宗 즉위년)
> 崔弘宰 : 樞密院使·判三司事(睿宗 17년)－參知政事(仁宗 즉위년 5월)
> －權判樞密院事(仁宗 즉위년 12월)－門下侍郎平章事(仁宗 원년)
> 李之美 : 知樞密院事(仁宗 3년)－判樞密院事(仁宗 4년)－유배

이와 같이 의종대까지『고려사』세가에 나타난 판추밀원사에 대한 임명은 3건 정도에 불과하다. 그것도 김양감과 최홍재의 경우는 임시직임을 나타내는 權判樞密院事이다. 이들은 前職이 참지정사로서 재신직에 있으면서 임시로 중추원 판사직을 겸직한 것이었다고 볼 수 있다. 百官의 人事移動時에 어떤 관직에 임명된 이후 그 전의 관직보다 하위의 관직을 제수받았을 경우에는 그것이 대개 겸직이라는 것을 알 수 있는데,23) 이들의 경우는 참지정사가 本職이고 권판중추원사가 겸직이라고 볼 수 있다. 이지미의 경우는 지추밀원사에서 판추밀원사로 승진되었는데 이때는 임시직은 아니었지만 대신 추밀원사에 대한 임명이 보이지 않는 것으로 보아 추밀원사를 대신한 것으로 여겨진다.

그러므로 고려전기에 있어서의 판추밀원사는 임명 사례가 별로 나타나지 않는 것으로 보아 상설직으로 보기는 어렵지 않을까 생각된다. 그리고 대개는 중서문하성의 재신이 겸직한 것으로 여겨진다.

중추원사는 世家에서 임명된 사례를 많이 볼 수 있다. 판원사보다 더 비중 있는 관직이며 실질적인 중추원의 最高職이었다고 하겠다. 세가에 처음 임명된 인물은 崔沆으로서, 그는 목종 12년 吏部尙書·中樞使를 제수받았다. 물론 성종 10년 처음 설치될 때 중추원사 2명, 부사 2명

---

23) 張東翼,「高麗前期의 兼職制에 對하여(上)」,『大邱史學』11, 1976, 13쪽.

을 두었지만, 부사에 한언공이 임명되었다는 것 외에 누가 임명되었는 지는 알 수 없다. 최항은 이때 왕(목종)이 병들어 눕고 金致陽이 반란을 음모하자 蔡忠順과 대책을 결정하고 현종을 맞아들여 왕위에 앉힌 인물[24]이었다.

백관지에 의하면 문종이 중추원사의 정원을 2명으로 하였다고 했지만, 실제 2명을 임명한 예는 찾아보기 어려웠다. 문종대에『고려사』세가에 나타난 중추원사의 임명을 보면 다음과 같다.

3년 : 金廷俊
4년 : 鄭傑
14년 : 異惟忠
15년 : 任從一(2월), 王懋崇(9월), 金元晃(12월)
35년 : 柳洪

그 이후에도 의종대까지 2명을 임명한 예는 거의 찾아지지 않는다. 특별한 경우를 제외하고 1명이 정원이었다고 여겨진다. 그러므로 백관지의 기록이 고려전기의 상황과는 맞지 않음을 알 수 있다.

知院事의 임명 또한 세가에서 많이 찾아진다. 이들 중 대부분은 중추원사로 승진되었다. 이 관직에 임명된 예는 院使에 버금가게 나타나고 있지만, 문종대 祿科에는 빠져 있다. 종2품의 추밀 관직 중에서 판원사와 지원사가 빠져 있는데, 판원사는 문종대에 임명된 예가 거의 없으므로 이해할 수 있지만 지원사의 경우는 납득하기 어려운 면이 있다.

송에서는 추밀원의 장관을 樞密院使 또는 知樞密院事라 하고 使를 둘 때는 知院事를 두지 않고, 지원사를 두면 使는 두지 않는 것이 원칙이었다.[25] 고려는 비록 송의 제도를 받아들였지만 독자적인 운영을 함

---

24)『高麗史』 권93, 列傳 崔沆傳.
25) 和田淸 編著,『支那官制發達史』, 波古書院, 1942, 188쪽.

으로써 동시에 두 관직을 두었고, 지중추원사를 거쳐 중추원사가 되도록 했다. 비록 班次는 있었지만 녹봉 지급은 院使에 준하여 지급되었으리라 여겨진다.

同知樞密院事 역시 임명된 예가 많은 것으로 보아 중요한 추밀직이라 여겨진다. 이 관직의 승진은 대개 지추밀원사이다. 지추밀원사와 동지추밀원사의 정원은 대개 1명이었다.

이상과 같이 2품에 해당하는 추밀직을 살펴보았다. 다음은 정3품직이면서 재상으로 인정받는 副使, 簽書院事, 直學士에 대해 살펴보려 한다.

『고려사』 세가에 나타난 부사의 임명은 성종대 韓彦恭, 목종(997~1009)대 蔡忠順을 비롯하여 현종대에 임명된 예가 자주 나타나며, 문종대에는 柳洪 한 사람만의 임명이 보이며, 숙종(1095~1105)대부터는 다시 꾸준히 임명되고 있다. 문종이 정원 2인을 정하였다는 백관지의 내용은 실제와 차이가 있었던 것이다. 만일 백관지 기록을 사실로 인정한다면 재상 대우를 받는 중요한 관직 임명이 그렇게 나타나지 않을 수 있을까. 첨서원사의 임명도 의종대까지 3건 정도의 임명 예가 보이는데, 그것도 문종대에는 나타나지 않고 예종(1105~1122)과 인종대에 나타난다. 직학사에 대해서도 마찬가지로 임명 사례를 드물게 찾을 수 있다. 처음 문헌에 나타나는 것은 성종대 유방헌이 임명된 것이다.[26] 현종대에 3건이 보이고 덕종대에 1건이 보이나, 관제를 정하였다는 문종대에 임명된 예는 찾아지지 않고 있다.

이상 3품에 해당하는 추밀에 대해 살펴보았는데 부사를 제외하고는 의종대까지 世家에 많이 나타나지 않고 있는 것은 상설직이 아니었거나 중요 관직으로 여겨지지 않아 빠진 것으로 볼 수 있다.

과연 이들 관직을 재상직에 넣을 수 있을까. 이에 대해 이들이 3품

---

26) 金龍善 編著, 「柳邦憲墓誌銘」, 『高麗墓誌銘集成』, 17쪽.

관직에 속하면서 2품의 대우를 받고 재상의 역할을 하였다고 보는 견해[27]와 3품이 아닌 2품이었을 것이라는 견해[28]가 있다. 그러나 부사·첨서원사와 직학사의 경우에 고려전기, 즉 의종대까지는 2품은 아니었다고 여겨진다. 문종대의 녹봉규정에 의하면,

> 353섬 5말 : 諸展大學士·參知政事·中樞院使·同知中樞院事
> 333섬 5말 : 左·右僕射
> 300섬 : 六部尙書·左右常侍·御史大夫·中樞副使·簽書中樞院事·
>   翰林學士承旨·三司使·中樞院 直學士·判閤門事·上將軍

으로 되어 있다. 분명히 종2품의 추밀과 정3품의 추밀과는 2단계의 차이가 나타나고 있는 것은 문종대 백관지 품계규정의 차이를 인정하게 하는 것이다. 더구나 첨서원사와 직학사는 적어도 고려전기에는 재상으로 여겨지지는 않은 것 같다. 첨서원사는 의종대까지 살펴볼 때 임명된 예가 3건 나타난다.

> 金黃元 : 簽書樞密院事(睿宗 12년)-卒
> 任元淑 : 禮部尙書·簽書樞密院事(仁宗 18년)-中書侍郎同平章事로
>   퇴직(毅宗 2년)
> 康滌 : 禮部尙書·簽書樞密院事(仁宗 19년)-致仕

이 관직의 임명이 제한적이므로 잘 알 수는 없지만, 김황원은 中書舍人(종4품), 禮部侍郎(정4품), 國子祭酒(종3품), 翰林學士(정3품)를 역임하고 첨서추밀원사로 卒하였다. 임원숙은 첨서원사를 거쳐 중서시랑평장사로 퇴직한 것 외에는 잘 알 수 없고, 강척은 예부상서·첨서추밀원

---

27) 邊太燮, 「高麗의 中樞院」, 『震檀學報』 41, 1976, 63쪽.
28) 朴龍雲, 「高麗의 中樞院研究」, 『韓國史研究』 12, 1976, 107쪽.

사로 치사하게 했으니 재상직을 수행한 것으로 볼 수 없겠다.

그럼에도 불구하고 첨서추밀원사가 재상이었다고 알려 주는 사료가 있다. 즉

> 최충헌이 거창하게 별제에 들어가니 劍戟과 兵衛가 數里에 가득차고 조신들로 뒤따라 가는 사람이 매우 많았다. 이전에 재상으로 따라가는 사람이 없었는데 이때에 이르러 첨서추밀원사 금의와 추밀원부사 정방보가 처음으로 따라가니 그 때 사람들이 이를 비루하게 여겼다.[29]

라고 기록되어 있다. 첨서추밀원사와 부사는 재상이었다고 보아 틀림없다. 그런데 좀 의아하게 생각되는 것은 두 관직의 차례이다. 문종대의 관제에 의하면 같은 3품이지만 부사가 더 앞서고 그 다음이 첨서추밀원사의 순서이다. 대체로 관직의 순서에 의해 기록되는 것이 관례인데, 이와 같이 기록된 것은 기록자의 착오이거나 또는 고려 공민왕대의 순서에 의한 것이 아닐까 생각된다. 공민왕 11년 관제에는 簽書司事가 종2품으로 부사보다 앞의 서열이었던 것이다.『고려사』찬자가 조선시대 사대부들이므로 어떤 착오를 일으킨 것이라 생각할 수 있다.

이와 같이 첨서원사가 분명히 재상으로 인정된 사실이 있으므로 3품이면서도 재상으로 인정되었다는 결론에 다다를 수 있겠다. 그러나 다음과 같은 사료가 있다.

> 얼마 안 지나서 원나라에서 또 李樞를 보내어 재목을 요구하였으며 이추는 울릉도로 건너가서 재목을 작벌코자 했으므로 왕은 대장군 康渭輔를 동행시켰더니 이추는 3품 관질은 낮다 하여 "3품이란 개같은

---

29)『高麗史節要』권14, 高宗 2年 5月條, "崔忠獻 移入別第 劍戟兵衛 彌滿數里 朝士追隨者甚衆 前此 無宰相從之者 至是 簽書樞密院事琴儀 樞密院副使鄭邦輔 始從之 時人鄙之".

것인데 어찌 데리고 다니겠느냐”라고 하였으므로 簽書樞密事 許珙을
대신 보냈다.[30]

이는 첨서추밀원사가 3품보다 높은 관직을 갖고 있다는 것을 보여준
다. 그렇다면 2품에 위치하고 있었다고 짐작되며, 그렇다면 당연히 재
상으로 인정될 수 있는 것이다.

그러나 이와 같은 결론은 무신정권기 이후에 내릴 수 있지 고려전기
는 3품직에 위치하여 재상으로 인정될 수 없었던 것으로 보인다.

직학사에 관한 임명 상황은 좀더 구체적으로 살필 수 있다. 몇 개의
예를 들어 보자.

周佇：禮部侍郎・中樞院直學士(顯宗 2년)－修撰官(顯宗 4년)
郭元：中樞院直學士(顯宗 2년)－刑部侍郎・右諫議大夫(顯宗 7년)
崔冲：中樞院直學士(顯宗 15년)－翰林學士・內史舍人(顯宗 16년)
朴有仁：密直學士・秘書少監－權知左承宣(德宗 즉위년)
秦玄錫：中樞直學士・知制誥(德宗 3년)－衛尉卿・左諫議大夫(靖宗 2
　　　　년)

직학사에서 다음으로의 遷官 상황을 볼 때 修撰官(한림원 3품 이하
의 관원이 겸임), 예부시랑(정4품), 간의대부(정3품), 한림학사(정4품), 내
사사인(종4품), 좌승선(정3품) 등으로 옮겨진 예를 본다. 그런데 오히려
더 낮은 관직으로 간 경우도 보인다. 박유인의 경우 밀직학사는 중추원
직학사의 誤記로 보이며,[31] 역시 승선이 비록 같은 3품이지만 추신에는

---

30)『高麗史』권130, 列傳 趙彝傳, “未幾 元遺樞 又索材木 樞欲入鬱陵島斫木 王
　　以大將軍康渭輔爲伴行 樞以三品秩卑 言曰 三品如狗耳 吾不可與同行 乃以
　　簽書樞密事許珙 代之”.
31) 元의 간섭 하에 고려의 관제가 격하되었을 때 추밀원이 密直司로 명칭이 바뀌
　　었을 때의 명칭으로 여겨진다.

들지 않는 관직으로의 遷官 상황이 나타난다. 재상이 4품직도 겸직했다
고 볼 수 있다면 모를까 결국 직학사는 분명 재상의 열에 들 수 없었다
고 보여진다. 직학사는 추밀원의 고문 역할을 했지만 재상의 역할을 했
다고는 볼 수 없다.

그렇다면 첨서원사와 직학사는 재상이 아니었다는 결론에 도달할 수
있지만, 부사의 경우는 좀 다르다.

> 재신 이부상서·참지정사 劉晋, 이부시랑·중추원사 崔沆, 급사중·
> 중추원부사 蔡忠順 등은 銀臺에서 직숙하고……32)
> 김부식이 錄事 白祿珍을 보내어 왕에게 보고하고 따로 양부에 글을
> 보내어 당부하기를……재상 문공인·최유·한유충 등이 말하기를
> ……33)

목종대에 채충순이 급사중·중추원부사로 참지정사·중추원사와 더
불어 재신이라 하였다.34) 인종대의 재상으로 열거된 3명의 관직을 보면
문공인은 중서시랑평장사, 최유는 참지정사, 한유충은 추밀원부사의 관
직에 있었다. 그 다음해인 인종 14년 중군병마사가 奏하기를 추밀원부
사 한유충은 국가의 안위를 돌보지 않고 중군의 기무를 防遮하였다 하
므로 충주목사로 폄출하였다35)는 기사가 있다. 그렇다면 한유충은 관직
이 추밀부사였고 부사인 한유충은 재상이라 하였으니, 추밀원 부사는
분명히 재상이었다는 증거가 되는 것이다.『고려사』백관지를 따른다면
부사는 3품의 관직으로 재상의 직위에 있었다고 하겠다.

---

32)『高麗史』권3, 世家 穆宗 12年 正月, "宰臣吏部尙書參知政事劉瑨 吏部侍郎
中樞院事崔沆 給事中中樞院副使蔡忠順等 直宿銀臺".
33)『高麗史節要』권10, 仁宗 13年 正月.
34) 여기서 재신이라 했지만 참지정사와 중추원사, 부사를 합쳤으므로 재추 또는
재상으로 보아야 할 듯하다.
35)『高麗史』권16, 世家 仁宗 14年 5月條.

여기에 대해 목종대의 중추원부사는 문종이 정한 정3품에 해당하는 관직이 아닌 듯하다. 중추원이 한언공의 건의에 의해 설치되었을 때는 院使 2명, 副使 2명을 임명하였다. 그런데 현종이 즉위하면서 중추원 및 은대 남북원을 파하고 3관기무를 관장하는 중대성을 설치하였다. 그 후 현종 2년 다시 중추원으로 복구되었는데 이때부터 관직이 증가되어 문종대의 체제로 간 것으로 보인다. 목종은 현종 이전의 왕이므로 목종 대의 중추원은 성종 시기와 같은 체제였다고 본다. 이때의 중추원부사 는 중추원의 차관에 해당한 것이었다. 그러므로 당시의 중추원부사는 문종이 정한 3품 관제와는 다르며 실제로 재상의 역할을 담당했을 것 이라 생각된다.

그렇다면 인종대의 추밀원부사는 어떻게 생각하여야 할까. 이에 대 해서는 세가에 나타난 부사의 임명에서 해답을 구할 수 있겠다. 중추원 은 헌종(1094~1095)대에 이르면 추밀원이라 개칭된다. 헌종 이전의 중 추원부사 임명은 별로 보이지 않는다. 문종대에는 30여 년에 이르는 동 안 1건에 그치고 있다. 문종대는 3품으로서 재상으로 여겨지지 않았다 고 볼 수 있다. 이와 달리 숙종·예종 이후는 자주 임명되고 있다. 중추 원에서 추밀원으로 바뀌면서 추밀원의 체제와 기능이 강화된 것으로 여겨진다. 헌종이 명칭을 추밀원으로 변경하면서 송의 제도에 좀더 접 근한 것 같다. 송에서는 추밀사를 장관으로 하면 그 밑에는 부사를 두 고, 지추밀원사를 장관으로 하면 동지추밀원사를 그 아래에 두었다. 그 만큼 부사의 역할은 중요했는데 고려가 추밀원으로 개칭하면서 부사직 이 승격된 것으로 보인다. 그러나 품계가 2품으로 승격되었는지는 의문 이다.

결국 중추원 하에서는 원사·지원사·동지원사가 재상의 범주에 들 어가고, 추밀원으로 명칭이 바뀌면서 부사가 재상의 반열에 들어가는 것이 아닌가 여겨진다. 그러나 여전히 첨서원사·직학사는 재상의 역할을 하지는 않은 것 같다. 그러므로 『고려사』 백관지 서문의 樞7은 고려 전기의 상황으로 보기에는 무리가 있다고 생각한다.

Ⅳ. 尚書省의 宰相

상서성은 당의 3성제 하에서는 중서성, 문하성과 함께 병렬적인 중요한 기관이었으나, 고려의 중서문하성 체제에서 상서성의 지위는 중서문하성에 비해 상대적으로 격하되었다. 그러나 2품 이상의 관원이 여전히 존재하였는데 尚書令(종1품) 1인, 左右僕射(정2품) 각 1인, 知都省事(종2품) 1인이 있어 4명의 재상이 존재한 것으로 되어 있다. 그러나 상서령은 종친에게만 수여하고 일반 신하에게는 제수하지 않았고 左右僕射는 재추로 구성된 재상에 들지 못하고, 知都省事는 임명되는 경우도 적지만 6부 상서보다 서열이 낮아 아예 재신과는 거리가 먼 관직이라 상서성에는 재상이 없었다고 보는 논자가 있다.36) 한편 좌·우복야는 宰臣·樞密과 구별되면서도 이들과 나란히 설 수 있는 재상이었다고 보는 견해도 있다.37)

『고려사』 백관지에 상서령은 종1품직인 尚書都省의 최고 관직으로 나타나 있지만 일반 신하에게 제수된 경우는 거의 없었다. 이는 당의 제도를 받아들인 고려에서는 당연한 것이었다고 본다. 당에서 상서성의 장관인 상서령은 武德時代(唐 高祖)에 태종이 尚書令職에 있었기 때문에 그 후 신하들이 그 직에 감히 앉지 못하였으므로 복야가 상서성의 장관이 되었다.38) 고려에서도 이와 비슷한 내용의 글이 있다.

---

36) 邊太燮, 「高麗宰相考」, 73쪽.
37) 朴龍雲, 「高麗時代의 尚書都省에 대한 檢討」, 『國史館論叢』 61, 1995.
38) 『新唐書』 권46, 志36 百官1.

> 상서령은 백관의 우두머리다. 지위가 극히 높으므로 타당한 인물이 없으면 비워 두기도 하고, 때로는 懿親을 그 자리에 둔다. 그러나 重望과 큰 공이 없으면 또 함부로 제수할 수 없으므로 비록 종실 가운데서라도 이 벼슬을 지낸 이는 몇 사람 되지 못한다.[39]

이와 같이 고려에서도 당의 제도와 마찬가지로 상서령직 제수는 대개 종친에게 수여되었던 것이고 일반 신하에게 준 것은 致仕職이나 贈職으로 수여된 것이라 하겠다. 그렇다면 상서령직은 재상직에 들어간다고 볼 수는 없다.

知都省事의 경우도 품계가 종2품이었으므로 재상에 들어가야 할 관직이었다. 『고려사』에 지도성사로 처음 나타나는 인물은 朴良柔이다. 그는 성종 9년 12월 왕의 조카 誦을 開寧君으로 책봉할 때 正使의 역할을 맡았는데, 이때 工官御事·知都省事의 관직에 있었다. 그 후 성종 12년에는 侍中職에 있게 되는 것으로 보아 지도성사의 지위를 짐작할 수 있겠다. 그러나 『고려사』 세가에 관직 임명의 사례는 매우 적게 나타나고 있다. 睿宗 8년 12월 金若溫이 지상서도성사로 임명되고 있으나 그 서열은 攝工部尙書·三司使 史榮의 뒤에 기록되어 있다. 또 仁宗 5년 6월 崔思全은 吏部尙書·知都省事를 제수받았는데, 이부상서의 겸직으로 보인다. 그 외에 의종대까지 세가에 임명된 예는 별로 나타나지 않고 있다. 그러므로 이 관직도 종2품의 고위관직에 있었지만 제대로 대우를 받지 못한 것이라 여겨져 재상에 들어간다고 보기는 어렵다.

그러나 상서성의 左右僕射는 좀 달리 생각할 수 있겠다. 상서령이 실직이 아닌 상황에서 좌우복야는 실질적인 상서성의 장관이었고, 특히 좌복야는 『고려사』 세가에 임명이 자주 나오는 것으로 보아 중요한 관

---

39) 『東文選』 권26, 淮安公爲守太師尙書令餘如故別宣麻敎書.

직이었다고 보여진다. 靖宗 2년 前 尙書左僕射 李龔이 탄핵을 두 번이
나 당하였으나 先朝의 재상이므로 그 관직을 회복하고 치사케 한 사
실[40]에서 상서좌복야는 재상이었음을 알 수 있다. 李龔은 현종대 고위
관직을 지낸 인물이었다. 그의 경력을 보면 知中樞事(현종 8년), 中樞使
檢校司空(현종 12년), 內史侍郎平章事·監修國史(현종 14년), 尙書左
僕射·同內史門下平章事(현종 15년), 門下侍郎(현종 18년), 司空左僕
射·判東京留守使(현종 22년)를 역임하였다. 현종대 상당한 세력을 가
지고 있던 이공은 덕종이 즉위하자 재물을 횡령한 죄목으로 憲臺의 탄
핵을 받고,[41] 다시 정종 원년 사헌대에 의해 탄핵을 받아 파면되었다.[42]
그러다가 정종 2년에 先朝(현종)의 재상이었으므로 관직을 회복하고 치
사케 한 것이다. 상서좌복야는 그의 本職이면서 致仕職이 되었던 것으
로 보인다. 현종대에는 상서좌복야는 동내사문하평장사를 띠고 있던 것
으로 보아 재상의 역할을 하고 있음을 알 수 있다.

　상서좌복야를 지낸 사람들의 일부분을 나열하면 다음과 같다.

劉晋 : 吏部尙書·參知政事(穆宗 7년)－尙書左僕射(顯宗 즉위년)－內
　　史侍郎平章事(顯宗 2년)

李端 : 中樞使(顯宗 18년)－尙書左僕射(顯宗 20년)－參知政事(顯宗 22
　　년)－左僕射·參知政事(德宗 즉위년)－平章事(德宗 원년)

崔齊顔 : 尙書左僕射·中樞使(靖宗 2년)－尙書左僕射·參知政事·中
　　樞使(靖宗 3년)－門下侍郎同內史門下平章事(靖宗 9년)

劉徵弼 : 尙書左僕射(德宗 원년)－右僕射(德宗 3년)－參知政事修國史
　　(靖宗 2년)－內史侍郎平章事(靖宗 3년)

---

40)『高麗史節要』권4, 靖宗 2年 4月條, "制曰 前尙書左僕射李龔 雖再被彈奏 以
　　先朝宰相 久居文翰之任 可復其官 仍令致仕".
41)『高麗史』권5, 世家 德宗 卽位年 10月條.
42)『高麗史』권6, 世家 靖宗 元年 7月條.

金顯 : 尙書左僕射・參知政事(文宗 11년)－守司空(文宗 14년)－左僕射
　　　(文宗 15년, 降等)
金行瓊 : 尙書左僕射・判尙書刑部事(文宗　25년)－參知政事－判尙書
　　　兵部事(文宗 31년)－門下侍郎同中書平章事(宣宗 4년)
李靖恭 : 參知政事・修國史(文宗 35년)－左僕射(文宗 36년)－中書侍郎
　　　平章事(文宗 37년)

　위의 사례를 통해서 보면 상서좌복야는 참지정사의 前職이거나 後職
이었음을 알 수 있다. 그리고 상서좌복야의 본직을 가지고 참지정사나
중추사를 兼職하는 경우도 보이고, 좌복야의 관직으로 재신들만 겸직
할 수 있는 判事에 임명되고 있는 예를 볼 수 있다. 또한 좌복야 다음
으로 중서문하성의 중서시랑으로 옮겨간 경우도 보인다. 그러므로 좌복
야는 재상이었다고 보아야 할 것이다.

　그러나 복야는 정2품으로 상서령이 없는 상황에서 실질적인 상서성
의 장관이었지만, 그 품계에 비해 대우는 떨어졌다. 즉 목종의 改定田
柴科와 문종의 更定田柴科에서 종2품의 참지정사와 같은 3科의 대우
를 받은 것으로 보아 경제적인 대우는 떨어진 것으로 보인다. 또한 祿
俸에 있어서 문종대에는 오히려 참지정사보다 한 단계 떨어졌으나 인
종대로 가면 다시 참지정사와 같은 대우를 받게 된다. 실질적인 대우는
좀 떨어지긴 하였지만 재상의 위치에는 있었던 것으로 보인다.

　복야의 지위는 중추사와 참지정사의 중간에 위치한 듯하다. 복야의
위치를 검토함에 있어 널리 사용되는 자료는 다음과 같은 기사이다.

　　制하여 말하기를, "左僕射 李膺甫에게 司徒를 加하고 右僕射 金如
　　琢에게 司空을 加하여 그 班序를 참지정사의 아래 중추사의 위에 두고
　　아울러 봉록을 가하도록 하라" 하였다.[43]

---

43) 『高麗史』 권5, 世家 德宗 元年 正月條.

복야에 사공이나 사도 등이 더해졌을 때, 참지정사와 중추사의 중간에 있었으므로 정당문학, 지문하성사와 위상이 비슷하였다고 생각할 수 있다. 그렇다면 사공 등이 더하여지지 않은 단독직의 복야의 위상은 그 아래였으리라 짐작된다.[44]

복야 중에서 상서좌복야의 임명은 세가에 많이 나타나고 있다. 복야의 임명을 세가에서 살펴보니 의종대까지는 단독직의 임명보다는 겸직의 임명이 더 눈에 띄고 있다. 특히 좌복야로 참지정사를 겸직한 예를 많이 볼 수 있는데, 이는 좌복야가 재상의 역할을 하였다는 증거이며 원래 唐에서 참지정사가 他官으로서 재상직에 있게 한 것의 영향이라 생각된다.

복야의 지위는 武臣亂 뒤로 가면 변화가 일어나고 있음을 볼 수 있다.

> 明宗 9년 7월 樞密院使 文克謙을 좌천시켜 상서좌복야로 삼았다.[45]
> 明宗 14년 12월 李義旼을 수사공·좌복야로 삼았는데 서열이 추밀원부사 林民庇·金光植의 뒤로 감.[46]
> 神宗 즉위년 11월 관직 임명시 상서좌복야 金彦의 서열이 추밀원부사의 뒤에 위치함.[47]

문극겸이 추밀원사에서 상서좌복야로 좌천된 것은 앞의 문종 15년 金顯이 좌복야로 강등될 때 전직이 참지정사였던 것과 비교하면, 좌복야의 지위는 낮아졌다고 보여진다. 또한 尙書左僕射의 서열이 추밀원부사 뒤에 기록된 것은 더욱 위상이 낮아졌음을 보여 준다. 그런데 명

---

44) 朴龍雲,「高麗時代의 尙書都省에 대한 檢討」, 63쪽.
45)『高麗史節要』권12, 明宗 9年 7月條.
46)『高麗史節要』권13, 明宗 14年 12月條.
47)『高麗史』권21, 世家 神宗 卽位年 11月條.

종 14년 수사공·좌복야 이의민이 추밀원부사보다 뒤에 기록된 것은 착오가 아닌가 생각된다. 이의민은 慶大升이 무인 집정으로 있을 때 고향으로 떠났다가 경대승이 죽자 명종의 부름을 받고 돌아와 병부상서로 있다가 얼마 후 수사공·좌복야의 벼슬을 받은 것이다.[48] 더구나 그 이후의 관직 임명에서 수사공·좌복야의 서열은 참지정사나 정당문학 또는 지문하성사의 뒤, 추밀사의 앞에 위치하고 있는 경우를 종종 볼 수 있다. 그러므로 守司空·左僕射는 재신과 추밀의 사이에 위치하고 尙書左僕射는 추밀 중 부사 다음에 위치하고 있다고 생각되어진다. 이와 같이 좌복야의 지위는 武臣亂 이전보다 낮아졌음을 볼 수 있다.

그러나 神宗 즉위년 于述儒가 守司空·左僕射·判刑部事에 임명되고[49] 康宗 원년 鄭克溫이 守司空·左僕射·判三司事로 임명되는[50] 것을 본다면 여전히 재상으로서 인정받고 있다는 사실을 알 수 있다. 이로써 보건대 상서성이 중서문하성과 같이 첨의부로 되어 폐지될 때까지는 비록 정2품인 복야는 같은 정2품에 해당하는 관직에 비해 낮은 대우를 받았다 하더라고 재상의 지위에 있었다고 볼 수 있겠다.

左僕射가 재상이라고 할 때 과연 중서문하성의 재신과 중추원의 추밀과 같이 국가의 중대사를 의논하였을까. 靖宗 7년 8월에 判西北路兵馬事·尙書左僕射 崔冲에게 명하여 변방을 순시하게 하였다. 최충은 정종 3년에 참지정사·수국사로 임명되었다.[51] 그러나 이때의 관직 임명이 열전에는 상서좌복야·참지정사·판서북로병마사에 제수되었다고 하였다. 최충의 本職은 좌복야라고 할 수 있다. 즉 최충은 좌복야로서 재상의 역할을 하였고 군사적인 일에 참여하였던 것이다. 또한 문종 36년에는 文德殿에 거동하여 사형을 聽斷할 제 문하시랑 文正과 좌복

<hr>

48)『高麗史』권128, 列傳 李義旼傳.
49)『高麗史』권21, 世家 神宗 卽位年 11月條.
50)『高麗史』권21, 世家 康宗 元年 12月條.
51)『高麗史』권6, 世家 靖宗 3年 7月條.

야 李靖恭을 참상하게 하였다.52) 이정공의 관직 경력을 보면 문종 35년에 참지정사·수국사에 임명되고 36년에는 좌복야로 나타나며 다음해 37년에는 중서시랑에 임명되었다. 문종 35년의 임명이 좌복야·참지정사·수국사가 아니었을까 생각되어진다. 이 사료는 좌복야가 宰相으로서 사형처리와 같은 국가의 일에 참여하고 있음을 알려 주는 것이라 생각된다.

상서좌복야는 재상의 위치에 있었음을 알 수 있는데, 그렇다면 兩府 宰樞라는 『고려사』의 내용과는 맞지 않는다. 양부는 중서문하성과 중추원을 일컫고 재추는 재신과 추신을 이르는데, 과연 상서성의 좌복야는 어디에 속할까. 아마 상서좌복야의 대부분이 참지정사와 겸직을 하고 있었고, 또한 중서문하성의 재신이 겸직하는 6부 판사도 겸직하고 있는 예를 통하여 보면 재신에 속하는 것으로 짐작할 수 있겠다.

복야직이 양부 재상에 포함된 예를 생각해 볼 수 있겠다. 즉 睿宗 12년 6월 淸讌閣에서 친왕들과 兩府 大臣들을 위한 연회를 베풀었는데 문하평장사 金緣에게 명하여 淸讌閣記를 짓게 하였다. 그 글에는

> ……금년 여름에는 太傅 尙書令 帶方公 臣 俌 守太傅 尙書令 大原公 臣 守太保 齊安侯 臣 守太保 通義侯 臣 僑 守太保 樂郎侯 臣 景庸 門下侍郎 臣 瑋 門下侍郎 臣 資謙 臣 緣 中書侍郎 臣 仲璋 參知政事 臣 晙 守司空 臣 至和 樞密院使 臣 軌 知樞密院事 臣 字之 同知樞密院事 臣 安仁 등을 불러 청연각에서 높은 잔치를 베풀고……53)

라고 기록되어 있다. 이 글을 통하여 예종대 兩府大臣의 범위를 알 수 있다. 兩府大臣에 넣어야 할 인물은 李瑋, 李資謙, 金緣, 趙仲璋, 金晙,

---

52) 『高麗史』 권9, 世家 文宗 36年 8月條, "御文德殿 斷死刑 命門下侍郎文正左僕射李靖恭 參詳".
53) 『高麗史』 권96, 列傳 金仁存傳.

金至和, 李軌, 王字之, 韓安仁을 들 수 있겠다. 이 중 李瑋의 관직은 비문의 것과 『고려사』 세가에 나타난 것과는 차이가 있는데, 세가에서는 예종 11년 6월에 수태보·문하시중·판상서이부사로 제수받았다. 이들의 관직을 살펴보니 중서문하성의 재신과 추밀원의 추신으로 분류되지 않은 수사공 김지화가 있다. 守司空은 本職이라기보다는 명예직이라 할 수 있다. 그렇다면 그의 본직은 무엇일까. 김지화는 예종 9년 尙書左僕射·兼三司使를 제수받고 12년 守司空을 더 받고 14년 左僕射·參知政事에 임명되고 있다. 결국 수사공 김지화는 수사공·좌복야가 생략된 것이라 여겨지며, 따라서 수사공·좌복야는 분명히 양부재상에 속한다고 할 수 있겠다.

이 비에 나타난 兩府大臣은 중서문하성의 시중, 문하시랑, 중서시랑, 참지정사와 추밀원의 원사, 지원사, 동지원사, 그리고 상서성의 복야로서 이들이 주요 재상직이었다고 할 수 있다. 좌복야는 양부재추에 들어가고 있다.

복야를 양부 집정관에 넣은 예가 또 있다. 예종은 8년에 禮儀詳定所를 설치하고 예의와 격식에 관한 것을 지정하였다. 그리하여 예종 9년 6월에 아뢰어, 表狀·書簡에 있어 칭호의 격식을 정하여 다음과 같이 명분을 바르게 하였다.

> ……임금께 표를 올릴 때에는 聖上陛下라 하고, 太子에게 箋을 올릴 때에는 太子殿下라 하며, 諸王에게는 令公이라 하고, 中書令·尙書令에게는 太師令公, 그리고 兩府執政官에게는 太尉·平章·司空·參政·樞密·僕射 등 각각 時職으로 칭하게 하고, 3品 이하의 員僚에게는 相公이라 칭하지 않고 직접 관명을 부르게 하소서.[54]

---

54) 『高麗史』 권84, 刑法志1 公牒相通式 外官.

양부 집정관이 중서문하성의 재신과 추밀원의 추밀만이 아님을 알 수 있다. 분명히 복야도 양부 집정관에 들어가고 있다. 그러므로 백관지 서문의 5宰 7樞가 재상이었다는 말은 고려전기의 상황은 아니었다고 여겨진다.

V. 맺음말

이상과 같이 고려전기 2품 이상의 재상에 대해 살펴보았다. 그 내용을 요약함으로써 결론을 대신하고자 한다.

고려시대 재상이 존재했던 기구로서는 中書門下省, 中樞院, 尙書省을 들 수 있다. 중서문하성에는 省五라 하여 門下侍中, 平章事, 參知政事, 政堂文學, 知門下省事란 다섯 개의 재신직이 있었지만, 실질적인 재상으로 중요한 역할을 한 것은 시중, 평장사, 참지정사로 보인다. 정당문학과 지문하성사는 필요에 따라 加置되는 직이라 처음부터 주요 재신이었다고 할 수는 없었으나, 이 두 관직의 임명이 인종 이후에 많이 나타나는 것으로 보아 고려중기 이후에 가서야 비중이 높아진 것으로 볼 수 있겠다.

중추원의 추밀은 樞七이라 하여 판중추원사, 중추원사, 지원사, 동지원사, 중추원부사, 첨서원사, 직학사를 말하였는데, 고려전기에는 모든 관직이 재상에 포함되지는 않았다고 보인다. 판원사는 고려전기에 임명 사례를 찾기 어려운 것으로 보아 주요 추밀이라 할 수 없고 오히려 중서문하성의 재신이 겸임한 것으로 짐작된다. 중추원사, 지중추원사, 동지중추원사는 추밀재상으로 인정될 수 있다. 그러나 문종 관제에 나타난 3품으로 부사, 첨서원사, 직학사는 재상으로 인정되지 않았다. 이 중 부사는 중추원이 추밀원으로 개칭된 이후에 가서는 재상의 범주에 넣을 수 있으나 그의 품계상의 관계는 더 깊은 고찰이 요구된다. 결국 고려전기 중추원의 추밀재상은 중추원사, 지원사, 동지원사며, 추밀원으로 개칭되면서 부사가 재상에 더하여지고 첨서원사와 직학사는 고려후기에 들어가서 재상의 수가 늘어나면서 재상직으로 된 것으로 짐작된다.

상서성에는 尙書令, 左右僕射, 知都省事 등 2품 이상의 관직이 존재하였지만 상서령은 종친에게 수여되었거나 치사직이나 증직으로 수여되었고, 지도성사는 의종대까지 임명된 예가 적은 것으로 보아 재상으로 보여지지 않는다. 그러나 복야만은 재상으로 인정받았다고 보겠다. 복야는 상서성의 실질적 장관으로 정2품의 고위 관직에 있었지만 실제는 종2품인 참지정사, 정당문학, 지문하성사, 중추원사와 비슷한 위치에 있었다. 비록 자신의 품계에 합당한 대우는 받지 못하였어도, 재상에는 들어간다고 볼 수 있다.

결국 고려전기에 재상의 역할을 한 관직은 中書門下省의 시중, 평장사, 참지정사, 정당문학, 지문하성사, 樞密院의 추밀원사, 지원사, 동지원사, 부사, 그리고 尙書省의 복야였으리라 짐작된다. 그러므로 고려전기의 재상을 5宰 7樞로 규정한 백관지의 내용과는 차이가 있음을 알 수 있다.

고려시대 본품항두

이 진 한

Ⅰ. 머리말

고려시대의 관제는 태조대에 태봉과 신라의 제도를 襲用하다가 성종대에 내외의 주요한 관부가 설치되는 등 제도 운영의 대체적인 틀이 만들어졌으며, 이후 문종·예종대에 약간의 변화가 있었으나 성종대의 제도를 거의 그대로 이었다고 한다.1) 이에 대해 고려시대 관제의 연구자들도 동의하는 바이지만, 실제로는 문종대에 정해진 관부의 명칭, 관품, 정원 등이 가장 자세하기 때문에 문종대의 것을 고려 관제의 기준으로 삼고 있다. 이후 문종대의 定制는 1275년(충렬왕 1)에 원나라의 간섭에 의한 관제 격하가 있기 전까지 그대로 유지되었다고 할 수 있다.

하지만 「백관지」 서문에서도 언급했듯이 예종대에도 약간의 개정이 있었다. 그 주요한 내용은 1116년(예종 11)에 중서문하성의 補闕·拾遺가 司諫·正言으로 바뀌고, 승선·직문하 등 주요 관직을 本品行頭에 서게 하는 것 등이었는데, 본고에서는 이 시기 변화의 핵심이었던 본품항두가 어떤 의미가 있었으며 해당 관직은 어떤 기능을 했는지 고찰하려고 한다.

본품항두직들이 매우 중요한 관직들이었음에도 불구하고 이제까지

---

1) 『高麗史』 권76, 百官1 序文.

본품항두만을 다룬 논문은 없었다. 다만, 중서문하성 관직의 녹봉을 연구하는 과정에서 본품항두직을 언급하였는데, 이 관직들은 겸직으로 운영되었으며 종3품의 항두는 直門下, 정4품 항두는 諫議大夫, 종5품의 항두는 起居注라고 하였다.[2] 문종대 정해진 본품항두직의 관품을 곧 본품으로 보고 그것의 항두가 되었다는 것이다.

이 견해는 최근에 진행된 「백관지」 역주에서도 받아들여져, 직문하를 본품항두로 삼은 것에 대해 설명하면서 "예종 11년에 이르러 국왕의 명령으로 직문하를 그의 품계인 종3품의 여러 직위 가운데에서 으뜸의 위치에 서게 하였음을 말하는 것이다. 항두란 항렬 즉 종3품의 우두머리라는 의미로, 이렇게 본품항두직이 되면 겸임직으로 운영되었다고 한다. 省郞 중에는 직문하 이외에도 간의대부와 기거주가 이때에 다같이 본품항두직이 되었다"고 하였다.[3]

그런데 본품항두직의 관품이 곧바로 본품이 된다는 견해가 풀어야할 가장 큰 난제는 본품항두직의 하나인 지제고에 관품이 없다는 것이다.[4] 이러한 경우 知制誥는 분명히 본품항두직이지만, 관품이 없어서 본품항두의 기능을 할 수 없게 된다. 본품항두직이 특정 기능을 하기 때문에 각 관직들은 공통된 속성을 가져야 하는데, 관품이 있는 관직과 없는 관직이 있다는 것은 본품항두직의 관품이 본품과 관련되지 않았다는 사실을 알려준다.

그런 점에서 본품항두에 대한 전면적인 재고를 통해 새로운 실마리

---

2) 崔貞煥, 「高麗 中書門下省의 祿俸規定과 그 運營實態」, 『韓國史研究』 50·51合, 1985 ; 『高麗·朝鮮時代 祿俸制 研究』, 慶北大出版部, 1991, 100쪽.

3) 朴龍雲, 「譯註 『高麗史』 百官志(1)」, 『고려시대연구』 V, 한국정신문화연구원, 2002, 101~103쪽. 이어 諫議大夫(정4품), 起居注(종5품), 三司使(정3품), 知三司事·三司副使(종4품), 承宣(정3품) 등이 각각 해당 품계의 여러 직위 가운데 으뜸의 위치에 서게 되었다고 이해하였다.

4) 李鎭漢, 「人物 事例를 통해본 官職의 班次와 祿俸」, 『고려전기 官職과 祿俸의 관계 연구』, 一志社, 1999, 191~192쪽.

를 찾을 필요가 있다. 따라서 본품항두를 구성하는 두 개의 용어인 본품 및 항두의 용례를 검토하고, 그것이 합쳐졌을 때 갖는 의미와 의례상의 역할을 확인할 것이다. 이어 본품항두의 본품을 본품항두직의 관품으로 이해하는 견해가 잘못되었다는 점을 구체적으로 지적하고, 실제로 본품항두직은 겸직으로써 관인의 지위를 표현하는 '본품 관직'과[5] 함께 제수되어 그 '본품'의 항두에 서게 하는 기능을 하였다는 것을 밝히고자 한다.

　예종 11년의 본품항두제 실시는 문종대 관제의 어떤 불합리한 점을

---

5) 본품 관직은 관직이기 때문에 기본적으로 직무를 표현하면서도, 거기에 부여된 관품을 통해 일정한 지위를 나타내던 관직을 뜻한다. 필자는 이전의 논문에서 이러한 성격의 관직을 本職이라고 하였으며 다분히 의미상 기본이 되는 관직으로 겸직에 상대되는 뜻으로 사용하였다.(李鎭漢, 「高麗前期 樞密의 班次와 祿俸」, 『韓國學報』 96, 1999 ; 「高麗時代 守令의 京職 兼帶」, 『震檀學報』 95, 2003) 그러나 실제 용례를 보면 본직은 본래의 관직이란 뜻이었으며, 필자가 생각했던 의미는 찾기 어려웠다.(朝議大夫·檢校太子太保·守國子祭酒·翰林學士·寶文閣學士·知制誥·賜紫金魚袋 權公墓誌銘……遷試國子祭酒·翰林學士·寶文閣學士·知制誥 拜爲西北面兵馬使 加朝議大夫 除試轉檢校太子太保·行本職, 「權適墓誌銘」, 95~97쪽)
　따라서 그동안 역사적 용어가 아니음에도 불구하고 편의적이고 상대적으로 사용했던 본직 대신에 이제부터는 본품 관직으로 바꾸어 사용하고자 한다. 본품 관직은 무엇보다도 본품이 있기 때문에 단독으로 제수될 수 있어서, 그렇지 못한 겸직과 구별된다. 이후의 서술을 통해서도 증명되겠지만, 고려시대 관직의 품계가 곧 본품이 되는 것은 아니었으며, 특정한 관직만이 본품을 갖고 있었다. 이처럼 고려시대 본품 관직이 중요한 것은 음서와 치사 등 각종 특권의 기준이 되었기 때문이다. 한편 관인의 객관적 지위를 표현하는 수단으로 文散階가 있었지만, 공민왕대 이전에는 문산계와 관직의 품계 사이에 커다란 격차가 있는 등 사실상 제 역할을 하지 못하였으므로(朴龍雲, 「高麗時代의 文散階」, 『震檀學報』 52, 1981 ; 『高麗時代 官階·官職 研究』, 高大出版部, 1997, 87~101쪽) 본품 관직은 그러한 일까지 함께 하는 것이었다. 그러므로 여러 관직이 동시에 제수되었을 때 가장 핵심이 되는 관직이 본품 관직이었다. ※ 이 글의 「墓誌銘」은 모두 金龍善編, 『高麗墓誌銘集成』, 翰林大 아시아文化研究所, 1993를 인용하였는데, 편의상 묘지명과 쪽수만을 기록하겠다.

시정하기 위한 것으로 생각된다. 이 제도의 시행 배경에는 본품항두직의 관품이 지위를 나타내지 못하였던 것처럼 고려시대 관직 가운데 관품이 있었지만 그것이 본품이 되지 못하는 관직이 있었던 관제 운영상의 특수성에서 비롯되었다. 그리고 본품항두직의 기능을 통해 고려시대의 관직이 자신의 지위를 나타내는 기능을 하던 본품 관직과 그렇지 못해서 반드시 본품 관직과 함께 제수되어야만 하는 겸직으로 크게 구분될 수 있다는 점을 확인하게 될 것이다.

Ⅱ. 본품·항두의 용례와 본품항두의 기능

본품항두는 한자 어의상으로 '본품 항렬의 (우두)머리'라는 뜻이며, 본품과 항두라는 용어가 결합된 형태이다. 그러므로 각각의 용례를 통해 정밀하게 분석하여 개별적인 의미를 추구하고, 아울러 그것이 합쳐진 본품항두는 어떤 기능을 하는지 검토해보자.

1. 본품의 용례

본품은 관제 연구자들에게 비교적 친숙한 용어임에도 불구하고 고려시대에 직접 사용된 사례는 거의 없기 때문에 당의 용례를 참고하면서 논의를 전개하기로 한다.

A1. 무릇 9품 이상 직사는 모두 散位를 띠는데 그것을 본품이라고 한다.[6]

A2. 의종조에 상정하였다. '문관 4품 이상 자색복을 입고 紅鞓을 하고 金魚를 佩用한다. 常叅 6품 이상은 緋色服을 입고 홍정을 하고 銀

---

6) 『舊唐書』 권42, 職官1 序言, "凡九品已上職事 皆帶散位 謂之本品".

魚를 패용한다. 벼슬이 이르지 못했으나 특별히 하사받은 자들은 이 규정에 구애되지 않는다. 9품 이상은 녹색복을 입는다. 閤門班·무신은 모두 자색복을 입으나 魚袋를 패용하지 않는다.……서경유수는 상서에 준하고 부유수는 3품에 준한다. 이하는 각기 본품에 의거하는데, 동남경부유수·대도호부·목의 부사 이상은 자색복을 입고 금어를 패용한다. 도호부·목의 판관과 知州事 이상의 옷과 띠와 어대는 본품에 따른다. 자·비를 차대한 자는 어대를 패용하지 않는다. 知州의 부사 이하로 자색·비색복을 입은 자는 홍정을 착용할 수 없다'.7)

A1은 『구당서』 직관지의 내용으로 무릇 9품 이상 직사에는 모두 산위가 있어 본품이라 이른다고 하였다. 이때 본품은 9품 이상의 직사 관직에 부여된 품계 즉 관품을 뜻하며, 실제로 당의 각 관직에는 정1품에서 종9품하에 이르는 29等의 산위가 있었다.8) 예를 들어 상서성의 슈은 정2품이며, 호부의 시랑은 정4품하이기 때문에 상서령의 본품은 정2품, 호부시랑의 본품은 정4품하가 되는 것이다.

당 제도의 일정한 영향을 받은 고려시대의 관직에도 품계가 설정된 것은 마찬가지여서 『고려사』「백관지」에는 어사대의 대부는 정3품, 중서문하성의 급사중은 종4품의 관품이 있었다. 만약 고려의 관직에 대한 제도 운영이 『구당서』 방식대로 시행되었다면 어사대부와 급사중의 본품은 각각 정3품과 종4품이 되는 것이다. 물론 고려시대의 관직은 품계

---

7) 『高麗史』 권72, 輿服 冠服 公服, "毅宗朝詳定 文官四品以上 服紫 紅鞓 佩金魚 常參六品以上 服緋 紅鞓 佩銀魚 官未至而特賜者不拘此例 九品以上 服綠 閤門班·武臣 皆紫 而不佩魚……西京留守 視尙書 副留守 視三品 以下各依本品 東南京副留·大都護·牧副使以上 服紫 佩金魚 都護牧判官 知州事以上 衣帶魚 從本品 借紫·緋 不佩魚 知州副使以下 服紫·緋者 不得着紅鞓".

8) 당나라 관직의 품계에 대해서는 다음의 책에 일목요연하게 잘 정리되어 있다. 김택민 주편, 「부록 : 관부·직원표」, 『역주 당육전』, 신서원, 2003.

로 정확히 표현되지 않는 측면이 있기 때문에 좀더 검토의 여지는 있지만, 기본적으로 관품은 산위를 나타내는 것으로 이해하고 있다.

A2는 예종대 제정된 본품항두제도가 유지되었다고 판단되는 의종대에 상정된 관인의 복식 규정이다. 경관의 문반은 4품 이상, 상참 6품 이상, 9품 이상으로 나누어 복식을 정하였고, 수령직은 서경유수, 서경부유수, 동·남경부유수·대도호부부사·목부사, 도호부판관·지주사 이상, 지주부사 이하 등으로 구별하여 복식을 달리하였다. 그런데 서경유수는 상서, 서경부유수는 3품이라는 절대적인 기준이 적용된 데 반하여 동·남경부유수 이하는 본품에 따르되 도호부판관·지주사 이상은 차직인 경우 어대를 착용하지 않는다고 하였다.

그런데, 이 규정에서 외관의 복식을 정하는 주요한 요소인 본품은 외관에 부여된 품계가 아니었다. 왜냐하면 조선시대 현령은 『경국대전』에 종5품이라는 정확한 품계가 있었으나 고려시대 수령의 제수 자격은 현령은 7품 이상, 諸知州府郡의 부사는 6품 이상과 같이 '□품 이상'의 방식으로 「백관지」에 기록되어 있기 때문이다. 이와 같이 하한만을 정한 까닭에, 다양한 제수 사례가 있게 되므로 복식의 규정을 수령직 그 자체로 정하지 못하고 본품에 따라 복색을 달리한다고 하였던 것이다.

이와 같이 수령은 본품에 의하여 복식이 결정되었는데, 그 본품은 수령직에 임명될 때 함께 제수되던 兼帶京職이었다. 예를 들어 鄭沆은 1113년(예종 8)에 우정언·지제고를 제수받았으나 論思가 강직하고 권귀를 피하지 않아서 當途者에게 꺼림을 받았기 때문에 殿中內給事로서 全州牧通判으로 부임하게 되었는데,9) 그의 본품은 5품 이상의 목통판이 아니라 전중내급사의 종6품이라는 뜻이며, 이때의 전중내급사는 직무와 무관하며 수령으로 부임한 전주목통판 정항의 일시적인 지위를 나타내기 위해 사용되는 것이었다.10)

---

9) 「鄭沆墓誌銘」, 61쪽.

　그렇다면 정항이 수령으로 복무하는 동안 본품은 종6품이 되며, 복식 규정에 따라 비색 공복에 은어대를 패용하였을 것이다. 이와 비슷한 사례로 목통판과 격이 같은 수령직과 겸대경직 형태로 제수되었던 안서도호부사·도관원외랑 異善貞[11]이나 知京山府事·전중내급사 李成美 등이 있는데[12] 이들의 본품은 각각 도관원외랑의 정6품과 전중내급사의 종6품이 되고, 복식은 정항과 같았다.

　이러한 형태의 관직 제수는 조선시대의 그것과는 매우 다른 것이었다. 조선시대에는 관인의 지위를 나타내는 관계－文散階－와 그것을 참고하여 임명된 관직－수령직－의 형태가 된다. 그러나 고려의 관제에서는 관계가 관인의 지위를 나타내거나 관직 제수의 기준이 되지 못했으므로[13] 대신 경직으로서 관계를 대체하도록 하였던 것이다. 때문에 수령직은 직무를 나타내고 그 지위는 겸대한 경직의 관품으로써 표현되는 것이었다. 다만 고려시대에는 수령에 임명될 때 보통 자격에 미치지 못하는 자들을 높여서 제수하는 경우가 많아서 그들에게는 겸대경직 앞에 借를 붙여 그 사실을 드러내었다.

---

10) 이 기사의 해석에 대해서는 필자의 다음 두 논문을 참고하기 바란다. 李鎭漢, 「高麗時代 守令職의 除授 資格」, 『史叢』 55, 2002 ; 李鎭漢, 「高麗時代 守令의 京職 兼帶」, 『震檀學報』 95, 2002. 수령의 본품은 그들이 겸대한 경직으로 복식과 어대를 결정하는 기준이었으며 일시적이지만 그들의 제수 자격과 지위를 표현하는 것이다. 그러므로 수령의 겸대 경직은 관직임에도 불구하고 官階와 같은 역할을 하는 것이고, 상서·시랑·낭중·원외랑·전중내급사 등 많은 사례가 확인되었으며, 이와 같은 관직들을 본품 관직이라고 할 수 있다. 반면 어떤 관직들은 정3품, 종3품 등 관품이 있었으나 그에 걸맞는 실제적 지위－반차－를 갖지 못했기 때문에 본품이 없는 관직이 있었으며, 이런 관직들은 다른 본품 관직과 더불어 제수되어야 한다.
11) 『高麗史』 권8, 世家 文宗 13년 2월 甲戌.
12) 『高麗史』 권8, 世家 文宗 13년 2월 甲戌.
13) 朴龍雲, 「高麗時代의 文散階」, 『震檀學報』 52, 1981 ; 『高麗時代 官階·官職 研究』, 高大出版部, 1997, 87~101쪽.

결국 의종대 수령들의 복식을 정하는 요소로서의 본품은 겸대한 경직의 관품이었고, 수령들의 지위를 표현하는 것이었다고 할 수 있다.[14] 이런 점은 당에서 본품을 직사의 산위였다고 하는 것과 크게 다르지 않으며, 본고의 고찰 대상인 본품항두의 본품도 복식을 결정하거나 蔭叙·致仕 등 관인에 대한 특권을 주는데 기준이 되는 요소였을 것이다. 그런데 주의해야할 것은 본품을 나타내기 위해 사용되는 관직의 관품이 본래의 기능을 하지 못할 때도 있다는 점이다. 즉 관품이 있어도 본품을 갖지 못하는 관직도 있다는 뜻이다. 이것은 고려시대 관제의 운영의 특성과 관련되었는데, 본품항두의 의미를 푸는 중요한 단서가 된다.

2. 항두의 용례와 역할

항두라는 용어는 일반 기사에는 등장하지 않지만, 『고려사』 「예지」에는 '人日賀儀'와 '冊太后儀' 등 각종 의례에는 여러 차례 나오고 있다. 대표적인 몇 사례를 통해 그 의미와 역할을 고찰해보자.

> B1. 人日에 전문 밖에 유사가 진설함을 의식과 같이 하고 각문의 관원은 동변에 서 있는다. (각문)지후가 양반을 인도하는데 가운데—중심—를 (우두)머리(頭)로 하고 위를 달리하여 여러 항렬로 북향하여 서고 시신은 품계에 따라 나누어 선다.[15]
>
> B2. 각문원이 문무 3품 이하 叅 이상을 인도하고 동문과 서문에서 入庭하는데, 가운데를 (우두)머리로 하고 위를 달리하여 여러 항렬로 하

---

14) 고려시대 본품의 또다른 용례 역시 복식과 관련되었다. 1387년 6월에 명나라의 제도에 의거해 제정된 복식 규정에서 "兩府前銜官은 見任과 같은 服飾을 하고 兩府封君과 前銜奉翊·通憲은 本品에 따른다"고 했는데(『高麗史』 권72, 興服 冠服 冠服通制), 이 역시 封君되거나 奉翊·通憲大夫의 文散階를 받기 이전 관직의 품계를 기준으로 삼는다는 뜻이다.

15) 『高麗史』 권67, 禮9 嘉禮 人日賀儀.

되 북향하여 서고 참외원은 전문 밖에 선다. (그 다음) 재추를 인도
하여 동문에서 입정하고 그 다음 令公·諸王을 인도하고 입정하되
모두 북향하고 동쪽을 상으로 선다.[16]

B3. 내시·다방·참상·참외·皂衫이 일시에 숙배하고 나누어 선다.
奉龍·中禁·都知도 숙배하고 나누어 선다. 시신·조삼은 입정하여
좌우 횡렬로 재배하며, 항두는 앞으로 나아갔다가 제자리로 돌아와
읍하고 좌우로 나누어 서는데, 시신은 앞에 있고, 내시가 그 다음이
며, 견룡·도지는 그 뒤에 선다.……閤門使가 승전하여 술과 과일을
宣賜하라고 하고, 舍人은 재배라고 갈하면 각 지후는 인도하여 나
간다. 그것을 마치면 시신은 횡행으로 재배하고 항두는 앞으로 나갔
다가 제자리로 돌아와 재배한 뒤 나간다.[17]

B4. 각문이 聞辭하여 이르기를 '대송의 都綱 某等이 지후하고 조하하
고자 하나이다'라고 한다. 마치면 인도하여 배위에 나아가 꿇어 앉
아 물장을 올리면 각문이 받아올리고 엎드렸다가 일어난다. 사인의
갈로 '재배하고 항두는 聖躬의 만복을 아뢰며 山呼萬歲를 아뢰고
재배하라'고 하면 항두는 나아갔다 다시 제자리로 돌아와 산호만세
를 아뢰고 재배한다.[18]

B1과 B2의 내용을 요약하면 의식에 참석할 때에 문무 3품 이하 재추,
영공, 제왕 등의 순으로 지위가 낮은 자들이 먼저 입정한다는 것이다.
이어 의식이 치러지는 곳에 들어온 뒤에는 임금이 있는 북쪽을 향해 位
―지위·관품·반차―에 따라 항렬을 달리하여 섰으며, 같은 항렬 중에
서는 항두가 중심에 섰다. 종합하건대, 지위가 낮은 사람에서 높은 순
으로 입장하고 높을수록 임금과 상대적으로 가까운 쪽에 서게 되었고,
문반과 무반이 각각 동쪽과 서쪽에 섰는데, 가운데 쪽―문반이 무반을

---

16)『高麗史』권65, 禮7 嘉禮 冊太后儀.
17)『高麗史』권68, 禮10 嘉禮 東堂監試放榜.
18)『高麗史』권69, 禮11 嘉禮雜儀 仲冬八關會儀.

향하는 쪽—에 항두가 선다는 것이다. 따라서 항두는 자신이 속한 '항렬의 (우두)머리'에 서는 사람이란 뜻으로 해석된다.

B3은 '東堂監試의 급제자를 발표하는[放榜] 의식'이다. 항두는 내시·다방·참상·참외·조삼 등과 함께 참여하면서, 행사 진행 과정에서 시신과 함께 조금 앞에 나아가 선다든지, 앞으로 나갔다가 제자리로 돌아와 재배한 뒤 나가는 등 전체 참석자와 구별되어 그들에게만 주어진 특별한 일들을 수행하고 있다. B4는 '仲冬八關會의 대회일 의식'의 일부이다. 이 기사에서 행사의 가장 절정 부분으로서 국왕의 만복과 장수를 기원하는 중요한 일을 항두원이 하고 있다. 이밖에도 항두는 고려시대 다른 여러 의식에도 참여하여 행사 진행에 중요한 역할을 하였다.[19]

항두가 다른 참여자와 다른 특별한 점은 여기에 있었다. 실제로 고려시대 의례 규정을 보면 의식의 진행 과정에서 참석자 전원이 행하는 것이 있고, 일부만 행하는 것이 있다. 행사 도중 자주 하게 되는 재배가 그러한데, 어떤 때는 모든 관원이 하지만, 어떤 때는 다른 관원은 그대로 있는데 항두만이 하기도 한다. 이 경우 항두의 역할이 바로 같은 항렬의 참석자들을 대표해서 의례를 행하는 것이다.

그들이 항렬의 대표였다는 상징성은 이미 같은 항렬의 머리에 해당되는 중심에 서게 하는 것에서 분명히 드러나지만, 행사 과정에서 항두 스스로 '재배'라고 갈하거나, 산호만세를 주하는 것 등으로 더욱 구체화하고 있다. 이처럼 항두가 항렬의 대표자로서 의례상 중요한 역할을 하는 것은 영예로운 일이며, 그렇지 못한 같은 항렬의 다른 관인과 구별되는 특권이며 우대이다. 그들은 같은 항렬의 여러 관인 가운데 특별한 지위에 있었던 것 같다.

---

19) 『高麗史』 권64, 禮6 凶禮 陳慰儀 등 12개의 의례에서 항두가 특별한 역할을 하고 있다.

3. 본품항두의 기능

이상에서 본품은 지위를 나타내는 관직의 관품을 뜻하며, 항두를 직역하면 '항렬의 머리'가 되는데 그들은 의례에 참여하여 각종 의례에서 중요한 역할을 하는 항렬의 대표이므로 결국 '항렬의 우두머리'가 된다는 점을 확인하였다. 그럼 그 두 가지 용어가 합쳐져 만들어진 본품항두는 어떤 의미가 되는지 고찰해보자. 다음은 1116년(예종 11)에 본품항두로 정해진 관직 가운데 두 사례이다.

> C1. 직문하는……문종대에 정원을 1인, 秩을 종3품으로 하였으며 예종 11년에 詔하여 본품항두로 서게 했다[立].[20]
> C2. 삼사……使는 정원 2인에 정3품으로 하고, 지삼사사는 1인에 종4품으로 하며, 판관은 4인을 두었다. 詔하여 본사—삼사—의 관원은 본품항두에 서게 했다.[21]

C1과 C2는 「백관지」 기사로, 직문하와 삼사의 관원은 예종 11년에 본품항두가 되었다고 한다. 본품항두는 뜻으로 풀면 본품 항렬의 우두머리이며, 이것은 본품이 같은 관원이 둘 이상이라는 전제가 있는 것이다. 본품이 특정 관직의 관품이자 지위를 나타내는 것이므로 여러 본품 관직 가운데 우두머리 지위의 기능을 하게 되었다고 이해할 수 있다.

더욱이 위 기사에서 본품항두에 서게 했다는 표현에 주목할 필요가 있다. 즉 본품항두를 단순히 같은 지위 관원인 본품 가운데 다시 구별하여 우두머리에 있게 했다면 본품항두로 '삼았다' 또는 '되게 하였다[爲]' 등의 표현이 더 적절하기 때문이다. 한자 어의상 立은 爲보다 구체적이고 시각적이다. 이 점은 의례의 참석자들이 식장에 들어와 여러

---

20) 『高麗史』 권73, 百官1 中書門下省.
21) 『高麗史』 권73, 百官1 三司.

항렬로 '서게 했다'는 것과 잘 어울린다.

그러므로 「예지」에서 본품항두라는 직접적인 표현이 없고 항두만 나온다고 해도, 의례와 관련되었다고 보는 것이 옳다. 왜냐하면 의례에서 참석자들은 '位를 달리하여 여러 항렬로 선다'고 했는데, 그 '위'는 지위를 뜻하므로 관품과 통하며, 의례에 참여하여 서는 순서는 기본적으로 관인들의 지위인 관품에 따라 정해지기 때문이다. 따라서 이미 제시했던 '태후를 책봉하는 의식'을 참고하여 의례에서 참석하는 위치는 추정하건대, 왕이 북쪽에서 남면하고 제왕·영공, 재추, 3품 이하의 순으로 북쪽을 향하여 섰을 것이다. 3품 이하는 정3품, 종3품, 정4품 순으로 문무반이 마주하며 서게 되는데, 같은 관품—조금 더 정확하게는 반차—은 한 항렬이 되었다.[22] 이 경우 항두는 같은 관품의 관인 여럿이 한 줄로 설 때, 가장 가운데 쪽에 서며 그것은 같은 항렬에 서는 관인들과 항두가 조금은 구별된다는 뜻이다.

따라서 본품항두는 의례에 참석할 때, 항렬의 우두머리로서 문반 본품의 항렬에서 가장 가운데 쪽에 서는 사람이었다고 할 수 있으며, 그런 자격은 본품항두직의 제수자에게 주어졌다. 이와 같이 본품항두를 같은 항렬의 다른 관직과 구별하는 것은 그들에 대한 우대임에 틀림없다.

---

22) 조회나 의식에 참여할 때 관품이 아니라 반차에 의거했을 것이라는 점은 우왕 6년 5월 "오랫동안 조회를 하지 않아 명나라 사신의 영송으로 인해 부득이하게 조회하게 되었을 때 백관들이 반차를 몰라 항렬이 흐트러지고 次序를 잃었다"는 사헌부의 상소를 통해 알 수 있다.(『高麗史節要』 권31, 禑王 6年 5月) 반차는 班列의 次序라는 뜻으로 해당 관직이 어디에 서는지와 밀접한 관련이 있는 용어로서, 고려시대 반차는 관품보다 세분된 지위의 구분을 뜻한다. 예를 들어 6상서와 寺·監의 判事는 같은 정3품이었지만, 같은 반차가 아니어서 전자가 높고 후자가 낮았으며, 지위는 물론 의식에 참여하여 서는 위치도 차이가 있었다고 생각된다. 결국 관직의 반차가 있는 관직은 본품이 있는 관직이었다고 할 수 있다.

그 이유는 승선·직문하성·간의대부·知御史臺事·御史雜端·諸
殿學士·한림원직·지제고 등은 청요직이었으며,[23] 그밖에 삼사의 관
직과 知閤門事 등의 직무도 중요했지만, 문종대 관제에서는 이들 관직
을 관품으로나 녹봉으로써 우대하지 못했기 때문이다.[24] 이것을 시정하
기 위해 예종 11년에 이들 관직을 본품항두에 서게 하여 같은 항렬의
다른 관인과 의례상 차이를 두어 그들을 조금 높이도록 하는 제도를 시
행하였다고 여겨진다.

Ⅲ. 본품항두직의 본품에 대한 검토

본품항두직은 중요한 관직이었으므로 의례에서 같은 반차의 항렬 가
운데 서게 하는 특권을 부여한 것이며, 그들은 의례의 진행 과정에서
특별한 역할을 한다는 점을 밝혔다. 이제 본품항두직은 그 자체의 관품

---

23) 朴龍雲, 「고려시대의 淸要職에 대한 고찰」, 『高麗時代 官階·官職 硏究』, 高
大出版部, 1997, 214~215쪽.

24) 본품항두직은 매우 중요했다고 인정됨에도 불구하고 경제적 대우는 같은 관
품의 다른 관직들과 비교하여 오히려 좋지 않았다. 예를 들어 개정전시과에서
는 간의대부가 제6과에 속한 것을 제외하고 본품항두직 전체가 빠져 있으며,
경정전시과에서는 간의대부까지 제외되었다. 녹봉은 문종록제에서 삼사사·
한림학사승지·어사잡단 등이 같은 관품의 관직과 동일한 액수를 받지만 직
문하·간의대부·기거주 등은 같은 품계의 다른 관직보다 상대적으로 적은
녹봉을 받는다. 그밖에 제전학사와 삼사부사는 겸직수당을 받았고 한림학사·
승선·지제고 등의 녹봉은 없었으며 인종록제에서는 본품항두 관직 전체가
아예 지급대상에서 제외되었다. 본품항두직은 매우 중요한 관직임에도 불구하
고 경제적 보수는 그에 상응하지 않고 있으며, 본품항두제가 실시된 이후에
제정된 인종록제에서 더욱 불리한 대우를 받고 있다. 이런 것은 문종대 관제
에서 이미 본품항두직은 반차가 없는 겸직으로 설정하였기 때문이다.(李鎭漢,
「人物 事例를 통해본 官職의 班次와 祿俸」, 『고려전기 官職과 祿俸의 관계
연구』, 一志社, 1999, 192~194쪽)

을 본품으로 삼아 본품항두가 될 수 있는지를 검토할 차례이다. 이 문제를 해결하기 위해 본품항두직 가운데 가장 관품이 높은 승선을 대상으로 하여 과연 그것이 「백관지」의 기록대로 정3품 정도의 지위—본품 또는 班次—를 갖고 있었는지를 확인해보자.

D1. ……문종이 정하기를 지주사 1인, 좌우승선 각 1인, 좌우부승선 각 1인으로 하고 역시 정3품으로 하였다.……예종 11년에 詔하여 승선을 본품행두에 서게 하였다.[25]

D2. 명종 20년에 판하기를……(각 관직의 구사수는 각각)……추밀원의 (판)사 16, 사 15, 지원사·동지원사 14, 부사 13, 밀직(추밀)학사 10, 지주사 9, 승선 8, 六尙書官의 판사 15, 6상서·상장군 10, 전중감·近仗諸衛 대장군·경·감·좨주는 8인으로 하였다.[26]

D3. 공경대부 명호……추밀원부사 정무 한림학사 임□□ 우복야 최종재 우복야 설신 형부상서 박훤 판각문사 최계년 상장군 정존실 상장군 노인수 판비서성사 조수 대사성 유충기 판사재사 노관 판사재사 전순 판위위사 최신윤 좌승선 정□ 예빈경 채상정 예빈경 최우선 판소부감사 이굉 판사재사 임경순 간의대부 김군수 간의대부 유준공 전중감 이□[27]

D1은 「백관지」 가운데 승선의 정원과 관품에 관한 것이다. 지주사와 좌우승선·좌우부승선의 정원은 각각 1명이었고, 품계는 정3품이었으

---

25) 『高麗史』 권73, 百官1 密直司.
26) 『高麗史』 권72, 輿服 鹵簿 百官儀從.
27) 「月南寺眞覺國師圓炤塔碑」, 許興植編, 『韓國金石全文』, 亞細亞文化社, 1984, "公卿大夫名號……樞密院副使 鄭畝 翰林學士 任□□ 右僕射 崔宗梓 右僕射 薛愼 刑部尙書 朴暄 判閣門事 崔桂年 上將軍 鄭存實 上將軍 盧仁綏 判秘書省事 趙脩 大司成 劉冲基 判司宰事 盧琯 判司宰事 田珣 判衛尉事 崔臣胤 左承宣 鄭□ 禮賓卿 蔡祥正 禮賓卿 崔于宣 判少府監事 李紘 判司宰事 任景珣 諫議大夫 金君綏 諫議大夫 劉俊公 殿中監 李□".

며 예종 11년에 본품항두에 서게 했다고 한다. 승선은 정3품이고 본품항두이므로, 기존의 이해대로 정3품을 곧바로 본품으로 본다면 '정3품의 본품항두'가 되어 정3품 항렬의 가장 앞에 서야 했다.

D2는 1190년(명종 20)에 정해진 각 관직에 대한 丘史의 규정으로 지주사는 9인, 승선은 8인이었다. 그런데 다른 3품 관직의 구사는 같은 추밀원의 정3품 추밀인 추밀원부사 13인, 추밀원학사 10인이었고, 정3품 6부 상서·상장군 10인, 종3품 卿·監이 8인이었다. 단순히 구사의 수만을 비교하건대 승선은 같은 관품의 상서·상장군·정3품 판사(9명)보다 적었고, 관품이 낮은 종3품 전중감·대장군·좨주와 같았다. 구사의 지급에서 중요한 관직인 승선이 자신의 관품에도 미치지 못하는 다소 낮은 대우를 받았음을 알 수 있다.

그러한 경향은 D3의 「진각국사비 음기」의 공경대부 명호에서도 찾을 수 있다. 이 기록은 1249년(고종 36) 무렵을 기준으로 진각국사가 이끌던 修善社 入社者의 최고 역임 관품·명호를 종합하여 정리한 것이다.[28] 공경대부 명호의 가장 앞부분에는 襄陽公 恕에서 守司空 瑋까지는 종실과 최씨무신정권의 제2대 집정인 최우가 있고,[29] 그 이하는 문하시중 崔宗峻, 중서문하성의 재신, 수사공·복야, 추밀, 복야의 순이었다.[30] 이어 정3품 형부상서, 판각문사, 상장군, 판비서성사, 대사성, 판사재사, 판위위사가 있고 비로소 승선이 기록된 뒤, 종3품 예빈경, 판소부감사를 적고 있다. 정3품 승선이 같은 품계인 6상서와 상장군 보다 뒤에 있고, 정3품 판사보다도 낮게 되어 있다. 이러한 기재순은 문종대 관품보다는 명종 20년 구사의 수와 더욱 일치하는 측면이 있다.

다만 이 기록이 전적으로 관품─반차─에 따른 순서였는지에 대해서

---

28) 閔賢九, 「月南寺址 眞覺國師碑의 陰記에 대한 一考察」, 『震檀學報』 36, 1973, 19~20쪽.

29) 閔賢九, 위의 논문, 20쪽.

30) 李鎭漢, 「高麗前期 樞密의 班次와 祿俸」, 『韓國學報』 96, 1999, 167~168쪽.

는 의문이 있을 수 있다. 왜냐하면 판사재사 임경순은 종3품인 예빈경 최우선 및 판소부감사 이굉의 뒤에 있으며, 다른 본품항두직인 정4품 간의대부도 종3품 전중감보다 앞에 기록되어 있기 때문이다.[31] 그러나 그런 점을 충분히 고려해도 「진각국사 음기」의 공경명호 기재는 정3품으로 왕명을 출납하는 요직이며 본품항두였던 승선의 위상에 걸맞는 순서는 아니었다.

본품항두가 해당 관직을 우대하기 위해 시행된 관직이었고 그 관품을 본품으로 하여 항두로 삼았다면, 승선은 정3품 관직 가운데 가장 높아서 시·감의 판사는 물론 6부 상서나 상장군보다 먼저 기록되어야 맞다. 하지만 사실은 그렇지 않았다. 구사의 규정과 공경대부 명호의 기재를 통해 알 수 있는 것은 승선의 관품이나 관직으로서의 중요도에 걸맞지 않게 낮은 취급을 받았다는 점이다.

이와 같이 승선의 관품이 정3품의 지위를 나타내는 것이었는지에 대한 의문은 실제 제수 사례를 보면 더욱 커진다.

E1-1. ……우정언·지제고에 제배되었다.……전중내급사……位가 예부원외랑에 이르러 예종의 병이 위독해졌다.……인종이 왕위를 계승하자 遺詔를 받들어 공에게 權知承宣을 제수하였다.[32]

E1-2 차사로 추□원우승선·상서형부시랑·지제고 휘 惟忠을 보냈다.[33]

E2. 여러 번 옮겨 예부원외랑이 되었고 다시 지제고가 되었다. 병오년 여름에 이씨가 패하자 형부원외랑으로서 권지승선이 되었다. 얼마 지나지 않아 (시?)예부낭중 餘竝故가 되었다. 명년에 眞職－예부낭중－이 되었다. 곧이어 시예빈소경이 더해졌고, 전중·비서소감·좌

---

31) 李鎭漢, 위의 논문, 167~170쪽.
32) 「韓惟忠墓誌銘」, 89쪽.
33) 「王佻墓誌銘」, 187쪽.

부승선·充史館修撰官·賜金紫服이 되었다. 또 우승선·예부시
랑·한림시독학사·태자좌유덕으로 승진하였다. 송 紹興 3년에 성
균시를 관장하고 조산대부·좌승선·예부시랑으로 옮겼다. 또 國子
祭酒·한림학사·지제고·兼太子左諭德을 제수받았다.······이어 비
서감·추밀원지주사·兼太子左庶子가 되었고 곧 시국자감대사성
餘並如故가 되었다.[34]

E3. 皇統 7년에 상서예부낭□·충사관수찬관을 제수받았고 비서소감이
되었다. 황통 8년에 □추밀원우부승선·지병부사를 제수받았고 기
사해에 병부시랑·보문각학□가 더해졌다. 天德 3년에 추밀원지주
사·사재경으로 옮겼다.[35]

E1에서 韓惟忠(?~1146)은 우정언·지제고를 지내고 예부원외랑에
이르렀고 1122년에 예종이 승하하고 인종이 즉위하자 유조를 받들어
권지승선이 되었다.[36] E1-2에서 그는 1126년에 중추원우승선·상서형
부시랑·지제고로서 차사되어 종실 王侾를 책봉하는 일에 참여하였다.
한유충이 비록 권지승선이기는 하지만 정6품 원외랑에서 임명되었고,
약 4년이 지난 뒤 추밀원우승선으로 정4품 형부시랑·지제고를 겸하고
있었다. 그리고 예부원외랑을 지내기 전에는 우정언·지제고로서 본품

---

34) 「鄭沆墓誌銘」, 62쪽.

35) 「劉碩墓誌銘」, 146쪽.

36) 權知承宣도 비록 權知職이기는 하지만, 承宣의 임무를 수행하며 이후 권지가
없는 승선이 되고 있으므로 특별히 구별할 이유는 없는 것 같다. 아울러 본고
에서 승선을 대상으로 삼은 것은 본품항두 가운데 가장 높은 품계일 뿐 아니
라 관품의 허구성이 잘 드러나 본품이 없음을 증명하기에 적당하였기 때문이
다. 이처럼 고려시대에 순수하게 겸직으로 운영되어서 사실상 지위는 없음에
도 불구하고 관품이 있는 관직들이 적지 않은데, 대표적으로 동궁관직이 해당
되며 본고에서 고찰하는 본품항두도 마찬가지이다. 따라서 「백관지」의 문종대
관품이 실제 지위를 반영하고 있는지에 대한 본격적인 검증이 이루어져야 할
것이며, 그것은 실제 지위를 나타내는 본품 관직과 그렇지 못해서 겸직이 되
는 관직을 구분하는 작업이 될 것이다.

항두가 되었다는 점도 주목된다.

E2는 정항(1081~1137)의 묘지명이다. 그는 1126년에 이자겸의 반란이 실패한 뒤 형부원외랑으로서 권지승선이 되었고, 이후 정5품 시예부낭중, 예부낭중, 종4품 시예빈소경, 전중소감, 비서소감, 정4품 예부시랑, 종3품 국자좨주, 비서감, 정3품 시국자감대사성 등을 역임하였다. 아울러 승선직도 함께 변화하여 좌부승선, 우승선, 좌승선, 지주사 등으로 승진하였고, 그 사이에 충사관수찬관, 한림학사, 지제고, 태자좌유덕 등을 제수받기도 하였다. 정항 역시 예부원외랑·지제고로 본품항두를 지낸 뒤, 정6품 형부원외랑에서 권지승선이 된 것 같으며, 이후 정3품 국자대사성에 이르기까지 승선을 겸하였다.

E3의 劉碩은 예부낭중과 비서소감을 거쳐 추밀원우부승선·지병부사가 되었으며, 그 다음해 병부시랑·보문각학사를 지내고 추밀원지주사·사재경으로 옮겼다. 유석은 종4품 비서소감을 역임한 뒤 우부승선이 되었으며, 정4품 병부시랑과 종3품 사재경을 제수받고 있다.

승선의 관품은 정3품이기 때문에, 보통 종3품 관직을 거친 뒤에 임명되어야 옳다고 생각된다. 그런데, 한유충과 정항은 원외랑, 유석은 비서소감을 각각 지내고서 승선을 제수받았으므로 전자는 정6품에서 정3품으로, 후자는 종4품에서 정3품으로 여러 품계를 뛰어 승진하는 것이었다. 이것을 의례로 설명하면, 의식이 치러질 때 정6품 항렬이나 종4품 항렬에 있던 관인이 승선이 되면서 갑자기 정3품 항렬의 가장 윗자리인 가운데 쪽에 선다는 의미이다. 한 품계를 뛰어 넘는 것도 쉽지 않은데, 이처럼 여러 단계를 넘어 바로 승선에 임명되는 것은 쉽게 납득되지 않는다. 때문에 승선의 관품을 그대로 믿기 어려운 것이다.

한편 정항은 1126년에 원외랑에서 권지승선이 되었고, 1133년에는 좌승선이었으며, 1136년 11월에 지주사로서 졸하였으니[37] 1126년 이후

---

37) 『高麗史』 권16, 인종 14년 11월 경인.

10여년간 줄곧 승선—지주사—을 지낸 셈이다. 그와 더불어 시예부낭중, 예부낭중, 시예빈소경, 예부시랑, 국자좨주, 충사관수찬관, 태자좌유덕 등 정5품 시직에서 종3품에 이르는 훨씬 낮은 관직을 제수받았는데, 이것을 승선의 관품에 초점을 맞추어 보건대 승선이 되어 정3품에 오르고 나서 연이어 훨씬 낮은 관직을 바꾸어 가며 겸하는 것이 된다.

이와 같이 승선이 아주 낮은 관직과 제수된다는 것은 고려전기 승선의 임명 사례 분석에서 제시된 바 있었다. 즉, 승선들의 타관직 겸대 범위는 지주사가 정3품 국자대사성에서 정4품 시랑까지, 좌우승선이 종3품 尙書丞에서 정6품 원외랑까지, 좌부승선이 종4품 소경·소감, 우부승선이 종4품 급사중에서 정6품 전중시어사까지였다.[38] 이 연구가 의종대 이전으로 분석대상을 한정하고 몇가지 사례를 누락시켰으며 그 의미를 파악하지 못했다는 한계는 있지만, 승선이 5·6품의 낮은 관직을 겸대하는 일이 자주 있었다는 점은 분명히 알려준다.

정3품 승선의 겸대 범위가 3품에서 6품에 이르기까지 매우 넓었다는 것은 승선이 정3품의 지위를 갖지 못했으며, 따라서 정3품을 본품으로 할 수 없다는 것을 반증한다. 고려시대에는 관인의 階序는 기본적으로 관품으로 나타냈으며 낮은 관직에서 점차적으로 높은 관직으로 옮겨간다는 것이 관제 운영의 원칙인데, 승선을 정3품의 지위로 인정하는 경우 그런 것들이 잘 설명되지 않기 때문이다.

그런 점은 服飾이나 특권에서도 마찬가지이다. 6품 관인에게 갑자기 승선을 제수하고 그 관품인 정3품을 본품으로 삼아 자색복에 금어대를

묘지명에서는 그의 병이 심해지자 통의대부·지추밀원사·예부상서·한림학사승지·지제고를 제수하였으며, 이것을 최종 관직으로 기록하였다. 그러나 이 관직은 『高麗史』 권97, 鄭沆傳의 기록을 참고하건대 병이 심하여진 데 따라 특별히 제수된 것이었다. 따라서 정상적으로 제수된 그의 마지막 관직은 시국자감대사성·추밀원지주사였다고 이해된다.(「鄭沆墓誌銘」, 61~62쪽)

38) 金炅希, 「高麗 前期 中樞院 承宣 硏究」, 『梨大史苑』 24·25合輯, 1989, 144~145쪽.

하게 하며, 3품에 해당하는 음서의 기회를 주거나, 거기에 더하여 치사의 혜택까지[39] 주는 일은 없었을 것이다. 이 역시 본품항두제가 실시되던 시기에 승선의 정3품을 본품이라고 하기 어려운 이유의 하나이다. 승선이 정3품에 준하는 지위를 갖게 된 것은 충렬왕대 이후였다고 생각된다.[40]

그 밖에 본품항두직의 관품을 본품으로 보아 본품항두가 되었다는 견해가 가지는 모순은 더 있다. 그것은 본품항두직보다 더 높은 관직을 겸했을 때 발생하는데, 다음은 그 사례들이다.

F1. 경신년에 비서소감·東宮侍講學士가 되었으며 신유년에 병부시랑·여여고를 제수받았다. 두 해를 지나 우간의대부·형부시랑·동궁시독학사가 되었고, 상서좌승·지어사대사로 옮겼으며 정묘년에 국자감대사성·보문각학사·知都省事가 되었다.[41]

F2. (인종) 12년에 關西路按察使가 되었고 돌아와 시예부낭중에 제배되었다가 시이부낭중으로 고쳤으며, 14년에 기거주·이부낭중·충동궁시독사를 더하였다.[42]

F1의 文公裕(?~1159)는 우간의대부·형부시랑·동궁시독학사를 거

---

39) 치사관록은 3품 이상을 지낸 관인에게 녹봉의 반을 지급하는 것으로 해당자에게는 특별한 혜택인데, 그 대상자를 기록한 치사관록에 종3품 경·감은 있어도 그보다 관품이 높은 승선은 없다.(『高麗史』 권80, 食貨3 祿俸 致仕官祿)

40) 사실 충렬왕대 이후에는 승선이 정3품에 준하는 지위를 가졌던 것 같다. 1275년(충렬왕 1) 科斂 기사에서 諸王·宰樞·承宣·班主가 8냥, 3품은 6냥을 각각 부담했으며, 같은해 12월 반전색을 두어 은을 거두었을 때, 제왕·재추·승선·반주는 은 1근을 내고 3품은 은 13냥을 냈다.(『高麗史』 권79, 食貨2 科斂 충렬왕 원년) 이때 승선의 위치는 재추 뒤에 3품 또는 정3품 앞에 있는데, 이것은 재추보다 조금 낮고 3품보다 조금 높은 승선의 지위와 관계되며, 고려전기와 달리 승선의 지위가 정3품에 이르게 되었다는 뜻이다.

41) 「文公裕墓誌銘」, 174쪽.

42) 「崔誠墓誌銘」, 183쪽.

처 상서좌승·지어사대사에 이르렀다고 했다. 우간의대부, 형부시랑, 동궁시독학사는 모두 정4품이며, 그 가운데 우간의대부는 본품항두이므로 그는 정4품의 항두가 되었다. 그리고 그 다음에 임명된 상서좌승은 종3품이고, 지어사대사는 관품이 없거나 종4품보다 조금 높은 정도였으며 본품항두였다.[43] 이때 두 관직을 겸하였는데 본품항두인 지어사대사의 본품에 따른다면 종4품 항두가 되었을 것이다.

이 경우 문공유는 그 전까지 정4품의 항두였다가, 그 다음에 특별한 이유없이 종4품의 항두로 낮아졌다. 게다가 상서좌승이 종3품임에도 그보다 낮은 지어사대사의 관품에 의거하여 본품을 삼는 것도 본품항두가 해당 관직의 제수자에 대한 우대였다는 측면에서 설명되지 않는다.

F2의 崔誠(1094~1160)은 시예부낭중, 시이부낭중 등을 거쳐 기거주·이부낭중·충동궁시독사가 되었다. 시예부낭중과 시이부낭중은 정5품 시직이고, 기거주는 종5품이며, 동궁시독사의 관품은 불확실하나 5품 정도였던 것 같다.[44] 때문에 본품항두직의 본품에 따라 본품항두가 되었다는 견해에 의거하면, 기거주·이부낭중·충동궁시독사가 되므로 최함은 그 이전 정5품에서 종5품 본품항두로 낮아지게 된다. 즉, 정5품 이부낭중이 있음에도 그보다 낮은 본품항두직인 기거주를 함께 제수받

---

43) 필자는 지어사대사를 종4품으로 이해하였으나 이 논문의 심사위원께서 다음과 같이 지적하였는데 타당하다고 생각되어 수정하였다. "백관지 어사대 조항을 보면 '知事一人中丞一人從四品'으로 되어 있다. 그런데 이런 서술은 '雜端一人侍御史二人竝從五品'으로 된 자료와 비교된다. 후자는 '竝'이 있어 雜端과 侍御史가 모두 從五品이지만 知事와 中丞 기록에는 竝이 없다. 그러므로 中丞이 從四品인 것은 틀림없지만 知事의 품계는 정확히 알 수는 없다. 다만 정3품인 大夫 아래에 있고 종4품인 中丞 위에 있으므로 지위가 그 사이일 것이다."

44) 동궁시독사의 관품은 알 수 없으나 겸직 사례나 중국 당나라 제도 등을 비교하건대, 정5품 太子中舍人, 太子中允, 종5품 太子洗馬, 太子典內 등과 비슷한 정도였을 것으로 생각된다.(李鎭漢, 「高麗時代 東宮 4품 이하 官職의 除授와 祿俸」, 『韓京大 論文集』 32, 2000, 52~54쪽)

아 항두가 되었는데, 기거주가 이부낭중보다 낮아서 관품상 더 손해를 보는 문제가 있는 것이다.[45]

문공유와 최함의 사례에서 두 사람은 본품항두직을 겸하여 본품항두가 되었으며, 함께 제수된 관직이 본품항두직의 관품보다 높았는데, 만약 더 높은 관품의 관직은 무시하고 본품항두의 관품에 따라 본품항두가 되었다면 오히려 관품이 낮아지게 되었다. 이것은 본품항두직의 관품을 그대로 그 관인의 본품으로 이해할 때 갖게 되는 모순 중의 하나이다.

이상에서 '본품항두직과 그보다 관품이 높은 관직이 함께 제수되는 사례'와 '본품항두직과 그보다 낮은 관직이 함께 제수되는 사례'를 고찰하였다. 어느 경우이든 본품항두의 관품을 본품으로 보는 견해는 승진과정이나 본품항두가 갖는 관인에 대한 우대의 측면에서 쉽게 이해되지 않았다.

본품항두직은 그 자체의 관품이 있었다고 해도 그것은 본품과 관련이 없었다고 생각된다. 또한 관품이 없는 본품항두직이 있다는 것은 본품항두직에 대해 문종대에 정해진 관품의 항두가 되었다는 견해에 대한 가장 결정적인 비판이 된다는 점은 이미 지적한 바 있다.

그러므로 문종대 관제는 물론 예종 11년부터 본품항두가 실시된 이후 본품항두직은 관인의 지위를 의미하는 본품-반차-이 없었던 것이다. 즉 본품항두직의 관품은 관인이 의식에 참여하여 서는 위치를 정하는 기준이 되지 못하였다는 뜻이다. 실제로 이들이 관품에 준하는 지위를 갖게 되는 것은 충렬왕대 관제개혁 이후 고려말에 이르는 시기였

---

45) 승선과 지어사대사, 승선과 직문하성, 승선과 간의대부를 함께 제수받은 경우가 적지 않은데(朴龍雲, 「高麗時代의 臺諫과 文武兩班」, 『誠信女大論文集』 12, 1979 ; 『高麗時代 臺諫制度 硏究』, 一志社, 1980, 238~239쪽), 이와 같이 본품항두직을 두 개 이상 겸할 때 막연히 관품이 높은 것을 따라 본품항두로 삼는다는 것도 옳지 않다.

다.[46]

Ⅳ. 본품항두의 이해

본품항두직은 본품이 없었으며, 그에 부여된 품계가 그 지위를 표현하는 기능을 하지 못하였다. 때문에 본품항두직을 제수받은 관인이 본품항두로서 역할을 하기 위해서는 본품이 있는 관직과 함께 제수되어야 했다. 다음은 본품항두직이 겸직이었음을 알려주는 기사들인데, 그 겸직의 의미를 찾는데 실마리를 제공하고 있다.

> G1. 예종 11년에 (한림원의) 관원과 이속(員吏)을 刪定하였다. 학사승지·학사는 모두[並] 정3품이고 시독학사·시강학사는 모두 정4품이며, 본원의 관직을 겸하는 여러(諸) 관원은 모두 본품항두에 서게 했다. 여러 지제고도 역시 본품항두에 서게 했다. (細註) 한림원·보문각을 겸한 자는 내지제고라고 하며, (그 밖에) 다른 관직을 겸한 자를 외지제고라고 한다.[47]
>
> G2. 문종이 정하기를, (합문의) 판사는 秩이 정3품이며, 知事는 겸관이다. 使는 정5품이며, 引進使는 2인으로 정5품이고, 引進副使는 종5품이다. 각문부사는 정6품이고, 通事舍人은 4인이며, 祗候는 4인으

---

46) 본품항두직이 반차를 갖게 되었다는 것은 공민왕 5년 "諫議大夫를 종3품으로 올리고 반차를 직문하 위에 있게 하였다.[班在直門下上]"는 기사를(『高麗史』 권76, 百官1 門下府 司議大夫) 통해 확인된다. 이때 종3품 간의대부도 반차를 갖게 되었다고 하지만, 그 비교 대상이 되었던 직문하도 역시 그 이전에 이미 반차가 있는 관직이었다. 적어도 두 관직은 분명히 반차가 있게 되었기 때문에 더 이상 본품항두로서 기능하지 않았을 것이다. 고려후기 전반적인 관제의 변화의 추세에 따라 본품항두제도 소멸되었을 것인데, 그 시기는 정확히 알 수 없다.

47) 『高麗史』 권73, 百官1 藝文館.

> 로 정7품이고, 권지지후는 6인이다. 예종 11년에 지각문사를 본품항
> 두에 서게 했다.[48]

G1에서는 예종 11년에 한림원의 관원과 이속의 수를 산정하고 각 관직의 품계를 정하면서 한림원의 관직을 겸한 여러 관원을 모두 본품항두에 서게 하였고, 또한 여러 지제고들도 역시 본품항두에 서게 했다고 한다. G2는 합문(각문)에 대한 「백관지」의 기록이다. 문종대에 다른 관직과 달리 지사는 겸관으로 정하였으며, 예종 11년에 지각문사를 본품항두에 서게 했다고 한다.

G1과 G2에서 든 한림원직, 지제고, 지각문사 등은 본품항두였다. 그 가운데 지각문사는 문종대 규정에서 아예 겸관으로 명시되었으며, 지제고도 한림원·보문각을 겸하는지, 아닌지에 따라 각각 내지제고와 외지제고로 구분한다고 하는 것으로 보아 다른 관직과 함께 제수되는 관직이었다. 한림원직도 '본원의 관직을 겸하는 여러 관원을 본품항두에 서게 했다'고 했으므로 겸직으로 운영되었음을 알 수 있다.[49] 이처럼 본품항두인 한림원 관직 등이 다른 관직과 같이 제수되는 겸직이었다면, 본품항두라는 특정한 성격의 관직으로서 공통된 특징을 갖는 직문하성·간의대부·어사잡단·기거주 등도 같아야 한다.

이와 같이 본품항두직이 겸직이었다는 점은 이미 학계에서 충분히 인정되었다. 하지만 중요한 것은 본품항두직이 겸직으로 운영되었다는 것이 아니라, 본품항두직이 왜 다른 관직과 제수되어야만 하는지에 대한 것이다. 그 이유는 이들 관직들에 본품이 없어 단독으로 제수될 수 없었기 때문이다.

---

48) 『高麗史』 권73, 百官1 通禮門.

49) 한림원 관직과 지제고의 겸직에 대한 것은 다음의 논문에서 자세히 설명되었다.(邊太燮, 「高麗의 文翰官」, 『金哲埈博士華甲紀念 史學論叢』, 知識産業社, 1983, 188~191쪽)

　본래 소임을 나타내는 관직은 임명 자격과 지위를 나타내는 관품을 갖게 되며, 그것을 참고하여 녹봉·田柴 등의 경제적 혜택이 주어진다. 이러한 관직에 따르는 여러 가지 구성 요소 가운데 관품이 없거나, 있어도 지위를 표현하지 못하는 경우 불가피하게 지위를 가진 관직－본품 관직－과 제수되어야 한다. 본품항두는 본품이 없기 때문에 관인으로서 자신의 지위를 나타내기 위해서는 본품 관직과 함께 제수될 수밖에 없는 것이다. 이처럼 고려시대에는 관직이면서 官階로서의 역할을 함께 하는 것이 본품 관직이었다. 그 관직의 품계가 곧 본품이 되었으며, 그에 따라 음서, 복색, 치사, 녹봉액, 의례에서의 위치 등의 각종 특권이 결정되었다.

　그것은 고려시대 관직·관계 제도의 특이한 운영과 관계된다. 관계는 관인의 정치적 지위를 객관적으로 나타내며, 인사를 실시할 때 관직의 고하를 결정하는 중요한 기준이다. 하지만 문종대 관제에서는 관계가 그런 기능을 하지 못하고,[50] 대신 특정한 관직이 그 일을 하였다. 수령이 관계가 아닌 겸대 경직으로써 지위를 나타내는 것도 그 때문이다.[51] 쉬운 예로, 만약 지제고만을 단독으로 임명한다면 그 관인은 본품이 없으므로 그 관인의 지위가 어느 정도인지, 특권은 어떻게 부여할지 전혀 기준을 알기 어렵다. 따라서 지제고·지각문사 등은 겸관이며 본품이 없어서, 다른 본품이 있는 관직과 제수되어야 한다. 왜냐하면 지제고·지각문사는 관품이 없어 본품도 없으니, 본품의 항두에 서기는커녕 자신이 의례에서 서야할 항렬의 위치도 알 수 없기 때문이다.

　본래 본품항두직들은 특정 관직 유형이고 이들은 공통된 속성을 지녀야 한다는 점에서 지제고와 지각문사가 본품이 없다면 다른 본품항두직의 관품도 본품이 아니어야 한다. 즉, 승선·간의대부 등 문종대

---

50) 朴龍雲, 앞의 논문, 96~105쪽.
51) 李鎭漢, 「高麗時代 守令의 京職 兼帶」, 『震檀學報』 95, 2003.

정한 관품이 있는 본품항두직은 그 관품의 본품항두가 되는 반면, 관품이 없는 지제고·지각문사 등은 다른 본품이 있는 관직의 본품을 빌려 본품항두가 되지는 않았을 것이라는 의미이다.

또한 정3품이라는 관품이 있었던 승선을 통해서 확인하였지만, 정3품은 지위를 나타내지 못하였으므로 사실상 관품이 없는 것과 같았다. 결국 본품항두직은 명칭과는 달리 그 자신의 본품이 없는 관직이었고, 다른 본품 관직과 함께 제수되어 그 본품의 항두 역할을 하는 관직이었다고 정리된다.

이제까지 본품항두의 정의와 본품항두직의 기능을 파악하였다. 그 다음 풀어야 할 과제는 본품항두직과 함께 제수되는 본품 관직은 무엇이었는지 구별해내는 것인데, 고려시대 본품에 관한 두 기사 가운데 하나인 의종대 복식기사(A2 사료)를 통해 해당 관직의 사례를 찾을 수 있을 것 같다.

의종대 규정에서 외직의 경우 서경유수와 서경부유수는 상서와 3품에 준하여 복식을 정하였고, 그 이하 수령의 복식은 본품에 의한다고 하였고, 특히 도호부·목의 판관과 지주사의 복색·대·어대는 본품에 따른다고 하였다. 이때 본품은 수령과 함께 제수되던 겸대 경직이었으며, 그것은 고려시대 수령의 임명 자격이 '□품 이상'으로 되어 있는 수령의 지위를 표현하는 것이었다. 때문에 수령의 겸대 경직으로 이용되었던 관직은 대체로 본품 관직이라고 이해해도 좋을 것이다.

이런 유형의 관직으로 사례를 통해 확인되는 것은 호부상서, 衛尉卿, 예부시랑 등이었으며,[52] 관직 명칭에서 지위와 관계 없는 관서명을 제

---

52) 司空左僕射 檢校右僕射 戶部尙書 禮部尙書 工部尙書 上將軍 攝戶部尙書 分司兵部尙書 攝分司戶部尙書 判司宰寺事 衛尉卿 秘書監 攝司宰卿 戶部侍郎 禮部侍郎 刑部侍郎 工部侍郎 試工部侍郎 禮賓少卿 大僕少卿 試衛尉少卿 戶部郎中 禮部郎中 試戶部郎中 戶部員外郎 禮部員外郎 都官員外郎 尙舍奉御 郎將 殿中內給事 試殿中內給事 尙衣直長 衛尉注簿 禮賓注簿 軍器

거하면 실제로는 상서, (시·감)판사, 경·감, 시랑, 소경, 낭중, 원외랑, 奉御, 각문지후 등으로써 지위—본품 또는 반차—를 표현했던 셈이다.[53] 물론 여기서 제시된 것만이 본품 관직이란 뜻은 아니다. 수령의 겸대 경직으로는 이부·병부나 臺諫職은 이용되지 않았으므로 불가피하게 제외되었던 어사대부, 좌우산기상시, 중서사인, 급사중, 어사중승, 기거사인, 기거랑, 시어사, 전중시어사, 좌우보궐(사간), 좌우습유(정언) 등도 본품 관직에 포함해야 할 것이다.

본품항두직은 이와 같은 '본품' 관직과 함께 제수되어 그 '본품'의 항두가 되게 하는 것이었다. 예를 들어 호부시랑·우승선이었다면 승선의 정3품이 아니라 호부시랑의 정4품 항두, 정확하게는 시랑 반차의 항두가 되어서 여러 시랑들이 한 行列에 설 때, 무반에 가까운 가운데 쪽에 서고 의식이 진행되는 과정에서 본품항두에 주어진 여러 가지 일을 하는 것이다.[54]

이제 본품항두 제도를 새롭게 해석할 수 있게 되었으니, 유석과 정항의 승진 과정도 다시 볼 수 있을 것이다. 유석은 1147년에 상서예부낭□·충사관수찬관에 제수되었고 이어 비서소감이 되었으며 다음해 □·추밀원우부승선·지병부사를 제수받았다. 이때, 본품항두직인 추밀원우부승선은 본품 관직인 비서소감의 종4품 소경·소감급 관원의 항두가 되게 하는 것이었다. 1149년에 병부시랑·보문각학□가 더해졌는데, 우부승선은 그대로였다면 정4품 시랑급 관원의 항두가 되며, 1151년에 임명된 추밀원지주사·사재경은 종3품 경·감급 관원의 항두로 이해된

注簿 大府注簿 良醞令 廩犧令 良醞丞 등이 있었다.(李鎭漢, 앞의 논문, 15～16쪽) 여기에 실제 사례로서 설명되었던 閣(閤)門祗候와 試閣(閤)門祗候가 더해져야 할 것이다.

53) 시낭중과 같은 시직도 포함된다.

54) 본품항두는 반드시 한 명만이 있는 것은 아니어서, 시랑 반차의 항렬에 둘 이상의 항두원이 있을 수 있다.

다.[55] 이 경우 유석이 종4품 비서소감에서 종3품 사재경까지 계속해서 본품항두를 겸하면서 승진하는 과정이 자연스럽다.

그런 점은 <표 1>과 같이 정리된 정항의 사례에서 더욱 뚜렷이 드러난다.

<표 1> 정항의 관직 제수와 본품항두의 이해

시기	관직	기존 견해	필자 견해	비고(본품관직)
누천	예부원외랑 지제고	해석불능	정6품 원외랑급의 항두	예부원외랑
1126년 여름	형부원외랑 권지승선	정3품 항두	〃	형부원외랑
未幾	(시?)예부낭중 여병고	〃	정5품 시낭중급의 항두	시예부낭중
명년	즉진(卽眞)	〃	정5품 낭중급의 항두	예부낭중
尋	시예빈소경	〃	종4품 시소경·소감급의 항두	시예빈소경
	전중소감			전중소감
	비서소감·좌부승선·충사관수찬관	〃	종4품 소감·소경급의 항두	비서소감
又	우승선·예부시랑·한림시독학사·태자좌유덕	〃	정4품 시랑급의 항두	예부시랑
1133년 遷	조산대부·좌승선·예부시랑	〃		예부시랑
又除	국자제주·한림학사·지제고·겸태자좌유덕	〃	종3품 경·감급의 항두	국자좨주 (국자감)
尋爲	비서감·추밀원지주사·겸태자좌서자	〃		비서감
俄	시국자감대사성 여병여고	〃	정3품	시국자대사성 (寺·監의 판사급)

승선의 본품에 따라 항두가 된다고 이해하면, 정항의 관직 제수는 정6품에서 갑자기 정3품의 항두로 승진하는 등 설명하기 어려운 점이 많았다. 그러나 본품항두직의 관품은 지위나 의례에 서는 위치를 결정하

---

55) 「劉碩墓誌銘」, 146쪽.

는 요소가 되지 못하여서 본품 관직과 함께 제수되어야 하며, 그 본품 관직의 본품항두가 되게 한다고 보건대, 정항은 정6품 원외랑·지제고로서 원외랑급 항두가 된 뒤, 정3품 시국자대사성까지 시직을 포함하여 한 품계씩 상위 관직에 임명되면서 줄곧 본품항두가 되었던 것이다. 그의 관력이 본품 관직의 변화에 따라 원외랑에서 시낭중(정5품), 낭중, 시소경(종4품), 소감(종4품), 시랑(정4품), 국자좨주(정3품 감급), 시국자대사성(정3품 판사급) 등을 거쳐 상위 품계로 올라가는 과정이 합리적이며, 승진하면서도 지제고, 승선, 지주사 등 본품항두직의 겸대를 통해 계속해서 각 본품의 항두가 되는 것도 설명된다.

한편 정항이 원외랑에서 국자대사성까지 각 본품의 항두가 되었던 것은 지제고를 겸하면서 6품에서 3품까지 승진한 것과 본품항두제의 측면에서 매우 비슷한 승진 사례가 되었다. 예를 들어 崔祐甫(1105~1170)는 "諫掖에 제배된 때부터 3품에 이르기까지 모두 청요를 띠어서 한 관직도 三字를 겸하지 않은 바가 없으니 儒者로서의 영예가 이미 많았다"고 하였다.56) 이것은 우정언에서 3품 때까지 지제고를 겸한 사실을 말하며,57) 본품항두제의 측면에서 보면 6품, 5품, 4품, 3품의 관직을 제수받으면서 본품이 올라갔고, 지제고로 인해서 승진 과정마다 항상 본품항두가 되었다는 뜻이다.

그러므로 정항이나 최우보가 6품에서 3품까지 잇달아 본품항두가 된 것은 거의 유사했는데, 다만 그 기능을 한 것이 정항에게는 주로 승선, 최우보에게는 지제고였다는 점이 달랐다. 두 본품항두직은 관품의 있고 없음에 차이가 있었지만, 본품항두로서 하는 역할은 같았다. 그리고 최우보가 오랫동안 지제고를 겸한 것을 유자의 영예라고 했는데, 그러한

---

56) 「崔祐甫墓誌銘」, 215~216쪽.
57) 이와 비슷한 사례로 최함과 최유청은 정언에서 추밀에 이르기까지 지제고를 겸했다고 한다.(邊太燮, 앞의 논문, 190~191쪽)

영예에 대한 보상의 하나가 지제고로 하여금 본품항두로 삼아 의례에 참여할 때 본품이 같은 항렬에서 윗자리인 가운데에 서게 하는 것이었으며, 그것은 다른 본품항두직도 같았다.

요컨대 고려시대 본품항두제는 본품항두직을 제수받은 자들이 의례에 참석할 때 본품 항렬의 윗자리인 가운데 서게 하는 제도였다. 그러나 본품은 본품항두직의 관품이 아니라 함께 제수되는 '본품' 관직이었으며, 본품항두직은 그 '본품'을 높여 항두가 되게 하는 기능을 하였다. 이 제도의 실시는 본품항두직인 승선·직문하성·간의대부·지제고 등 거의 모두 청요직이었음에도 불구하고 문종대 관제 정비에서 반차를 갖지 못하고 겸직으로 운영하고자 했기 때문에 실질적으로 관제상의 우대를 받지 못하는 모순을 시정하기 위한 것이었다.

V. 맺음말

고려시대에는 '본품항두'라는 관직 유형이 있었으며, 그 대표적인 것으로는 승선·간의대부·지제고 등이 있었다. 이들 관직이 본품항두로 정해진 것은 예종 11년이었는데, 본품항두직에 제수된 자는 본품의 항두에 서는 특권이 있었다. 기존의 본품항두에 대한 이해는 각 본품항두직에 있는 문종대의 관품을 본품으로 파악하여 본품의 항두가 된다는 것이었다. 그러나 이 주장이 해결해야할 가장 큰 과제는 지제고·지삼사사 등의 주요 본품항두직에 관품이 없다는 점이었다. 왜냐하면 관품이 없으니 본품도 없으며, 본품이 없어서 본품의 항두가 되지 못하기 때문이다.

따라서 본고에서는 본품항두의 관품이 본품이 아닐 수 있다는 전제를 포함하여 본품항두에 대해 전면적으로 재검토하기 위해 먼저 본품항두를 구성하는 두 가지 용어인 본품과 항두의 용례를 살펴보았다. 본품은 관품─1에서 9까지의 숫자와 정·종이 조합된 것─으로 표현된 관인 또는 관직의 지위이고, 항두는 의식에 참여하여 같은 항렬에 여럿이 있을 때 윗자리인 머리쪽─무반을 향하는 가운데쪽─에 서는 자의 뜻으로, 의례의 진행 과정에서 다른 관인들과 구별되는 임무를 수행하였다. 이처럼 본품항두로 하여금 국가의 주요 의례에 참여하여 같은 항렬의 윗자리에 서게 하고 항렬을 대표하여 특별한 일들을 하게 하는 것은 영예로운 일로서 그들에 대한 우대의 하나였다.

다음으로 본품항두직에 과연 본품이 있는지를 알기 위해 승선의 지위를 나타내는 자료를 고찰하였다. 그 결과 승선의 관품은 정3품이었지만, 명종 20년의 구사 규정에서 종3품 경·감과 같은 수를 지급받았으며, 고종대에 만들어진 「진각국사음기」의 공경대부 명호에서도 같은 품계인 6상서·상장군이나 정3품 판사보다 뒤에 기록되어 있는 등 왕명을 출납하는 청요직이었던 승선의 위상에 걸맞지 않는 대우를 받았음을 알 수 있었다.

이어 본품항두제가 시행되던 시기에 있었던 승선의 임명 사례를 검토하였는데, 정6품 원외랑에서 정3품 승선을 제수받거나, 10여 년간 승선직을 유지하면서 정3품 관직까지 승진하는 정항과 같은 인물이 있었다. 이 경우 정6품에서 갑자기 승선이 됨으로써 정3품의 지위에 올랐고, 그에 따라 음서, 치사, 복식 등 관인의 특권을 주지 않았을 것이며, 승선으로 정3품이 된 뒤 나머지 관직은 10여 년간 5품, 4품, 3품 등으로 낮은 관직에서 점차 높은 관직으로 올라갔다고 하는 것도 어색하였다.

또한 본품항두직의 관품이 다른 관직보다 낮았을 때, 예를 들어 정5품 호부낭중과 종5품 기거주가 함께 제수되었다면, 기존의 견해에서는 본품항두가 기거주이므로 종5품 본품항두가 되어야 한다는 것도 정5품 낭중을 두고 종5품으로 항두를 삼지 않았을 것이라는 점에서 쉽게 납득되지 않았다. 이와 같은 사실 때문에 승선을 비롯한 본품항두직의 관품을 그대로 본품이 된다고 보기 어려웠다.

이처럼 본품항두직은 자신의 본품—반차—을 갖지 못하여 단독으로 제수될 수 없었다. 때문에 이들 관직은 본품 관직과 함께 제수되는 겸직으로 운영되어야 했으며, 본품 관직의 본품에 따라 항두가 되도록 하는 기능을 하였다. 본품항두가 시행되기 시작한 예종 11년 이후에는 승선·직문하·간의대부 등의 정3품·종3품·정4품은 더 이상 지위를 표현하는 관품으로서의 의미는 없어졌으며, 다만 본품항두원으로 높이는 보조적인 역할을 하게 되었다.

이상의 고려시대 본품항두에 대한 고찰을 통해 문종대 정해진 관품이 반드시 지위를 나타내는 것이 아니라는 점을 알 수 있었다. 실제로 본품항두처럼 관품이 곧 본품이 되지 못하고 겸직으로 운영되었던 것으로는 정4품 태자유덕, 정5품 太子贊善大夫 등의 동궁관직 등이 있었다. 이런 관직들은 본품이 없어서 '본품 관직'과 함께 제수되어야 하지만, 본품 관직은 그 자체로 본품과 직무라는 요소를 모두 갖추었으므로 그 자체로 완결된 하나의 관직이 될 수 있었다. 이 같은 겸직의 속성은 동시에 제수된 여러 관직 가운데, 겸직을 찾아내어 본품 관직과 구별하는 기준이 되리라고 생각된다.

한편 본고에서는 본품항두 그 자체의 기능 또는 역할이 무엇이었는지에 대해 집중하여 설명하고자 하였기 때문에 제도의 실시 배경이라든지 효용성 등을 밝히는 데 소홀하였다고 생각된다. 이 점은 제도의 운영 측면을 중심으로 별도의 논고를 통해 구체적으로 연구하고자 한다.

고려시기의 行營兵馬使에 대한 고찰

박 용 운

I. 머리말

고려 때는 兵馬 관련의 조직체로 兩界에는 兵馬使가, 그리고 중앙에는 都兵馬使가 마련되어 있었다. 한데 이들 병마사와 도병마사라는 호칭은 각 조직체의 대표적 직위였던 관계로 해서 그 기구를 뜻하는 용어로서도 기능하였거니와, 당시에는 이와 성격이 매우 유사한 조직체가 하나 더 존재하였다. 行營兵馬使가 그것이었다.

행영병마사는 변경지대에 외침이나 변란이 발생하였을 때 병마를 통솔하도록 특별히 파견하던 직위로, 일찍이 양계의 병마사를 검토하면서 부분적으로 언급된 바 있었다.[1] 필자 역시 근자에 병마사와 도병마사 문제를 다루는 자리에서 국방·군사관계의 포괄적인 파악을 위해서는 행영병마사도 살펴보아야할 과제임을 지적하였는데,[2] 본고는 그에 따른 것이다. 행영병마사를 포함하는 당해 기구의 실체가 현재까지 드러나 있지 않는 미흡한 상태 그대로라고 생각되기 때문이다.

그러므로 여기서는 직위로서의 행영병마사 및 그 기구에 대해 전반

---

1) 末松保和,「高麗兵馬使考」,『東洋學報』39-1, 1956 ;『靑丘史草』, 笠井出版社 : 日本 東京, 1965.
2) 朴龍雲,「고려시기 兵馬使와 都兵馬使 機構에 대한 몇가지 문제 - 兵馬判事와 都兵馬使 職位를 중심으로 - 」,『韓國史研究』141, 2008.

적으로 알아보려고 한다. 즉, 먼저 이것이 언제 성립되었는가를 行營都統使와 연결하여 살펴볼까 하며, 이어서 기구의 구성, 그리고 그 직능과 兵馬使와의 관련성 등도 고찰해 보고자 하는 것이다. 小稿가 고려시기의 병마사체제를 이해하는 데 조금이나마 도움이 되기를 바란다.

Ⅱ. 行營兵馬使制의 성립과 行營都統使

행영병마사에 대한 공식적인 기록은『高麗史』권77, 百官志2 外職條에 실려 있는 다음의 기사이다.

> ㉮ 行營兵馬使. 文宗 元年 7월에 制하여 이르기를, "옛 제도에, 변방에 처리할 일이 있으면 兩府의 宰臣에게 명하여 가서 軍事를 전제토록 하고 (그를) 大番兵馬라 불렀는데 그 명칭이 뜻에 맞지 않는다. 고쳐서 행영병마사로 하라" 하였다.

동일한 기사가『高麗史節要』에도 실려 있거니와, 거기에는 이 같은 制를 내리고 "마침내 中樞使 王寵之를 西北面中軍使 兼行營兵馬使로 삼았다"는3) 내용이 덧붙어 있다. 여기에서 우리는 행영병마사가 변방에 군사관계의 처리할 일이 생겼을 때 임명되었으며, 그것을 맡은 관원은 兩府의 宰臣들이었고, 처음에는 그 칭호가 大番兵馬였던 것을 직무와 명칭이 잘 맞지 않는다 하여 문종 원년(1047) 7월에 王命으로 行營兵馬使라 고쳤으며, 그에 따라 中樞使(종2품)인 王寵之가 西北面行營兵馬使에 임명된 사실 등을 알 수 있다.

하지만 이 기록은 매우 축약된 것이어서 행영병마사제도의 구체적인 모습을 이해하는 데는 난점이 적지 않다. 우선 그 하나가 大番兵馬라

---

3)『高麗史節要』권4, 文宗 元年 秋7月.

칭하던 '옛 제도(舊制)'가 있었다고 했는데, 그 옛 제도가 언제부터 존재했던 것인지 알 수가 없고, 또 大番兵馬가 어떤 의미를 지녔고 어떻게 운영되었기에 명칭과 그의 직무가 맞지 않아 行營兵馬使로 고쳐야 했는지도 불분명하다는 점이다.

그러나 이들 문제도 자료를 주의깊게 관찰해 보면 해결의 실마리가 아주 없는 것은 아니다. 먼저 大番兵馬의 칭호만 하더라도 이곳의 '大番'은 임기 6개월의 양계병마사를 '春夏番西北路兵馬使'·'西北面秋冬番兵馬使'[4] 등으로 칭한 사실과 마찬가지 경우가 아닐까 싶다. 무신정권기의 6番都房 같은 것도 유사한 예일 듯 짐작되지마는, 각기 春夏와 秋冬에 걸치는 6개월 교대의 병마사들처럼 番을 나누어 임무를 맡았다는 뜻에서 그와 같은 명칭을 붙였던 듯 생각되는 것이다. 혹 大番兵馬라 한 것으로 미루어 이 직을 맡는 관원의 지위가 높고 기간도 길었기 때문에 그러했는지도 모르겠는데, 그러나 본질적으로 이들은 양계병마사들처럼 임기가 정해져 있는 게 아니었고, 또 사안이 발생했을 경우에 한하여 비로소 임명되었다가 일이 종료되면 마치는 직위였으므로 '番'字를 붙이는 것 자체가 적절치 못했다는 생각도 든다. 위의 사료 ㉮에 "명칭이 뜻에 맞지 않는다"는 것도 이 점을 지적한 게 아닐까 짐작된다. 그러므로 이를 수정하여 직무에 합당하게 行營兵馬使로 고친 듯싶은 것이다. '行營'은 임시 軍營이란 의미로서, 국왕이 외부로 나가 일시 머무는 곳을 行宮 또는 行在(行在所), 원나라에서 고려에 설치하려 했던 行省 등과 동일한 뜻으로 쓴 형식이겠다.

한데 문제는 이 大番兵馬를 언급한 것은 이곳뿐으로 그 실제 사례가 전혀 찾아지지 않는다는 것이다. 대신으로 외침을 막기 위해 파견하는 兵馬의 최고 사령관은 行營都統使(行營兵馬都統使)로 나타나고 있다.

---

4) 『高麗史』권6, 세가, 靖宗 5년 春正月 ; 같은 책 권7, 세가, 文宗 元年 秋7月 條. 유사한 사례는 이들 이외에도 여럿 찾아볼 수 있다.

그러므로 필자는 行營兵馬使 제도가 처음 마련될 때 大番兵馬라 했으나 오래지 않아 行營都統使로 바꾸지 않았나 짐작하고 있다.

이 같은 추론은 이미 시기가 많이 지나 행영병마사제가 시행되던 때이긴 하지만 肅宗 9년(1104) 春正月에 도발하여 오는 女眞을 막기 위해 鈇鉞을 주어 파견한 林幹이 判東北面行營兵馬事이었는데,[5] 그가 실패하고 돌아오자, 林幹을 대신할 사람으로 다음 달에 다시 부월을 주어 파견한 尹瓘의 직책명이 東北面行營兵馬都統이었다는 데서[6] 도출해 낼 수 있지 않을까 한다. 다 아는 대로 윤관 역시 이번의 출전에서 실패하였으나 다시 준비를 갖춘 후 睿宗 2년(1107) 閏10月에 재차 정벌전에 나서는데 이때 직위명은 元帥였다.[7] 그러나 이어지는 기사에서는 行營兵馬元帥라 표기하고 있지마는,[8] 그와 함께 출전한 金漢忠은 行營兵馬使였고,[9] 그밖에 行營兵馬判官職을 띤 인원들도 여럿이 보인다.[10] 이로써 미루어 윤관이 띤 行營兵馬元帥의 성격 역시 行營兵馬都統 내지 判行營兵馬事와 상통하는 일면이 있지 않았을까 짐작이 가기도 한다.

이와 관련시켜 생각할 때 다음의 기사도 주목된다. 일찍이 顯宗 9년(1018)에 거란의 제3차 침입이 있자 이들을 물리칠 책임자로 平章事(정2품)의 직위에 있던 姜邯贊을 선발하고는 그를 西北面行營都統使로 삼았는데 그에 따라 왕이 명하여 上元帥로도 삼았다는 것이다.[11] 직책

---

5) 『高麗史』 권12, 세가 ;『高麗史節要』 권7, 숙종 9년 春正月.

6) 『高麗史』 권12, 세가 ;『高麗史節要』 권7, 숙종 9년 2월 ;『高麗史』 권96, 열전, 尹瓘.

7) 『高麗史』 권12, 세가.

8) 『高麗史』 권12, 세가 ;『高麗史節要』 권7, 예종 3년 秋7月 ;『高麗史』 권12, 세가, 예종 3년 8월.

9) 『高麗史節要』 권7, 예종 3년 3월 ;『高麗史』 권95, 열전, 金漢忠.

10) 『高麗史』 권12, 세가 ;『高麗史節要』 권7, 예종 3년 7월・8월조.

11) 『高麗史』 권4, 세가 ;『高麗史節要』 권3, 현종 9년 冬10月 ;『高麗史』 권94, 열

은 병마사령관인 行營都統使이면서 동시에 무장으로서도 지위가 가장 위라는 그런 뜻이 아니었나 짐작된다. 요컨대 제도가 만들어진 얼마동안 변경지대인 양계에 변란이 발생했을 때 그 일을 담당토록 중앙에서 특별히 파견한 병마사령관은 行營都統使였으며, 이는 처음의 大番兵馬를 이은 직위로 추정된다. 그러면서 이들에게는 혹 元帥職이 주어지기도 했던 것 같다.

지금 일단 이와 같이 정리하여 놓고 찾아보면 처음으로 行營都統使에 임명된 사례는 현종 원년(1010)의 거란족 침입에 대응하기 위해 편성된 병마 지휘부의 책임자 康兆였다. 아울러 그의 휘하에는 行營都統副使와 行營都統判官 등이 임명되어 있었고[12] 특히 行營都兵馬使의 존재도 찾아져 주목을 끌었다.[13] 그렇지만 어떻든 이번 지휘부의 총사령관은 行營都統使였으며, 그 같은 지휘관은 현종 7년과 9년·14년·15년 등에도 계속 임명되고 있다. 지금 이들의 임명 사항과 휘하 관원 및 行營都兵馬使와 참고에 필요하다고 생각되는 숙종·예종 때의 상황까지 더하여 일괄 도표로 작성하여 보이면 다음과 같다.

<표 1> 行營都統使 등 在任(任命)者의 직위와 활동

번호	年月	이름	行營都統使 등과 그들의 당시 관직	활동 상황	전거 (숫자는 권수)
1	顯宗 元年, 10(1010)	康兆	行營都統使(임명), 吏部尙書 (정3품)·叅知政事(종2품)	契丹의 침입에 出戰	史4·要3·史94 楊規傳·史127 康兆傳
2		李鉉雲	行營都統副使(임명) 吏部侍郎(정4품)		
3		張延祐	行營都統副使(임명) 兵部侍郎(정4품)		

전, 姜邯贊.

12) 『高麗史』권4, 세가 ;『高麗史節要』권3, 현종 원년 冬10月 ;『高麗史』권94, 열전, 楊規.

13) 朴龍雲, 앞의 논문, 2008.

4		盧 戩	行營都統判官(임명) 都官員外郞(정6품)	契丹의 침입에 出戰	史4·要3·史94 楊規傳·史127 康兆傳
※5	顯宗 元年, 10(1010)	安紹光	行營都兵馬使(임명) 檢校右僕射(정2품)·上將軍(정3품)		
※6		盧 頲	行營都兵馬副使(임명) 御史中丞(종4품)		
7	顯宗 2, 7 (1011)	崔士威	西北面行營都統使(임명) 叅知政事(종2품)	康兆의 被殺로 인해 대체된 듯함	史4·要3
※8	顯宗 2, 10 (1011)	庾 方	西北面行營都兵馬使(임명) 叅知政事(종2품)		史4·要3
※9	顯宗 3, 6 (1012)	姜邯贊	東北面行營兵馬使(在任) 左散騎常侍(정3품)		史4·要3
10		姜邯贊	西北面行營都統使(임명)→上元帥(임명) 內史侍郞平章事(정2품)	契丹의 침입에 出戰	史4·要3·史94 姜邯贊傳·姜民瞻傳
11	顯宗 9, 10 (1018)	姜民瞻	(行營都統)副(使)(임명)→副元帥(임명) 大將軍(종3품)		
12		朴從儉	(行營都統)判官(임명) 內史舍人(종4품)		
13		柳 參	(行營都統)判官(임명) 兵部郞中(정5품)		
14	顯宗 14, 1 (1023)	庾 方	西北面行營都統使(임명) 門下侍郞平章事(정2품)		史5·要3
15	顯宗 15, 7 (1024)	徐 訥	西北面行營都統(임명) 叅知政事(종2품)		史5·要3
16		郭 元	(行營都統)副(使)(임명) 中樞使(종2품)		
17	肅宗 9, 2 (1104)	尹 瓘	東北面行營兵馬都統(임명) 樞密院使(종2품)	女眞을 토벌하기 위해 出戰	史12·要7·史96 列傳
※18	睿宗 2, 閏10 (1107)	尹 瓘	元帥(임명) 中書侍郞同平章事(정2품)	女眞을 정벌하기 위해 出戰	史12·要7·史96 列傳
※19		吳延寵	副元帥(임명) 知樞密院事(종2품)		

※20	睿宗 3, 7 (1108)	尹 瓘	行營兵馬元帥(在任) 門下侍中(종1품)	女眞을 정벌 하기 위해 出 戰	史12 · 要7 · 史96 列傳

※ 참고사항

① 7번 崔士威의 직위가 이 자리에는 드러나 있지 않으나 그는 이미 현종 2년 3월에 叅知政事를 제수받은 바 있다.(『고려사』 권4, 세가 ; 같은 책 권94, 열전)

② 9번 姜邯贊의 직위가 이 자리에는 드러나 있지 않으나 그는 이미 현종 2년 6월에 翰林學士承旨(정3품)·左散騎常侍를 제수받은 바 있다.(『고려사』 권4, 세가 ; 같은 책 권94, 열전)

③ 14번 庾方의 직위가 이 자리에는 드러나 있지 않으나 그는 이미 현종 13년 6월에 門下侍郎平章事를 제수받은 바 있다.(『고려사』 권4, 세가)

④ 15번 徐訥의 직위가 이 자리에는 드러나 있지 않으나 그는 이미 현종 14년 正月에 叅知政事를 제수받은 바 있다.(『고려사』 권5, 세가)

⑤ 16번 郭元의 직위가 이 자리에는 드러나 있지 않으나 그는 이미 현종 14년 正月에 中樞使를 제수받은 바 있다.(『고려사』 권5, 세가)

⑥ 18번 尹瓘의 직위가 이 자리에는 드러나 있지 않으나 그는 이미 睿宗 卽位年 11월에 中書侍郎同平章事를 제수받은 바 있다.(『고려사』 권12, 세가 ; 같은 책 권96, 열전)

⑦ 19번 吳延寵의 직위가 이 자리에는 드러나 있지 않으나 그는 이미 睿宗 卽位年 11월에 知樞密院事·御史大夫를 제수받고, 이어서 東界行營兵馬使 등을 거친 바 있다.(『고려사』 권12, 세가 ; 같은 책 권96, 열전)

행영병마사제도의 전단계이면서 大番兵馬의 후신으로 짐작되는 行營都統使制의 첫 사례가 顯宗 원년(1010)에는 찾아지므로 이 제도의 처음 설치는 그보다 얼마 앞서는 시기임을 알 수 있다. 그렇다고 했을 때 가장 유력한 시기는 역시 고려의 여러 제도가 정비되는 성종 14년(995)을 손꼽을 수 있다. 거란의 제1차 침입이 있었던 성종 12년(993)의 우리 지휘부를 보면 수상인 侍中(종1품) 朴良柔가 上軍使를 맡고, 內史侍郎(정2품) 徐熙가 中軍使, 門下侍郎(정2품) 崔亮이 下軍使를 담당하고 있는 것으로[14] 보아 그때까지는 아직 그 같은 제도의 설치를 확신할 수 없기 때문이다. 아마 성종 14년경에 비로소 大番兵馬로 출발하여 곧

---

14) 『高麗史』 권3, 세가 ; 『高麗史節要』 권2, 성종 12년 冬10月.

行營都統使制度로 바뀌어가지 않았을까 라고 일단 추정하는 게 옳다는 생각이다.

都統使는 "東北·西北 兩界의 兵馬를 都統하는"[15] 직책이었으므로 얼마 뒤의 尹瓘 사례처럼(17번) 行營兵馬都統(使)라 했음이 더 적절할 듯 싶은데, 그러나 대부분은 보다시피 行營都統使라고 기술되어 있다. 그리하여 실제적으로 이들이 현종 원년부터 15년(1024)에 이르기까지의 기간에 여럿이 임명되고 있다. 아울러 그 기구에는 行營都統副使와 行營都統判官 등도 갖추어졌던 것 같은데, 하지만 이후에는 行營兵馬使制로 바뀌는 文宗 원년(1047)까지 더 이상 임명사례가 보이지 않는다. 혹 그 사이의 기간에 제도의 변동이 있었는지 아닌지의 여부는 그러나 확인이 되지 않아 그 연유를 잘 알 수가 없다.

行營都統使制度의 설치 상황은 대략 이러하였으므로 숙종 9년(1104)에 나타나는 윤관의 사례(17번)는 예외로 간주해야 할 것 같다. 그리고 행영도통사제도가 시행되던 현종 3년(1012)에 姜邯贊이 東北面行營兵馬使로 재임했다는 기사(9번) 역시 예외로 보아야 할 것인지, 아니면 행영병마사제도가 文宗 元年의 정식 발족에 앞서 이때 잠시 시행된데 말미암는 것인지 이 점은 잘 판단이 가지 않는다. 전자 쪽이 더 가능성은 있어 보이나 결론은 유보하여 둔다.

Ⅲ. 行營兵馬使機構의 구성

행영병마사기구의 구성에 대해 ㉮사료에는 그 대표가 되는 行營兵馬使 하나만을 들고, 그것을 담당한 관원은 兩府의 宰臣이었다고 매우 간략하게 기술하는 데 그치고 있다. 그러나 이 기구의 구성원 역시도

---

15) 『高麗墓誌銘集成』, 174쪽, 「文公裕墓誌銘」.

『고려사』 등 당시를 다룬 史書에 적지 않은 사례가 실려 있어 그 윤곽을 대략 파악할 수 있다. 그것들은 구체적으로 行營兵馬使의 상급직인 判行營兵馬事(行營兵馬判事), 하위직으로 知行營兵馬事·行營兵馬副使·行營兵馬判官·行營兵馬錄事 등이 눈에 띄고 있는데, 그들을 앞서의 요령과 마찬가지로 일괄 도표로 만들어 제시하면 다음과 같다.

<표 2> 行營兵馬使 구성원의 직위와 활동

번호	年月	이름	行營兵馬使 구성원과 그들의 당시 관직	활동 상황	전거 (숫자는 권수)
1	顯宗 3, 6 (1012)	姜邯贊	東北面行營兵馬使(在任) 左散騎常侍(정3품)		史4·要3
2	文宗 元年, 7(1047)	王寵之	西北面中軍使 兼行營兵馬使 (임명) 中樞使(종2품)		史7·要4·史95 열전
3	文宗 元年, 12(1047)	朴成傑	西北面行營兵馬使(임명) 戶部尙書(정3품)		史7
4	文宗 17, 8 (1063)	王懋崇	東北面行營兵馬使(임명) 知中樞院事(종2품)		史8
5	文宗 34, 12(1080)	文 正	判行營兵馬事(임명) 中書侍郞平章事(정2품)	東蕃의 作亂을 진압하기 위해 出戰	史9·要5·史95 文正傳
6		崔 奭	(行營)兵馬使(임명) 同知中樞院事(종2품)		
7		廉 漢	(行營)兵馬使(임명) 兵部尙書(정3품)		
8		李 顗	(行營)兵馬副使(임명) 左承宣(정3품)		
9	宣宗 4, 7 (1087)	李子威	東北面兵馬使 兼知行營兵馬事(임명) ?		史10
10	宣宗 9, 4 (1092)	金上琦	權判東北面兵馬事 兼行營兵馬使(임명) 政堂文學(종2품)	女眞族 등의 잦은 소요에 대처	史10·要6
11		林 槩	東北面兵馬使 兼行營兵馬使(임명) 同知中樞院事(종2품)		

12	肅宗 7, 12 (1102)	吳壽增	判東北面兵馬事 兼行營兵馬使(임명) 尙書左僕射(정2품)	女眞 정벌에 대비	史11
13	肅宗 9, 正月(1104)	林 幹	判東北面行營兵馬事(임명) 門下侍郎平章事(정2품)	女眞의 정벌을 위해 出戰	史12・要7
14		李 瑋	西北面行營兵馬使(임명) 直門下省(종3품)		
15		金德珍	東北面行營兵馬使(임명) 衛尉卿(종3품)		
16	睿宗 卽位, 11 (1105)	吳延寵	東北面兵馬使 兼知行營兵馬事(임명) 知樞密院事(종2품)・御史大夫(정3품)	女眞 정벌	史12
17	睿宗 卽位, 12(1105)	吳延寵	東界行營兵馬使(임명) 知樞密院事(종2품)・御史大夫(정3품)	女眞 정벌을 위해 출전	史12・要7・史96 吳延寵傳
18		金奇鑑	(行營)知兵馬事(임명) ？		
19		任申幸	(行營)兵馬副使(임명) ？		
20		林 彦	(行營兵馬)別監(임명) ？		
21		金 晙	(行營兵馬)判官(임명) ？		
22		庾 翼	(行營)兵馬錄事(임명) ？		
23		拓俊京	(行營)兵馬錄事(임명) ？		
24		俞瑩若	(行營)兵馬錄事(임명) ？		
25	睿宗 3, 3 (1108)	金漢忠	行營兵馬使(在任) 尙書左僕射(정2품)	女眞 정벌을 위해 出戰	要7・史95 열전
26	睿宗 3, 7 (1108)	申 顯	行營兵馬判官(在任) 御史(종6품)	여진과 전투	史12・要7
27	睿宗 3, 8 (1108)	王字之	行營兵馬判官(在任) 權知承宣(정3품)	여진과 전투	史12・要7
28		拓俊京	行營兵馬判官(在任) 閤門祗候(정7품)		

29	睿宗 4, 1	王思謹	行營兵馬錄事(在任) ?	여진과의　전 투에　참여하 여 전사	史13・要7
30	(1109)	河景澤	行營兵馬錄事(在任) ?		
31	睿宗 4, 3 (1109)	張文緯	行營兵馬錄事(在任) ?	여진과의　전 투에 참여	史13・要7
32		林彦	東界行營兵馬別監(在任) 承宣(정3품)		
33	睿宗 4, 3 (1109)	王字之	東界行營兵馬別監(在任) 侍郎(정4품)	여진과의　전 투에 出戰	史13
34		拓俊京	東界行營兵馬別監(在任) 員外郎(정6품)		
35	睿宗 4, 3 (1109)	許載	行營兵馬判官(在任) 監察御史(종6품)	여진과의　전 투에 참여	史13・要7・ 史98 許載傳
36		金義元	行營兵馬判官(在任) ?		
37	睿宗 4, 7 (1109)	任懿	權判東北面兵馬事 兼行營兵 馬使(임명) 中書侍郎平章事(정2품)	9城　還附에 따른　뒷수습 을 위해 파견	史13・要7・ 史95 任懿傳
38		金緣	(行營兵馬)副(使)(임명) 右諫議大夫(정4품)		
39	睿宗 4, 7 (1109)	崔弘正	行營兵馬別監(在任) 承宣(정3품)	9城　還附에 따른 뒷수습	史13・要7
40		文冠	(行營)兵馬使(在任) 吏部尙書(정3품)		
41	睿宗 13, 5 (1118)	金緣	判東北面兵馬事 兼行營兵馬 使(임명) 門下侍郎同中書門下平章事 (정2품)・判兵部事	金帝國의 阿 骨打가 형제 관계를　요구 하는 등의 압 력을 가해옴 에 따른 대처 를 위한 것인 듯 함	史14
42		王字之	東北面兵馬使 兼知行營兵馬 事(임명) 兵部尙書(정3품)・知樞密院 事(종2품)		
43	仁宗	任元敱	東北面兵馬使 兼知行營兵馬 事(임명) ?		東文選 29 任 元敱讓

			직위		전거
44	毅宗 元年, 12(1147)	李仁實	判西北面行營兵馬事(임명) 叅知政事(종2품)·判刑部事		高麗墓誌銘集成 138쪽
45	毅宗 3 (1149)	尹彦頤	中軍兵馬判事 兼東北面行營兵馬判事(임명) 政堂文學(종2품)·判刑部事		高麗墓誌銘集成 110쪽
46		鄭仲夫	西北面兵馬判事·行營兵馬 兼中軍兵馬判事(임명) 中書侍郎平章事(정2품)		
47	明宗 2, 1 (1172)	金闡	西北面兵馬使·行營兼中軍兵馬使(임명) 樞密院副使(정3품)	金甫當의 난에 대비, 윤인첨 등 出戰	史19·要12·史128 鄭仲夫傳·史96 尹鱗瞻傳
48		尹鱗瞻	東北面兵馬判事·行營兵馬 兼中軍兵馬判事(임명) 中書侍郎平章事(정2품)		
49		陳俊	東北面兵馬使·行營兼中軍兵馬使(임명) ?		
50	明宗 5, 7 (1175)	金閱甫	行營兵馬錄事(在任) 東面都監判官(權務)	西賊의 討平에 참여	高麗墓誌銘集成 242쪽

※ 참고 사항

① 1번 姜邯贊의 직위가 이 자리에는 드러나 있지 않으나 그는 이미 현종 2년 6월에 翰林學士承旨(正3品)·左散騎常侍를 제수받은 바 있다.(『고려사』 권4, 世家 ; 같은 책 권94, 열전)

② 4번 王懋崇의 직위가 이 자리에는 드러나 있지 않으나 그는 이미 문종 15년 9월에 知中樞院事를 제수받은 바 있다.(『고려사』 권8, 세가)

③ 12번 吳壽增의 직위가 이 자리에는 드러나 있지 않으나 그는 이미 숙종 7년 6월에 尙書左僕射·太子賓客을 제수받은 바 있다.(『고려사』 권11, 세가)

④ 16번 吳延寵의 직위가 이 자리에는 드러나 있지 않으나 그는 직전인 예종 즉위년 11월에 知樞密院事·御史大夫·翰林學士承旨를 제수받은 바 있다.(『고려사』 권12, 세가 ; 같은 책 권96, 열전)

⑤ 17번 吳延寵의 직위는 위와 같음.

⑥ 18번 金奇鑑의 경우 『고려사』에는 知兵馬使로, 『고려사절요』에는 知兵馬事로 표기되어 있는데, 후자가 옳은 것이다.

⑦ 27·28번에 관한 기사가 각각 『고려사』에는 9月條, 『고려사절요』에는 8月條에 실려있다. 이들의 직위가 이 자리에는 드러나 있지 않은데, 그러나 『고려사절요』 권7, 예종 3년 정월조에 전자는 權知承宣에 在任 중이고, 후자는 閤

門祗候를 제수받고 있는 사실이 보인다.

⑧ 31번 張文緯에 관한 기사가 각각『고려사』에는 3月條,『고려사절요』에는 2月
    條에 실려 있다. 그리고 전자에는 長文緯로 표기되어 있는데, 이는 잘못이다.

⑨ 41번 金緣의 직위가 이 자리에는 드러나 있지 않으나 그는 이미 예종 12년 6
    월에 門下侍郎同中書門下平章事・上柱國을 거쳐 13년 3월에는 判兵部事를
    제수받은 바 있다.(『고려사』권14, 세가)

⑩ 42번 王字之의 직위가 이 자리에는 드러나 있지 않으나 그는 이미 예종 12년
    12월에 兵部尙書・知樞密院事를 제수받은 바 있다.(『고려사』권14, 세가)

⑪ 44번 李仁實의 직위가『고려사』권17, 세가 毅宗 元年 12月條에는 尙書右僕
    射・叅知政事・判刑部事라고 전하는데, 本人의 墓誌銘(金龍善編,『高麗墓
    誌銘集成』, 138쪽)에는 左僕射・叅知政事・判刑部・西北面行營兵馬事로
    기술되어 있다.

⑫ 45번 尹彦頤의 직위가『고려사』권17, 世家, 毅宗 2년 12月條에 政堂文學・
    判刑部事였다고 보이며, 이 점은 그의 墓誌銘에도 드러나 있다.

⑬ 46번 鄭仲夫의 직위가 이 자리에는 드러나 있지 않으나 그는 이미 明宗 즉위
    년 9월에 叅知政事를 거쳐 다시 中書侍郎平章事를 제수받은 바 있다.(『고려
    사』권19, 세가 ; 같은 책 권128, 열전)

⑭ 47번 金闡의 직위가 이 자리에는 드러나 있지 않으나 그는 역시 명종 즉위년
    9월에 樞密院副使를 제수받은 바 있다.(『고려사』권19, 세가)

⑮ 48번 尹鱗瞻의 직위가 이 자리에는 드러나 있지 않으나 그는 이미 明宗이 즉
    위하면서 叅知政事・判兵部事를 거쳐 中書侍郎平章事를 제수받은 바 있다.
    (『고려사』권96, 열전)

보다시피 判行營兵馬事는 모두 6사례가 찾아지는데, 그중 넷은 平章
事(정2품)가 임명되고 있고(5・13・46・48번), 나머지 하나는 叅知政事
(종2품, 44), 다른 하나는 政堂文學(종2품, 45)이다. 이 직위는 모두 중서
문하성의 宰臣들이 담당하였음을 알 수 있다.

다음 行營兵馬使에 임명된 인원은 합계 18사례이다. 그중 넷은 양계
의 兵馬判事와 함께 받은 직위이므로 각각의 본직은 판사직에 맞추어
平章事(정2품)가 2사례(37・41), 政堂文學(종2품) 1사례(10), 僕射(정2품)
1사례(12) 등으로 역시 모두가 宰相으로 임명되었음을 확인할 수 있다.
그리고 본직을 잘 모르는 1사례(49)를 제외하면 나머지는 13사례가 되
는데 그들은 僕射 1사례(25)와 樞密 6사례(2・4・6・11・17・47) 및 尙

書(정3품) 3사례(3·7·40)·散騎常侍(정3품) 1사례(1)·直門下(종3품) 1사례(14)·衛尉卿(종3품) 1사례(15)로 구성되어 있다. 행영병마사는 재상이 없지 않으나 주로 중추원의 樞密과 職事3品官이 맡았다고 하겠다. 그러므로 ㉮사료에 행영병마사는 '兩府의 宰臣', 즉 중서문하성 宰府의 宰臣과 중추원 樞府의 樞密宰相들이 임명되었다는 설명은 실제와 대략 부합된다고 하겠으나 그렇지 않은 일면도 있었음을 확인할 수 있다.

다음 직위인 知行營兵馬事는 다섯 사례(9·16·18·42·43)가 보이는데 대부분이 양계병마사의 겸직으로 운영된 듯 나타나고 있다. 따라서 그의 본직도 큰 의미를 부여하기 어렵지마는, 지위는 대략 3품관 정도의 위치에 머물지 않았을까 짐작된다.

그 아래의 行營兵馬副使는 모두 3사례인데, 본직은 承宣(정3품)이 하나(8)이고, 諫議大夫(정4품)도 하나(38)이며, 나머지 하나(19)는 잘 알 수가 없다. 이 직위에는 3품 또는 4품 관원이 임명되었던 것 같다.

行營兵馬判官은 모두 6사례이다. 그들 본직은 御史(종6품)가 2사례(26·35)이고, 閤門祗候(정7품)가 1사례(28)이며, 나머지 세 경우(21·27·36)는 불분명하다. 6·7품 정도의 관원이 이 관계의 업무를 맡아본 듯하다.

行營兵馬錄事는 7사례(22·23·24·29·30·31·50)가 찾아지는데, 본직을 알 수 있는 것은 마지막의 사례 하나뿐으로서 東面都監判官(權務)에 재임하던 관원이었다.

이상에서 든 직위들과는 성격이 좀 다른 것으로 판단되는 行營兵馬別監이 다섯 사례(20·32·33·34·39) 더 보인다. 이들은 睿宗朝의 女眞 정벌 때에만 임명되고 있는데, 분명치는 않지만 어떤 필요성에서 이때 특별히 두었던 것 같다. 이 직위를 맡았던 관원은 承宣(정3품)이 둘, 侍郞(정4품)·員外郞(정6품)이 각기 하나씩이고 하나는 잘 모르는 경우인데, 일정치는 않으나 비교적 지위가 높은 관원들이 담당하고 있어 주목된다.

요컨대 우리들은 사례를 통하여 행영병마사기구가 判行營兵馬事와 行營兵馬使, 知行營兵馬事, 行營兵馬副使, 行營兵馬判官, 行營兵馬錄事 등으로 구성된 조직체였음을 알 수 있게 되었다고 하겠다. 그런데 이 조직은 양계의 병마사기구와 동일한 것이다.[16] 그리고 그 각 직위에 임명된 관원들의 지위도 매우 흡사한데, 다만 양계의 병마사는 3品官이 대세였는데 비해 행영병마사는 3품관과 더불어 樞密宰相 이상이 절반을 상회하는 숫자여서 후자가 좀더 높은 편이며, 거기에다가 兵馬判事가 겸임하는 사례도 적지 않아 한층 우월한 위치에 있었다는 점에서는 차이가 드러나고 있다. 그 아래의 직위들에서도 양자 사이에 다소의 차이가 보이지마는, 크게 보았을 때 유사한 조직과 기능을 하는 병마사와 행영병마사기구가 함께 존재한 사실은 고려 때의 국방·군사 문제를 살펴감에 있어 역시 유의할 만한 사항의 하나임에 틀림이 없을 것 같다.

Ⅳ. 行營兵馬使의 직능과 兵馬使와의 관계

행영병마사는 사료㉮에 명시되어 있듯이 "변방에 처리할 일이 있을 때", "가서 軍事를 전제토록 하기" 위해 설치한 것이었다. 이곳의 변방이란 주로 양계지역을 뜻했지마는, 여기에 외침이나 소요 등이 발생하게 되면 당해 업무가 종료될 때까지 임시로 행영병마사기구를 두고 그에게 전적인 兵馬의 지휘 통솔권을 주어 일을 처리토록 하였던 것이다. 이 점은 앞에 든 개인 사례와 또 도표로 정리해둔 예 등을 통해서도 새

---

16) 『高麗史』 권77, 百官志2, 外職 ;『高麗史節要』 권2, 成宗 8년 3월. 이에 관해서는 朴龍雲, 앞의 논문, 2008 참조.

삼 확인되는 바로써 긴 설명이 필요하지 않을 것 같다.

그런데 고려 때의 양계지역에는 다 아는 대로 병마의 지휘 통솔권이 부여된 상설의 兵馬使機構가 따로 있었다. 그리하여 여기에는 지방행정장관이면서 병마의 책임자인 임기 6개월의 상주하는 병마사―주로 3품관―와, 그의 상급자로서 주로 宰臣이 임명되던 判兵馬事 등을 두도록 되어 있어서, 특히 후자는 당해 지역에 군사적 변란이나 국경 획정, 城池 拓定 등의 사안이 발생하였을 때는 직접 현지에 파견되어 업무를 처리하곤 하였다.17)

그렇다고 한다면 결국 양계지역의 국방·군사관계 업무를 담당한 기구가 병마사와 행영병마사, 둘이었다는 이야기이다.18) 다만 전자가 상설기구였던데 비해 후자는 명칭대로 사안이 발생하였을 때 한하여 두었다는 점에서 차이가 났으며, 또 두 기구의 判兵馬事와 判行營兵馬事는 다같이 주로 宰臣이 임명되었으나, 전자의 兵馬使는 주로 3품관이 맡았던 데 비해 후자의 行營兵馬使는 樞密과 직사3품관이 맡았다는 점에서도 약간의 차이가 보인다. 그리고 업무상에 있어서도 전자 역시 군사적 변란 등에 직접 대처하면서도 그에 필요한 사전 준비나 국경 획정, 城池 拓定 등 여러 사안에 관여하는 일이 많았던 데 비해, 후자는 거의 모두가 외침과 소요 등을 막기 위한 군사적 동원의 지휘 통솔자로 기능했다는 점에서 또한 작은 차이점이 드러난다고도 할 수 있을 듯하다. 그렇지만 기본적으로, 특히 判兵馬事와 判行營兵馬事·行營兵馬使의 임명은 사안의 발생과 관련이 많았고, 그리하여 다같이 병마의 지휘 통솔을 담당했다는 데서 업무의 중복·충돌 같은 면도 염두에 두지 않을 수 없는데, 이 부분을 당해 직위에 임명된 사례를 통해 좀더 살피

---

17) 朴龍雲, 앞의 논문, 2008.
18) 都兵馬使까지 모두 셋이었지만, 이는 두 기구와 성격이 좀 달랐으므로 따로이 계산하면 그렇다는 말이다.

기로 하자. 이를 위해 각각을 도표의 형식으로 보이면 다음과 같다.[19] 단, 거의 정규적으로 임명되던 兵馬使는 생략하되 行營兵馬使나 知行營兵馬事를 함께 지니는 경우는 포함시켰다.

<표 3> 兵馬判事·兵馬使와 行營兵馬判事·行營兵馬使의 歷任者

번호	年月	이름	兵馬判事·使 歷任者	行營兵馬判事·使·知事 歷任者
1	顯宗 20, 12 (1029)	柳 韶	西北面判兵馬事(在任)	
2	靖宗 7, 8 (1041)	崔 冲	判西北路兵馬事(在任)	
3	文宗 元年, 7(1047)	王寵之		西北面中軍使　兼行營兵馬使(임명)
4	文宗 元年, 12(1047)	朴成傑		西北面行營兵馬使(임명)
5	文宗 17, 8 (1063)	王懋崇		東北面行營兵馬使(임명)
6	文宗 29, 12 (1075)	李 頲	判西北面兵馬事(임명)	
7		金若珍	判東北面兵馬事(임명)	
8	文宗 34, 12 (1080)	文 正		判行營兵馬事(임명)
9		崔 奭		行營兵馬使(임명)
10		廉 漢		行營兵馬使(임명)
11	宣宗 4, 7 (1087)	李子威	東北面兵馬使　兼知行營兵馬事(임명)	東北面兵馬使　兼知行營兵馬事(임명)
12		邵台輔	權判西北面兵馬事　兼中軍兵馬使(임명)	
13	宣宗 9, 4 (1092)	金上琦	權判東北面兵馬事　兼行營兵馬使(임명)	權判東北面兵馬事　兼行營兵馬使(임명)
14		林 槩	東北面兵馬使　兼行營兵馬使(임명)	東北面兵馬使　兼行營兵馬使(임명)

---

19) 判兵馬事의 사례는 주 2) 논문에서 도표로 제시한 바 있어 그것을 그대로 이용하였다.

15	肅宗 7, 12 (1102)	林 幹	判西北面兵馬事　兼中軍兵馬使(임명)	
16		吳壽增	判東北面兵馬事　兼行營兵馬使(임명)	判東北面兵馬事　兼行營兵馬使(임명)
17	肅宗 9, 正月(1104)	林 幹		判東北面行營兵馬事(임명)
18		李 瑋		西北面行營兵馬使(임명)
19		金德珍		東北面行營兵馬使(임명)
20	睿宗 卽位, 11(1105)	吳延寵	東北面兵馬使　兼知行營兵馬事(임명)	東北面兵馬使　兼知行營兵馬事(임명)
21	睿宗 卽位, 12(1105)	吳延寵		東界行營兵馬使(임명)
22		金奇鑑	?	(行營)知兵馬事(임명)
23	睿宗 3, 3 (1108)	金漢忠		行營兵馬使(在任)
24	睿宗 4, 7 (1109)	任 懿	權判東北面兵馬事　兼行營兵馬使(임명)	權判東北面兵馬事　兼行營兵馬使(임명)
25	睿宗 4, 7 (1109)	文 冠		(行營)兵馬使(在任)
26	睿宗 12, 2 (1117)	金 緣 (金仁存)	判西北面兵馬事(임명)	
27	睿宗 13, 5 (1118)	李資謙	判西北面兵馬事　兼中軍兵馬使(임명)	
28		金 緣	判東北面兵馬事　兼行營兵馬使(임명)	判東北面兵馬事　兼行營兵馬使(임명)
29		王字之	東北面兵馬使　兼知行營兵馬事(임명)	東北面兵馬使　兼知行營兵馬事(임명)
30	仁宗	任元敳	東北面兵馬使　兼知行營兵馬事(임명)	東北面兵馬使　兼知行營兵馬事(임명)
31	毅宗 元年, 12(1147)	李仁實		判西北面行營兵馬事(임명)
32	毅宗 3, (1149)	尹彦頤		中軍兵馬判事　兼東北面行營兵馬判事(임명)
33	毅宗 5, 3 (1151)	高兆基	中軍兵馬判事　兼西北面兵馬判事(임명)	
34	毅宗 9, 6 (1155)	崔子英	西北面兵馬判事　兼判中軍兵馬事(임명)	
35		崔允儀	東北面兵馬判事　兼判中軍兵馬事(임명)	

36	明宗 2, 1 (1175)	鄭仲夫	西北面兵馬判事·行營兵馬兼中軍兵馬判事(임명)	西北面兵馬判事·行營兵馬兼中軍兵馬判事(임명)
37		金闡	西北面兵馬使·行營兼中軍兵馬使(임명)	西北面兵馬使·行營兼中軍兵馬使(임명)
38	明宗 2, 1 (1175)	尹鱗瞻	東北面兵馬判事·行營兵馬兼中軍兵馬判事(임명)	東北面兵馬判事·行營兵馬兼中軍兵馬判事(임명)
39		陳俊	東北面兵馬使·行營兼中軍兵馬使(임명)	東北面兵馬使·行營兼中軍兵馬使(임명)

여기에서 우리는 몇 가지 사실을 찾아볼 수 있다. 첫째로 判兵馬事면 判兵馬事, 判行營兵馬事 또는 行營兵馬使면 이들만을 임명, 파견하는 경우가 매우 많다는 점이다. 사안에 따라 判兵馬事의 임명, 파견으로 해결될 일이면 그만을(1·2·6·7·12·15·26·27·33·34·35), 또 判行營兵馬事나 行營兵馬使를 파견해야 할 사안이면 이들을 보내(3·4·5·8·9·10·17·18·19·21·23·25·31·32) 일을 처리토록 한 것이다. 그럼으로써 병마사와 행영병마사 사이에 직능상의 중복이나 충돌을 피하고 원만하게 운영하여 간 것 같다. 이렇게 볼 때 鄭仲夫(36)와 尹鱗瞻(38)의 사례는 특수한 경우에 해당한다. 두 사람은 判兵馬事와 判行營兵馬事를 아울러 지니고 있기 때문이다. 이는 아마 鄭仲夫가 武臣亂의 주동자 가운데 한 사람으로서 무신정권을 수립해가는 특수한 상황을 반영한 예외로 생각되며, 윤인첨 역시 그같은 정중부의 사례에 따른 결과로 짐작된다.

다음 둘째로는 判兵馬事가 行營兵馬使를 함께 지니는 경우로(13·16·24·28), 그렇게 함으로써 判兵馬事 지휘하에 두 기구가 원활하게 운영될 수 있었을 것 같다. 유사한 경우는 병마사와 행영병마사를 함께 지니는 사례인데(14·37·39), 행영병마사가 상급자였으므로 그를 중심으로 병마사가 협조하는 형태를 취했으리라 생각된다. 아울러 병마사가

知行營兵馬事를 띠는 경우(11 · 20 · 22 · 29 · 30)[20] 또한 두 기구의 원활한 운영을 위한 조처였으리라 짐작된다. 고려에서는 이처럼 유사한 직능을 수행하는 兵馬判事 · 兵馬使와 行營兵馬判事 · 行營兵馬使 제도를 두고 운영상의 조화를 살려나가는 그런 정책을 썼던 것이라 하겠다.

V. 맺음말

고려에서는 양계지역과 같은 변방에 외침이나 변란 등이 발생하였을 때 兵馬를 지휘 통솔하여 저들을 방어 진압할 관원을 파견하는 行營兵馬使制를 두고 있었다. 그 호칭을 처음에는 大番兵馬라 했으나 곧이어 行營都統使(行營兵馬都統使)로 바꾸었다가 문종 원년(1047) 7월에 이르러 行營兵馬使로 다시 바뀌면서 공식적으로 발족하였다. 이들 가운데에서 사례상 처음으로 보이는 것은 行營都統使로서, 그 시기는 顯宗 元年(1010)이었다. 이에 따라 제도 자체의 최초 설치는 成宗 14년(995)경으로 추정되었다. 명칭상의 行營은 임시 軍營이라는 뜻으로, 그것은 사안이 발생했을 때 설치하였다가 종료가 되면 없어지는 기구였으므로 그같이 부른 것으로 판단된다.

이 행영병마사 기구의 구성원으로 가장 상급의 직위는 宰臣이 임명되는 判行營兵馬事였다. 그리고 그 바로 아래는 行營兵馬使로서 宰相이 없지 않으나 주로 樞密과 職事3品官이 맡았으며, 다음이 대략 3품으로 임명되는 知行營兵馬事와 3 · 4품 관원이 맡는 行營兵馬副使 및 6 · 7품 정도의 관원이 맡는 行營兵馬判官과 權務官이 맡는 行營兵馬

---

20) 20번 金奇鑑이 知行營兵馬事와 함께 지녔던 직위가 여기에는 밝혀져 있지 않으나 다른 네 사례로 보아 그 역시 병마사였을 것으로 판단된다.

錄事 등이 있었다. 아울러 睿宗朝에는 특별히 行營兵馬別監도 임명된 일이 있지마는, 요컨대 이들 행영병마사 기구의 조직은 병마사 기구의 그것과 거의 동일하다는 점에서 주목된다.

조직이 그러하였듯이 두 기구는 직능도 매우 흡사하였다. 다만 병마사는 상설의 지방행정조직 가운데 하나이었고, 행영병마사는 병마의 지휘 통솔을 위해 그때그때 설치되었으므로 얼마간의 차이가 없을 수 없었으나 일단 유사시에 병마권을 관할한다는 점에서는 동일한 직무를 수행하였던 것이다. 따라서 두 기구 사이에 직능상의 중복, 충돌이 없지 않았을 듯 싶은데, 그러나 고려 조정은 운영의 조화를 꾀하여 원만한 성과를 거두고 있었다. 즉, 사안에 따라 특히 宰樞의 지위에 있는 兵馬判事와 行營兵馬判事·行營兵馬使를 파견할 때는 어느 한쪽만을 임명하는 경우가 많았던 것이다. 아울러 兵馬判事로 하여금 行營兵馬使를 함께 맡도록 하거나, 兵馬使와 行營兵馬使직을 함께 지니게도 하고 또 兵馬使가 知行營兵馬事를 겸하도록 함으로써 원만한 협조체제를 이룰 수 있도록 배려하고도 있었다.

한편 두 기구가 이처럼 협조 관계를 이루는 이면에는 상호간의 견제 작용을 고려한 부분과도 일정한 관련이 있지 않았을까 짐작된다. 거기에다가 軍政 관계의 업무는 중앙의 都兵馬使가 담당하고 있었다. 군사력이 집중되어 있는 양계지역의 兵權은 말하자면 3頭體制의 기반 위에 존립했던 것이라 하겠다.

제 3 장

고려전기 정치제도의 운영과 구조

高麗前期 三省制와 政事堂

이 정 훈

Ⅰ. 머리말

　고려전기 정치제도의 근간은 3성6부였다.[1] 그러나 이제까지의 연구는 中書門下省과 尙書省을 중심으로 하는 2성6부제가 정설이다.[2] 즉 高麗는 중국 唐의 3성6부제도를 수용하였지만, 고려사회가 가지는 정치적·사회적 제한성으로 말미암아 中書省과 門下省이 필요치 않았으며, 尙書省이 따로 존재하기는 하지만 중서문하성에 예속되는 중서문하성 중심의 일원적인 체제로 운영되었다는 것이다. 그리고 이러한 일

---

1) 3성6부제에 대한 연구로는 다음과 같은 글들이 있다.
　　변태섭,「고려재상고 - 3성의 권력관계를 중심으로」,『역사학보』 35·36 合, 1967 ; 변태섭,「고려의 중서문하성에 대하여」,『역사교육』 10, 1967 ; 변태섭, 「고려시대 중앙정치기구의 행정체계 - 상서성 기구를 중심으로」,『역사학보』 47, 1970/ 이상『고려정치제도사연구』, 일조각, 1971 소수 ; 이태진,「고려 재부의 성립 - 그 제도사적 고찰」,『역사학보』 56, 1976 ; 周藤吉之,「高麗初期の官吏制度 - とくに兩府の宰相について」,『高麗朝官僚制の研究』, 法政大學出版局(일본), 1980 ; 周藤吉之,「高麗初期の宰相, 尙書左右僕射について」,『高麗朝官僚制の研究』, 法政大學出版局(일본), 1980 ; 박용운,「高麗時代의 尙書都省에 대한 검토」,『국사관논총』 61, 1995 ; 박용운,「高麗時期 中書令에 대한 검토」,『한국 고대·중세의 지배체제와 농민』(김용섭교수정년기념 한국사학논총2), 지식산업사, 1997 ; 박용운,「高麗時代의 門下侍中에 대한 검토」,『진단학보』 85, 1998.
2) 박용운,「고려시기 중앙정치체제에 대한 연구동향과 '국사'교과서의 서술」, 『역사교육』 44, 1988.

원적인 정치제도의 운영은 뒷날 僉議府나 조선시대의 議政府로 연결
되는 일면이 있다고 보았다.[3]

　이러한 연구성과는 고려사회의 독자성을 밝히는데 많은 기여를 하였
다. 그러나 이러한 결론을 내리는데 있어, 중서문하성 외에도『高麗史』
나『高麗史節要』에 문하성과 중서성의 명칭이 보이며, 2성6부제의 중
요한 근거가 되는『高麗史』百官志와 選擧志를 비롯하여 다른 여러
사료에서 상반된 자료가 나오며,[4] 상서성의 관료가 중서문하성의 재신
과 동격이 아니라는 점에서 상서성이 중서문하성에 예속되었다고 할
수 있는가란 점에서 고려전기 사회가 2성6부제로 운영되었다고 하는
것에 의문을 품게 한다. 그리고 지방세력을 중앙에서 완전히 장악하지
못하고, 많은 부분 지방사회가 이들에 의해 운영되며, 이 때문에 지방
제도가 일원적인 체제로 운영되지 못하고 있다는 점에서—중앙의 정치
제도는 지방제도와 밀접한 연관을 맺으며, 지방사회의 많은 부분을 반
영하고 있다는 점에서—중앙도 역시 중서문하성 중심의 일원적인 체제
로 운영될 수 없다고 생각한다.

　따라서 본고에서는 2성6부제에 대한 기존의 연구를 다시 검토하면서
고려전기에 3성6부제가 시행되었으며,『高麗史』에 나오는 중서문하성
의 실체를 밝히려고 한다. 또한 3성6부제가 시간의 추이에 따라 어떻게
변화되어 갔는지를 재신의 변화를 통해 살펴보려고 한다.

---

3) 변태섭, 앞의 책, 36~83쪽.

4) 최근 여러 사료에서 3성제로 볼 수 있는 사료들이 있음을 주목하고 부분적인
　3성제가 아닌가 하는 견해가 있지만(박용운, 「고려의 중앙정치기구에 대한 연
　구성과와 과제 - 3성과 중추원을 중심으로」,『한국인문과학의 현황과 쟁점』,
　정신문화연구원, 1998), 심층적으로 다룬 것은 아니다.

Ⅱ. 三省 分立과 그 機能

고려전기 정치제도의 근간이 된 3성6부제는 成宗 2년 5월에 비로소 실시되었다.[5] 3省이란 국왕의 조칙을 작성하는 中書省, 이를 심의하는 門下省, 실제 행정 업무를 담당하는 6부를 총괄하는 尙書省을 말한다.

그런데 高麗의 3성6부제는 자료에 따라 3성제로 또는 2성제로 기술되어, 그 실체를 이해하는데 혼란을 주고 있다.

가) 門下府 : 掌百揆庶務 其郎舍掌諫諍封駁 國初稱內議省 成宗元年 改內史門下省 文宗十五年 改中書門下省 忠烈王元年 倂尙書省 爲 僉議府 五年 元賜僉議府正四品印 七年 元陞秩爲從三品 十九年 元改爲都僉議使司 又陞從二品 恭愍王五年 復稱中書門下省 別立 尙書省 十一年 復改都僉議府 十八年 改門下府[6]

尙書省 : 太祖仍泰封之制 置廣評省 摠領百官 有侍中侍郎郎中員 外郎 〔太祖時 又有內奉省 三國史云 內奉省卽今都省 沿革與此不 同〕 成宗元年 改廣評省 爲御事都省 十四年 改尙書都省……忠烈王 元年 倂于中書門下 爲僉議府 幷罷員吏 二十四年 忠宣設左右僕射 於僉議府 又置左右司郎中員外郎都事各二人 會都僉議府別廳 治 事 尋並罷之 恭愍王五年 革三司 復置尙書省 並復文宗舊制 唯不 置知省事 陞都事正七品 十一年 罷尙書省 復置三司[7]

나) 尙書吏部奏 檢校將作少監庾恭義 大匡黔弼之曾孫 前有所犯 久滯 散秩 曾降制旨 太祖配享功臣之後 雖有罪犯 並湏敍用 今恭義宜授 肅州防禦使 門下省奏 恭義曾犯謟諛 名載罪籍 不可敍用 況牧民之 寄 重於製錦 苟非其人 必傷其手 請罷之 制可[8]

太子宴遼使于門下省[9]

---

5) 『高麗史』 권3, 成宗 2年 5月.
6) 『高麗史』 권76, 百官志1 門下府.
7) 『高麗史』 권76, 百官志1 尙書省.
8) 『高麗史』 권7, 文宗 9年 8月 己亥.

다) 以高維爲右拾遺 中書省奏 維系出耽羅 不合諫省 如惜其才 請授他
　　官 從之10)
　　中書省奏 見行曆有乖錯處 請削撰曆者職 從之11)
라) 尙書省奏 龜州軍橘仙永夢謀叛 斬之12)
　　諸業擧人十一月始 明經爲先選取 進士則明年二月晝夜平均時　選
　　取諸生行卷家狀及試官差定諸事 都省及樞密院國子監敬稟施行13)

　　가)는 고려의 관제를 정리·기록한 『高麗史』百官志의 일부분으로,
문하부와 상서성에 대한 기록이다. 문하부는 百揆庶務를 관장하고, 국
초의 내의성에서 기원하여, 成宗 원년에 내사문하성, 文宗 15년에 중서
문하성으로 되고, 원간섭기에 중서문하성과 상서성이 병합하여 첨의부
로 되고, 恭愍王 5년에 중서문하성, 18년에 문하부로 되었다. 상서성은
국초의 廣評省에서 기원하여, 成宗 원년에 어사도성으로 개칭되고, 14
년에 상서도성으로 되고, 원간섭기에 중서문하성과 함께 첨의부로 되었
다가 恭愍王 5년에 상서성으로 복구되었다. 문하부와 상서성의 연혁으
로 보아, 고려전기 3성6부제는－중서문하성을 중서성과 문하성 두 省
을 지칭한다14)고 볼 수도 있지만, 문하부의 서술 구조상 단일기구라 하

---

9) 『高麗史』 권11, 肅宗 5年 10月 己未.
10) 『高麗史』 권8, 文宗 11年 1月 己丑.
11) 『高麗史』 권11, 肅宗 5年 3月 乙酉.
12) 『高麗史』 권4, 顯宗 7年 5月 乙丑.
13) 『高麗史』 권73, 選擧志1 科目 睿宗 11年 11月判.
14) 그런데 중서문하성이 중서성과 문하성의 병칭, 또는 합칭이라고도 할 수 있으
　　나, 『高麗史』에서 문하성과 중서성을 병칭할 경우에는 兩省이란 표현을 사용
　　하였다.(『高麗史』 권99, 文克謙傳, "明年(明宗 16年) 兼中書門下兩省判兵部
　　事 尋權判尙書吏部事") '中書門下兩省判兵部事'란 동중서문하평장사 판병부
　　사를 의미한다. 中書門下를 兩省이라고 지칭한데서, 중서문하는 중서성과 문
　　하성임을 알 수 있다. 그러므로 중서문하성은 중서성과 문하성을 倂稱한 기구
　　가 아니었다고 하겠다.

겠다ー중서문하성과 상서성의 2성제였다고 하겠다.

나), 다), 라)는『高麗史』世家의 기사로서, 唐의 3성과 같은 문하성·중서성·상서성이란 관청의 명칭이 보이고 있다. 그리고 門下省奏·中書省奏·尙書省奏라는 표현에서 문하성·중서성·상서성은 각각 고유 임무를 지니고 있었던 官府로 생각된다. 이러한 예는 위의 나), 다), 라) 외에도『高麗史』世家, 志,『高麗史節要』등에서도 많이 보인다. 이로 볼 때 문하성·중서성·상서성은 각각 고유의 임무를 담당하면서 실제로 있었던 기구이며, 나아가 高麗에서도 3성제로 정치운영이 이루어졌다고 할 수 있을 것이다.

이와 같이 가)와 나), 다), 라)의 서로 상반된 기록들이 존재하는 가운데, 학계에서는 고려전기 정치제도가 2성제로 운영되었다고 하는 것이 정설이다. 즉 고려는 唐의 제도를 모방하여 3성6부제를 도입하였지만, 실제로는 중서문하성과 상서성을 중심으로 하는 2성제로 운영되었다고 한다. 그리고 사료에서 중서문하성 외에 중서성과 문하성이 나오는 것은 중서성과 문하성이 별개의 기구가 아니라 文宗 15년을 전후로 하여 內史門下省일 때에는 문하성으로, 中書門下省일 때에는 중서성으로 약칭한 것이라 한다. 또한 상서성은 宰府인 중서문하성에 종속되어, 중서문하성을 중심으로 하는 일원적인 조직으로 운영되었다고 한다.[15]

그런데 나), 다)를 통해서 볼 때, 文宗 15년을 전후로 하여 15년 이전에는 문하성만, 15년 이후에는 중서성만 나오는 것이 아니다. 文宗 15년 이전에도 중서성이, 15년 이후에도 문하성이 나오고 있다는 점에서 문하성과 중서성을 중서문하성의 약칭으로만 볼 수는 없을 것이다. 또한 같은『高麗史』志인데도, 選擧志에는 百官志와는 다른 내용이 보인다. 高宗년간 崔瑀가 자기 집에 정방을 만들고 이를 중심으로 관리들의 인사를 천단하자,『高麗史』찬자는

---

15) 주3)과 동일.

　舊制 吏部掌文銓 兵部掌武選 第其年月 分其勞逸 標其功過 論其才
否 具載于書 謂之政案 中書擬升黜 以奏之 門下承制勅 以行之……16)

라고 하여, 舊制에는 이부와 병부가 銓選을 담당하고 중서가 陞黜을
작성하여 보고하고 문하가 制勅을 받아 시행하는 과정을 거쳤다고 비
판하였다. 이는 崔瑀가 정방을 만들어 인사를 천단하기 전까지는 銓選
과정에서 3省이 참여하였음을 말한다. 또한 조칙작성, 심의, 시행이라
고 하는 3省의 기능을 잘 보여주고 있다.

　그렇다면 2성제의 근간이 된 『高麗史』百官志에 대해서 다시 한 번
생각해 볼 필요가 있을 것이다. 백관지는 가)에서 보이듯이 관청의 명
칭, 職能, 변천과정, 소속관원 등으로 구성되어 있다. 그런데 백관지에
기록된 관청의 명칭은 門下府·密直司 등과 같이 고려말에 사용되던
것이다. 따라서 백관지 서술의 기준 시점은 고려말이라고 할 수 있다.
즉 고려말에 있던 관청들의 변천과정 속에서 고려전기의 官制가 파악
된다고 할 수 있다.

　주지하다시피 고려말의 정치제도는 元에 의해 많이 변모되었고, 또
한 정치운영의 중심은 都評議使司에 있었다. 恭愍王代에 반원정책으
로 정치제도를 文宗舊制로 복구를 표방하였지만, 실제로는 당시의 상
황에 맞게 변화되고 있었다.17) 이러한 상황을 반영하고 있는 百官志만

---

16) 『高麗史』 권75, 選擧志3 銓注 選法 高宗 12年. 『櫟翁稗說』에도 이와 비슷한
　　기사가 나온다. 즉 "吏部掌文銓 兵曹主武選 第其年月 分其勞佚 標其功過 論
　　其才否 具載于書 謂之政案 中書擬陞黜以奏之 門下承制勅 以行之 國家之法
　　盖與中原同也"라고 하였으며, 나아가 이러한 모습은 중국과 같은 것이라고
　　파악하였다.
17) 일례로 百官志 贊成事條에는 文宗代에 문하평장사, 문하시랑평장사, 중서평
　　장사, 중서시랑평장사가 있었다고 기록되어 있지만, 문하평장사와 중서평장사
　　는 恭愍王 5년에 관제가 복구되면서 새로이 설치되었다. 또한 공민왕 5년 11
　　월에 경천흥을 참지문하정사, 이천선을 참지중서정사로 임명하는 기사(『高麗

으로 고려전기의 정치제도를 파악하는 데는 일정정도 제약이 있다고 생각된다. 그러므로 百官志의 기록만을 신뢰하고, 選擧志나 世家, 기타 고려전기 3성제의 모습을 보여주는 사료들을 부정할 수는 없을 것이다. 오히려 3성제, 2성제의 상이한 내용을 담고 있는 기록들을 종합하여 고려의 3성6부를 이해해야 할 것이라고 생각한다.

다음은 百官志에 나오는 중서문하성의 소속관원이다. 百官志에 의거하여, 品階를 중심으로 표를 작성하면 <표 1>과 같다.

<표 1> 中書門下省의 인원구성[18]

品階	官職		人員
종1품	門下侍中	中書令	각 1인
정2품	門下侍郎平章事 門下平章事	中書侍郎平章事 中書平章事	각 1인
종2품	參知政事 政堂文學 知門下省事		각 1인
정3품	左散騎常侍	右散騎常侍	각 1인
종3품	直門下		1인
정4품	左諫議大夫	右諫議大夫	각 1인
종4품	給事中	中書舍人	각 1인
정5품	起居注 起居郎	起居舍人	각 1인
정6품	左補闕	右補闕	각 1인
종6품	左拾遺	右拾遺	각 1인
종7품	門下錄事	中書注書	각 1인

2성제였다는 입장에서는 百官志의 중서문하성의 소속관원은 상하(재신과 낭관)로는 구분이 되지만, 좌우 즉 문하성과 중서성으로는 구분할

史』권39, 恭愍王 5年 11月 己卯)를 볼 때, 참지정사도 참지문하정사와 참지중서정사로 나뉘어지는 변화가 있었다.
18) 변태섭, 앞의 책, 38쪽에서 재인용. 다만 지문하성사를 참지정사와 정당문학과 같이 위치에 배치하였고, 掾屬은 표에서 제외하였다.

수 없기 때문에 중서성과 문하성의 존재를 부정한다.[19] 그러나 百官志에 나오는 중서문하성의 관원을 중국 唐과 비교해보면, 參知政事・政堂文學・知門下省事[20]・起居注를 제외하고는 門下侍中・門下侍郞平章事・左散騎常侍・左諫議大夫・給事中・左補闕・左拾遺・門下錄事・起居郞은 門下省에 속하고, 中書令・中書侍郞平章事・右散騎常侍・右諫議大夫・中書舍人・起居舍人・右補闕・右拾遺・中書注書는 中書省에 속한다.[21] 또한 위의 표에서 보듯이 품계에 따라 관직을 좌우로 나눌 수 있다.

그리고 명칭상 문하시중・문하시랑평장사, 중서령・중서시랑평장사와 같이 문하성과 중서성의 명칭을 관직명에 반영하고 있다. 이는 判門下나 知門下府事가 기구(門下府)의 명칭을 반영하는 것과 차이가 있다. 만일 중서문하성의 관직이라고 한다면, 같은 품계의 관직을 중복하여 구성할 필요가 없었을 것이며, 중복배치한다고 하더라도 다른 기구와 비교해 볼 때 중서문하성의 명칭을 딴 이름을 사용했을 것이며, 중서문하성과 상관없는 명칭을 사용한다고 해도 중서성・문하성이라는 다른 기구의 명칭을 그대로 따서 사용하지는 않았을 것이라 생각한다.

또한 중서문하성에서 종1품의 중서령과 문하시중이 있는데, 문하시중은 실직이지만, 중서령은 실직이 아니므로 문하시중을 수반으로 하는 일원적 체제였다고 하였다. 그러나 다음 장에서도 언급하겠지만 3성제도가 처음 실시되는 成宗代부터 실직이 아니었던 것은 아니었다. 그리고 상서령도 실직이 아니었지만, 상서성도 하나의 관청으로서 따로이 존재하고 있다. 그러므로 중서령이 實職이 아니라고 해서 중서성이 문하성과 동격이 아니라고는 할 수 있지만, 중서성과 문하성을 구분할 수

---

19) 변태섭, 위의 책, 46쪽.

20) 참지정사・정당문학・지문하성사에 대해서는 다음 장을 참조.

21) 『文獻通考』 권50, 職官考 門下省 ; 권51, 職官考 中書省. 唐에서는 문하성을 左, 중서성을 右라고 하여 문하성과 중서성을 대칭되는 것으로 파악한다.

없다거나 존재하지 않았다고는 할 수 없을 것이다.

　이상 몇 가지 점에서 2성제의 이해기반을 살펴보았다. 百官志가 고려시대의 관제를 이해하는데 많은 도움을 주지만, 백관지만으로는 고려전기의 관제를 이해하는데 어려움이 있음을 알 수 있었다. 오히려 위에서 살펴 본 世家·選擧志의 기록이나 문하성과 중서성을 兩省이라고한 데서 百官志와는 달리 문하성과 중서성이라고 하는 기구가 실재했다고 할 수 있겠다. 문하성, 중서성이 實在했다고 하는 것은 곧 고려전기 정치제도가 상서성과 함께 3성제로 운영되었음을 말하는 것이라고하겠다.

　실제로 고려전기 정치제도가 3성제였다고 하는 것은 다음 몇가지 사료를 통해서 알 수 있다. 아래 사료는 公牒相通式의 일부분이다.

　　內史門下尙書都省　於六官諸曹七寺三監出納門下侍郎以上　不姓草押 拾遺以上 著姓草押 錄事注書都事 內位著姓名 六官諸曹七寺三監於三省侍郎少卿以下 具位姓名 御史卿以上 著姓草押[22]

　위의 규정은 언제 만들어진 것인지는 명확하지 않지만, 內史라는 명칭으로 보아 文宗 15년 이전에 제정된 것이라 하겠다. 內史門下尙書都省은 內史門下, 尙書都省이라고 할 수도 있지만, 다음 문장인 '六官諸曹七寺三監 於三省侍郎少卿以下'에서 三省이 내사문하상서도성을 가리키기 때문에 내사성, 문하성, 상서도성으로 보아야만 한다. 따라서 위의 사료를 근거로 볼 때 중서성, 문하성, 상서성은 實在하였고, 각 기관에 공문도 발송하는 실무기관이었다고 하겠다.

　그리고 仁宗 원년에 고려를 다녀간 徐兢은 使行 보고서인 『高麗圖經』에서 3성의 위치를 다음과 같이 적고 있다.

------

22)『高麗史』 권84, 刑法志1 公牒相通式　京官.

尙書省在承休門內 前有大門兩廊十餘閒 中爲堂三閒 卽令官治事之
所 政事之所自出也 自尙書省之西春宮之南 前開一門 中列三位 中爲
中書省 左曰門下省 右曰樞密院 卽國相平章知院治事之所[23]

상서성은 承休門 안에 있고, 상서성의 서쪽, 春宮의 남쪽으로 하나의
문이 있는데, 이 문을 통과하면 문하성이 왼쪽에, 중서성이 가운데에
있다는 것이다. 위의 기록에 의하면, 상서성과 중서성, 문하성은 비록
가까이 있기는 하지만, 실제로는 다른 廳舍를 가지고 있었다.[24]『高麗
圖經』외에『高麗史』에서도

太子宴遼使于門下省[25]
壽昌宮中書省門自頹[26]
造土龍于都省廳 聚巫禱雨[27]

라고 하여 3省이 각각 廳舍를 가지고 있었음을 보여준다. 그러므로 문
하성, 중서성, 상서성은 각기 다른 청사를 가진 별개의 기구였다고 하
겠다.

　청사뿐만 아니라 3성은 그 기능면에서도 분리되어 있었다. 앞서 제시
한 선거지 選法 高宗 12年 사료에서, "舊制에는 이부가 문관의 銓選을

---

23)『高麗圖經』권16, 官府 省監.
24) 한편『高麗圖經』에는 중서문하성에 대한 기록은 보이지 않는다. 2성제의 입장
　　에서 본다면 중서문하성은 고려의 최고 官府이다. 아무리 외국인이라서 고려
　　의 실정을 잘 모른다고는 하지만, 고려의 최고 관부를 기록하지 않으면서 존
　　재하지도 않는 문하성과 중서성의 관청을 기록한다는 것은 앞뒤가 맞지 않는
　　다.『高麗圖經』에서 2성제에서 말하는 중서문하성에 대한 기록이 없는 것은
　　중서문하성이 고려전기-범위를 최대한으로 줄여서 인종년간-에 존재하지
　　않았음을 말하는 반증이 아닌가 한다.
25)『高麗史』권11, 肅宗 5年 10月 己未.
26)『高麗史』권54, 五行志2 木行 明宗 26年 4月 甲寅.
27)『高麗史』권54, 五行志2 金行 仁宗 元年 5月 甲子.

담당하고, 병부가 무관의 銓選을 담당하여 올리면 중서성이 升黜을 기록하여 올리고 문하성이 制勅을 받들어 이를 시행하였다"는 점에서 중서성의 조칙작성, 문하성의 심의, 상서성의 시행이라는 3성의 기능이 분리되어 시행되었음을 알 수 있다. 이것은 다음 사료에서도 확인된다.

> 一日 宮闕災 應圭先詣景靈殿 抱五室祖眞 以出 又至中書省 出國印[28]

> 文懿公(金富儀 : 필자)所撰中書門下摠省吏兵曹 及行員姓名草押規式 與令文不同 中書所藏宋及遼金三國誥式 亦各異 宜從板本令文[29]

國印과 誥式은 詔勅이나 외교문서를 작성하는 데 필요한 것이다. 中書省이 이를 소장하고 있었다고 하는 것은 중서성이 조칙이나 외교문서를 작성하는 기관이었음을 말한다. 즉 중서성은 조칙을 작성하는 기구였다.

> 命左承宣直門下省李元膺 右承宣左諫議大夫李公升 傳旨門下省 督署鄭諴告身 宰臣及諫官論執不可[30]

毅宗이 左承宣 直門下 李元膺과 右承宣 左諫議大夫 李公升으로 하여금 문하성에 가서 鄭諴의 고신에 서명을 받아 오도록 한 것은 문하성이 관리들에 대한 署經權을 가지고 있었기 때문이다. 署經權은 대간이나 간관들이 가지고 있었던 권한으로서,[31] 문하성도 그 하부에 諫官職이 있어 이러한 기능을 수행하였던 것이다. 뿐만 아니라 문하성이 制勅을 받아 관리들을 임명하고 있었기 때문이었다. 실제로 『東文選』에

---

28) 『高麗史』 권99, 庾應圭傳.
29) 『補閑集』 下15.
30) 『高麗史節要』 권11, 毅宗 11年 11月.
31) 박용운, 『고려시대 대간제도 연구』, 일지사, 1980, 86쪽.

보이는 고려시대 官誥(制誥, 麻制)에는 문하성의 이름으로 관직제수가
이루어지고 있다.[32] 이는 문하성이 제칙을 받아 시행한다는 말과 일맥
상통한 것이다. 곧 문하성은 심의하는 기구였다.

상서성은 尙書都省과 6部로 나누어진다. 6부는 상서도성의 감독아래
실제 행정 업무를 수행한다. 상서도성은 6부를 감독하는 것 외에 각 司
에서 발송하는 공문을 관장하였다.[33]

> 京所司於外方州府公貼行移時 湏報尙書省 商確可否 而後付靑郊驛
> 館使轉送 若諸所司及宮衙典有不遵行者 館驛使將文貼及事由申省 隨
> 卽科罪[34]

京所司가 외방의 州府에 公貼을 보낼 경우 상서성에 보고하여 확인
을 받은 뒤 靑郊驛館에 보내어 公文을 발송하도록 하고, 만약 각 司가
이를 준수하지 않을 경우 靑郊驛館에서 상서도성에 보고하여 科罪하
도록 하였다. 이는 상서도성이 6부를 비롯한 중앙의 각 司가 州郡縣에
발송하는 공문을 관장했음을 말한다. 상서도성은 公文의 관장 외에도
외교문서를 발송하거나 祭祀의 齋戒를 담당하였다.[35]

따라서 고려전기 정치제도는 중서성, 문하성, 상서성의 3성제였다.
이들 3성은 각각 조칙을 작성하고, 조칙을 심의하고, 조칙에 따라 시행
하였다. 즉 고려전기는 입안, 심의, 시행으로 행정체계가 분리되어 운영
되었다.[36]

---

32) 『東文選』 권25, 制誥.

33) 보다 상세한 상서도성의 기능에 대해서는 박용운, 「高麗時代의 尙書都省에
　　대한 檢討」, 『국사관논총』 61, 1995 참조.

34) 『高麗史』 권82, 兵志2 站驛 顯宗 23年判.

35) 변태섭, 앞의 책, 22~26쪽.

36) 그런데 『高麗史』나 『高麗史節要』에서 문하성이나 중서성이 국왕에게 보고하
　　는 내용이 같은 경우가 많이 보인다. 이것은 좌간의대부와 우간의대부와 같은

Ⅲ. 中書門下省의 實體와 政事堂

고려전기 정치제도가 3성제로 운영되었다면,『高麗史』에 나오는 중서문하성은 어떠한 기구일까?

> (神宗)五年　忠獻始在私第　與內侍吏部員外郎盧珆注擬文武官　以奏王頷之　二部判事坐政堂　但檢閱而已[37]

2部判事는 判尙書吏部事와 判尙書兵部事로, 재신이 겸직한 관직이었다.[38] 위의 사료는 문맥상 崔忠獻의 擅斷으로 인해 2부판사들이 정당에서 관리의 銓選을 검열만 담당하였다고 했는데, 崔忠獻이 擅斷하지 않았던 상황에서는 2부판사들이 정당에서 실제로 관리들의 銓選을 수행했음을 의미한다. 따라서 정당은 2부판사, 즉 재신이 여기에서 어떠한 일을 담당하는 기구임을 말한다.

> (高宗 15年)冬末　入政事堂　除吏[39]

崔甫淳은 정사당에 들어가 관리를 임명하였다. 崔甫淳은 高宗 11년에 수태위 문하시랑 동중서문하평장사가 되고, 15년 12월에 수태사 판이부사가 되었다. 崔甫淳이 정사당에 들어갈 당시의 직책은 문하시랑 동중서문하평장사 판이부사였다. 즉 재신이었다. 정당과 정사당은 참석하는 인물과 관리의 전선을 담당했다는 점에서 같은 기구라고 보여진다. 다른 사료에서도 정사당의 명칭이 나오는 것으로 보아,[40] 정당 보

간관직이 두 省의 하부조직으로 있기 때문이 아닌가 한다.

37)『高麗史』권129, 崔忠獻傳.
38)『高麗史』권76, 百官志1 吏曹와 兵曹.
39)『朝鮮金石總覽』(上), 崔甫淳墓誌, 458쪽.
40)『高麗史』권16, 仁宗 9年 2月 己卯.

다 정사당이 정식 명칭이었다고 생각된다. 따라서 정사당은 참석자들로 볼 때, 문하성이나 중서성과 달리 재신들이 참석하는 기구였다고 하겠다.

정사당은 唐에서는 3성의 장관들이 모여서 정사를 의논하던 기구였다. 정사당은 3성이 분립된 상황에서 중서성과 문하성의 의견 차이로 공무상 爭論이 야기됨에 따라 중서성, 문하성의 의견을 조정하기 위해 설치된 것이었다. 정사당은 開元년간에 중서문하로 개칭되었다.[41] 宋도 唐의 제도를 계승하여 정사당을 설치하고 중서문하라고 하였으며, 중서로 약칭하기도 하였다.[42] 위의 崔忠獻傳과 崔甫淳 묘지명에서 보이는 정사당은 명칭이나 참석자들로 볼 때, 唐의 정사당과 같은 기구였다. 고려가 唐의 제도를 모델로 3성6부제를 실시한 점에서 볼 때, 정사당의 설치도 충분히 상정할 수 있다고 생각한다.[43]

고려의 정사당도 3성의 재신들이 모여서 국정 전반을 논의하는 기구였다.[44] 정사당의 설치는 3성 분립으로 인한 각 省간의 문제를 조정한다는 측면도 있었지만, 그보다 좀더 고려의 현실적인 상황에서 기인한 것이라고 할 수 있다. 고려는 호족연합정권에서 출발하여 成宗代에 중앙집권적인 국가체제를 이루었지만, 아직도 그 내부에는 호족의 영향력이 강대하게 남아 있었다. 3성제를 통해 국왕과 호족들간의 조화로운 정치를 추구하였지만, 정치운영의 중심은 호족들에게 있었다. 이러한

---

41) 『新唐書』 권46, 百官1.

42) 『宋史』 권161, 職官1.

43) 徐兢은 『高麗圖經』에서 정사당이라고 하지 않았지만, '大臣五日一見 每見直至大堂'이라고 하고 그 註에서 '議政之堂'이라고 하여 대신들 즉 재신들이 회의하는 기구가 있음을 언급하였다.(『高麗圖經』 권5, 宮殿 王府)

44) 변태섭은 정사당의 존재를 인정하기는 하였지만, 정사당과 중서문하성은 다른 기구라고 하였다. 宰府인 중서문하성이 있는 관계로 재신들이 따로이 모여 국정을 의결할 필요가 없었기 때문에 정사당은 유명무실한 기구였다고 한다.(변태섭, 앞의 책, 54~55쪽)

구조에서 나올 수 있었던 것이 정사당이었다. 정사당은 호족의 의견을 수합, 조정하는 역할을 담당하였다. 호족세력이 귀족세력으로 전화한 다음에도 정사당의 역할은 마찬가지였다. 그러나 정사당에는 모든 귀족들이 참여하는 것이 아니라 귀족들 중에서도 가장 핵심층이라고 할 수 있는 재신들이 참여하였다. 재신들이 정사당에 모여 귀족들의 의사를 수합, 조정해 나간 것이었다.[45]

고려에서도 정사당은 唐이나 宋과 같이 中書門下(中書門下省)로도 불렸다.[46]

中書門下省奏 伏審制旨 太史監候李神貺 察風雲水旱之候 罔有差違 勿拘考績 擢授八品 神貺未知世系 初入朝行 再被論奏 且候察乃其職 也 不宜超授 制曰 精於其術 未有如神貺者 可依前制[47]

中書門下奏 新作南京 度地必廣 多奪民田 請據京緯令所說 或依山 取勢 或約水表形 先以內從山水形勢 東至大峯 南至沙里 西至岐峯 北 至面嶽 爲界 制可[48]

中書門下奏 遼爲女眞所侵 有危亡之勢 所稟正朔不可行 自今公私文 字 宜除去天慶年號 但用甲子 從之[49]

중서문하성이 관리의 자격문제, 외교, 민정, 국방문제 등 국정 전반에 대해 의논하여 국왕에게 건의하였는데, 이는 곧 정사당이 국정 전반을 논의하는 기구였기 때문이다.

정사당은 中書로도 불렸다. 중서가 중서성을 지칭할 때도 있었지만,

---

45) 이러한 정치제도의 운영은 성종대의 제도개혁의 사상적 기반이 된 최승로의 상소문에서 나타난다.(이기백, 「고려귀족사회의 형성」, 『한국사』 4, 1972 ; 『고려귀족사회의 형성』, 일조각, 1990)
46) 朴天植, 「高麗 士族의 形成・發展과 階層構造」, 『國史館論叢』 29, 1991.
47) 『高麗史』 권8, 文宗 12年 6月 戊申.
48) 『高麗史』 권11, 肅宗 7年 3月 庚辰.
49) 『高麗史』 권14, 睿宗 11年 4月 辛未.

중서문하성의 약칭으로 사용되기도 하였다.[50]

中書政事之堂 惟文學所以明道揆 兼是兩者 得非重歟[51]

위의 사료는 李之氐를 정당문학으로 임명하는 制誥의 일부분이다. 정당문학은 정사당에 참여하여 국정을 논의하는 재신 중의 하나였다.[52] 위의 政事之堂이란 정사당을 가리킨다. '中書政事之堂'의 중서는 정사당이란 의미이다.

其後與義旼 同拜門下侍中 位在義旼上 義旼在中書大詬 景升笑而不答[53]
幾三載 遷銀靑光祿大夫尙書右僕射 席未暇暖 於貞祐八年庚辰 旋入中書 拜金紫光祿大夫參知政事集賢殿大學士同修國史判禮部事[54]

문하시중과 참지정사도 정사당에 참여하여 국정을 의결하는 재신이었다. 문하시중과 참지정사는 중서성과는 관계가 없는 관직이다. 따라서 문하시중인 杜景升과 李義旼이 중서에 있었다고 하는 것이나, 崔甫淳이 중서에 들어갔다는 것은 중서성에 들어갔다는 말이 아니라 정사당에 들어갔다는 의미이다.

本朝之制 中書則曰令曰侍中曰平章曰參政曰政堂 五者法天之五星也 樞密之七則法天之北斗也[55]

---

50) 朴天植, 앞의 논문.
51) 『東文選』 권25, 制誥 除任元厚門下平章崔湊中書平章李之氐政堂文學.
52) 본고의 Ⅳ 참조.
53) 『高麗史』 권100, 杜景升傳.
54) 『高麗墓誌銘集成』, 崔甫淳墓誌銘, 353쪽. 『朝鮮金石總覽』(上) 崔甫淳墓誌에는 '於貞祐八年庚辰'이 아니라 '於貞祐八年庚'으로 나온다.
55) 『高麗史』 권118, 趙浚傳.

趙浚이 고려의 제도를 상고하면서, 중서령·시중·평장사·참지정사·정당문학을 중서의 재상이라고 하였다. 시중·평장사·참지정사·정당문학은 정사당에 참여하는 재신들이다. 趙浚이 이들을 정사당 또는 중서문하성의 슈이라고 하지 않고, 중서의 슈이라고 한 것은 정사당을 중서라고 부르던 것이 관례화가 되었기 때문이다.56)

재신들은 정사당에 모여 국정 전반을 의결하기도 하였지만, 밤에도 숙직을 하면서 국정을 처리하였다.

　　　內史門下省火 延燒會慶殿東南廊57)
　　　以去年門下省直宿日 有火災 降參知政事金顯爲左僕射 右散騎常侍崔爰俊判少府監事58)

文宗 14년에 중서문하성에 불이 나서 회경전 東南廊이 연소되었다. 명년인 文宗 15년에 화재의 책임을 물어 참지정사 金顯과 우산기상시 崔爰俊을 좌천시켰다.59) 그런데 참지정사는 정사당에 참여하는 재신일

---

56) 정사당이 중서로 불려진 시기는 정확하지 않지만 중추원이 추밀원으로 바뀐 獻宗 원년 이후가 아닐까 한다. 宋이 추밀원·삼사·중서(정사당)를 중심으로 정치를 운영하였는데, 獻宗 원년에 중추원이 추밀원으로 개칭되었고, 肅宗과 睿宗이 특히 睿宗이 宋을 모델로 제도정비를 시행하였다(『高麗史』 권96, 金仁存傳)는 점에서 정사당이 중서로 변하지 않았을까 생각된다. 그러나 이 문제는 좀더 고찰될 필요가 있을 것이다.

57) 『高麗史』 권8, 文宗 14年 12月 甲子.

58) 『高麗史』 권8, 文宗 15年 3月 丁酉.

59) 우산기상시 崔爰俊이 金顯과 함께 숙직을 했다는 사실로 보아 정사당은 재신만 들어갈 수 있었던 것은 아니라고 생각된다. 唐의 경우 散騎常侍이하 간관직이 정사당에 들어갔던 점으로 미루어 보아, 고려에서도 우산기상시 이하 다른 간관직도 정사당에 들어갈 수 있었다고 생각한다. 그러나 의사결정은 기본적으로 재신들에게 있었기 때문에, 간관직의 정사당 출입은 재신의 결정과 결정과정에서 일어날 수 있는 私的인 요인을 반박하여 공정한 의사결정이 이루어지도록 하기 위한 것이라 생각된다.

뿐, 문하성과는 관계가 없는 사람이다. 따라서 문하성 숙직일의 화재는
곧 文宗 14년의 내사문하성의 화재를 말한다. 즉 참지정사 金顯은 내사
문하성에서 숙직하던 중 화재가 났기 때문에, 이에 대한 책임으로 文宗
15년에 좌천된 것이었다. 金顯이 내사문하성에서 숙직하였다는 것은
곧 재신이 정사당에서 숙직하였음을 말한다.

> 是年(高宗 15年)夏初 夜直中書 忽然感疾[60]

崔甫淳은 문하시랑 동중서문하평장사 판이부사로 재직하면서, 밤에
중서에 들어가 숙직을 하였다. 위의 중서는 재신이 참여하는 정사당이
다. 崔甫淳도 재신으로서 정사당에 숙직을 한 것이다. 金顯과 崔甫淳
이 각각 참지정사와 문하시랑 동중서문하평장사였던 점에서 재신들은
돌아가면서 정사당에 숙직을 한 것으로 생각된다. 재신들로 하여금 정
사당에 숙직을 하도록 한 것은 밤에 어떠한 일이 발생할 경우 이를 신
속히 처리하기 위한 조치였다.

> 國家設都兵馬使……錄事啓事于前　各以其意言其可否　錄事往返其
> 間 使其議定于一　然後施行　謂之議合　其餘則端坐不言[61]

위의 사료는 都兵馬使의 의사결정과정에 대한 것이다. 도병마사 회
의는 수상이 회의를 주재하는 가운데, 錄事가 안건을 宰樞들 앞에 가서
보고하면, 참석한 宰樞들이 각기 자신의 의사를 밝힌다. 錄事는 宰樞들
사이를 왕래하면서 재추들의 의견이 모두 일치하도록 하였다. 안건은
宰樞들의 의견이 모두 일치한 뒤에야 실시될 수가 있었다. 따라서 도병
마사의 의사결정방식은 만장일치제였다.

---

60) 『朝鮮金石總覽』(上), 崔甫淳墓誌, 458쪽.
61) 『櫟翁稗說』前集1.

정사당과 都兵馬使는 그 구성원에는 차이가 있었지만, 기능상 유사한 점이 많고, 같은 회의기구라는 점에서 의사결정방식도 비슷하였으리라 생각된다. 따라서 정사당의 의사결정방식도 역시 만장일치제였다고 생각한다. 어떠한 안건이든 재신들의 의견이 일치된 뒤에야 시행되었다. 정사당에서 이러한 의사결정방식을 택한 것은 정사당이 귀족들의 의견을 수합, 조정하는 역할을 담당하고 있었기 때문이라 생각한다. 만장일치제로 의사를 결정했다고 하는 것은 원칙적으로 고려전기 사회가 어느 한 세력에 의해 擅斷될 수 있는 구조가 아니었다는 사실을 잘 드러내 준다. 다른 계층에게는 배타적일 수 있어도, 그들 내부에서는 권력이 분산되는 구조였다.

정사당은 회의기구였기 때문에 따로 독립된 청사가 있는 것은 아니었다. 앞서 문종 14년 내사문하성의 화재사건을 문종 15년 3월에서는 작년 문하성 숙직일의 화재로 표현한 것은 문하성 관사내에 중서문하성(정사당)이 있었기 때문에 중서문하성의 화재를 문하성의 화재로 표현한 것이라 생각한다. 그러나 정사당의 위치는 어느 시기엔가 중서성으로 옮겨지고 있었다.

神宗初 拜樞密院副使 進守司空參知政事 若松與奇洪壽 同入中書省 上訖 若松問於洪壽曰 孔雀好在乎 答曰 食魚鯁咽而死……聞者曰 宰相之職 在論道經邦 但論花鳥 何以儀表百寮[62]

車若松은 참지정사, 奇洪壽는 문하시랑 동중서문하평장사였다. 이 두 사람은 모두 재신이었다. 이들이 중서성에 들어간 것은 정사당이 중서성에 있었음을 말한다.

정사당이 문하성에서 중서성으로 옮겨간 시기는 文宗 15년에 내사성

---

62) 『高麗史』 권101, 車若松傳.

이 중서성으로 개칭되면서,[63] 그에 따라 정사당도 내사문하성이 아니라 중서문하성으로 바뀌었다는 점에서 아마도 文宗 15년이 아닌가 한다. 정사당의 위치 변화는 정사당 기능에도—사료가 미약하여 단정하기는 힘들지만—일정정도 변화가 있었으리라 생각된다. 문하성이 조칙을 심의하는 기관임을 상고할 때, 정사당이 문하성에 있을 때 재신들의 합의는 조칙을 심의하는 과정에서 이루어졌다고 생각한다.

中書門下省奏 伏審制旨 太史監候李神貺 察風雲水旱之候 罔有差違 勿拘考績 擢授八品 神貺未知世系 初入朝行 再被論奏 且候察乃其職 也 不宜超授 制曰 精於其術 未有如神貺者 可依前制[64]

'伏審制旨'란 중서문하성이 制旨를 살펴보고 난 다음에 건의한다는 의미이다. 즉 재신들은 중서성에서 만들어진 制旨의 내용을 검토하였고, 논의된 내용을 국왕에게 보고하였다. 따라서 정사당이 문하성에 있을 때에는 재신들의 합의가 制旨를 심의하는 과정에서 이루어지고 있었고, 재신들은 制旨를 거부하거나 시정을 요구할 수는 있어도, 그 내용에 직접적으로 영향을 미칠 수는 없었다.

반면 정사당이 중서성으로 이전하게 되면서 중서성의 위상은 바뀌게 된다. 중서성이 조칙을 작성하는 기관이므로, 재신들의 합의는 조칙을 작성하는 과정에서 이루어졌다고 생각된다. 이에 중서성은 재신들의 합의 내용을 토대로 조칙을 작성하여 국왕에게 보고하였다. 이는 재신들의 합의가 조칙의 내용에 직접적인 영향을 미쳤음을 말한다. 정사당의 중서성으로의 이전은 재신들의 영향력이 그만큼 강해졌음을 말하며, 동

---

63) 내사성이 중서성으로 바뀐 기록은 없지만, 내사령이 중서령으로 바뀐 것(『高麗史』 권8, 文宗 15年 6月 己卯, "以弟內史令基 改爲中書令 其餘嘗爲內史者 皆改中書")으로 보아 이는 충분히 상정할 수 있다고 생각한다.

64) 『高麗史』 권8, 文宗 12年 6月 戊申.

시에 정사당의 기능도 확대되었음을 의미한다. 정사당이 중서성으로 이전하게 된 것은 그 이전 시기가 고려 귀족사회의 절정기였다는 점과 무관하지 않을 것이다. 정사당이 재신의 합의기구라는 점에서 정사당의 기능확대는 곧 정책결정에 있어 귀족들의 발언권이 그만큼 강해지고 있었음을 의미하는 것이다.

Ⅳ. 政事堂과 宰臣의 變化

1. 成宗~穆宗代

光宗의 호족세력 숙청으로 개국공신 계열이 쇠퇴하고 成宗代에는 새로운 정치세력이 등장하고 있었다. 이들은 이른바 崔承老로 대표되는 유학을 존중하는 학자들로, 成宗代의 정치제도 개혁의 이념적인 기반을 제공하면서 정책 결정을 주도해 갔다.[65] 成宗 元年에 내사성(중서성)·문하성·어사도성 등으로 백관의 명칭을 개정하고,[66] 2년에 3省 6曹 7寺를 정하였다.[67] 14년에는 御事都省을 尙書都省으로, 6官을 6部로 개칭하였다.[68] 14년에는 이외에도 관인들의 公的 질서체계라 할 수 있는 文散階를 설치하여[69] 관료조직을 완성하였다. 穆宗 원년에는 3성6부제 도입으로 변화한 관료조직에 맞게 田柴科를 개정하고,[70] 6부의 하부조직인 監·署·局을 설치하여[71] 3성6부제의 골격을 완성해 나갔

---

65) 이기백, 앞의 책, 34~49쪽.
66) "改百官號 以內議省爲內史門下 廣評省爲御事都省"(『高麗史節要』 권2, 成宗 元年 3月)이라고 하였지만, 실제로는 내사성·문하성·어사도성으로 바뀌었다고 한다.(朴天植, 앞의 논문)
67) 『高麗史節要』 권2, 成宗 2年 5月.
68) 『高麗史』 권76, 百官志1 尙書省과 6曹.
69) 『高麗史』 권77, 百官志2 文散階.
70) 『高麗史』 권78, 食貨志1 穆宗 元年 12月.

다. 따라서 成宗~穆宗代에는 3성6부제를 실시하고 여기에 맞는 관료 질서를 구축해 나간 시기라고 하겠다.

成宗~穆宗代에 정사당에 참여할 수 있는 관직은 기본적으로 3省 장관인 시중, 중서령, 상서령이었다. 이 시기에는 門下侍中 뿐만 아니라 中書令·尙書令도 實職이었다.[72] 3성6부제 실시 이후 최초로 내사령(중서령)에 임명된 사람은 崔知夢이었다. 崔知夢은 成宗 원년에 左執政 守內史令(중서령) 上柱國으로 임명되었다.

> (成宗)三年 知夢年七十八 三上表乞骸 不允 又上書固請 乃命除朝參 赴內史房 視事 如舊[73]

崔知夢이 치사를 요청하였지만, 成宗은 이를 거절하고 조회를 면제하는 대신 內史房에서 視事를 하도록 명령했다. 내사방은 중서성 또는 중서성 내부의 어떤 곳을 지칭한다고 생각되며, '視事如舊'는 成宗 3년 이전 崔知夢이 담당하던 중서령의 임무를 계속 맡아보라는 말이다.

崔知夢의 뒤를 이어 徐熙가 成宗 14년에 중서령으로 임명되었다. 그러나 徐熙는

> (成宗)十五年 熙患疾 在開國寺……明年 頒祿 熙病尙未愈 命有司曰 熙年雖未及致士 以疾病未得侍朝 宜給致士祿 穆宗元年卒 年五十七[74]

---

71) 『高麗史』百官志에 '穆宗有'라고 나오는 기구나 관직은 穆宗代에 설치된 것을 말한다고 한다.(박천식, 「고려전기의 寺·監 연혁고」, 『전북사학』5, 1981)

72) 변태섭은 崔知夢과 李資謙을 제외하고 중서령과 상서령은 치사한 臣僚나 宗室에게 주어지는 비실직이라고 보았다.(앞의 책, 63~70쪽) 비록 중서령과 상서령이 치사한 신료나 종실에게 주어지는 비실직이 되었지만, 그 시기는 顯宗 이후였다.

73) 『高麗史』 권92, 崔知夢傳.

74) 『高麗史』 권94, 徐熙傳.

이라고 하여, 병으로 인해 侍朝를 못했기 때문에 비록 중서령 직에 있었지만 치사록을 받았다. 徐熙가 致仕祿을 받게 된 것은 致仕를 했기 때문이 아니라, 병으로 인해 侍朝를 하지 못했기 때문에 내려진 예외적인 조치였다. 따라서 徐熙는 成宗 14년부터—비록 成宗 16년부터 侍朝를 하지는 못했지만—穆宗 원년에 죽을 때까지 중서령에 재직했다고 보아야 할 것이다. 崔知夢과 徐熙의 예에서 보듯이 이 시기의 중서령은 實職이었다.

상서령에 관한 임명기록은 보이지 않지만, 다음 사료를 볼 때 상서령도 역시 實職이었다고 할 수 있다.

> 始置東西北面兵馬使　以門下侍中中書令尙書令爲判事　又兵馬使知兵馬事各一人並三品　副使二人　判官三人　錄事四人　判事留京城　兵馬使赴鎭　親授鈇鉞　使專制閫外[75]

成宗은 거란에 대한 방비책으로 東西北面에 兵馬使를 설치하고, 시중·중서령·상서령을 판사로 임명하였다. 東西北面은 거란과 인접한 지역이었다. 당시 거란은 거란 成宗 즉위 이후로 계속하여 高麗를 친다는 목적 아래 꾸준히 병력을 증강하였고, 高麗와 거란의 완충지역이었던 定安國을 공격하여 멸망시켰다.[76] 이러한 상황에서 설치된 것이 東西北面 兵馬使였다. 兩界 兵馬使를 중앙에서 통령하는 兵馬判事를 實職이 아닌 사람을 임명한다는 것은 고려가 놓인 상황을 감안한다면 있을 수 없는 일이었다. 따라서 兵馬判事에 임명될 수 있는 상서령은 實職이었다. 시중과 중서령도 마찬가지였다.

3省 장관 외 他官이 정사당에 참여하기도 하였다. 他官이 정사당에 참여할 경우 참지정사나 동중서문하평장사의 직함을 가졌다. 사료가 소

---

75) 『高麗史節要』 권2, 成宗 8年 3月.
76) 和田淸, 「定安國について」, 『東洋學報』 6-1, 1916 ; 『동양사연구』 만주편, 1955.

략하여 정확한 상황은 알기 어렵지만, 崔亮의 경우를 볼 때 몇 가지 추
측할 수 있다. 崔亮은 과거급제자로서 成宗에게 매우 총애를 받은 인물
이었다.

> 成宗在潛邸 引爲師友 及卽位 遂加擢用 甚協人望 累授左散騎常侍
> 參知政事兼司衛卿……乃命復職 未幾拜門下侍郎 遷內史侍郎兼民官
> 御事同內史門下平章事監修國史 十四年 卒[77]

그는 좌산기상시 참지정사[78] 겸 사위경, 문하시랑을 거쳐, 내사시랑
겸 민관어사 동내사문하평장사 감수국사에 임명되었다. 좌산기상시 참
지정사로 보아 崔亮은 좌산기상시로 정사당에 참여하였던 것으로 보인
다. 그리고 동내사문하평장사도 관직 배열상 내사시랑이기 때문에 동내
사문하평장사의 직함을 가진 것이 아니라, 민관어사이기 때문에 동내사
문하평장사의 직함을 띤 것으로 보인다. 즉 崔亮은 민관어사로 정사당
에 참여한 것이다. 좌산기상시나 6부 상서가 정사당에 참여하여 국정을
의결할 수 있었다. 그러나 崔亮 외 타관이 참지정사나 동내사문하평장
사의 직함을 가진 예는 거의 보이지 않기 때문에, 이 시기에 3성 장관
외에 타관이 정사당에 참여한 것은 보편적인 경우는 아니었다고 생각
된다.

2. 顯宗~獻宗代

成宗~穆宗代가 3성6부의 도입기라면, 顯宗代부터는 3성6부제가 高
麗사회에 맞게 정비되어 나간 시기였다. 먼저 현종 2년에 중대성을 중

---

77) 『高麗史』 권93, 崔亮傳.
78) 참지정사는 百官志에는 "穆宗時 有參知政事"(『高麗史』 권76, 百官志1 評理)
    라고 하였지만, 실제로는 成宗代에 그 임명기사가 보인다.

추원으로 고쳐,[79] 3성제를 중심으로 한 정치운영을 회복하였다. 또한 顯宗은 관리의 고과를 담당하는 考功司와 노비의 문제를 취급하는 都官을 제외하고, 나머지 7개의 屬司를 혁파하였다. 屬司의 혁파로 6부는 單司制를 원칙으로 主部司가 각 部의 모든 사무를 담당하는 체제로 운영하게 되었다.[80] 그리고 재신의 6부 판사 겸임제를 실시하였다.[81] 재신의 6부 판사 겸임제란 6부尙書 위에 각 部를 통령할 수 있는 판사 1인을 두고, 반차에 따라 재신이 6부 판사를 겸직하는 제도였다.[82] 재신의 6부 판사 겸임제는 재신이 실제 행정면에서 영향력을 미치고 있었으며, 그만큼 재신의 영향력이 강했음을 말한다.

　또한 宗親에 대한 정책도 새롭게 실시하였다. 태자를 세우고 屬官을 배치[83]하여 태자부를 강화하는 한편, 국초에 원군·대군으로 불렸던 종친을 공·후로 봉하고, 下者인 경우 원윤·정윤이라고 하고 또는 겸하여 상서령·중서령으로 임명하였다.[84] 중서령과 상서령에 임명된 종친은 '宗親不任以事 古之制也'[85]에서 보듯이 視事를 하지 못했다.

　顯宗代의 이러한 제도개편은 이후 德宗·靖宗·文宗代까지도 계속되었다. 특히 文宗은 15년에 내사성의 명칭을 중서성으로 바꾸고, 30년

---

79)『高麗史』권76, 百官志1 密直司 顯宗 2年.

80) 변태섭, 앞의 책, 13쪽.

81) 재신의 6부 판사 겸임제는 중국에서도 이미 시행되고 있었다. 唐의 경우 재상이 吏·兵部尙書를 겸임하였고, 그들의 직임은 인사를 親掌한 것이 아니고 侍郞은 專掌한 것을 通署하는 정도였다. 宋에서도 재상이 吏·兵部尙書를 겸직하였고, 吏·兵部 장관을 判吏·兵部事로 임명하였지만, 6부가 유명무실한 관계로 兼吏部尙書와 兵部尙書는 물론 兼判吏·兵部事는 사무실이나 지키는 관직에 불과하였다.(한충희, 「조선초기 판이·병조사연구」,『한국학논집』 11, 1984)

82) 변태섭, 앞의 책, 79~82쪽.

83)『高麗史』권77, 百官志2 東宮官 顯宗 13年.

84)『高麗史』권77, 百官志2 宗室諸君.

85)『高麗史』권77, 百官志2 宗室諸君.

에 古制를 상고하여 정치제도를 정비하고, 여기에 맞추어 田柴科와 祿俸도 다시 제정하였다.

이러한 제도변화 속에 재신들의 범위도 변화하고 있었다. 가장 큰 변화는 중서령과 상서령이 정사당에 참여할 수 없다는 점이다. 종친이 중서령과 상서령으로 임명되면서, 일반 신료들도 치사를 하거나 죽은 뒤 중서령과 상서령으로 임명되었다.[86] 이로써 중서령과 상서령은 비실직이 되었다.[87] 중서령과 상서령은 비실직화함에 따라 정사당에 참여할 수가 없게 되었다.[88]

중서령과 상서령의 성격이 바뀜에 따라 문하시랑평장사와 중서시랑

---

86) 중서령과 상서령은 文宗代에 문무반록제에 400석을 지급받는다고 하여 재신에게 임명되는 실직이었으며, 상서령은 그후 仁宗祿制에서 종친에게만 제수되면서 비실직으로 된다는 견해가 있다.(최정환, 『고려·조선시대 녹봉제 연구』, 1991, 경북대출판부, 85~88쪽) 그런데 중서령과 상서령이 顯宗代부터 毅宗代까지 일반신료가 임명된 경우는 李資謙을 제외하고는 사실상 보이지 않고 있다. 이러한 사실은 단지 사료의 누락이라고 하기에는 어딘가에 미흡한 면이 있다고 생각된다. 오히려 이는 일반신료로 중서령과 상서령에 임명되는 사례가 특수한 경우를 제외하고는 거의 드물었을 것이라 생각된다. 그렇기 때문에 무인정권기에 최고의 권력자인 崔忠獻도 중서령에 임명되자 이를 사양한 것(『高麗史』 권129, 崔忠獻傳)이 아닌가 한다.

87) 중서령과 상서령의 비실직화는 도병마사의 판사 규정에서 잘 나타난다. "文宗定官制 判事以侍中平章事參知政事政堂文學知門下省事爲之 使以六樞密及職事三品以上爲之"(『高麗史』 권77, 百官志2 諸司都監各色 都評議使司)라고 하여 도병마사 판사에 중서령과 상서령이 제외되고 있었다. 이는 成宗代 동서북면병마사를 설치함에 문하시중·중서령·상서령을 判事로 임명하던 것과는 많은 차이가 나며, 成宗代와 文宗代의 중서령과 상서령의 변화를 가장 잘 반영하는 것이라 하겠다.

88) 그러나 중서령과 상서령이 비실직으로 되었다고 省과 무관한 것은 아니었다. 德宗이 중서령으로 치사한 崔士威를 5일에 한번 入朝하고 入省視事하도록 한 것이나(『高麗史』 권94, 崔士威傳), 文宗이 常安公 王琇를 상서령에 임명하고 상서성에 책봉식을 거행하도록 한 것(『高麗史』 권90, 宗室1 常安公 王琇)은 중서령과 상서령이 중서성·상서성과 일정정도 관련이 있었기 때문이다.

평장사89)도 전대와 다른 양상을 띠었다. 문하시랑평장사로 판상서병부사가 되는 庾方이나 내사시랑평장사로 판상서예부사로 임명되는 蔡忠順과 같이 6부 판사를 겸직할 수 있었고, 정사당에 참여하여 국정을 의논할 수 있게 되었다. 뿐만 아니라 시중이 겸직할 수 있는 監修國史90)도 겸임할 수 있었다.

또한 문하·중서시랑평장사에 동중서문하평장사가 붙는 경우가 많다. 예를 들면 姜邯贊은 문하시랑으로서 동내사문하평장사를,91) 李端·劉徵弼·黃周亮은 중서시랑으로서 동내사문하평장사를 띠었다.92) 成宗～穆宗代에서 동중서문하평장사의 직함을 가지는 경우는 3성의 장관 외 타관이 정사당에 참여할 때였다. 顯宗代 이후 문하·중서시랑평장사는 그 자체로 이미 재신이 되었기 때문에 재신임을 의미하는 동중서문하평장사의 직함을 가질 필요가 없었다.

> 是用金印紫綬 領太衛而贊萬機 鳳閣鸞臺 兼兩省而長百辟 以鎭潭潭之府 以增赫赫之瞻 可特授守太尉門下侍郎同中書門下平章事 餘如故93)

위의 사료는 任元厚를 仁宗년간에 문하시랑 동중서문하평장사에 임명하는 制誥의 일부분이다. 鸞臺와 鳳閣의 兩省을 겸하였다는 것은 수태위 문하시랑 동중서문하평장사 중에서 동중서문하평장사를 두고 하

---

89) 원래 정2품에는 중서시랑과 문하시랑이 있고, 여기에 중서시랑평장사와 문하시랑평장사를 더 두었다고 하지만(『高麗史』 권76, 百官志1 贊成事), 실제로는 문하시랑과 문하시랑평장사, 중서시랑과 중서시랑평장사는 같은 관직이라고 한다.(변태섭, 앞의 책, 66쪽)

90) 『高麗史』 권76, 百官志1 春秋官.

91) 『高麗史』 권4, 顯宗 10年 11月 癸丑.

92) 『高麗史』 권6, 德宗 元年 3月 癸巳 ;『高麗史』 권6, 靖宗 3年 7月 乙丑.

93) 『東文選』 권25, 制誥 除任元厚門下平章崔湊中書平章李之氐政堂文學.

는 말이다. 鸞臺는 문하성을 말하고, 鳳閣은 중서성을 말한다.[94] 즉 동
중서문하평장사는 문하성과 중서성의 양성의 사무를 겸하여 관장하는
의미라고 할 수 있다.[95]

明年(明宗 16年) 兼中書門下兩省判兵部事 尋權判尙書吏部事[96]

文克謙은 明宗 15년에 중서시랑 판예부사에 임명되고, 명년인 16년
에 중서문하 양성 판병부사에 임명되었다. 중서문하 양성이란 文克謙
이 중서시랑으로서 동중서문하평장사를 띠고, 중서성과 문하성의 양성
의 일을 관장하게 되었음을 말한다.

문하·중서시랑평장사가 동중서문하평장사의 직함을 띠게 된 것은
중서령의 비실직화와 관계가 있었다. 중서령이 視事를 하지 않게 됨에
따라, 중서령을 대신해 중서성을 統領할 사람이 필요하였다. 시중도 역
시 항상 임명되는 것이 아니라 闕位인 경우도 있었다. 이에 문하평장사
와 중서문하평장사는 동중서문하평장사의 직함을 띠고 중서령이나 시
중을 대신하여 중서성과 문하성의 일을 담당하게 된 것이다.[97] 顯宗 이
후 문하시랑평장사와 중서시랑평장사가 동중서문하평장사를 띠는 것은
이 때문이었다. 그러나 문하평장사와 중서평장사가 동중서문하평장사

---

94) 변태섭, 앞의 책, 52쪽.

95) 변태섭은 평장사에는 문하시랑평장사와 중서시랑평장사, 문하시랑 동중서문
   하평장사와 중서시랑 동중서문하평장사 네 가지가 있으며, 중서문하성과 상서
   성의 2성체제로 운영되었다고 하면서도 동중서문하평장사에 대해서는 兩省의
   평장사를 겸한 것이라고 한다.(위의 책, 66쪽) 반면 김태욱은 중서시랑평장사
   와 중서시랑 동중서문하평장사는 같은 관직이며, 중서시랑 동중서문하평장사
   가 정식명칭이며 이를 약칭하여 중서시랑평장사 또는 중서시랑으로 불렀다고
   한다.(「고려 현종대의 재추」, 『역사학보』 144, 1994)

96) 『高麗史』 권99, 文克謙傳.

97) 문하시랑평장사와 중서시랑평장사는 정원은 각 1인이었지만, 실제로는 2명이
   임명되는 경우가 많았던 것도 이러한 이유에서 기인하는 것이 아닌가 한다.

를 가질 수 있다고 해서 한번 임명되면 계속 가지는 것이 아니라 兩省
의 일을 관장하지 않게 되면 이 직함을 띠지 못하였다.[98]

  상서성의 차관인 상서좌우복야도 역시 상서령의 비실직화로 정사당
에 참여할 수 있었다. 상서좌우복야는 문하·중서시랑평장사와 달리 바
로 재신이 되는 것이 아니라, 동중서문하평장사나 참지정사의 직함을
가질 경우에만 재신이 될 수 있었다.[99]

> 以張瑩爲尙書左僕射同內史門下平章事 仍令致仕[100]
> 以李龔爲尙書左僕射同內史門下平章事[101]

  張瑩은 顯宗 12년 6월에 상서좌복야 동내사문하평장사로 치사하고,
李龔은 顯宗 15년 11월에 상서좌복야 동내사문하평장사로 임명되었다.
상서우복야가 동내사문하평장사의 직함을 가지는 경우는 보이지 않는
데, 상서우복야도 동중서문하평장사의 직함을 가지고 정사당에 참여할
수 있었으리라 생각한다.

  상서좌복야도 顯宗 15년 이후에는 동중서문하평장사를 띠지 않는다.
이는 아마도 동중서문하평장사의 의미가 변했기 때문이라 생각된다. 점
차적으로 문하·중서평장사가 문하성과 중서성, 즉 양성을 관장하는 의

---

 98) 崔沆은 顯宗 12年 8月에 검교태부 수문하시랑 동중서문하평장사에 임명되었
    는데(『高麗史』 권4, 顯宗 12年 8月 辛未), 顯宗 15年 6月 졸기에는 문하시랑
    평장사로 나온다.(『高麗史』 권5, 顯宗 15年 6月 辛酉) 이는 崔沆이 어느 순간
    부터 양성의 일을 관장하지 않고 문하성의 일만을 관여하게 되었기 때문이라
    고 생각된다.
 99) 변태섭은 상서좌우복야는 사공이나 사도에 임명되어야 재신이 된다고 하였
    다.(앞의 책, 72쪽) 사공과 사도도 실직이 아닌 명예직이며, 시중 이하 여러 재
    신이나 추신들도 임명되었다. 상서좌우복야만이 사공과 사도에 임명됨으로써
    재신이 된다고는 할 수 없다.
100) 『高麗史』 권4, 顯宗 12年 6月 丁卯.
101) 『高麗史節要』 권3, 顯宗 15年 11月.

미로 동중서문하평장사를 사용하게 되면서, 상서좌복야는 동중서문하평장사의 직함을 사용할 수 없게 된 것이다. 이것은 상서좌우복야도 상서령의 궐위로 인해 정사당에 참여할 수 있게 되었지만, 같은 차관이면서 문하·중서평장사보다 그 위상이 떨어졌기 때문이 아닌가 한다.[102]

보다 보편적으로 상서좌우복야가 정사당에 참여할 때 띠는 직함은 참지정사였다.

> 以李周憲爲尙書左僕射參知政事[103]
> 以李端爲左僕射參知政事[104]
> 以崔冲爲門下侍中　金令器爲門下侍郎平章事　金元冲爲內史侍郎平章事　朴有仁爲尙書左僕射參知政事　李子淵爲吏部尙書參知政事[105]

顯宗 12년 10월에 李周憲이 상서우복야 참지정사, 德宗 즉위년 12월에 李端이 상서좌복야 참지정사, 文宗 원년 4월에 朴有仁이 상서좌복야 참지정사로 임명되었다. 참지정사를 띠는 것은 상서좌우복야만이 아니라 李子淵과 같이 6부 상서일 때도 가능하다. 이제까지 상서좌우복야 참지정사나 이부상서 참지정사와 같은 경우, 참지정사가 상서좌우복야나 이부상서를 겸직한 것으로 보았다.[106] 그것은 참지정사를 唐制와 달리 정식 관직이라 보았기 때문이다.

그런데 일반적으로 兼職이라고 할 경우 품계가 높은 관직을 本職이고, 품계가 낮은 것을 겸직이라고 한다.[107] 이부상서 참지정사, 병부상

---

102) 실제로 문하·중서시랑평장사는 2科 田柴와 2科 祿俸을 지급받는데 반해, 상서좌우복야는 3科 田柴와 4科 祿俸을 받는 등 차이가 있었다.(『高麗史』 권76, 78 田柴科와 祿俸條)

103) 『高麗史』 권4, 顯宗 12年 10月 己酉.

104) 『高麗史』 권5, 德宗 卽位年 8月 癸巳.

105) 『高麗史』 권7, 文宗 元年 4月 丁未.

106) 변태섭, 앞의 책, 67쪽.

서 참지정사와 같은 경우는 참지정사는 종2품이고 6부 상서가 정3품이기 때문에 참지정사가 이부상서나 병부상서를 겸직했다고 파악해도 별다른 무리가 없다. 그러나 상서좌복야 참지정사, 상서우복야 참지정사와 같은 경우는 상서좌복야가 정2품이기 때문에 참지정사가 상서좌우복야를 겸직한 것이 아니라, 상서좌우복야가 참지정사를 겸직한 것이 된다. 그러므로 상서좌우복야를 겸직이라고 해석할 수가 없게 된다.

또한 참지정사가 6부 상서와 상서좌우복야를 겸직했다고 할 때, 다음과 같은 경우가 문제가 될 것이다.

> (顯宗)二年 參知政事 轉吏部尙書[108]
> 黃甫穎 守司空左僕射[109]

崔士威는 종2품의 참지정사에서 정3품의 이부상서로 좌천된 것이며, 黃甫穎도 역시 靖宗 7년 10월에 참지정사였기 때문에 같은 달에 참지정사에서 수사공 (상서)좌복야로 강등된 것이다.[110]

그런데 좌천인 경우는 사료에 보통 이를 명시하는데,[111] 이들의 임명기록에는 좌천이란 말이 보이지 않는다. 그리고 崔士威의 경우 顯宗의 신임을 받고 顯宗廟에 배향된 인물이었다. 崔士威는 참지정사에서 이부상서로 전임된 뒤 동경유수를 폐지하고 경주방어사를 설치하고 5도호 75도 안무사를 설치할 것을 건의하였고, 그 공으로 내사시랑평장사로 승진되기도 하였다.[112] 즉 崔士威가 顯宗代에 차지하는 비중으로나

---

107) 장동익, 「고려전기 겸직에 대하여」(상·하), 『대구사학』 11·17, 1976·1979.
108) 『高麗史』 권94, 崔士威傳.
109) 『高麗史節要』 권4, 靖宗 7年 10月.
110) 이런 경우는 이외에도 참지정사(文宗 7년 7월)에서 사도 상서우복야(同王 8년 2월)로 된 朴成傑과 참지정사(文宗 35년 11월)에서 상서좌복야(同王 36년 8월)로 된 李靖恭 등이 있다.
111) 장동익, 앞의 논문.

내사시랑평장사로의 승진으로 볼 때, 참지정사에서 이부상서로의 전임은 좌천이 아니었다.

崔士威가 참지정사에서 이부상서로 전임된 것은 어떤 의미일까? 唐의 경우를 보면, 상서좌우복야가 정사당에 참여할 경우, 參議朝政·參預朝政·參議得失(參知政事之類)·同中書門下三品이라는 직함을 달고 참여하였다. 이는 상서좌우복야 외 타관이 정사당에 참여할 경우에도 마찬가지였다.[113] 고려의 참지정사도 이러한 의미가 아닐까 한다. 즉 타관이 정사당에 참여할 경우, 다른 재신과 격을 맞추기 위해 사용되는 일종의 직함이었다.[114] 이는 지문하성사와 정당문학도 마찬가지였다. 위의 李周憲은 상서좌복야로서, 李子淵은 이부상서로서 정사당에 참여할 자격이 되었기 때문에 참지정사의 직함을 띤 것이다.[115] 崔士威역시 顯宗 원년 10월에 형부상서로 재직하고 있었고, 정사당에 참여할 자격이 되었기 때문에 2년 3월에 참지정사의 직함을 띤 것이다. 그런 崔士威가 顯宗 2년에 참지정사에서 이부상서로 전임된 것은 참지정사에서 이부상서로 좌천된 것이 아니라, 형부상서에서 이부상서로 전직된 것이다. 앞서 언급한 黃甫穎도 崔士威와 같은 경우이다.

이러한 사실은 崔甫淳의 경우에도 확인된다. 최보순은 고종 7년 상서우복야에 임명된 뒤, 같은 해 중서로 들어가고 참지정사에 임명되었

---

112) 『高麗史』 권94, 崔士威傳.

113) 『新唐書』 권46, 百官1 宰相之職.

114) 周藤吉之는 상서좌복야 참지정사, 이부상서 참지정사의 상서좌복야와 이부상서는 宋과 같이 位階를 표시하는 官階이며, 참지정사가 職事를 표현하는 官이었다고 한다.(앞의 책, 8쪽)

115) 李周憲과 李子淵과 같이 참지정사가 상서좌우복야나 6부 상서와 함께 나오는 경우도 있지만, 그냥 참지정사만 나오는 경우가 있다. 이런 경우는 필자가 확인한 바로는 고려전기에 참지정사로 임명된 144명 중에서 74명이었다. 이들 74명 중 官歷을 알 수 없는 몇명을 제외하면 참지정사가 되기 전에 6부 상서나 상서좌우복야였다. 따라서 참지정사는 6부 상서나 상서좌우복야가 정사당에 참여할 경우에 사용하는 직함이라고 할 수 있을 것이다.

다.[116] 중서는 중서문하성 즉 정사당으로, 상서우복야는 정사당에 그냥은 들어갈 수 없으므로, 다른 재신과 격을 맞추기 위해 참지정사로 임명된 것이다. 즉 상서좌우복야와 6부 상서는 참지정사의 직함을 띠고 정사당에 참여하여 다른 재신과 함께 국정을 의논하였다.

참지정사는 정원이 1인이지만, 朴有仁과 李子淵의 경우와 같이 2명이 한꺼번에 임명되는 것이 보통이다.[117] 참지정사가 2인 이상 임명된다는 것은 상서좌우복야나 6부 상서 중에서 2명 이상이 정사당에 참석할 수 있었다는 뜻이다. 상서좌우복야와 6부 상서 중에서 가장 많이 참지정사를 띤 것은 상서좌우복야이며, 그 다음은 이부상서였다.[118] 6부 상서 중에서 이부상서가 가장 많이 참지정사의 직함을 가졌다는 것은 고려에서 6부 중에서 관리의 인사를 담당하는 吏部의 비중이 매우 컸기 때문이라고 생각된다.

타관 중에서 재신이 될 자격이 있는 사람은 참지정사 외에 정당문학을 띠고 정사당에 참여할 수 있었다. 최초로 정당문학에 임명된 崔冲은 '明識高才 諒絶儕等'하다는 이유로 임명되었다.[119] 따라서 정당문학은 학문적 수준이 상당히 높은 사람이 임명되었다고 할 수 있다. 정당문학도 참지정사와 마찬가지로 상서좌우복야나 6부 상서와 함께 보이는데, 상서좌우복야와 6부 상서가 정사당에 참여할 경우 띠는 직함이었다. 이것은 肅宗~毅宗代에서도 마찬가지이다.

3. 肅宗~毅宗代

---

116) 주54) 참조.

117) 참지정사는 많게는 仁宗 14年 12月에 金克儉·李資德·任元濬(『高麗史』 권 16, 仁宗 14年 12月 庚申)이 참지정사로 임명되는 것과 같이 한꺼번에 3명이 임명되기도 하였다.

118) 周藤吉之, 앞의 책, 39쪽.

119) 『高麗史』 권93, 崔冲傳.

肅宗~毅宗代에는 국자감 교육시설의 확충, 三舍제도의 운영, 과거 응시자의 국자감 受學 의무화, 국학 7齋의 설치로 관학을 진작시켰고, 경연의 설치로 유교사상이 발달하고 있었다. 이러한 제 정책을 통해 유교적 정치사상을 고취시키는 가운데, 과거를 통해 신진관료들이 등장하고 있었다. 신진관료들은 대간이나 중추원의 승선직과 文翰職을 주로 역임하고, 학사직으로 진출하여 왕의 侍從之臣이 되어 국왕과 연결되는 가운데 새로운 정치세력으로 등장하고 있었다.[120]

신진관료의 등장은 睿宗 11년의 제도개혁[121]에서도 반영되었다. 睿宗 11년 제도개혁으로 변화가 있는 관직을 보면, 좌우보궐·좌우습유·한림원관원·직문하·좌우간의대부·기거주·삼사·승선·지사·잡단(사헌대) 등이었다. 삼사와 직문하를 제외하면 주로 신진관료들이 진출한 관직들이었다. 좌우보궐과 좌우습유는 좌우사간·좌우정언으로 개칭되고 각각 정6품과 종6품으로 관품이 높여지고, 한림원 이하 諸官職들은 本品行頭를 하도록 하였다. 이들 관직의 관품 상승과 본품행두는 이 시기에 새로 등장한 신진관료들의 위상을 강화시켜 주는 결과를 초래하였다.[122]

이 시기에도 시중, 문하평장사와 중서시랑평장사는 정사당에 참여하고, 상서좌우복야[123]와 6부 상서는 참지정사·정당문학을 띠고 재신이

---

120) 박종기, 「예종대 정치개혁과 정치세력의 변동」, 『역사와 현실』 9, 1993.

121) 『高麗史』 권14, 睿宗 11年 4月 庚辰, "御乾元殿 受朝賀 下制曰……宜令禮儀詳定所據祖宗代式例 沿革制定以聞 又改定中外官制".

122) 박종기, 앞의 논문.

123) 宣宗代 이후 상서좌우복야가 재신이 되고 그 위상도 높아져 참지정사와 동격이 되고, 정당문학과 지문하성사보다 그 반차가 높다고 하는 견해가 있다.(周藤吉之, 앞의 책, 13쪽) 그런데 이 시기에 와서 상서좌우복야가 참지정사·정당문학 외에 지문하성사라는 직함을 띠고 재신이 될 수 있었다는 점에서(이전보다 재신이 될 수 있는 통로가 많았다는 점에서) 위상이 높아졌다고 할 수 있으나, 상서좌우복야 그 자체로서 재신이 되고 위상이 높아진 것은 아니라고 생각한다.

되어 정사당에 참여하였다. 특히 정당문학은 이 시기에 와서 전 시기보다 활발한 활동을 전개하였다. 고려전기에 정당문학으로 임명된 사례는 주로 이 시기에 나타난다. 이 시기에 학문 담당 재신인 정당문학이 활발히 활동하였다는 것은 館殿의 설치와 경연의 실시 등 학문을 육성하려고 하는 일련의 정책과 밀접한 관련이 있었다고 생각된다. 또한 정당문학에 임명된 사람이 거의 대부분 과거급제[124]와 학사직 출신이고, 판한림원사를 겸직하고 있었다는 점에서 이 시기 신진세력의 성장과도 밀접한 관련이 있으리라 생각된다.

이 시기에 상서좌우복야와 6부 상서는 참지정사, 정당문학 외에 지문하성사의 직함을 띠고 재신이 되어 정사당에 참여할 수 있었다. 지문하성사는 『高麗史』백관지에는 文宗代에 설치된 관직이라고 하지만,[125] 실제로 宣宗 9년에 처음으로 임명되며, 본격적으로 그 임명기사가 보이는 것은 睿宗代부터였다. 睿宗代에 2명, 仁宗代에 6명, 毅宗代에 11명이 임명되고, 무인집권기 이후에도 꾸준하게 나온다. 따라서 文宗代에 정해진 관직이라기 보다는 宣宗代에 생겨난 것으로 보인다. 그리고 활발한 활동을 전개하는 것은 睿宗代 이후였다고 할 수 있다.[126]

---

124) 정당문학에 임명된 사례(고려전기)는 필자가 확인한 바로 21개이며, 이중에서 肅宗代부터 임명된 사례는 17개이다. 정당문학에 제수된 자는 朴昇中을 제외하고는 모두 과거급제자였다.

125) 『高麗史』 권76, 百官志1 知門下府事.

126) 6부 상서와 상서좌우복야가 정사당에 참여할 때 다른 재신들과 격을 맞추기 위해 사용되던 직함으로서의 참지정사·정당문학·지문하성은 忠烈王代 이후 그 성격이 변한다. 즉 충렬왕 18년 윤6월 신해 '以金惲爲僉議參理世子貳傅'처럼 참지정사는 6부 상서나 상서좌우복야와 같이 나오지 않는다. 이것은 정당문학과 지문하성사도 마찬가지이다.(충렬왕 이후 임명사례는 최정환, 앞의 책, 92쪽 참조) 참지정사·정당문학·지문하성사가 6부 상서나 상서좌우복야가 같이 나오지 않는다는 것은 이들 관직의 성격이 바뀌었기 때문이라고 보아야 할 것이다. 즉 직함이 아닌 정식관제의 재신으로서 자리를 잡아감을 의미한다. 이러한 변화가 왜 일어났는가에 대해서는 추후 세밀한 검토가 필요하

이 시기에 눈에 띄는 특징 중의 하나가 바로 재신의 학사직 겸직이다. 고려시대 관료는 여러 개의 관직을 겸직할 수 있었고, 그 중에서도 재신은 가장 많은 관직을 겸임할 수 있다. 재신은 이 시기에 와서 새로이 학사직을 겸임하게 되었다. 재신의 학사직 겸직은 학문을 장려하려던 제 정책의 일환이라고 하겠다. 재신의 학사직 겸직은 타관이 학사직을 겸임하는 것과 구별하기 위하여 '大'를 붙여, 대학사라고 하였다.[127]

　　　　以魏繼廷守太保　崔弘嗣爲文德殿大學士上柱國　李頵爲上柱國　尹瓘
　　　爲延英殿大學士……[128]

崔弘嗣와 尹瓘은 睿宗 즉위년 11월에 문하시랑 동중서문하평장사와 중서시랑 동중서문하평장사에 임명되고, 원년 12월에 문덕전 대학사와 연영전 대학사에 임명되었다. 이들 외에도 중서시랑평장사 李頵는 문덕전 대학사에 임명되었고,[129] 金富軾은 仁宗 14년 3월에 문하시중에 임명되었고, 동왕 16년 12월에 집현전대학사에 임명되었으며,[130] 崔允儀는 毅宗 9년 5월에 중서시랑 동중서문하평장사 판상서이부사로 임명되고, 동왕 10년에 수태위 집현전 대학사에 임명되었다.[131]

그러나 상서좌우복야라도 재신이 되지 못하고 학사직을 겸직할 경우는 그냥 학사라고 하였다.

　　　　以劉載爲尙書左僕射文德殿學士[132]

다.
127) 『東國李相國集』 권33, 崔正份讓寶文閣大學士　不允敎書, "置閣曰寶文　盖宋所制　而我朝亦置之　選當代名儒　以充學士　其以宰相處之　則加大以別之也".
128) 『高麗史』 권12, 睿宗 元年　12月　乙亥.
129) 『高麗史』 권12, 睿宗 2年　7月　乙未.
130) 『高麗史』 권16, 仁宗 16年　12月　己未.
131) 『高麗墓誌銘集成』, 崔允儀墓誌銘, 198쪽.

　甲子(仁宗　22年)正月　以恩加檢校尙書右僕射……皇統五年(仁宗　23
年) 遷試國子祭酒翰林學士寶文閣學士知制誥[133]

　劉載와 權適은 상서좌우복야였지만, 재신이 되지 못했기 때문에 각
각 수문전 학사와 한림학사, 보문각 학사가 되었던 것이다.
　뿐만 아니라 학사직을 경유한 자들이 재신이 되는 경우도 많았다. 일
례로 한림학사의 경우, 고려전기에 한림학사에 임명된 사람은 崔彦撝
를 비롯하여 79명으로, 이 중에서 재추로 임명된 사람은 59명이다. 肅
宗~毅宗代에 재신으로 임명된 경우는 27명이나 된다.[134] 재신 중에 학
사직 출신이 많아지고, 학사직을 겸직한다는 것은 신진관료들의 성장을
반영하는 것이며, 동시에 국정운영에 있어 이들의 영향력이 커져감을
나타내는 것이라 할 수 있다. 또한 이들 재신이 모두 과거급제자이고
실무관료라는 점에서 재신의 성격도 일면 바뀌고 있다고 할 수 있다.
　정사당에 참여할 수 있는 재신은 시기에 따라 그 범위가 달랐다. 그
렇지만 대체로 재신은 3품이상관이면서 학문과 行儀가 뛰어나면 임명
될 수 있었다. 그러나 학문과 行儀가 뛰어나다고 하여 무조건 재신으로
임명된 것은 아니었다.

　初仲夫爲冢宰 在中書省 有仁以親嫌 未登相位 在樞密累年 潛托內
人 拜守司空尙書僕射 及仲夫致仕 乃拜門下侍郎平章事[135]

　宋有仁은 무인집권기를 열었던 鄭仲夫의 사위로, 鄭仲夫를 배경으
로 明宗代에 막강한 권력을 행사하였다.[136] 그러한 宋有仁도 鄭仲夫가

---

132)『高麗史』권13, 睿宗 9年 3月 癸未.
133)『高麗墓誌銘集成』, 權適墓誌銘, 97쪽.
134) 최제숙, 「고려 한림원고」, 『한국사논총』4, 1981.
135)『高麗史』권128, 鄭仲夫傳 附 宋有仁.
136) 안영근, 「정중부정권과 송유인」, 『건대사학』7, 1989.

이미 총재(시중)로 있었기 때문에 친혐에 걸려 재신이 될 수가 없었다. 宋有仁은 鄭仲夫가 치사를 한 후에야 비로소 정사당에 참여할 수가 있었다.

> (崔坪)累遷樞密院副使 以伯父宗峻親嫌 不得入省[137]

崔坪도 비록 과거에 급제하는 등 학문적인 역량이 뛰어났지만, 백부인 崔宗峻이 지문하성사와 문하시중을 역임하면서 오랫동안 재신으로 있었기 때문에, 친혐에 걸려 재신이 될 수 없었다. 이는 곧 정사당에 참여할 수 있는 자격을 갖추었다고 하더라도 이미 친인척 중에 재신이 되어 정사당에 참여한 경우에는 재신이 될 수가 없었음을 말한다. 즉 같은 친인척들끼리는 한 명 이상이 재신이 될 수 없다는 것이다. 친인척 중에서 같이 재신이 될 수 없다는 것은 무인집권기에 정권을 좌우하던 宋有仁의 예에서 보듯이 반드시 지켜져야 할 규칙이었다. 明宗代 이전에도 이러한 원칙은 반드시 지켜져야만 했을 것이다.[138]

같은 친인척 중에서 한 명 이상 재신이 될 수 없다는 원칙은 친혐과 婚姻의 범위를 어떻게 설정하느냐에 따라 정사당에 참가하는 범위가 달라질 수 있을 것이다. 그렇다고 하더라도 정책결정에 있어 가장 핵심이라고 할 수 있는 재신에게 이러한 규칙이 적용되었다는 점은 다음과 같은 사실을 말해 준다. 즉, 이러한 제도적 장치를 통해 다양한 정치세력이 권력구조에 참여할 수 있었으며, 동시에 어느 한 가문이나 특정세력에 의해 권력이 독점되는 것을 방지할 수 있었다고 생각된다. 이는 3성제를 실시하려고 하였던 목적과 일치하며, 이를 통해 3성제를 운영함

---

137) 『高麗史』 권99, 崔惟淸傳 附 崔坪.

138) 明宗代 이후에도 "久淹南省 未入中書 玆特繫於親嫌 姑俟時未晚也"(『東國李相國集』 권33, 司空左僕射文孝軾三度乞致仕 依允敎書)라고 함에서 이러한 원칙이 지켜지고 있었다고 하겠다.

에 있어서도 이러한 목적이 관철되고 있었음을 알 수 있다.

V. 맺음말

이상으로 고려전기 정치제도의 중추였던 3성6부에 대하여 살펴보았다. 백관지 기사에 근거하여 고려전기 3성제가 중서문하성과 상서성의 2성제였다는 기존의 논설에 대해 백관지 이외의 다른 사료를 통해 문하성·중서성·상서성의 3성제였음을 밝혔고, 중서문하성은 3성의 재신들이 모여 국정을 의결하는 기관인 정사당임을 살펴 보았다. 그리고 시간의 추이에 따라 3성제의 변화와 정사당에 참여하는 재신들의 변화, 재신들이 정사당에 참여할 수 있는 조건을 살펴보았다.

고려에서 3성6부제가 시행될 수 있었던 것은 통일신라말의 골품제도 붕괴, 호족세력의 등장과 이에 따른 지방지배에서 기인한다. 골품제도의 붕괴로 인해 폐쇄적인 신분제도가 무너지면서, 다양한 정치세력이 권력구조에 참여할 수 있게 되었고, 이를 담아낼 제도적 장치가 필요하였다. 또한 각 지역을 배경으로 하는 호족세력의 등장은 국가권력 속에 이들을 포섭시키는 한편 이들을 통해 지방을 지배해야하는 이중적인 측면도 있었다. 光宗의 호족세력 숙청을 비롯한 일련의 왕권강화책, 경종의 전시과제도 실시 등을 통해 호족세력을 약화시키는 한편 중앙권력 속에 포섭해 나갔다. 그리고 향직의 개편과 더불어 성종대의 12목 설치, 현종대의 5도호 75도안무사 설치 등 외관을 파견함으로써 지방제도를 정비해나간다. 그러나 이러한 지방제도 정비는 다 알다시피 지방세력(호족)이 중앙행정력의 통제 속에 들어가는 하였지만, 영속현의 관계에서 보이듯이 영현의 장리가 속현리들을 통괄하면서 중앙과 연계를 맺는 상황,139) 중앙에서 파견되는 지방관이 吏治를 감찰하는 것이 주

임무140)임을 고려할 때, 지방지배를 위해서 이들의 도움을 받지 않으면 안되는 상황이었다. 이러한 지방제도의 운영은 지방세력의 강대함을 의미하며, 영속현의 구조에서 보이듯이 지방을 일원적인 조직으로 운영해 나갈 수 없음을 말한다. 이는 중앙제도 역시 지방제도와 같이 일원적인 조직으로 운영해 나갈 수 없다는 것을 말한다. 즉 지방세력을 비롯한 다양한 정치세력이 참여하고, 이들의 이해가 반영이 되어야 하며, 동시에 이러한 이해관계를 조절할 수 있는 제도가 실시되어야만 했다. 이를 담아낼 수 있는 제도적 장치로서 3성제가 실행된 것이라 생각한다.

그러나 唐의 제도인 3성제가 고려사회에 시행되었다고 해서 唐과 완전히 일치하는 모습을 띠는 것은 아니었다. 그것은 唐과 고려가 가지는 제반의 여건이 다르기 때문이다. 따라서 3성제가 어떻게 운영되었는가에 대해서는 규명되어야 할 것이며, 특히 그 중에서도 3성제가 지방제도와 경제제도와 함께 유기적으로 연관이 되어있는 만큼, 이들 3자간의 관계를 통해 좀더 구체적으로 밝혀져야 할 것이다. 이것은 추후의 과제로 남긴다.

---

139) 이인재, 「고려 중후기 지방제 개혁과 감무」, 『외대사학』 3, 1990.
140) 『高麗史』 권105, 列傳 鄭可臣傳.

高麗 宰相制度와 政事堂

崔 貞 煥

I. 머리말

필자는 오래 전부터 고려 중앙관제의 2省6部制說에 대해서 의문을 품어온 연구자 가운데 한 사람이다.[1] 오늘날 우리 학계에서는 中書門下省을 단일기구로 보아 고려전기의 중앙관제는 3省6部가 아니라 2省6部라고 하여 이것이 정설로 되어 있다. 그동안 3성제에 대한 연구가 없었던 것은 아니었지만,[2] 2省制가 정설로 통용되게 된 근본적인 원인은 『고려사』撰者들이 門下府와 상서성條에 3省에 관한 연혁을 잘못 기록하였기 때문에 여러 학자들이 많은 혼란과 오류를 범하게 된 것이다. 『고려사』 백관지 문하부조의 기록은 최후로 개편된 문하부를 기준으로 判門下(중서령)로부터 門下錄事·門下注書에 이르기까지 품계의 순서에 따라 여러 관직을 '中書門下省'(內史門下省)이라는 단일기구 안에 일괄적으로 정리해 놓았다. 이것은 '中書門下省'을 단일기구로 본 撰者의 잘못이라고 한때 파악하였다. 그러나 만약에 『고려사』撰者가 '中書門下省'을 단일기구로 보지 않고, 중서성과 문하성의 합성어인 분리된

---

1) 崔貞煥, 「高麗 中書門下省의 祿俸規定」, 『韓國史研究』 50·51, 1985 ; 『高麗·朝鮮時代 祿俸制 研究』, 경북대출판부, 1991.
2) 李貞薫, 「高麗前期 三省制와 政事堂」, 『韓國史研究』 104, 1999 ; 『高麗前期 政治制度 研究』, 혜안, 2007.

기구로 '中書·門下省'이라 하였다면 그것은 撰者의 오류가 아니었음을 새로이 깨닫게 되었다.

중서문하성은 중서성과 문하성으로 분리된 기구라는 것을 다각적으로 검토하여 그것이 단일기구가 아니었음을 입정할 수 있는 논거를 제시한 한 연구가 있고,[3] 국초의 여러 관부 가운데 이후 성종 원년에 발족한 內史省·門下省·御事都省의 3성제와 연관을 가지는 것은 內議省·廣評省·內奉省이라고 밝힌 연구도 나와 있다.[4]

그러나 '중서문하성'이 단일기구라는 학계의 정설과 중서성과 문하성이 합쳐 '중서문하성'이란 단일기구 안에 중서성과 문하성이 구별된다는 2성제설의 논거로 제시하는 일부 학계의 견해를 비롯하여 3省制가 정설로 정립되기 위해서는 심층적으로 더 검토되어야 할 많은 문제들이 남아 있다. 이를 해명하기 위해서 학계에서 크게 논란이 되고 있는 2성제설과 3성제설에 대한 문제점을 재고찰한 연구도 나와 있다.[5]

本稿에서는 3省制의 바탕 위에 고려 宰相制度가 어떻게 운영된 것인지를 政事堂과 관련하여 고찰해 보고자 하였다. 이러한 考究作業을 위해 고려 宰相制度의 성립과정을 唐·宋制와 비교 검토하여 中書省과 政事堂의 실체를 밝혀보고자 하였다.

고려전기 政事를 처리하는 중심이 된 기구는 中書省이었다. 중서성 회의에는 중서성과 문하성 소속의 宰臣과 省郞, 그리고 이에 속하지 않은 樞臣과 承宣들도 참석할 수 있고, 정사당에는 宰臣들만 참석하여 政事의 중심 기관이 되어 있었다. 고려시대 5宰는 門下侍中, 平章事, 參知政事, 政堂文學, 知門下省事였다. 이들 宰臣들 가운데는 중서성과

---

3) 崔貞煥, 『譯註『高麗史』 百官志 -『高麗史』 百官志의 研究』, 京仁文化社, 2006.

4) 崔貞煥, 「高麗 初期의 政治制度와 3省 6部의 成立 및 變遷」, 『歷史學報』192, 2006.

5) 崔貞煥, 「高麗前期 3省 6部制에 대한 재 고찰」, 『한국중세사연구』 24, 2008.

문하성에 소속된 재신도 있었지만, 兩省의 어느 省에도 소속되지 않은 참지정사와 정당문학을 포함해서 5宰로 宰府를 구성하였다. 이들이 政事를 의논하고 처리하는 곳을 政事堂이라 하였다. 그러나 고려후기 충렬왕 원년에 3省을 통합 혁파하여 僉議府로 개편되면서부터 宰相職의 운영에 새로운 변화가 일어났다. 이러한 考究作業을 통해서 학계에 정설로 논란이 되고 있는 '중서문하성'이 단일기구가 아니었음을 밝힐 수가 있으리라 여겨졌다.

이 연구가 '중서문하성'이 단일기구가 아님을 입증하여 고려의 중앙 관제가 2성6부가 아니라 3성6부제였음을 밝히는 데 조그마한 보탬이 되었으면 한다.

Ⅱ. 宰相制度의 성립과정

성종 원년(982)에 左執政·守內史令을 제수 받아 신설된 내사성의 수내사령에 최초로 취임한 인물은 崔知夢이다.[6] 최지몽은 성종 3년에 이미 78세의 고령으로 이후 여러 차례 致仕를 청하였지만 왕은 朝參을 제외시켜 주면서까지 內史房에서 視事토록 조처하였고, 그 후 그는 성종 6년에 내사령으로 卒하였다.[7] 執政은 이에 임명된 최지몽의 사례로 보아 政事를 執行한 수상격에 해당하는 과도기 체제의 직제로 국초의 廣評侍中의 기능과 같았을 것으로 여겨진다.[8] 崔知夢에 이어 성종 2년에 李夢游가 左執政이[9] 된 사례를 마지막으로 과도기 체제의 執政制

---

6)『高麗史』권92, 열전, 최지몽 ;『高麗史節要』권2, 성종 6년 3월.

7)『高麗史』권92, 열전, 최지몽 ;『高麗史節要』권2, 성종 6년 3월.

8) 崔貞煥,「高麗 初期의 政治制度와 3省 6部의 成立 및 變遷」,『歷史學報』129, 2006, 86~87쪽.

9)『高麗史』권73, 선거1 과목 선장, "(成宗二年) 二月 正匡崔承老 左執政李夢游 兵官御事劉彦儒 左丞盧奕……".

가 사라지고, 새로이 唐制를 수용한 內史令과 門下侍中을 임명하면서 고려의 宰相制度가 성립되기 시작하였다.

성종 6년에 내사령 최지몽이 卒한 후 다음해 성종 7년에 門下守侍中을 제수 받은 사람은 崔承老이다.[10] 최승로는 성종 2년 정월에는 門下侍郎平章事를[11] 역임한 후 성종 7년에 門下守侍中을 제수 받았고, 성종 8년에 졸한 후 덕종 2년에 大匡 내사령을 追贈 받았다.[12] 徐熙는 광종 23년에 내의시랑을 역임한 이후 성종 2년 5월에 兵官御事를 거쳐 동왕 12년 10월에 內史侍郎이 되었고, 이어서 동왕 13년 8월 平章事로 전임한[13] 후 太保 내사령이 되어 질병으로 侍朝를 할 수 없게 되자, 致仕祿을 받은 후 목종 원년(995) 졸하였다.[14] 이와 같이 내사령, 문하시중, 문하시랑평장사, 내사시랑, 평장사 등 唐制를 수용하여 신설된 3省制 하에서 내사성과 문하성의 宰臣들을 임명하여 宰相制度가 성립되기 시작하였다. 이렇게 성립되기 시작한 재상제도는 성종 14년을 전후하여 그 운영에 새로운 변화가 일어났고, 그것이 제도적으로 정비된 것은 내사성이 중서성으로 개편되는 문종 15년이었다.[15]

---

10)『高麗史』권3, 세가, 성종 7년 12월 ;『高麗史節要』권2, 성종 7년 10월 ;『高麗史』권93, 열전, 최승로.

11)『高麗史』권3, 세가, 성종 2년 정월 ;『高麗史節要』권2, 성종 2년 정월 ;『高麗史』권93, 열전, 최승로.

12)『高麗史』권3, 세가, 성종 7년 12월 ;『高麗史節要』권2, 성종 7년 10월 ;『高麗史』권93, 열전, 최승로.

13) 邊太燮,『高麗政治制度史研究』, 일조각, 1971, 66쪽에서 徐熙 傳을 引用하여 成宗朝에 徐熙가 內史侍郎이었다가 뒤에 '轉平章事'라 한 것에 착안하여 고려도 처음에는 侍郎과 平章事가 遊離되고 있었던 것으로 보았다. 그것이 유리되어 있었던 것은 사실이지만, 필자는 서희가 내사시랑에서 平章事로 轉任한 것은 재상이 되는 것을 의미하는 것이라 여겨진다.

14)『高麗史』권2, 세가, 광종 23년 8월 ;『高麗史節要』권2, 성종 13년 8월 ;『高麗史』권94, 열전 서희.

15) 崔貞煥,「『高麗史』百官志 門下府의 구성과 문제점」, 31~32쪽.

성종의 師友였던 崔亮은 左散騎常侍·叅知政事兼司衛卿이 되었으나 병으로 관직에서 물러났다가 성종 12년 10월에 복직하여 문하시랑이 된 후, 內史侍郎兼民官御事 同內史門下平章事 監修國史로 遷拜되었다가, 성종 14년 4월에 內史侍郎平章事로 졸한 후에 내사령을 追贈 받았다.16) 최량의 경우는 문하성의 좌산기상시로서 叅知政事의 재신이 되어 사위경을 겸직한 후 복직하여 문하시랑이 되었고, 성종 14년에는 내사시랑으로 승진하여 민관어사를 겸직하였고, 동내사문하평장사를 제수 받았다. 내사령은 그가 졸한 후 추증직으로 받은 것이므로 이는 실무직이라 할 수 없다. 최량의 사례에서 보여주는 이러한 재상직의 임명사례는 唐制를 수용한 것이고, 宋은 당제를 답습하여 동중서문하평장사(동평장사)와 참지정사를 정·부재상이라 하고, 唐制에 없는 특수한 平章軍國重事와 使相도 재상이라 하여 고려의 제도와는 다른 점이 있다. 고려의 재상제도는 唐制와는 유사성을 찾을 수 있으나 宋制와는 거리가 멀다.

崔亮이 左散騎常侍·叅知政事兼司衛卿이 된 것은 唐 太宗 때 杜淹을 吏部尙書參議朝政으로, 魏徵을 祕書監參預朝政으로17) 삼아 이부상서 비서감 등 他官으로 하여금 參議朝政에 임명하여 宰相이라 한 것과 같은 운영방법이다. 즉 崔亮은 左散騎常侍로서 叅知政事의 재신이 되어 司衛卿을 겸하고 있는 것이다. 또한 최량이 성종 12년 10월에 복직하여 문하시랑이 된 후 內史侍郎兼民官御事 同內史門下平章事 監修國史로 전임되어 간 것 역시 당제와 같은 운영방법이다. 즉 貞觀 8년(634)에 중서령(백관지에는 僕射로 되어 있음) 李靖의 사례에서 '平章事'라는 이름이 등장한 이래 고종 永淳 원년(682)에 黃門侍郎(문하시랑)

---

16) 『高麗史』 권3, 세가, 성종 12년 10월 ; 『高麗史節要』 권2, 성종 12년 10월 ; 『高麗史』 권93, 열전, 최량.
17) 『新唐書』 권46, 백관1 宰相之職, "自太宗時 杜淹以吏部尙書參議朝政 魏徵以祕書監參預朝政 其後或曰 參議得失·參知政事之類 其名非一 皆宰相職也".

郭待擧와 兵部侍郎 岺長倩 등이 同中書門下平章事가 된 이후부터
'同平章事'를 재상이라 한 것과 같은 운영방법인 것이다.[18)

이러한 재상직의 운영방법은 3성제 바탕 위에 타관으로 하여금 동중
서문하평장사(동평장사)나 참지정사를 제수하여 宰相의 직무를 수행하
게 하는 운영방법이다. 唐·宋制에는 재상직의 운영방법이 각 시기에
따라 서로 달랐다. 唐代는 상서령·중서령·문하시중 三省장관을 재상
으로 삼고, 政事堂에서 사무를 보았다. 政事堂은 먼저 門下省에 설치
하고, 후에 中書省으로 옮겼다가 開元(713∼741)년간에 中書門下로 改
稱하였다.[19)

『宋史』職官志에 송은 당의 제도를 계승하였으나, 받아들이지 않은
것이 또한 많았다. 三師·三公은 항상 설치하지 않았으며, 宰相을 三省
의 專任 長官으로 하지 않았고, 尙書·門下는 모두 밖에 두었다. 또한
별도로 禁中에 中書를 설치하여 이를 政事堂이라 하고, 樞密과 더불어
大政을 서로 맡았다.[20) 상서성과 문하성을 황성 밖에 두고, 禁中에 별
도로 中書省을 설치하여 이를 정사당이라 하고, 樞密院과 더불어 大政
을 맡은 것으로 나타나 있다.

한편 『文獻通考』官制總序에서는 위의 내용과는 약간 다르게 기록
되어 있다. 中書·門下는 밖에 병렬되어 있고, 또한 禁中에 中書를 별
도로 설치하여 이를 政事堂이라 하고, 樞密院과 같이 大政을 관장하였
다. 천하의 財賦, 내정의 諸司, 中外의 창고 관리는 모두 三司에 예속
되었다.[21) 즉 中書省과 문하성은 황성 밖에 나란히 있고, 禁中에 中書

---

18) 『新唐書』권46, 백관1 宰相之職 ; 陳茂同, 『中國歷代職官沿革史』, 百花文藝
   出版社, 2005, 231∼232쪽.

19) 『新唐書』권46, 백관1 宰相之職, "初三省長官議事于門下省之政事堂 其後裴
   炎自侍中遷中書令 乃徙政事堂於中書省 開元中 張說爲相 又改政事堂號中
   書門下".

20) 『宋史』권161, 직관1, 서문.

를 별도로 설치하여 이를 政事堂이라 하였다. 여기서 禁中에 설치한 中書는 중서문하를 簡稱한 것이다. 위의 두 기록을 종합해 보면 상서성 문하성 중서성을 그대로 두고 3성제를 유지하면서 禁中에 별도로 中書를 설치하여 이를 정사당이라 하였던 것이다. 당시의 가장 큰 특징은 중서문하와 추밀원이 삼사와 더불어 民政 軍政 財政에 대한 職權을 원칙상 각각 독립적으로 행사하였다는 것이다.

中書門下를 簡稱한 中書는 정·부 宰相이 모여 政事를 처리하는 최고 행정기구이며, 그 처리하는 장소를 禁中에 설치하여 정사당이라 하였던 것이다. 宋代는 일반적으로 同中書門下平章事를 재상이라 하고, 송 태조 乾德년간(963~967)에 설립된 參知政事를 부 재상으로 삼아 재상을 보좌하도록 하여 다른 재상의 권한(相權)을 견제하는 작용을 하게 하였다.22)

宋初에는 비록 門下·中書·尙書 三省의 명칭은 예전 그대로이었지만, 唐代의 제도와 이미 크게 달랐다. 먼저 재상이 三省의 장관에 專用되지 않은 것이고, 그 다음에는 三省의 職權이 이미 변동한 것이다. 宋代 재상제도는 크게 5차례 변동이 있었다.23)

제1차는 북송 초, 神宗 元豊 이전에 있었다. 名義上 唐代와 그다지 다른 것이 없지만, 그러나 실제적으로 오히려 크게 구별이 되었다. 주요한 것은 송대에 中書·樞密·三司를 설치하여 政·軍·財 세 가지 큰 업무를 나누어 담당하고, 재상의 권력은 樞密使·三司使에 의해 分取되었다. 宰相·樞密使·三司使 삼자의 事權은 서로 상하가 아니었으며, 서로 간에 통괄하지 않았다. 재상의 권력이 나누어져 줄어들었으며, 또한 參知政事를 설치하여 서로 간에 견제하여 相權은 더욱 약해

---

21) 『文獻通考』 권47, 官制總序.

22) 鄧小南, 「"祖宗之法"與官僚政治制度 - 宋」, 吳宗國 主編, 『中國古代官僚政治制度硏究』, 北京大學出判部, 2004, 243쪽.

23) 陳茂同, 『中國歷代職官沿革史』, 百花文藝出版社, 2005, 309~310쪽.

지고, 皇權은 오히려 강화되었다. 또 다른 변화는 三省制가 衰落하고 職權의 변동으로 三省制가 소멸하게 되었다.

제2차는 神宗 元豊(1078~1085)년간에 있었고, 元豊改制의 시기이다. 元豊改制는 中書門下를 폐지하고, 唐初의 三省制度를 회복하여, 三省의 長官으로 尙書令·中書令과 門下侍中을 두었다. 그러나 이 세 官位는 단지 虛設이었으며, 일반 사람에게 수여하지 않았다. 또한 唐制를 모방, 尙書左僕射·右僕射를 사용하여 尙書省의 職權을 대행하였다. 左僕射는 門下侍郎을 겸해서 侍中의 직무를 행하였으며, 右僕射는 中書侍郎을 겸해서 中書令의 職權을 代行하였다. 그들이 正宰相이다. 이때 參知政事를 없애고, 4명의 副宰相을 증설하였는데 바로 門下侍郎·中書侍郎·尙書左丞·尙書右丞이다.

제3차는 徽宗 政和년간에 있었다. 蔡京이 재상을 맡자 스스로 太師라고 칭하며 門下·中書·尙書 三省의 사무를 총괄하였다. 尙書左右僕射를 고쳐 太宰·少宰라 하고, 太宰로 하여금 門下侍郎을 겸하도록 하고, 少宰로 하여금 中書侍郎을 겸하도록 하였다. 欽宗 靖康년간에 또한 太宰와 少宰를 폐지하고, 尙書左僕射와 右僕射로 고쳤다.

제4차는 高宗 建炎 3년(1129)에 있었다. 정식으로 左僕射와 右僕射로서 同中書門下平章事를 겸하도록 하여 正宰相으로 삼았고, 또한 門下侍郎과 中書侍郎을 參知政事로 삼아, 副宰相으로 하였다. 또한 尙書左·右丞의 官稱을 없애고, 대체적으로 宋初의 제도를 회복하였다.

제5차는 孝宗 乾道 8년(1172)에 있었다. 左右僕射가 同中書門下平章事를 겸하는 것을 바꾸어 左·右丞相으로 하였으며, 參知政事는 예전처럼 하였다. 中書令·侍中·尙書令의 虛稱을 없앴다. 門下는 中書에 합쳐 넣고 中書門下라 칭하였다. 左右宰相이 中書의 사무를 주관하였고, 尙書省의 장관을 겸하였으며, 六部는 宰相에게 直屬하였는데, 尙書省의 제도가 이미 무형으로 폐지되어 실제적으로 三省의 合一이나 마찬가지였다. 左右宰相은 전국 최고의 행정장관이 되었으며, 尙書省은 단지 六部만을 장악하여, 명령을 받아 政務를 집행하였다. 당시 대신인 虞允文·梁克家는 처음으로 左右宰相을 맡고 아울러 樞密使를 겸하였다.

이상에서 보여 주는 바와 같이 고려의 재상제도는 재신의 구성원과 그 운영방법이 唐制와 다르고, 宋制와도 차이가 있으며, 唐·宋制는 각각 그 시기에 따라 재상직의 운영방법이 달랐음을 알 수 있다.

고려에서도 성종 14년을 전후하여 내사성과 문하성 재신직의 운영방법이 달랐음을 발견할 수 있다. 성종 12년 최량의 사례에서 보여주는 바와 같이 성종초에는 문하시랑에서 內史侍郎으로 승진해 갔다. 성종 원년에 3성이 발족한 이래 성종 14년에 이르기까지는 내사성(내사령)이 문하성(문하시중)보다 상위 기관이었다. 그러나 성종 14년에 內史侍郎平章事로 졸한 후 내사령을 追贈 받은 최량의 사례를 마지막으로 문하평장사가 상위직으로 되고, 내사시랑평장사가 하위직이 되는 변화가 일어났다. 唐·宋制에 '左屬門下 右屬中書'로 되어 있는 바와 같이 문하성이 상위 관부가 되는 변화가 일어난 것이다. 목종 9년에 내사시랑평장사였던 柳邦憲이 현종 즉위년 3월에 문하시랑평장사로[24] 승진한 예에서 보여주는 바와 같이 문하시랑평장사가 상위직으로 변하고 있다. 이와 함께 재신의 구성과 운영 면에서 몇 가지 새로운 변화가 일어나고 있다.

첫째로 주목되는 변화는 이미 지적한 바와 같이 성종 14년에 內史侍郎平章事로 졸한 후 내사령을 追贈 받은 최량의 사례를 마지막으로 문하평장사가 상위직이 되고, 내사시랑평장사가 하위직이 되는 변화가 일

---

24) 金龍善 編著,『高麗墓誌銘集成』, 柳邦憲 墓誌銘, 17쪽, "丙午(穆宗 9년) 制可 內史侍郎平章事金紫光祿大夫" ;『高麗史』권4, 현종 즉위년 3월, "以柳允孚 爲門下侍中 柳邦憲爲門卜侍郎平章事".

어났다. 그와 더불어 문하시중이 宰府의 최고직으로 首相이 되고, 평장사는 그 亞相으로 되었다.

둘째, 종1품 내사령은 설립 당시에 실무직으로 출발하였으나, 성종 14년에 太保 內史令에 보임한 서희의 사례를 마지막으로 이후부터 주로 문하시중을 지낸 사람에게 실직 가직 치사직 추증직 등으로 제수하는 변화가 일어나고, 종친에 대한 대우직으로는 현종대부터 그 사례가 나타나고 있다. 중서령은 '人臣之極'이라 하여 그 除授를 극히 제한하고, 문하시중을 역임한 사람들에게 제수하는 최고의 영예직으로 되었다. 상서령 또한 일반 臣僚에게 그 除授를 극히 제한시키고, 封爵과 더불어 宗親에 대한 대우직으로 운영하였고,25) 문하시중이 首相 즉 冢宰가 되어 주로 판이부사를 겸직하였다.

셋째, 정2품 평장사(4평장사)는 성종 12년 內史侍郎兼民官御事 同內史門下平章事 최량의 사례에서 보여주는 바와 같이 6部尙書나 僕射 등의 他官이 평장사에 임명되는 사례가 거의 없어졌다. 일부 그런 사례가 있으나,26) 이는 일반적인 현상이 아니었다. 평장사는 他官으로서 임명하는 것이 아니었고, 평장사는 모두 宰相(亞相)으로 상서 6부의 판사를 겸직하였다.

넷째, 종2품의 참지정사 정당문학 지문하성사는 시중과 평장사와는 달리 僕射, 6부 상서 등의 실직을 지냈거나 혹은 그 직을 지니고, 참지정사 정당문학 지문하성사의 재상이 되어 재신으로서 겸직할 수 있는 상서 6부 등의 판사를 겸직하여 唐·宋制와는 좀 다르게 재상제도를

---

25) 崔貞煥, 「高麗時代 封爵制의 成立過程과 整備」, 『한국중세사연구』 14, 2003, 243~246쪽.

26) 『高麗史』 권4, 세가 현종 12년 6월 및 『高麗史節要』 권3, 현종 12년 6월, "以張瑩爲尙書左僕射同內史門下平章事" ; 『高麗史』 권5, 세가 현종 15년 11월 및 『高麗史節要』 권3, 현종 15년 11월, "以李龔爲尙書左僕射同內史門下平章事".

운영하였다. 정당문학은 당·송제에서 찾아 볼 수 없는 재상직이며, 지문하성사는 당제에는 보이나[27] 송제에서는 찾아볼 수 없다.

고려시대의 재상은 문하시중·평장사·참지정사·정당문학·지문하성사의 5宰를 宰臣·省宰·眞宰라 하고 中樞院의 樞臣(密直)과 구별하여 운영하였다. 문하시중은 문하성의 구성원이고, 평장사는 문하성과 중서성의 兩省에 병존한 관원이며, 참지정사와 정당문학은 어느 省에도 소속되지 않은 재상이다. 지문하성사는 말 그대로 문하성의 일을 맡는다는 뜻으로 문하성 소속의 재상으로 보아도 좋을 것 같다.[28] 이렇게 본다면 고려시대의 재신은 문하성 및 중서성의 관원과 어느 省에도 소속되지 않은 참지정사와 정당문학과 같은 관원들로서 宰府를 구성하였다고 볼 수 있다. 일반적으로 고려시대 中書省과 門下省에는 2品 이상의 宰臣이 소속한 宰府와 3品 이하의 省郎(諫官·郎舍)으로 이중구조를 이루고 있는 것으로 알려져 있다. 그러나 엄격히 말하면 고려시대 宰臣(宰執)은 중서성이나 문하성에 소속된 재신도 있었지만, 兩省의 어느 省에도 소속되지 않은 재신을 포함해서 5宰로 宰府를 구성하였다고 할 수 있다.

唐制에서는 앞서 지적한 바와 같이 당의 3성은 상서성·문하성·중서성으로, 초기에는 三省장관을 재상으로 삼고 政事堂에서 사무를 보

---

27) 『新唐書』 권3, 본기 제3 6월, “以侍中魏徵爲特進 仍知門下省事”；『新唐新語』 권10, “忌 魏征·房玄齡等 以他官政事者 皆云知門下省事”. 唐制의 知門下省事는 他官으로 政事에 참여하는 재상을 지문하성사라 하였다. 知門下省事는 위의 기사를 비롯하여 『舊唐書』『新唐書』『貞觀政要』『唐會要』『元史』 『新元史』『唐兩京城坊考』『冊府元龜』『讀禮通考』등 여러 곳에서 많이 산견되고 있다.

28) 高宗年間에 趙敦을 金紫光祿大夫 知門下省事 吏部尙書 判三司事로 임명하는 麻制에 門下省의 일을 맡아(知事門下) 省中의 謀議에 참여하게 하였다고 한 것은 지문하성사가 문하성의 관원이었음을 알게 한다.(『東文選』 권26, 制誥 除宰臣林景肅蔡松年金敞趙敦樞密院使崔璘麻制)

왔다. 政事堂은 먼저 門下省에 설치하고, 후에 中書省으로 옮겼다가 그 후에 다시 中書門下로 改稱하였다. 宋은 초기에 唐制를 답습하여 3성제를 그대로 유지하였으나, 3성의 장관을 전임으로 두지 않고, 中書(중서문하)를 정사당이라 하고, 中書·樞密·三司를 설치하여 정치·군사·재정의 업무를 나누어 담당하여 宰相制度를 운영하였다. 즉 당·송제에는 3성제 바탕 위에 '宰相之職'(宰執)을 별도로 설정하여 운영하였던 것이다. 『고려사』 백관지에는 '宰相之職'(宰執)을 별도로 규정한 기록을 찾아볼 수 없다. 그렇다고 해서 고려시대 '宰相之職'이 없었던 것은 아니었다.

고려시대는 중서령과 상서령은 5宰의 재상직에 넣지 않았다.[29] 문하시중을 首相, 평장사를 亞相, 참지정사를 3相, 정당문학을 4相, 지문하성사를 5相이라 하여 이를 5宰에 넣고 있다. 성종 원년(982)으로부터 충렬왕 원년(1275)에 첨의부로 개편되기 이전까지 재신직에 오른 사례를 보면 문하시중 36명, 평장사 218명, 참지정사 232명, 정당문학 43명, 지문하성사 54명으로 나타난다.[30] 그 가운데 가장 많은 숫자를 차지하고 있는 것은 참지정사와 평장사이다. 이러한 숫자에서 재신들 가운데 실

---

29) 崔貞煥,「高麗前期 中書門下省 中書令職의 運營實態」,『韓國中世社會의 諸問題』, 2001, 148~168쪽에서 고려전기 중서령은 ① 일반 臣僚의 實職, ② 致仕職, ③ 加職, ④ 追贈職, ⑤ 宗親의 대우직, ⑥ 封爵 등 다양한 방법으로 운영되었다고 하고, 崔貞煥,「高麗 中書門下省 中書令職의 運營實態와 祿俸」,『고려 정치제도와 녹봉제 연구』, 신서원, 2002, 301~306쪽에서 고려후기 충렬왕 원년(1275)에 僉議府로 개편되면서 일시 中書令을 폐지하였다가 충렬왕 21년에 都僉議令이 다시 설치된 이후부터는 追贈職이나 종실에 대한 대우직으로 이용되던 中書令職의 운영방법은 사라지고, 실직만이 제도적으로 기능하게 되었다고 하였다. 崔貞煥,「高麗時代 封爵制의 成立過程과 整備」,『한국중세사연구』 14, 2003, 243~244쪽에서 상서령은 일반 臣僚의 實務職으로는 그 除授를 극히 제한시키고, 封爵과 더불어 宗親에 대한 대우직으로 운영되다가 고종 이후 어느 시기에 혁파되었다고 하였다.

30) 朴龍雲,『고려시대 中書門下省宰臣 연구』.

질적인 宰執으로서의 많은 역할을 담당한 것은 평장사와 참지정사였음을 알 수 있다.

문하시중과 평장사(4평장사)는 문하성과 중서성의 관원이고, 이들은 僕射나 상서 6부 등 他官의 실직을 지닌 예가 없이 宰臣이 되어 재신으로 겸할 수 있는 상서 6부의 판사를 겸직하였다. 이것은 唐制에 僕射가 상서성의 장관이 되어 시중 중서령과 더불어 宰相이라 칭하였던 것과는 다르고, 宋代 元豊改制(1078~1085)에서 左僕射가 門下侍郎을 겸해서 侍中의 직무를 대행하고, 右僕射가 中書侍郎을 겸해서 中書令의 職權을 代行하여 그들을 正宰相이라 한 것과도 다른 운영방법이었다. 참지정사·정당문학·지문하성사는 僕射나 6부 상서 등의 실무직을 지녔거나 혹은 그 직을 지니고, 참지정사·정당문학·지문하성사의 재상이 되어 재신으로서 겸직할 수 있는 상서 6부 등의 판사직을 겸직하였다. 이와 같은 재신직의 운영방법은 충렬왕 원년(1275) 3성이 첨의부로 통합되기 이전까지 지속되었다.

참지정사는 唐 太宗 때 杜淹을 吏部尚書·參議朝政으로, 魏徵을 祕書監·參預朝政으로 삼아 他官으로 하여금 參預朝政(參知政事)에 임명하여 宰相이라 한 것과 유사한 운영방법이라 할 수 있다. 그러나 정당문학은 唐·宋制에서 찾아볼 수 없는 재상직이고, 지문하성사는 唐制에 일시적으로 보이나 宋制에서는 찾아볼 수 없는 宰臣職으로 재신직의 운영방법에 있어서는 고려의 제도와는 서로 달랐다. 송나라는 당제를 바탕으로 그들 나름대로의 운영방법을 창안하였고, 고려는 당제를 바탕으로 송제를 참작하면서 고려의 독자적인 운영방법을 창출해 갔던 것이다.

고려에서는 '法唐體宋'이라 하여 唐制를 바탕으로 宋制를 채용한 것이 많지만, 宰相制度는 唐制와 다르고 宋制와도 다른 차이점을 찾아볼 수 있다. 고려시대는 2品 以上官을 宰相이라 하였다. 中書省과 門下省

의 2品 이상 5宰를 宰臣·省宰·眞宰라 하고 中樞院(樞密院·密直司)의 7樞臣(密直) 가운데 2品職과 3品職을 포함하여 넓은 의미에서 宰相이라 하였다.[31] 그러나 여기서는 宰臣과 樞臣을 구별하여 살펴볼 필요가 있다. 樞臣은 상서 6부의 판사를 겸한 적이 없고, 후술하겠지만 鳳閣(중서성)에 들어갈 수 없었다. 2品 이상의 官府로는 三師·三公과 中書省·門下省·尙書省·中樞院 등이 있었다. 三師·三公은 正1品이었지만 명예직으로 宗室과 臣僚(異姓諸君)들에게 封爵과 함께 除授된 대우직으로 실무직이 아니었다.[32] 3성의 장관으로 종1품의 내사령(중서령), 문하시중, 상서령이 있었으나, 내사령(중서령)과 상서령은 5宰에 넣지 않았다. 省5 즉 5宰에 대해서는 李齊賢이 『櫟翁稗說』(前集 1)에서 侍中, 平章事, 參知政事, 政堂文學, 知門下省事의 5職으로 보았다. 李丙燾가 이 견해를 따르고[33] 邊太燮이 이에 동의하였다.[34] 趙浚은 中書令, 侍中, 平章事, 參知政事, 政堂文學의 5職을 5宰로 보았다.[35] 李基白은 성종 14년의 관제를 중심으로 생각해야 한다는 기초 위에 內史令, 侍中, 內史侍郞平章事, 門下侍郞平章事, 參知政事의 다섯을 5宰에 해당하였을 것이라 하였다.[36]

『고려사』백관지 諸司都監各色條에 도병마사의 구성원인 判事를 侍中이하 知門下省事까지를 5宰라 하고, 使는 6樞密 및 職事三品 이상이라 하였다. 중서령과 상서령 및 樞臣은 상서6部의 判事를 겸한 예가 없고, 일반적으로 6부의 판사를 겸할 수 있는 5宰는 門下侍中, 平章事,

---

31) 邊太燮, 「高麗宰相考 - 3省의 權力關係를 중심으로 - 」, 『歷史學報』 35·36 합집, 1967 ; 『高麗政治制度史硏究』, 一潮閣, 1971, 76~77쪽.

32) 崔貞煥, 「高麗時代 封爵制의 成立過程과 整備」, 235쪽.

33) 李丙燾, 『韓國史』 中世篇, 진단학회, 乙酉文化社, 1961, 130, 132쪽.

34) 邊太燮, 「高麗宰相考 - 3省의 權力關係를 중심으로 - 」, 『歷史學報』 35·36합집, 1967 ; 앞의 책, 77쪽.

35) 『高麗史』 권118, 열전 조준.

36) 『한국사』 5, 국사편찬위원회, 1975, 42쪽.

參知政事, 政堂文學, 知門下省事를 가리키며, 省宰라고도 하고 中樞院
의 樞臣과 구별하여 眞宰라 하였다.37)

Ⅲ. 中書省과 政事堂

성종 원년(982)에 左執政·守內史令을 제수 받은 최지몽은 성종 3년
에 이미 78세의 고령으로 이후 여러 차례 致仕를 청하였지만 왕은 朝
參을 제외시켜 주면서까지 內史房에서 視事토록 조처하였고, 그 후 그
는 성종 6년에 내사령으로 卒하였다.38) 최지몽이 視事한 내사방은 政
事를 돌보는 곳으로 내사성 안에 위치하고 있었을 것으로 추측된다. 내
사성은 문종 15년에 중서성으로 개편되어 중서성과 문하성의 제도가
정비되었다. 政事堂은 인종 때 ‘議政之堂’이 있었다는 기록이 나타난
다.

宣和 5년(고려 인종 원년, 1123)에 고려에 사행으로 다녀간 徐兢이
쓴 『고려도경』에 宮殿 王府의 內府에 별도로 ‘議政之堂’이 있었다고
한다.39) 상서성 서편, 春宮의 남쪽에 3廳事가 있는데 가운데가 中書省
이고, 좌편에 門下省, 우편에 樞密院이 있으며, 國相·平章·知院이
治事하던 곳이라고 하였다.40) 여기 國相(문하시중)과 平章(4平章事)이
治事하던 곳은 문하성과 중서성을 지칭한 것이라 여겨지고, 知院은 知
樞密院事를 비롯한 樞密院의 樞臣들이 治事하던 곳이라 여겨진다.
『고려도경』에 의하면 중서성과 문하성은 청사가 별개로 분리되어 있었

---

37) 邊太燮, 『高麗政治制度史研究』, 76~77쪽 ; 崔貞煥, 『高麗·朝鮮時代 祿俸制
   研究』, 97~98쪽 ; 『譯註『高麗史』百官志』, 107~108쪽.
38) 『高麗史』 권92, 열전, 최지몽 ; 『高麗史節要』 권2, 성종 6년 3월.
39) 『高麗圖經』 권5, 宮殿 王府, "大臣五日一見 別有議政之堂".
40) 『高麗圖經』 권16, 官府 臺省, "自尙書省之西 春宮之南 前開一門 中爲中書省
   左曰門下省 右曰樞密院 卽國相·平章·知院治事之所".

고, 그 王府에 大臣들이 5일에 한 번씩 일을 보는 ‘議政之堂’이 별도로
있었다. 여기서 ‘議政之堂’은 政事堂을 의미하며, 政事堂이 별도로 설
치되어 있었음은 다음의 기사를 통해서 확인해 볼 수 있다.

　인종 9년(1131) 2월에 “元子의 이름을 昌이라 하사하고, 使者를 보내
예물을 하사하면서 임시로 東宮의 位를 中書門下 廳事에 설치하여 조
서를 받게 하니, 왕은 政事堂 동편의 帳殿에 거동하여 예식을 관람하
고, 宰樞·臺諫과 향연을 하였다”41)고 한다. 여기서는 중서문하 청사와
정사당이 구별되어 있다. ‘中書門下’ 청사라 한 것은 그것이 중서문하
성이라는 단일기구의 청사를 뜻하는 것인지, 중서성과 문하성의 분리된
기구를 의미하는 것인지, 이 점이 분명하지 않다.『고려도경』에 의하면
중서성과 문하성은 분리된 기구로 되어 있다. 그것이 단일기구이던 분
리된 기구이던 간에, 정사당과는 구별되어 별도로 설치되어 있었음을
알 수 있다.42) 정사당은 御所가 있는 帳殿 가까이 서편에 있었다. 문종
9년에 까닭 없이 御所가 있는 帳殿 앞에까지 들어온 檢校衛尉少卿 崔

---

41)『高麗史』권16, 세가 인종 9년 12월, “己卯 賜元子名昌 遣使賜禮物 權設東宮
　　位於中書門下廳事受詔 王御政事堂東帳殿觀禮 仍宴宰樞·臺諫”.

42) 李貞薰,「高麗前期 三省制와 政事堂」,『한국사연구』104, 55쪽에서 정사당을
　　中書라고도 불렀다. 中書가 중서성을 지칭할 때도 있었지만, 중서문하성의 약
　　칭으로 사용되기도 하였다 하고,『高麗前期 政治制度 硏究』, 혜안, 2007, 306
　　쪽에서도 政事堂을 中書門下省이라 하였다.
　　박재우,「高麗前期의 國政運營體系와 宰樞」,『歷史學報』154, 1997, 89~92쪽
　　;『고려 국정운영의 체계와 왕권』신구문화사, 2005, 176쪽에서는 중서문하성
　　을 중서성과 문하성을 합친 단일관청으로 보아 재상의 회의기구인 정사당과
　　는 별개의 기구라 하였다.
　　필자는 중서문하성은 중서성과 문하성의 합성어로 그것이 단일기구가 아니며,
　　중서성과 문하성의 청사가 별개로 분리되어 있었다는『高麗圖經』의 지적이
　　옳았다고 여겨진다. 중서성은 한때 壽昌宮에 있었고, 政事堂은 帳殿의 서쪽
　　에 있었다. 고려전기 政事를 처리하는 중심이 되는 기구는 중서성이었다. 중
　　서성에는 兩省의 宰臣과 省郞 그리고 兩府 宰樞 및 承宣도 참여할 수 있었으
　　나, 정사당은 宰臣들만 政事에 참여할 수 있었다.

成節을 처벌하기를 門下省에서 봉박했으나 왕이 不納한 것은[43] 문하성과 중서성이 구별되어 있음을 말해주고, 이를 통해서 유추하면 御所가 있는 帳殿의 서편에 정사당이 있었음을 알 수 있다.

중서성도 御所가 있는 政事堂과 인접해 있었다. 중서성의 위치는 "명종 26년 4월에 壽昌宮 中書省門이 저절로 무너졌다"[44] 하고, 충렬왕 즉위년에 "堤上宮 中書省을 史館으로 삼았다"[45]고 한 것으로 보아 중서성은 먼저 수창궁에 있다가 堤上宮으로 옮겨간 것 같다. 최소한 명종 26년 이후 고종 19년(1232)에 江華로 천도하기 이전 그 어느 시기에는 중서성이 제상궁에 있었던 것 같다. 수창궁은 현종 2년에 入御하여 현종 7년에 수창궁으로 移御한[46] 후 려말에 이르기까지 인종·의종·명종·고종 등 역대의 가장 많은 왕들이 御居했던 곳이다. 중서성은 원래 수창궁에 있었다. 명종 17년 정월에 樞密院에서 불이 나 壽昌宮廊 20여 楹이 연소되었다고[47] 한다. 추밀원도 수창궁과 인접해 있었음을 알 수 있고, 또한 수창궁·중서성·추밀원 모두 인접해 있었음을 알 수 있다. 명종 17년 7월에 曹元正이 中書省 公廨田租를 탈취한 죄로 공부상서로 좌천이 되자 그달 그믐날 무리 70여 인을 시켜 담을 넘어 壽昌宮에 들어가 樞密使 梁翼京 등 많은 사람을 살상하였다.[48] 이것 역시 수창궁과 추밀원은 인접해 있었음을 말해 준다. 앞서 인종 9년(1131) 2

---

43) 『高麗史』권7, 세가 문종 9년 11월, "乙丑 幸東池, 檢校衛尉少卿崔成節 無故 入至帳殿前 王驚命下獄 法司奏 闌入御所者斬 王曰 雖律有正條 以此加刑 是爲苛政 又文筆有用 可原之 門下省駁奏 不納".

44) 『高麗史』권54, 오행2, "(明宗) 二十六年四月甲寅 壽昌宮中書省門 自頹".

45) 『高麗史』권28, 세가 충렬왕 즉위년 9월, "以堤上宮中書省爲史館 還都以來 未營史館 奉實錄假藏本闕佛堂庫".

46) 『高麗史』권4, 세가 현종 7년 1월, "乙卯 移御壽昌宮".

47) 『高麗史』권53, 오행1 화.

48) 『高麗史』권128, 열전 반역 조원정, "(明宗) 十七年七月 元正 又奪中書省 公廨田租……乃左遷工部尙書,……是月晦日 夜二鼓 有賊七十餘人 踰墻 入壽昌宮 殺樞密使梁翼京·內侍郎中李揆·李粲等 殺傷甚衆".

월에 임시로 東宮의 位를 '中書門下' 청사에 설치하였다고 한 것은 인접한 중서성과 문하성 청사에 설치한 것이라 여겨진다. "숙종 5년 10월에 태자가 遼의 사신을 門下省에서 향연하였다"[49] 하고, "예종 6년 6월에 中書省의 앵두가 열매를 맺었는데 살구만 하고 속은 비어 씨가 없었다"고[50] 한다. 이 기록은 문하성과 중서성이 분리되어 있었음을 말해 준다.

이상을 종합하여 정리해보면 수창궁 중서성과 문하성과 중추원은 모두 인접해 있었으나 각각 분리되어 있었다. 수창궁에 중서성이 있었고, 수창궁 중서성 가까이에 인접한 帳殿의 서쪽에 정사당이 있었다. 이것은 『고려도경』에서 지적한 건물 배치와 상통하며, 또한 그것은 『고려도경』의 기록을 믿을 수 있게 해 주는 것이다.

당 초기에는 三省장관을 재상으로 삼고, 政事堂에서 사무를 보았다. 政事堂은 먼저 門下省에 설치하고, 후에 中書省으로 옮겼다가 그 후에 다시 中書門下로 改稱하였다. 宋은 초기에 唐制를 답습하여 3성제를 그대로 유지하였으나, 3성의 장관을 전임으로 두지 않고, 中書(중서문하)를 정사당이라 하였다. 고려 역시 중서성에 정사당을 두었다. 고려에서도 중서성을 '中書門下'라 칭하였을 것으로 생각하기 쉽지만, 그렇게는 생각되지 않는다. '中書門下'는 단일기구가 아니라 중서성과 문하성으로 분리된 기구였다. 다만 중서성과 문하성의 관원이 중서성에서 同坐하여 政事에 참여하였기 때문에 중서성이 中書省과 門下省의 기능을 하였다고는 할 수 있겠다.

정사당을 '中書'라고 표현한 사례가 있다. 仁宗 때 李之氐를 金紫光祿大夫 · 政堂文學 · 兼太子少保에 임명하면서 내린 制誥에 "中書政事

---

49) 『高麗史』 권11, 세가 숙종 5년 10월, "己未 太子宴遼使于門下省".
50) 『高麗史』 권54, 오행2 목, "(睿宗) 六年六月 中書省櫻桃結子 大如杏子而中空無核".

之堂"이라 하여 '中書'가 곧 政事堂이라 하고 있다.[51] 또한 예종 12년 2월에 북쪽 변방의 일을 宣問할 때 兩府宰樞 회의를 中書(중서성)에서 개최한 적이 있다.[52] 전자의 李之氐 경우는 '中書'가 政事堂이라 했고, 후자는 兩部 宰樞회의를 '中書'에서 개최한 '議政之堂'과 같은 것으로 생각해 볼 수 있다. 이것은 중서성이 政事를 議政하는 곳이고, 또한 중서성이 곧 정사당이라고 해석할 수도 있는 것이다. 『고려도경』에 정사당(議政之堂)은 별도로 설치되어 있었다고 했다. 그렇다면 중서성과 정사당은 별도로 구분되어 있고, 정사당은 중서성과 인접해 있어서 '中書'라 하면 곧 정사당을 지칭하는 것으로도 해석될 수도 있다. 이러한 생각은 앞서 성종 3년에 守內史令 최지몽이 視事하던 內史房이 내사성 안의 어느 곳에 위치하고 있었을 것이라고 추측한 것과 일맥상통한다.

'中書'라 하면 곧 정사당을 지칭하는 것으로 이해될 수 있다. 그러나 '中書'가 바로 정사당은 아님을 보여주는 사례가 있다. 고종 15년 12월에 수태사 문하시랑평장사 판이부사를 역임한 崔甫淳에 관한 다음의 기록은 밤에 직숙하던 '中書'와 정사를 처리하는 정사당을 서로 구별하여 표현하고 있다.

㉮① 貞祐 8年(高宗 8) 庚旋入中書 拜金紫光祿大夫 參知政事 集賢殿 大學士同修國史 判禮部事其間四掌春場(『朝鮮金石總覽』(上), 崔甫 淳墓誌)
② 戊子(高宗 15년)冬爲三韓壁上……(判)吏部事……是年夏初 夜直 中書 忽然感疾(『朝鮮金石總覽』(上), 崔甫淳墓誌)

---

51) 『東文選』 권25, 制誥, 除任元厚門下平章崔湊中書平章李之氐政堂文學, "太子 天下之本 非保傳無以成元良 中書政事之堂 惟文學所以明道揆 兼是兩者 得 非重歟".
52) 『高麗史』 권14, 세가 예종 12년 2월, "甲子 命兩府宰樞會中書 宣問北邊事宜".

③ (高宗 15年) 冬末 入政事堂 除吏(『朝鮮金石總覽』(上), 崔甫淳墓
  誌)

　㉮①에서 고종 8년(1221)에 參知政事의 재신으로 판이부사를 겸직한
최보순이 中書에 들어가 春場을 네 번이나 관장하였다. 이 경우의 中
書는 정사를 처리한 곳이다. 참지정사는 중서성과 문하성의 어느 省에
도 소속되지 않은 宰臣으로 정사당에서 양성의 政事에 모두 參政할 수
있었다. 기존의 견해에 따르면 참지정사 최보순이 中書에 들어갔다고
하는 것은 정사당에 들어간 것인지 ‘중서문하성’을 약칭한 中書에 들어
간 것인지 이 점이 분명하지 않게 된다. 여기서는 일단 표현 그대로 중
서성에 들어간 것으로 본다. 그는 고종 9년에 中書侍郎平章事 判兵部
事가 되었고,53) 이어 고종 11년에는 문하시랑동중서문하평장사로 승진
하였다.54) 그는 중서성과 문하성, 兩省의 평장사를 다 역임하였다.

　㉮②에서 고종 15년에 문하시랑동중서문하평장사의 재신으로서 판
이부사를 겸직한 최보순이 여름에 ‘中書’에서 밤에 숙직을 하다가 병을
얻었고, 그 해 12월 겨울에 政事堂에 들어가 관리를 임명하고 다음해에
졸하였다. 그의 열전에는 당시 최보순의 벼슬이 수태사 문하시랑평장사
판이부사로 나타나 있다.55) 문하시랑평장사로서 중서성과 문하성 즉 兩
省의 평장사를 겸하면 同中書門下平章事가 되며, 이를 平章事로 略稱
하기도 하였다.

　㉮②③에서 최보순은 문하시랑동중서문하평장사의 재신으로 판이부

---

53) 『朝鮮金石總覽』(上), 崔甫淳墓誌, “壬午(高宗 9年) 拜中書侍郎平章事判兵部
　　事 修文殿大學士”.
54) 『朝鮮金石總覽』(上), 崔甫淳墓誌, “甲申(高宗 11년)冬爲守大尉 門下侍郎同中
　　書門下平章事 加守大傅修國史柱國”.
55) 『高麗史』 권22, 세가 고종 15년 12월, “崔甫淳加守太師判吏部事”;『高麗史』
　　권99, 열전 崔均·崔甫淳, “高宗朝 累官至守太師門下侍郎平章事判吏部事
　　卒”.

사를 겸하여 中書에서 夜直을 하였고, 정사당에 들어가 政事를 처리하기도 하였다. 최보순이 직숙하였던 中書를 곧 정사당으로 본 견해도 피력되어 있다. 그러나 여기서 그가 직숙하던 中書와 정사를 처리하는 정사당을 구분하고 있는 것으로 보아야 할 것 같다. 이것은 문하시랑평장사로서 판이부사를 겸한 최보순이 中書에 夜直을 한 사례이지만 후술할 참지정사 金顯의 경우는 문하성에서 直宿을 한 사례가 있다.

『고려도경』에서 보여주는 바와 같이 정사당은 따로 있었고, 중서성에 인접하여 정사당이 위치하여 있었고, 둘 다 정사에 참여하였기 때문에 앞서 이지저의 경우에는 "中書政事之堂"이라 표현하였을 것으로 여겨진다. 이렇듯 中書와 정사당, '중서문하성'과 문하성 및 중서성과의 관계는 판단하기 미묘한 어려운 문제가 있다. 그러나 '중서문하성'은 중서성과 문하성의 합성어로 중서성과 문하성은 분리되어 있었던 기구이고, 그 중서성에 인접하여 정사당이 있었다고 여겨진다.

> ㉯① 甲子 內史門下省火 延燒會慶殿東南廊(『고려사』 권8, 문종 14년 12월)
> ② 丁酉 以去年門下省直宿日有火灾 降參知政事金顯爲左僕射 右散騎常侍崔爰俊判少府監事(『고려사』 권8, 문종 15년 3월)
> ㉰ 後改內史門下省爲中書門下省 以冲爲中書令致仕 冲雖居家 軍國大事 悉就咨焉(『고려사』 권95, 열전 최충)

㉯①에서는 문종 14년 12월에 內史門下省에 화재가 발생하여서 會慶殿 東南廊까지 연소되었다고 한다. 여기서도 당시에 내사성과 문하성에 화재가 난 것인지 단일기구인 內史門下省에 화재가 난 것인지 이 점이 분명하지 않다. ㉯②에서는 지난해에 화재가 발생한 사건에 대해서 문하성에서 직숙하고 있었던 사람들에게 책임을 물어 참지정사 金顯을 左僕射로, 우산기상시 崔爰俊을 判少府監事로 좌천시켰다. 기록

그대로라면 내사문하성에 화재가 난 사건에 대해서 문하성에 직숙하고 있었던 사람들에게 책임을 묻고 있는 것이다.

내사성과 문하성은 인접해 있었고, 회경전 동남랑까지 모두 연소되자면 그 전체가 불에 휘말릴 수 있다. 그렇다면 내사성과 문하성은 분리된 기구로 볼 수 있다. 그러나 이 경우에 직숙한 문하성은 내사문하성을 약칭한 것으로 보아 단일기구인 '내사문하성'에 화재가 난 것으로 보는 견해가 피력되어 있다. 당시 문하성에서 직숙한 관원을 보면, 참지정사 김현은 兩省의 어느 省에도 소속되지 않는 재신이고, 우산기상시 최원준은 중서성 소속의 관원이다. 우산기상시는 중서성 소속의 직원으로 문하성에서 직숙하다가 문책을 당하고 있다. 중서성의 직원이 왜 문하성에서 직숙을 하였는지 잘 이해가 가지 않는다.

이 점을 고려하여 숙직한 문하성을 곧 '내사문하성'을 약칭한 것으로 보아 단일기구인 '내사문하성'에 화재가 난 것으로 보면 그 나름대로 논리는 맞아진다. 그러할 개연성도 충분히 생각할 수 있다. 그렇지만 문하성에 직숙한 사람들에게 문책한 것은 그것이 분리된 기구였기 때문으로 보아야할 것 같다. 앞서 문하시랑동중서문하평장사의 재신으로 中書에서 夜直을 한 최보순과 여기 참지정사 金顯과 우산기상시 崔爰俊이 문하성에서 直宿을 한 예는 중서성과 문하성이 분리된 기구였음을 말해 준다. 하여튼 위의 기록을 숙직한 문하성과 내사성을 합칭한 내사문하성에 화재가 난 것으로 보면『고려도경』에서 말하는 건물배치도와 서로 맞아 진다.

㉣는 최충 열전에 나타나는 기록으로 '내사문하성'이 뒤에 '중서문하성'으로 개편되었다고 하여 단일기구인 것 같이 기록되어 있다. 이 기록을 그대로 믿어야할 것인지, 아니면 내사성만 중서성으로 개편된 것인지 이 점이 분명하지 않다. 최충 열전에 그의 仕路를 보면 靖宗朝에 尙書左僕射參知政事가 된 이후 內史侍郎平章事로 승진하고 이어 門

下侍郎平章事에 遷拜되었다. 최충 역시 兩省의 평장사를 다 역임하였다. 문종이 즉위하자 門下侍中에 除拜된 후 中書令으로 致仕한 뒤, 그의 집에서 軍國의 大事를 모두 나아가 자문하였다고 한다. 최충은 軍國의 大事를 정사당도 '中書'도 아닌, 자기 집에서 자문하였다. 이로 보면 國事에 대한 자문은 반드시 정사당에서만 이루지는 것은 아니었다.

최충이 致仕한 중서령은 문하성에 없는 중서성의 관직이다. 최충은 내사성(중서성)과 문하성의 宰臣職을 두루 역임하였는데, 그의 열전에 '내사문하성'과 '중서문하성'이 단일기구인 것으로 기록한 것은 의문이 간다. 내사성이 중서성으로 개편된 것을 '내사문하성'이 '중서문하성'으로 개편된 것처럼 기록한 백관지의 기록과 같은 오류를 범한 것이 아닌지 의문이 간다. 『고려사』 백관지 문하부조의 기록은 그대로 믿을 수 없다. 중서성은 10職, 문하성은 13職으로 그 관원 구성에 차이가 있고, 관직에 임명된 사례와 변천과정 등을 고려하여 백관지 문하부조의 기록을 다각적으로 분석해 본 결과 문종 15년에는 내사성을 중서성으로 개편한 것이고, '내사문하성'을 '중서문하성'으로 개편한 것이 아니었다. 문하성은 설립된 이후 충렬왕 원년에 첨의부로 개편될 때까지 한 번도 개편된 적이 없었고, 그 사이 문종 15년에 내사성만 중서성으로 개편된 것이다.[56]

　㉣① 高宗十二年 崔瑀置政房於私第 擬百官銓注 選文士屬之 號曰必者赤 舊制 吏部掌文銓 兵部掌武選……謂之政案 中書擬升黜以奏之 門下承制勅以行之(『高麗史』 권75, 選擧3, 銓注)
　　② 吏部掌文銓 兵部掌武選 第其年月 分其勞佚 標其功過 論其才否 具載于書 謂之政案 中書擬升黜以奏之 門下承制勅 以行之國家之法 盖與中原同也(『櫟翁稗說』 前集1)

---

56) 崔貞煥, 「『高麗史』百官志 門下府의 구성과 문제점」, 31~32쪽 ; 崔貞煥, 「고려전기 3省 6部制에 대한 재고찰」, 49~50쪽.

㉳①에서는 고종 12년(1215)에 최우가 私第에 政房을 두고 백관의 銓注를 다룬 기록으로, 「舊制」에는 吏部에서 문반의 인사를, 兵部에서 무반의 인사를 관장하고, 政案을 중서성에서 升黜하여 아뢰면 문하성에서 制勅을 받들어 이를 시행하는 것이라 하였다. 정방이 설치되기 이전에 舊制에서는 3省이 각각 제 기능을 다하고 있었음을 말해 주고 있다. 다시 말하여 「舊制」에는 중서성과 문하성의 기능이 각각 분립되어 있어 중서문하성이 단일기구가 아님을 입증해 주는 것으로 볼 수 있다. 또한 그것은 최우가 사사로이 정방을 설치하여 백관의 인사가 「舊制」대로 시행되지 않았음을 반영하고 있는 것이다. 정방에서 인사문제가 모두 이루어졌다면 3성과 정사당의 기능이 제대로 발휘될 수도 없는 것은 당연한 것이다. 선거지 銓注條의 이 기록대로 라면 「舊制」에는 3省이 엄연히 병립되어 있었다고 할 수 있다.[57]

㉳②의 『櫟翁稗說』에서는 吏部에서 문반의 인사를, 兵部에서 무반의 인사를 관장하고, 政案을 중서성에서 升黜하여 아뢰면 문하성에서 制勅을 받들어 이를 시행하는 것이 國法이고 이는 中原의 제도와 대개 같았다고 한다. 이 기록 역시 내용면에서 앞서 선거지 銓注條의 기록과 거의 비슷하다. 문무 관리의 인사에 상서성(吏部·兵部)과 중서성 및 문하성이 각각 독립하여 그들의 기능을 행사하는 것이 국법이었음을 보여준다. "中書에서 擬升黜하고, 門下에서 承制勅"하는 이 법이 그대로 시행된 것인지는 다소 의문이 간다. 하지만 고려시대 재신들은 상서 6부의 판사를 겸하게 되어 있고, 다음에서 보여주는 바와 같이 二部

---

57) 『高麗史』 권75, 選擧3, 銓注에 나오는 이 기사에 대해서 邊太燮은 앞의 책, 26쪽에서 "중서성과 문하성이 각각 독립하여 그 기능이 달랐으며 상서성과 함께 3성체제를 이루고 있음을 증명하는 것이라" 하였다. 그럼에도 불구하고 앞의 책, 29쪽에서는 고종 12년에 엄연히 중서문하성이 존재하였음으로 「舊制」라고 쓴 것은 중서문하성 체제라고 해석하여 3성 분립의 기능은 행해지지 않았고, 중서문하성은 단일기구라 하였다.

의 판사가 정사당에서 실제로 인사문제의 검열에 참여하고 있다.

神宗 5년에 崔忠獻이 私第에서 문무관을 銓注하여 아뢰면 왕은 머리를 끄떡이고, 二部의 判事는 '政堂'에 앉아 다만 검열만 할 뿐이었다고 한다.58) '政堂'에 앉아 검열한 二部判事는 判尙書吏部事와 判尙書兵部事를 지칭한 것으로 이해되며, 재신이 겸직하는 관직이었다. 최충헌이 政柄을 잡고 인사행정을 전단함으로써 '政堂'에서 재신들은 단순히 검열만 하고 제대로 역할을 수행하지 못하였음을 반영해 주는 것이지만, 정사당의 실체를 인정할 수 있는 자료이다.

그러나 무신집권기에 반드시 그렇게만 이루진 것은 아니었다. 고종 때 任景肅을59) 金紫光祿大夫・政堂文學・吏部尙書・判工部事・太子少傅로 임명하면서 내린 敎書에, 임경숙은 '政堂'으로 나아가 정당문학으로서 國事를 논의하고, 選部(吏部)에서 인재를 가려내고, 判工部事로서 工部(冬官)의 일을 처리한 바 있었다.60) 위에서 논급한 '政堂'은 곧 政事堂을 지칭한 것으로 吏部尙書와 工部判事를 겸직한 宰臣이 정사당에서 실제로 政事를 처리하였던 것이다.

政事堂을 '政堂' '政事之堂' '議政之堂'이라고도 하였음은 이미 지적한 바 있었지만, 무신집권기가 끝나고 왕정복고가 된 개경환도 이후에도 議政之堂이 있었다. 李穀의 「禁內廳事重興記」에 원종 11년(庚午, 1270) 개경還都 이후에 文翰職을 세울 겨를이 없어 이에 옛 議政之堂을 복구해 주었다고 한다.61) 왕정이 복고된 개경환도 이후에도 議政之

---

58) 『高麗史』 권129, 열전 최충헌, "(神宗)五年 忠獻始在私第 與內侍吏部員外郎 盧琯注擬文武官以奏 王頷之 二部判事坐政堂 但檢閱而已 忠獻獨專政柄".

59) 고종 37년 5월에 평장사 임경숙이 知貢擧가 된 바 있다.(『高麗史』 권73, 선거 과목 選場)

60) 『東文選』 권26, 除宰臣朴文成李子晟宋恂任景肅 麻制, "進寵政堂 議事竍憑 學問之精 選部甄人 亦倚銓平之妙 翊扶春禁 剖判冬官".

61) 『東文選』 권70, 禁內廳事中興記, "國初設官 置六局禁中爲文翰職……庚午復 都之後 未遑營構 以文翰官不可一日無其所 乃賜舊議政之堂";『高麗圖經』

堂이 존재했음을 알 수 있다. 文翰官의 소임은 하루라도 없어서는 아니
됨으로 議政之堂을 복구해 주었다고 한 것으로 보아 文翰官과 議政之
堂은 밀접한 관계가 있었음을 알 수 있다. 충렬왕 즉위년에 堤上宮 中
書省을 史館으로 삼았는데 還都이래 史館을 경영하지 못하여 실록을
본궐(堤上宮)의 佛堂庫에 임시로 보관하였다고 한다.[62] 여기서는 堤上
宮 中書省을 史館으로 삼았다 하고, 앞서 이곡은 文翰官의 소임을 위
해 옛 議政之堂을 다시 복구하였다고 하였다. 중서성에는 史館이 있었
고, 국초 禁中에 있었던 文翰職의 文翰官은 還都 이후에는 議政之堂
에서 그 소임을 수행하려 하고 있음을 알 수 있다. 국초 時政의 기록을
관장하던 史館의 監修國史는 시중이 겸직하는 재상의 관직이었다.[63]
충렬왕 34년에 충선왕이 史館(春秋館)을 文翰署와 병합하여 藝文春秋
館이라 하였다.[64] 이러한 史館과 文翰官을 위에서는 중서성에 관련지
어 논급하기도 하고, 議政之堂에 관련지어 설명하기도 하고 있다. 이것
은 중서성이 곧 議政之堂이라고 해석할 수도 있는 것이다. 앞서 정당문
학 李之氐의 사례에서는 "中書政事之堂"이라고 하였다. 이렇게 보면
中書가 '政事之堂'이고, 또한 '議政之堂'이라고 해석할 수 있는 것이
다. 그렇다면 中書가 '政事之堂' '議政之堂'으로 곧 정사당과 연결지을
수 있는 것이다. 그러나 중서성에는 宰臣과 省郞들이 다 참여할 수 있
었지만, 政事堂 '政堂'은 후술하겠지만 재신들만 참여할 수 있는 그 차
이가 있다. 중서성과 정사당은 구별이 되어야 한다.

권5, 宮殿 王府, "大臣五日一見 別有議政之堂".

62) 『高麗史』 권28, 세가 충렬왕 즉위년 9월, "以堤上宮中書省爲史館 還都以來
　　未營史館 奉實錄假藏本關佛堂庫".

63) 『高麗史』 권76, 백관1, 춘추관, "春秋館 掌記時政 國初稱史館 監修國史侍中
　　兼之".

64) 『高麗史』 권76, 백관1, 춘추관, "春秋館……忠烈王三十四年 忠宣 倂於文翰署
　　爲藝文春秋館".

중서성은 명종 26년 4월에 "壽昌宮中書省門"이라 하여 이전에 수창궁에 있었음을 앞서 지적한 바 있었지만, 강화 천도 이전 어느 시기에 堤上宮으로 옮겨간 것 같다. 최소한 명종 26년 이후 고종 19년(1232) 江華 천도 이전의 어느 시기에는 중서성이 제상궁에 있었던 것 같다. 제상궁은 명종 13년에 義昌宮으로부터 제상궁에 移御하였다.[65] 개경환도 이후 원종 15년에 원종이 제상궁에서 죽었고, 충렬왕 원년에 제상궁을 뜯어 五大寺를 수리하였다[66] 한다. 이로 보아 충렬왕 원년에 첨의부로 개편되면서 중서성에 어떤 변화가 일어난 것이 아닌가 한다. 이와 더불어 고려후기 충렬왕 5년에 도병마사가 도평의사사로 개편되어 兩府宰樞로 구성되는 都堂의 기능이 강화되면서부터 정사당에 관한 기록은 보이지 않는다.

Ⅳ. 中書省의 實體와 中書門下省

『고려사』 백관지 문하부조에는 "成宗元年改內史門下省 文宗十五年改中書門下省"이라 하여 내사문하성이 중서문하성으로 개편된 것은 문종 15년이라 하였다. 이와 더불어 중서문하성(내사문하성)에 대한 기록으로 앞서 문종 14년 12월에 "內史門下省火"라 한 것과 崔冲 열전에 "後改內史門下省爲中書門下省"한 것, 그리고 인종 9년(1131) 2월에 임시로 東宮의 位를 中書門下 청사에 설치한 것 등 외에도 중서문하성에 대한 기록이 여러 곳에 보이고 있다. 오늘날 우리 학계에서는 이 '중서문하성'을 단일기구로 정리하여 이것이 정설로 되어 있다.[67] 또한 『고

---

65) 『高麗史』 권20, 명종 13년 윤11월.
66) 『高麗史』 권28, 충렬왕 원년 8월.
67) 邊太燮, 「高麗의 中書門下省에 대하여」, 『歷史敎育』 10, 1967 ; 『高麗政治制度史硏究』, 48쪽에서 고려의 중서문하성은 성종 원년부디 문종 15년까지의

려사』와 『고려사절요』에 '門下省奏' '中書省奏' '中書門下省奏'라는 用例도 많이 산견되고 있다. 이 문제는 중서성에 대한 올바른 해명이 이루어진다면 '中書門下省'을 비롯한 나머지 다른 문제들도 따라서 해명될 수 있으리라 여겨진다.

고려전기 3省體制 하에서 政事의 중심이 되는 기구는 중서성이었다. 중서성의 관원과 문하성의 관원들은 중서성에서 정사를 보았다. 정사당은 그 중서성에 인접해 있었다. 중서성과 문하성 소속의 宰臣과 이에 속하지 않은 재신을 포함한 5宰들은 정사당에서 政事를 처리하였다. 중서성과 문하성의 省郞과 충추원의 樞臣, 그리고 상서성의 관원들은 정사당에 참여할 수 없었다.

인종초에 중서령 李資謙이 中書省에 앉아 宰樞 文武常參 이상은 階上에서, 7품 이하는 階下에서 줄을 이어 陳賀하였다고 한다.[68] 여기서 중서성은 政事를 처리하는 곳임을 알 수 있다. 중서령 이자겸뿐만 아니라 명종 때 문하시중 鄭仲夫가[69] 冢宰로서 중서성에 있었다고 하고,[70]

內史門下省 시기에는 '門下省'이라 약칭하고 문종 15년 이후 충렬왕 원년까지의 中書門下省 시기에는 '中書省'으로 약칭되기도 하였다 하고, 초기의 문하성과 후기의 중서성이라 하는 것은 내사문하성과 중서문하성의 略稱인 것으로 보아 이를 단일기구라 하였다.

朴宰佑, 「高麗前期의 國政運營體系와 宰樞」,『고려 국정운영의 체계와 왕권』, 176쪽에서 역시 중서문하성을 단일기구로 보았다.

朴龍雲, 「高麗時代의 門下侍中에 대한 검토」,『震檀學報』85, 1998 ;『고려시대 中書門下省 宰臣 연구』, 48~49쪽에서는 중서성과 문하성은 분리된 기구가 아닌 단일기구로 보았다.

崔貞煥, 「『高麗史』百官志의 구성과 문제점」, 27~28쪽에서『韓國史通論』을 비롯한 각종 槪說書는 물론 중·고등학교 국사 교과서에까지 그 이론이 반영되어 정설로 되어있음을 지적한 바 있다.

68)『高麗史』권127, 열전 반역 이자겸, "資謙 釋服上官 坐中書省 宰樞文武常參 以上階上 七品以下階下 綴行陳賀".

69)『高麗史』권19, 세가 명종 4년 12월, "壬午 以鄭仲夫爲門下侍中 陳俊參知政事 慶珍知門下省事 奇卓成知樞密院事 宋有仁 爲樞密院副使兵部尙書 李光

명종 9년에 참지정사 李光挺이 京市署令 王寵夫를 中書省에 오게 하여 크게 꾸짖었다고 한다.[71] 명종 21년경에 首相(判吏部事)인 杜景升과 亞相(同中書門下平章事·判兵部事)인 李義旼이[72] 中書에 同坐하여 서로 勇力을 자랑한 바 있다.[73] 神宗 4년에 문하시랑동중서문하평장사 奇洪壽와 참지정사 車若宋이[74] 중서성에 앉아 주고받은 말 가운데 宰相의 職은 '論道經邦'이라 하였다.[75] 이와 같이 중서령 문하시중 평장사 참지정사 등 宰臣들이 중서성에 同坐하여 政事를 처리하였다. 그 중서성을 앞서 仁宗 때 정당문학 李之氐의 사례에서 "中書政事之堂"이라 하여 中書를 정사당이라 하였다. 고종 때 政堂文學·吏部尚書·判工部事에 임명된 임경숙은 '政堂'(정사당)으로 나아가 정당문학으로서 國事를 논의한 바 있었다. 여기서 中書와 政事堂을 구별하여 생각해 볼 필요가 있다.

이미 살펴온 바와 같이 중서성에서는 중서성의 관원과 문하성의 관원이 同坐하여 政事를 처리하였고, 兩省의 어느 곳에도 소속되지 않은 참지정사와 정당문학도 중서성에 同坐하여 政事를 보았다. 그러나 상

挺爲樞密院副使御史大夫".

70) 『高麗史』 권128, 열전 반역 정중부, "初 仲夫爲冢宰 在中書省 有仁以親嫌 未登相位 在樞密累年 潛托內人 拜守司空尚書僕射 及仲夫致仕 乃拜門下侍郎平章事".

71) 『高麗史』 권128, 열전 반역 정중부 이광정, "(明宗)九年 光挺參知政事 嘗以事囑京市署令王寵夫 寵夫不聽 光挺遣電吏 誘至中書省 呵叱之".

72) 『高麗史』 권20, 세가 명종 21년 12월, "甲辰 以杜景升判吏部事修國史 李義旼判兵部事 李奕蕤爲中書侍郎平章事 權節平參知政事判戶部事 趙永仁參知政事政堂文學翰林學士承旨".

73) 『高麗史』 권128, 열전 반역 이의민, "義旼與杜景升 同坐中書".

74) 『高麗史』 권21, 세가 신종 4년 12월, "奇洪壽爲門下侍郎同中書門下平章事……金晙爲中書侍郎平章事 車若松守司空參知政事 崔忠獻爲樞密院使吏兵部尚書御史大夫".

75) 『高麗史節要』 권14, 신종 4년 춘정월, "奇洪壽·車若宋 坐中書省……宰相之職 在於論道經邦".

서성의 관원은 중서성에 들어갈 수 없었다. 尙書左僕射 文孝軾이 親嫌으로 오랫동안 南省(상서성)에 머물러 中書(중서성)에 들어가지 못하였다고 하고,76) 尙書右僕射 崔甫淳은 中書에 들어가 參知政事가 되었다고 한다.77) 이와 같이 상서성의 관원들은 재신직을 띠지 않고는 중서성에 들어갈 수 없었다.

그러나 중서성에는 宰臣들만 同坐한 것이 아니라 省郎도 참여하였다. "인종 14년에 문하성의 起居注 崔誠과 起居郎 鄭知常이78) 中書에 同列해 있었다"79) 하고, 李侃은 中書에 들어가 正言·司諫·起居舍人 및 起居郎이 되어 항상 制誥를 관장하였다.80) 기거주 기거랑은 문하성 소속이고, 기거사인은 중서성의 관원이다. 이들은 모두 省郎(諫官·郎舍)들로서 中書에 들어갔다고 하는 것은 중서성에 들어가 그들의 소임을 수행하기 위한 것이라 여겨진다. 이와 같이 宰臣과 省郎들 그리고 다음에 언급할 承宣도 중서성에 들어간 예는 있으나, 省郎이 정사당에 참여한 예는 보이지 않는다.

예종 7년에 承宣 韓皦如를 중서성에 보내어 北邊 방어책을 의논한 바 있고,81) 예종 12년 12월에 兩府宰樞 회의를 中書에서 개최하여 北邊問題를 宣問한 바 있다.82) 예종 12년 3월에 遼의 침략에 대비하여 왕이 兩府·臺省·侍臣·知制誥·문무3품·도병마판관 이상에게 명하

---

76) 『東國李相國集』 권33, 司空左僕射文孝軾三度乞致仕 依允敎書, "久淹南省 未入中書".

77) 『朝鮮金石總覽』(上), 崔甫淳墓誌, "貞祐 8年(高宗 8년) 庚旋入中書 拜金紫光祿大夫 參知政事".

78) 『高麗史』 권16, 세가 인종 11년 11월, "甲戌 起居郎鄭知常奏".

79) 『朝鮮金石總覽』上, 崔誠墓誌, "(仁宗) 十四年 加起居注吏部郎中……公之在中書同列有鄭知常者".

80) 『朝鮮金石總覽』上, 李侃墓誌, "入中書爲正言·司諫·起居舍人及郎 常掌制誥".

81) 『高麗史』 권13, 예종 7년 11월, "己卯 遣承宣韓皦如于中書省 問禦邊之策".

82) 『高麗史』 권14, 예종 12년 12월, "甲子 命兩府宰樞, 會中書 宣問北邊事宜".

여 중서성에서 회의를 개최한 바 있다.[83] 神宗 2년에 舊制에는 비록 학사직을 띠었지만 臺諫이나 知制誥가 아니면 시종에 참여할 수 없었으나, 이에 이르러 中書에 上奏하여 학사직을 띤 자는 모두 侍臣의 반열에 참여함을 허가하도록 고쳤다.[84] 예종 원년에『海東秘錄』의 正本을 御府에 소장하고 副本을 중서성에 보내어 보관하게 하였다.[85] 중서성에서는 공해전을 받고 있었고,[86] 國印을 중서성에서 갖고 있었다.[87] 중서성은 양부재추와 省郎들 뿐만 아니라 승선들, 그리고 臺省・知制誥・문무3품・도병마판관도 이에 참여하여 北邊문제를 논의한 바 있다. 그리고 학사직 대간 지제고 등이 侍臣의 반열에 참여하는 문제를 중서성에서 모두 처리하였다. 실록과『海東秘錄』을 비롯한 圖書를 보관하고, 國印을 소장하여 고려시대 政事의 중심이 되는 기관이 중서성이었다. '百揆庶務'와 諫諍 封駁을 하는 門下府의[88] 관장업무뿐만 아니라 제반 政事를 중서성에서 모두 처리하였던 것이다. 이러한 중서성을 학계에서는 그것이 '중서문하성'을 약칭한 것으로 보아 '중서문하성'을 단일기구로 정리하여 이것이 정설로 되어 있다.

　唐制에는 중서성을 鳳閣, 문하성을 鸞臺라 칭하였다.[89] 고려에서도 역시 중서성을 鳳閣, 문하성을 鸞臺라 하였다.『東文選』除任元厚門下平章事條에 "임원후가 門下侍郎同中書門下平章事에 제수된 것에 대

---

83)『高麗史』권14, 예종 12년 3월, "王 命兩府・臺省・侍臣・知制誥・文武三品・都兵馬判官以上 會議中書省".

84)『高麗史』권76, 백관1 諸館殿學士, "神宗二年 凡帶學士職者 並許參侍臣之列 舊制雖帶學士 非臺諫・知制誥 則不得與侍從 至是中書奏改之".

85)『高麗史』권12, 예종 원년 3월, "刪定陰陽地理諸家書 編爲一冊以進 賜名海東秘錄 正本藏於御府 副本賜中書省・司天臺・太史局".

86)『高麗史節要』권13, 명종 17년 7월, "樞密副使曺元正 奪中書省公廨田租".

87)『高麗史節要』권12, 명종 원년 10월, "宮闕災……又至 中書省出國印".

88)『高麗史』권76, 백관1 문하부, "門下府 掌百揆庶務 其郎舍掌諫諍・封駁".

89)『新唐書』권47, 백관2 문하성 및 중서성, "垂拱元年 改門下省曰鸞臺……光宅元年改 中書省曰 鳳閣".

하여 鳳閣과 鸞臺의 兩省을 겸하였다"[90] 하고, 文公元 墓誌에도 鸞臺
와 鳳閣을 구별하고 있으며,[91] 명종 때 文克謙의 경우 "兼中書門下兩
省判兵部事"라[92] 하여 중서성과 문하성을 兩省으로 구별하였다.

李奎報가 고종 때 樞密院副使·右散騎常侍에서 知門下省事로 入
相하자,[93] 鴻樞(樞密院)에서 鳳閣(中書省)에 超參하였다고[94] 하는 鳳
閣은 중서성을 의미한다. 또한 그것은 추밀원의 樞臣이 鳳閣에 들어갈
수 없음을 말해 준다. 鄭克溫도 "鳳閣에 올라 知門下省事가 되었다"[95]
하고, 崔甫淳도 "參知政事가 되자 鴻樞에서 鳳閣에 擢登되었다"[96] 하
고, 또한 최보순은 鳳池에 들어가 左右正言·司諫·起居舍人을 3職을
역임하였다 한다.[97] 左正言은 문하성, 우정언은 중서성, 起居舍人은 중
서성의 소속이다. 여기에 나타나는 鳳閣과 鳳池는 중서성을 지칭하고
있는 것이다. 이 鳳閣을 중서문하성의 宰府를 가리키는 것이라는 견해
가 피력되어 있다.[98] 그렇게는 생각되지 않는다. 鳳閣은 중서성을 지칭

---

90) 『東文選』 25, 制誥, "是用金印紫綬 領太尉而贊萬機 鳳閣·鸞臺兼兩省長百
　　辟 以鎭譚譚之府 以增赫赫之瞻 可特授守太尉門下侍郎同中書門下平章事".

91) 『朝鮮金石總覽』上, 文公元墓誌, "凡歷官 皆不出鸞臺·鳳閣".

92) 『高麗史』 권99, 열전 문극겸, "(明宗)十五年 判禮部事……明年 兼中書門下兩
　　省判兵部事 尋權判尙書吏部事".

93) 『高麗史』 권102, 열전 이규보, "特授樞密副使右散騎常侍進知門下省事戶郎尙
　　書集賢殿大學士 陞政堂文學守太尉參知政事".

94) 『東國李相國集』 권31, 謝金紫光祿大夫知門下省事 戶部尙書集賢殿大學士表,
　　"方佩銀章光 拜鴻樞之寵 遽腰金印 超參鳳閣之遊".

95) 『東國李相國集』 권35, 鄭克溫墓誌, "登鳳閣知門下省事 於鳳閣 遷資爲參知
　　政事兼判禮部".

96) 『東國李相國集』 권33, 崔甫淳 讓金紫光祿大夫參知政事集賢殿大學士同修國
　　史判禮部事 不允教書, "直越鴻樞 擢登鳳閣".

97) 『朝鮮金石總覽』(上), 崔甫淳墓誌, "始入鳳池 歷登左右正言·司諫至起居舍人
　　皆兼三字".

98) 邊太燮, 앞의 책, 52~53쪽에서 고려에서도 唐制와 같이 문하성을 鸞臺, 중서
　　성을 鳳閣이라 하였다고 하면서, 또한 鳳閣(중서성)이란 중서문하성을 표시하
　　는 것이라 하여 그것이 단일기구임을 증명하려 하였다.

하는 것으로 여기서 지문하성사 참지정사 등의 재신과 이하 중서성과 문하성의 省郎들도 모두 政事에 참여하였던 것이다. 省郎이 중서성 즉 鳳池에 참여한 예는 있으나 정사당에 참여한 예는 보이지 않는다.

고려말 趙浚의 상서문에 중서령·시중·평장사·참지정사·정당문학의 5宰가 모두 '中書'에 속해 있었다 하고, 李齊賢은 중서성과 상서성을 개편하여 僉議府로 되었다고 하였다. 그러나『고려사』백관지 門下府와 尙書省條에는 '중서문하성'과 상사성을 병합하여 僉議府가 된 것으로 기록하여 그 차이점을 보이고 있다.

> 本朝之制　中書則曰令·曰侍中·曰平章·曰參政·曰政堂　五者法天之五星也(『高麗史』권118, 열전 조준)
>
> 以本國官制　有同於上國　改中書省·尙書省　並爲　僉議府(『益齋亂藁』9, 上)
>
> 文宗十五年　改中書門下省　忠烈王元年　倂尙書省爲僉議府(『高麗史』권76, 백관1 문하부)
>
> 尙書省……忠烈王元年　倂于中書門下爲僉議府　幷罷員吏(『高麗史』권76, 백관1 상서성)

조준이 말하는 중서성에 소속된 5宰 가운데 중서령은 중서성 소속이고, 시중은 문하성, 평장사는 兩省의 평장사, 참지정사와 정당문학은 어느 省에도 소속되지 않은 宰臣이다. 중서령을 빼고 지문하성사를 넣어 5宰라 하는 이제현의 지적도 있지만, 이들은 모두 宰相之職(宰執)으로 중서성과 정사당에서 政事에 참여할 수 있었다. 그러므로 조준은 그가 지적한 5宰 모두를 '中書"에 소속된 관원으로 표현하고 있다. 이제현이 중서성과 상서성을 개편하여 僉議府가 되었다고 한 그 중서성 역시 政事의 중심이 되는 중서성에 兩省의 재신들이 모두 참정하고 있었기 때문에 중서성이라고 했을 것이라 여겨진다.[99]

『고려사』 백관1 문하부조에는 충렬왕 원년에 '중서문하성'과 상서성을 병합하여 첨의부로 개편하고, 상서성條에는 상서성과 '中書門下'를 병합하여 첨의부가 된 것으로 나타나 있다. '중서문하성'과 상사성을 병합하여 僉議府로 되었다고 하는 '중서문하성'은 중서성과 문하성의 합성어로 이를 단일기구로 볼 수가 없다. 요컨대 중서성과 문하성의 省郎들과 재신들이 모여 政事를 처리하는 곳이 중서성이고, 그 안에는 재신들이 議政하는 정사당이 있었다. 따라서 백관지 문하부조의 기록 '中書門下省'은 중서성과 문하성의 합성어로 보아 충렬왕 원년에 중서성 문하성 상서성의 3성을 병합하여 僉議府로 개편된 것으로 정리할 수 있다.

『고려사』 백관1 문하부조에 의하면 충렬왕 원년에 중서령은 일시 폐지하여 두지 않았고, 문하시중을 僉議中贊으로 개편하여 좌우 각1인을 두었다. 평장사는 전기의 門下侍郎平章事 中書侍郎平章事 門下平章事 中書平章事 4평장사를 僉議侍郎贊成事 僉議贊成事로 개편하여 문하성과 중서성의 구별을 없애고 이를 통합하여 첨의부 소속의 찬성사로 나타나고 있다. 참지정사는 僉議參理로, 정당문학은 參文學事로, 지문하성사를 知僉議府事로 개편하여 모두 첨의부 소속의 관원으로 되었다. 전기의 참지정사와 정당문학은 중서성과 문하성의 兩省에 다 참정을 하는 재신이었는데 비하여, 충렬왕 원년에 첨의부로 통합된 이후부터는 첨의부 소속으로 재신이 된 것이다. 省郎은 전기에 "左門下右中書"라는 좌·우직으로 구분이 되었으나, 충렬왕 원년(1275)에 僉議府로 개편된 이후부터는 첨의부라는 단일기구 안에서 좌·우직으로 구분되었다.100)

---

99) 邊太燮, 『高麗政治制度史硏究』, 49쪽에서 趙浚이 지적한 '中書'와 李齊賢이 말한 中書省은 중서문하성을 가리키는 것이라 하였다.

100) 崔貞煥, 「『高麗史』百官志 門下府의 구성과 문제점」, 42~48쪽.

VI. 맺음말

지금까지 살펴온 바를 요약하여 맺음말에 대신하고자 한다. 성종 원년(982)에 崔知夢이 수내사령에 임명된 예를 시초로 하여 문하시중, 평장사, 참지정사 등 唐制를 수용하여 신설된 3省制 하에서 내사성과 문하성의 宰臣들이 점차적으로 임명되면서 宰相制度가 성립되기 시작하였다. 이렇게 성립되기 시작한 재상제도는 성종 14년을 전후하여 그 운영에 새로운 변화가 일어났고, 그것이 제도적으로 정비된 것은 내사성이 중서성으로 개편되는 문종 15년이었다.

고려에서는 ‘法唐體宋’이라 하여 唐制를 바탕으로 宋制를 채용한 것이 많지만, 宰相制度는 唐制와 다르고 宋制와도 다른 차이점이 있었다. 唐 초기에는 상서령 중서령 문하시중 三省장관을 재상으로 삼고, 政事堂에서 사무를 보았다. 政事堂은 먼저 門下省에 설치하고, 후에 中書省으로 옮겼다가 開元(713~741)년간에 中書門下로 改稱하였다. 송은 3성제를 유지하면서 禁中에 별도로 中書(中書門下)를 설치하여 이를 정사당이라 하였다. 唐·宋制에서는 중서성을 정사당이라 하고 中書門下라고도 하였다. 고려의 재상제도는 唐制와는 유사성을 찾을 수 있으나 宋制와는 거리가 멀다.

고려시대 중서령과 상서령 및 樞臣은 尙書 6部의 判事를 겸한 예가 없고, 일반적으로 6부의 판사를 겸할 수 있는 5宰는 門下侍中 平章事 參知政事 政堂文學 知門下省事였다. 이를 省宰라고도 하고 中樞院의 樞臣과 구별하여 眞宰라 하였다. 고려시대 宰臣은 중서성과 문하성에 소속된 재신도 있었지만, 兩省의 어느 省에도 소속되지 않은 재신을 포함해서 5宰로 宰府를 구성하였다. 이들이 政事를 의논하고 처리하는 곳을 政事堂이라 하였다.

『고려도경』에 중서성과 문하성의 청사가 분리되어 있고, 王府의 內

府에 大臣들이 일을 보는 '議政之堂'(政事堂)이 별도로 있었다고 한 것은 올바른 지적이었다. 중서성은 壽昌宮에 있었고, 정사당은 御所가 있는 帳殿의 서편에 있었다. 중서성은 한때 壽昌宮에 있다가 堤上宮으로 옮겨간 적이 있다.

고려전기 3省體制 하에서 政事의 중심이 되는 기구는 중서성이었다. '中書'를 '議政之堂' '中書政事之堂'이라 하여 중서성에 비정되기도 하였지만, 대체로 정사당을 지칭한 것이었다. 宰樞와 省郎 등이 政事에 참여하는 중서성과 宰臣들로 구성되는 政事堂과는 서로 구별이 되었다. 고려시대는 唐制에서와 같이 중서성을 鳳閣, 문하성을 鸞臺라 하여 서로 구별하였다. 省郎들이 중서성(鳳池)에 참여한 바는 있으나, 정사당에 참여한 예는 보이지 않았다.

중서성에서는 宰樞와 省郎 및 承宣·臺省·知制誥·문무3품·도병마판관 등이 北邊문제를 논의한 바 있고, 學士職 臺諫 知制誥의 侍臣 반열에 참여하는 문제 등 제반 政事를 논의하여 처리하였다. 또한 중서성은 실록과 『해동비록』을 비롯한 圖書를 보관하고, 國印을 소장하여 政事의 중심기관이 되어 있었다. '百揆庶務'와 諫諍 封駁을 하는 門下府의 관장업무뿐만 아니라 제반 政事를 중서성에서 모두 처리하였던 것이다. 이러한 중서성을 학계에서는 그것이 '중서문하성'을 약칭한 것으로 보아 '중서문하성'을 단일기구로 정리하여 이것이 정설로 되어 있다. '중서문하성'은 중서성과 문하성의 합성어로 그것은 단일기구가 아니었다.

『고려사』백관지 문하부와 상서성조에 '중서문하성'과 상서성을 병합하여 僉議府로 개편된 것 같이 기록한 '중서문하성'은 중서성과 문하성의 합성어로 이를 단일기구로 볼 수가 없다. 충렬왕 원년에는 중서성·문하성·상서성의 3성을 병합 혁파하여 僉議府로 개편하였다. 宰臣은 물론 省郎들 모두 첨의부라는 단일기구 안에 편성되었다. "左屬門下

右屬中書"라는 좌・우직의 구분도 첨의부라는 단일기구 안에 그러한 구분이 이루어졌다.

　고려후기에 宰相職의 운영에 새로운 변화가 일어났다. 전기에 일부 재신은 僕射나 6部尙書 등의 실직을 지녔거나, 지니고 재신이 되어 재신으로 겸할 수 있는 판사직을 겸직하였다. 그러나 충렬왕 원년 이후부터 재신이 상서 등 실무직을 지니는 예는 점점 사라지고 최종적으로 문하부로 개편되어 갔다. 후기에 宰樞로 구성되는 도당의 구성원 변화와 그 기능이 확대 강화되면서 정사당에 관한 기록은 보이지 않았다. 정사당과 도당과의 관계를 새로이 해명하는 문제는 재상의 국정운영과 그 변화과정을 이해하는 데 간과할 수 없는 중요한 문제이다. 이에 대해서는 稿를 달리하여 다루고자 하였다. 이 연구가 고려의 중앙관제가 2성6부가 아니라 3성6부제임을 밝히는 데 조그마한 보탬이 되었으면 한다.

고려전기 6部 判事의 운영과 권력관계

박 재 우

Ⅰ. 머리말

『高麗史』百官志를 보면 6部에는 장관인 尙書 위에 判事가 설치되어 있고 이들 判事는 '宰臣兼之'로 되어 있는데, 이 기록은 宰臣과 6부의 권력관계를 이해하는 중요한 자료로 이용되어 왔다.

이에 대한 관심은 변태섭이 처음으로 제기하였다.[1] 그에 따르면 재신은 班次에 따라 6부 판사를 할당받았고 6부의 순서에 따라 자동적으로 겸대하였다. 6부 판사는 宰臣과 守司空左右僕射가 겸했으며 樞臣은 겸하지 못했다. 6부 판사는 각기 本部에서 중요사를 의논 결정하고 尙書를 통령하는 직권을 가지고 있었으므로, 宰臣의 6부 판사 겸직은 尙書省의 권력을 中書門下省에 흡수시키는 결과를 가져왔다. 다만 判事는 各部에 상주한 것이 아니며 중요사만 결정하는 데 참여했다고 하였다.[2]

한편 6부는 都省의 僕射나 中書門下省의 宰相을 통하지 않고 직접

---

1) 邊太燮, 「高麗宰相考 -3省의 權力關係를 중심으로 -」, 『歷史學報』 35 · 36. 1967/『高麗政治制度史研究』, 일조각, 1971.

2) 邊太燮은 宰臣의 6부 판사직은 형식적인 것이 아니라 재신 판사가 직접 各部에서 시무를 하는 실질적인 제도였다고 하였다.(邊太燮, 「高麗時代 中央政治機構의 行政體系」, 『歷史學報』 47, 1970/ 『高麗政治制度史研究』, 일조각, 1971)

上奏하여 직무상 국왕과 직결되는 관계였다.[3] 이에 반해 中書門下省은 議政機關으로서 6부를 직접 관할하는 행정체계를 갖지 못하는 대신 6부가 上奏한 문제를 왕이 결정하는 과정에서 宰相에게 의논하는 기능을 가졌다. 그래서 고려의 정치제도는 재상권의 집중을 저지하고 왕권 행사에 유리했다고 하였다.[4]

그러나 재상권도 만만하지 않아 宰樞는 本司에서 시무하고 6부의 판사와 상서를 겸하며 식목도감과 도병마사의 회의원이 되어 권력이 적지 않았다. 재상권의 本源은 정치기구를 초월하여 議政權을 가지고 정책을 입안 결정한 것으로, 문벌귀족이 宰樞를 점유했기 때문에 이러한 관제외적인 지위가 나타날 수 있다고 보았다.[5]

이러한 논지는 이후 학계에 수용되어 6부를 둘러싼 권력관계 이해의 골격을 형성하였는데, 다만 연구자에 따라 강조점이 조금씩 달랐다. 강진철은 6부 판사와 6부 直奏의 관계에 대해 말하면서, 제도상으로 재상이 6부 판사가 되어 6부를 통솔하는 것으로 되어 있지만, 국왕과 6부 尙書의 직결 관계에서 6부 판사제도가 법제 그대로 운영되었을까 하는 의문을 제기하였다.[6] 이는 6부의 直奏에 더 큰 의미를 부여하는 관점이다.

반면에 宰臣의 6부 판사 겸직의 의미를 더욱 강조한 것이 박용운이다. 그는 宰臣이 6부 판사를 겸직하도록 제도화한 것은 권력구조상 커다란 의미를 지니며, 게다가 추밀이 상서를 겸직하는 사례도 많아 6부는 宰樞의 통제에 놓이게 되었다고 하였다. 즉 宰樞는 의정기능을 하고 6부를 장악하여 권한이 강화되었는데, 이는 왕권에 대한 제약적인 요소로 작용했다고 하였다.[7]

---

3) 변태섭, 「중앙의 통치기구」, 『한국사』 13, 1993.

4) 邊太燮, 「高麗의 政治體制와 權力構造」, 『韓國學報』 4, 1976.

5) 邊太燮, 위의 논문, 1976, 32쪽.

6) 姜晉哲, 「邊太燮著 『高麗政治制度史研究』書評」, 『歷史學報』 52, 1971.

또한 宰臣이 겸하는 6부 판사제도가 마련된 상황에서 6부 直奏 제도가 어느 정도 실효성을 가졌을지 의문이다. 판사제가 없는 조선에서 6조직계제를 채택함으로서 얻을 수 있었던 왕권강화와 같은 효과를 고려는 거두기 어려웠을 것이라고 하였다.[8] 이는 재상권을 강조하는 입장으로, 고려의 정치체제가 貴族的 성격을 가진 것으로 보는 그의 관점에서 나온 것이었다.[9]

박용운은 최근 6부 판사에 대한 좀 더 체계적인 연구를 냈다.[10] 이에 따르면, 6部 判事는 해당 관서의 관장 사항 전반을 총괄하여 실질적인 권한을 가지고 各部에서 시무하는 매우 직접적이고 강력한 제도였다. 판사의 서열은 종래의 이해와 달리 이부, 병부, 호부, 예부, 형부, 공부

---

7) 박용운, 「중앙정치체제의 권력구조와 그 성격」, 『한국사』 13, 1993. 박용운이 고려의 왕권이 상대적으로 강하지 못했다고 평가하는 근거로서 6부 판사제도를 제시하고 있는 논문으로는 다음의 것도 있다. 朴龍雲, 「高麗時代의 宰臣과 樞密과 6部尙書의 관계를 통해 본 權力構造」, 『震檀學報』 91, 2001/『高麗時代 中樞院 硏究』, 고려대학교 민족문화연구원, 2001.

8) 朴龍雲, 『고려시대사』(상), 일지사, 1985, 114~115쪽. 이후 6부 판사에 대한 朴龍雲의 논지의 가장 중요한 부분을 차지하였다.

9) 이러한 관점은 朴龍雲, 위의 책, 1985, 116쪽과 앞의 논문, 1993, 150~152쪽에서 확인되며, 臺諫에 관한 연구인 『高麗時代 臺諫制度 硏究』, 일지사, 1980에서 이미 표명된 것이었다. 이러한 관점은 內史門下省을 귀족정치를 지향하는 儒臣세력이 중심 기구로 내놓은 것이라고 했던 李泰鎭, 「高麗 宰府의 成立」(『歷史學報』 56, 1972)에서도 확인되고, 또한 李基白, 「貴族的 政治機構의 成立」(『한국사』 5, 1975/『高麗貴族社會의 形成』, 일조각, 1990)에서도 확인되는데, 李基白은 고려의 3省體制는 국왕을 정점으로 한 관료적 행정체계를 갖추고 있었다기 보다는 행정기관을 합의제적인 기구 밑에서 통제하게 하고, 위로는 왕권을 견제하고 옆으로는 행정기관을 감찰하는 기구들을 중요한 위치에 놓고 있었다는 점에서 귀족적 성격을 가진 것이라고 규정하였다. 하지만 邊太燮은 앞의 논문, 1976, 35쪽에서 6부를 비롯한 정치기구가 정상 기능을 발휘하고 있었다는 점에서 정치제도의 행정적이며 관료적인 면을 인정하였다.

10) 朴龍雲, 「高麗時代의 6部判事制에 대한 考察」, 『고려시대연구』 II, 2000/『高麗時代 尙書省 硏究』, 경인문화사, 2000.

의 순서로서, 이는 전통적인 周 이래의 서열에서 실권이 많은 병부를 호부 앞에 세운 데 따른 결과였다.

특히 그는 6부가 直奏한다고는 하지만 그 자체가 이미 宰臣의 통할 하에 이루어지는 것이며, 中書門下省을 경유하지 않는다고 하지만 그 곳 소속의 宰臣을 경유하는 것이나 마찬가지여서, 6부 판사제도에 따른 宰臣의 6부 통할권이 훨씬 본질적이며 권력구조에서도 여기에 무게가 실려 있다고 하였다.

그런데 기존 연구는 재신이면 당연히 6부 판사를 겸직하였고, 6명의 판사는 모두 竝存했던 것처럼 생각하는 경향이 있었다. '재신은 반차에 따라 6부 판사를 할당받아 자동적으로 겸대하였다'는 표현에서 이러한 점을 읽을 수 있다. 만약 6부 판사제도가 재신이 6부를 장악하는 제도 적 장치였다면, 재신이 6부를 장악하기 위한 가장 좋은 방법은 6명의 판사 '전체'를 겸직하는 것이다. 그렇지 않다면 이른바 재신의 6부 통할 권의 의미는 크지 않을 것이다. 그러므로 기존 연구가 이런 전제 속에 서 이루어진 것은 당연한 것이었다.

이렇게 보면 6부 판사제도의 운영상 특징을 이해하기 위해 가장 필 요한 것은, 특정 시점에 병존한 재신은 몇 명이며, 그들 중에 6부 판사 에 임명된 것은 몇 명인가, 그리고 6부 판사는 '모두' 임명되어 竝存했 는가 등의 지식이다. 이는 재신의 6부 '장악' 여부를 이해하는 데 매우 중요한 지식이다.

그래서 본 연구는 재신이 6부 '전체'를 '장악'했는지를 살펴보기 위해 재신과 6부 판사 각각의 임명 숫자를 조사하고, 임명된 6부 판사의 竝 存 유형과 그런 유형이 나타난 이유를 밝히며, 나아가 6부 판사제도와 6부 直奏의 관계를 밝혀 고려 권력관계의 특징을 밝히고자 한다.

한 가지 생각할 것은 이러한 방법론이 효용성을 갖기 위해서는 자료 가 충분해야 한다는 점이다. 즉 고려전기의 재신과 6부 판사에 관한 기록이 가능한 한 누락이 없어야 한다. 하지만 누락이 전혀 없을 가능성은 거의 없다. 이러한 점에서 본 연구는 기존 연구가 그러했듯이 자료의 한계를 가지고 이루어진 것이다. 다만 이러한 한계를 조금이라도 극복하기 위해 본 연구는『고려사』『고려사절요』등의 연대기 자료는 물론, 인사 기록이 잘 남아 있는「묘지명」과 같은 금석문을 비롯한 고려 전기 인사 기록을 모두 활용하여 연구에 이용하였다.

그런데 본 연구가 이용한 자료 중에 재신은 약간의 누락이 있더라도 연대기에 가능한 한 충분히 수록되었을 가능성이 크다. 왜냐하면『고려사절요』의 범례에 따르면, "大臣의 封拜와 罷免, 賢士의 出處의 始終은 다 쓴다"고 되어 있어, 宰臣은 가능한 한 많이 수록되었음을 짐작할 수 있다. 그리고「묘지명」과 같은 자료를 보아도『고려사』나『고려사절요』에 나와 있는 재신 외에 새로운 인물이 거의 나오지 않는 것도 연대기의 宰臣 기록에 누락이 많지 않을 가능성을 상정하게 한다.

6부 판사는 이러한 추정을 가능하게 하는 자료가 없어 다소의 설명이 필요하다. 분명한 것은 어떤 시점에 6명의 판사가 기록에 모두 나타나지 않는다고 해서 단지 우연한 사료의 결핍으로만 볼 수는 없다는 점이다.

이러한 사실은 刑部의 판사를 살펴보면 이해에 도움이 된다. 판형부사는 신종 즉위년의 于述儒를 마지막 사례로 고려후기에는 전혀 나타나지 않는다.11) 이에 대해 박용운은 '이런 현상을 사료의 결핍이나 또는 다른 이유를 들어 설명하기는 어려울 듯싶고 일단 사유는 잘 알 수 없지만 판형부사는 이른 시기부터 제대로 운영되지 않았다'고 해석했다.12) 필자는 박용운이 판형부사의 不在를 단순히 사료의 결핍으로 보지 않으려는 해석에 전적으로 동의한다.

---

11) 박용운, 위의 책, 2000, 187~194쪽, <표 5> 판상서형부사 역임자 참고.
12) 박용운, 위의 책, 2000, 107쪽.

그런데 형부에 판사가 임명되지 않았다는 것은 형부가 고려에서 매우 중요한 관부였다는 사실을 생각건대 상당히 의외이다. 고려의 국가행정에서 刑部의 비중이 높았음은 현종대에 6부의 屬司를 대부분 폐지했을 때에 노비소송 문제를 관장하는 형부 소속의 都官은 폐지하지 않았다는 점에서도 충분히 확인된다.

이렇게 중요한 관부에 재신이 겸직하는 판사가 없다는 것은, 6부 판사제도를 재신의 6부 장악으로 해석하고 있는 기존 입장에 서면 이해하기가 더욱 어렵다. 하지만 관점을 달리 한다면 전혀 이해하지 못할 것도 아니다. 즉 6부 판사제도가 법제상에는 6명의 판사로 구성되어 있지만 실제 상황에서는 좀 더 탄력적으로 운영되어 반드시 6명을 모두 임명해야만 하는 제도가 아니었다면, 형부의 판사가 不在한 이유를 설명할 수 있는 것이다.

본론에서 말하겠지만 고려전기의 6부는 刑部 외에 다른 관부도 각각 판사가 不在한 공백 기간이 상당 기간 있었다. 이는 박용운이 조사한 6부 판사의 역임자에 대한 각각의 <표>에서도 확인되는데, 그는 판이부사의 경우에 일부 누락을 인정하면서도 공백 기간이 더 길었던 刑部를 비롯한 禮部, 工部의 판사가 대략 정상적으로 운영된 것으로 보고 있다.[13] 필자 역시 박용운의 판단에 동의한다.

사실 고려전기의 6부 판사는 개별 판사에 따라 단순히 누락으로만 해석하기 어려운 정도의 상당 정도의 공백 기간이 있는 경우가 있었다. 이러한 공백 기간은 그냥 누락이 아니라 원래 임명되지 않았을 가능성이 있는 것이다.

그렇지 않다면 6부 판사제도가 현종 12년 12월에 처음 시행되었음에도 불구하고, 판형부사는 문종 4년 정월에야 金元沖의 사례가, 심지어 판공부사는 숙종 10년 6월에 가서야 金景庸의 사례가 처음 나타나는

---

13) 박용운, 위의 책, 2000, 107쪽, 137쪽.

것을 설명하기가 쉽지 않을 것이다. 물론 이러한 현상은 6부 판사의 제도 운영이 허용한 범위 안에서 그런 결과가 나타난 것으로 이해하는 것이 옳다고 생각된다.

예를 들어 공백 기간이 가장 적었던 判吏部事만 보아도 판사가 없는 기간이 모두 누락만은 아니었다. 고려전기에 판이부사는 35사례가 확인되는데,[14] 이들 사례를 보면 신임이 임명되면서 같은 시점에 전임이 물러나는 경우가 많았으나, 그렇지 않고 전임이 물러났으나 신임이 곧장 임명되지 않고 일정 기간 후에 임명되는 경우가 있었다.

구체적으로 살펴보면, 판이부사였던 李子淵이 문종 15년 8월에 사망하자 당시 문하시랑평장사 王寵之가 재신 서열 1위였으나 4개월 후인 15년 12월에 가서 판이부사에 임명되었다. 상황으로 보아 다른 판이부사가 있었는데 누락된 것은 아닌 것 같고 추정하기는 都目政의 시점을 기다린 것이 아닌가 한다.

이런 방식으로 공백이 생긴 것으로 추정되는 것은 앞의 사례 외에 서눌의 사망과 황주량의 임명 사이의 7개월, 왕총지의 사망과 최유선의 임명 사이의 10개월, 이오의 사망과 김경용의 임명 사이의 5개월, 오연총의 사망과 이위의 임명 사이의 1개월, 이자겸의 사망과 이공수의 임명 사이의 1개월, 최홍재의 파면과 문공미의 임명 사이의 5개월, 문공미의 파면과 김부식의 임명 사이의 1개월, 고조기의 좌천과 김영관의 임명 사이의 2개월, 양원준의 사망과 박순충의 임명 사이의 1개월, 최윤의의 사망과 이지무의 임명 사이의 4개월 등이 있다. 이들 공백의 시기는 판이부사가 없었기 때문에 吏部는 판사가 없이 운영되었다.

이들과 달리 공백 기간이 상당히 길었던 사례도 있다. 최유선의 사망

---

14) 박용운은 위의 책, 2000, 117~137쪽의 <표 1> 판상서이부사 역임자에서 38사례를 제시했으나, 최사제는 추증 관직이고, 위계정과 유필도 치사 또는 추증의 가능성이 있어 본 논문에서는 숫자에서 제외하였다.

과 이정공의 임명 사이의 11년 3개월, 최사추의 은퇴와 최홍사의 임명 사이의 2년 5개월, 김부식의 변동과 임원애의 임명 사이의 3년 8개월이 그것이다. 이들은 공백 기간이 길어 이 기간 동안에 판이부사에 임명된 인물이 있었으나 기록상 누락되었을 가능성이 있는 사례들이지만, 자세히 살펴보면 전적으로 누락으로만 보기도 어려운 점이 있다.

예를 들어 판이부사 崔惟善이 문종 29년 정월에 사망한 후에 선종 3년 4월에 李靖恭이 새로 임명되기까지 11년 3개월 동안 판이부사에 관한 기록이 나타나지 않는다.

판이부사 崔惟善이 사망한 문종 29년 정월 당시 재신 서열 1위는 중서시랑 金行瓊이었지만 판이부사에 임명된 기록이 없고, 이징망이 좌복야 판병부사, 최유부가 우복야 판형부사로 있었을 뿐이다. 29년 7월에 재신의 서열 2위 李頲이 이징망을 대신해서 판병부사가 되었으나 31년 5월에 사망하면서 6부판사에는 판형부사 최유부만 있었다. 31년 11월에 서열 1위를 유지하고 있던 김행경이 판병부사가 되면서 처음으로 6부 판사가 되었고, 같은 시점에 이정 사망 후에 서열 2위로 있던 참지정사 鄭惟産이 판예부사에가 되었는데 그는 34년 9월에 은퇴했다. 35년 정월에 참지정사 金良鑑이 판병부사에 새로 임명되면서 김행경은 물러났고, 또한 문하시랑 文正이 새로 재신 서열 1위가 되면서 판예형부사를 겸직하자 최유부도 물러난 것으로 보인다.

그렇다면 적어도 김행경이 서열 1위로서 판병부사에 임명된 문종 31년 11월에서 35년 정월까지는 판이부사가 없었던 것으로 이해된다. 뿐만 아니라 35년 정월에 새로 서열 1위가 된 文正은 판예형부사가 되고 있을 뿐 그가 판이부사에 임명된 흔적은 확인되지 않는다. 그러다가 선종 3년 4월에 그동안 文正보다 서열이 낮았던 李靖恭이 문하시중 판이부사에 임명되면서 재신 서열 1위가 되고 있어, 이 무렵에 文正은 은퇴한 것으로 보인다. 그렇다면 문종 35년 정월에서 선종 3년 4월까지도 판이부사의 임명이 없었을 가능성이 있다.

이처럼 전임이 물러난 후에 단순히 都目政의 시기를 기다리는 정도가 아니라 해당 판사가 아예 임명되지 않은 경우도 존재했던 것이다.

이렇게 보면 6부 판사의 기록이 나타나지 않는 경우에 일부 누락의 가능성을 인정하더라도 상당 부분은 실제로 임명되지 않았기에 기록이 없는 것으로 이해할 수 있겠다. 본 연구가 이용한 재신과 6부 판사에 관한 기록은 이런 정도의 특징이 있음을 밝혀두는 바이다.

Ⅱ. 재신과 6부 판사의 숫자

고려전기 재신의 6부 판사 겸직에 대하여 검토하기 위해 우선 살펴볼 것은, 宰臣이라고 해서 모두 6부 판사를 겸직한 것은 아니었다는 점이다. 『高麗史』 百官志에 수록된 6부 판사에 대한 '宰臣兼之' 규정을 흔히 宰臣이면 6부 판사를 의례히 겸직하는 것처럼 이해하는 경향이 있었지만 실상은 달랐다. 이 문제는 재신과 6부 판사의 숫자를 비교하면 쉽게 알 수 있다.

이러한 운영방식은 제도의 성립 초기부터 그랬는데, 주지하다시피 6부 판사제도가 처음으로 나타나는 현종 12년 12월 당시에는 竝存해 있던 5명의 宰臣 중에 문하시중 崔士威 1명만 판이부사를 겸직했을 뿐이며 다른 宰臣은 6부 판사에 임명되지 않았다. 현종 16년 정월에 문하시랑평장사 庾方이 판병부사, 내사시랑평장사 蔡忠順이 판예부사에 추가로 임명되면서 崔士威와 함께 6부 판사가 3명으로 늘어났을 때도, 6부 판사가 처음 임명된 이후 당시까지 활동한 전체 8명의 宰臣 중에 문하시랑평장사 崔沆, 내사시랑평장사 李龔, 참지정사 李周憲, 朴忠淑, 徐訥 등 5명은 6부 판사에 임명되지 않았다.

이러한 상황을 제도 성립 초기의 현상으로 생각해 볼 수도 있으나 그렇지는 않았다. 다음 <표 1>은 6부 판사가 처음 임명된 시기의 현종에서 의종까지 '국왕별'로 당대에 재신과 6부 판사 각각에 재임 또는 임명된 인물의 전체 숫자를 조사한 것이다.

<표 1> 고려전기 국왕별로 확인되는 宰臣과 6部 判事의 전체 숫자 비교

	현종	덕종	정종	문종	선종	헌종	숙종	예종	인종	의종
재신	13명	7	11	26	15	9	17	23	34	29
6부 판사	4명	2	5	9(3)	6	4(1)	10(3)	18(1)	25	22

* 1. 국왕별로 당대의 재신 및 6부 판사의 전체 숫자를 조사하였다.
  2. 국왕별로 당대의 인물의 전체 숫자를 비교한 것이어서, 전왕대의 인물이 다음 왕대에 계속되어 재임의 형태로 중복되더라도 각 국왕별 상황을 이해하기 위해 각각의 국왕에 중복해서 모두 계산해 넣었다.
  3. 재신과 6부 판사를 비교한 것이어서 추밀, 복야, 상장군으로서 6부 판사가 된 인물의 숫자는 제외했다. 다만 이들 중에 이후 재신으로 승진한 다음에 계속 6부 판사를 역임한 경우는 따로 (괄호) 안에 표시했다.

이를 보면 현종대는 해당 시기의 재신이 전체 13명인데 그중에 4명만 6부 판사를 겸직했고, 덕종대는 재신이 전체 7명인데 그중에 2명만 6부 판사에 임명되었음을 뜻하는데, 이러한 점은 다른 국왕의 시기도 마찬가지다.

구체적으로 살펴보면 예를 들어, 靖宗代 재신은 서눌, 유소, 이단, 황보유의, 유징필, 황주량, 최제안, 최충, 이작충, 황보영, 김영기 등 11명이었는데, 이들 중에 6부 판사에 임명된 인물은 판이부사에 徐訥, 판호부사에 皇甫兪義, 판예부사와 판이부사에 黃周亮, 판호부사에 崔齊顏, 판예부사에 李作冲 등 5명뿐이었다. 이들 외에 유소, 이단, 유징필, 최충, 황보영, 김영기 등 6명은 재신이기는 했지만 6부 판사에 임명되지는 않았다.

이처럼 고려전기에는 국왕별로 확인되는 재임 또는 임명된 宰臣의 전체 숫자가 예외 없이 같은 시기에 6부 판사에 재임 또는 임명된 전체 숫자보다 더 많았다. 비록 재신으로서 6부 판사에 임명된 비율이 12세기에 들어 높아지기는 했지만 6부 판사에 임명되지 않은 재신은 국왕별로 여전히 적지 않게 존재하였다. 이렇게 되면 국왕별로 6부 판사에 임명되지 않은 宰臣이 항상 있게 되는 것이다.

이러한 경향은 고려전기 '전 기간'에 재임 또는 임명된 재신과 6부 판사의 전체 숫자를 비교해도 마찬가지다. <표 1>은 국왕별로 확인되는 재신과 6부 판사의 숫자를 비교하기 위해 전왕대의 인물로서 다음 왕대에 재임의 형태로 중복된 경우도 각 국왕별 상황을 이해하기 위해 각각의 국왕에 중복해서 계산한 것이다. 그러므로 전왕대의 인물로서 다음 왕대에 이어져 중복되는 경우를 제외하고 고려전기 전 기간의 인원을 합치면 전체 숫자를 알 수 있다.

이러한 방식으로 6부 판사가 임명된 시기의 현종에서 의종까지 고려전기의 전 기간에 임명된 재신의 전체 숫자를 살펴보면 모두 140명이었는데,[15] 그 중에 재신의 지위로서 6부 판사에 임명된 인물은 84명이었고, 추밀, 복야, 상장군으로서 6부 판사를 겸했다가 이후 宰臣으로 승진하여 계속 6부 판사를 겸직한 경우를 포함하면 91명이었다.[16] 다시

---

15) 성종에서 의종까지 고려전기 전 기간의 재신의 전체 숫자는 164명이며, 본문에서 파악한 140명은 6부 판사가 임명된 시기의 현종에서 의종까지의 재신의 전체 숫자를 계산한 것이다.

16) 다음 <표>는 6부 판사가 임명된 시기의 현종에서 의종까지 국왕별로 각각 '새로' 임명된 재신과 6부 판사의 숫자를 비교한 것이다.

<표> 고려전기 국왕별로 각각 새로 임명된 宰臣과 6部 判事의 숫자 비교

	합계	현종	덕종	정종	문종	선종	헌종	숙종	예종	인종	의종
재신	140	13명	2	6	22	11	3	13	18	28	24
6부판사	84(7)	4명	1	3	8(3)	5	1(1)	7(2)	15(1)	20	20

* 1. 국왕별로 새로 임명된 재신 및 6부 판사의 숫자를 조사하였다.
  2. 전왕대의 인물로서 다음 왕대까지 계속된 경우는 숫자의 중복이 생기므

말해 고려전기의 재신 중에 56명(처음에 추밀, 복야로서 6부 판사를 겸직했다가 재신으로 승진한 다음에 계속 6부 판사를 겸직한 경우까지 제외하면 49명)은 宰臣에만 임명되었을 뿐 6부 판사에는 전혀 임명되지 않았던 것이다.

이렇게 본다면 고려전기에는 현종에서 의종까지 '국왕별'로 계산하든, '전 기간'으로 계산하든 宰臣에는 임명되었으나 6부 판사를 겸직하지 않은 경우가 적지 않았음을 알 수 있다. 재신이라고 해서 모두 6부 판사를 겸직하는 것은 아니었던 것이다.

그런데 한 가지 생각할 점은, 설령 고려전기 재신의 숫자 140명 중에 84(91)명만 6부 판사에 임명되고 나머지 56(49)명은 그렇지 않았다고 해도, 그들 84(91)명이 항상 6부의 판사를 모두 채우고 있었다면 재신의 6부 '장악'을 의심할 필요는 없다는 것이다.

다시 말해 6부 판사는 각 부마다 1명씩 모두 6명이므로 6명의 판사가 모두 竝存했다는 사실이 확인되면 재신이 6부를 장악했다는 결론을 얻을 수 있다. 설령 한두 번 6명의 판사를 모두 채우지 못하는 경우가 생기더라도 대다수의 사례가 그렇게 나타나면 되는 것이다.

다음 <표 2>는 6부 판사가 임명된 시기의 현종에서 의종까지 국왕별로 6부 판사의 任免이 이루어진 시점에 竝存한 6부 판사의 숫자별

로 전왕대의 숫자에만 계산해 넣고 다음 왕대에서는 포함시키지 않았다.
3. 재신으로서 6부 판사를 겸직한 경우를 조사한 것이어서 樞密, 僕射, 상장군으로서 6부 판사를 겸직한 경우는 제외하였다. 다만 이들 중에 이후 재신으로 승진한 다음에 계속 6부 판사를 역임한 경우는 (괄호)안에 표시했다.

여기서 현종대는 해당 기간에 새로 임명된 재신이 전체 13명인데 그 중에 4명만 6부 판사를 겸직했고, 덕종대는 새로 임명된 재신이 2명인데 그 중에 1명만 6부 판사를 겸직했음을 의미하며, 이런 점은 다른 국왕의 시기도 마찬가지였다. 다만 현종대의 경우, 처음 6부 판사가 임명되었을 당시는 재임하고 있는 재신의 숫자를 포함시켰다.

사례를 조사한 것이다.

<표 2> 고려전기 국왕별로 동시에 並存해 있던 6부 판사의 숫자 유형

並存한 6부 판사 숫자	현종	덕종	정종	문종	선종	헌종	숙종	예종	인종	의종	합계
1명 유형	2사례		2	10			1			5	20사례
2	2	1	2	4	5		4		5	11	34
3	1		2	2	1	2	2	3	15	9	37
4					1	1	3	9	14	3	31
5							3	9	4	2	18
6								2			2

  ＊ 1. 국왕별로 6부 판사의 任免으로 인해 구성원이 바뀌는 시점에 함께 並存하
      며 근무한 6부 판사의 숫자를 1~6명으로 유형을 구분하여 조사하였다.
    2. 재신의 지위로서 6부 판사를 겸직한 경우를 대상으로 조사하였다.
    3. 추밀, 복야, 상장군으로서 6부 판사에 임명된 경우는 계산에서 제외하였다.

　이를 보면 현종대는 동시에 並存해 있던 6부 판사가 1명인 경우는 2
사례, 2명인 경우도 2사례, 3명인 경우는 1사례였고, 덕종대는 2명인 경
우가 1사례뿐이었으며, 다른 국왕 시기도 이러한 방식으로 이해할 수
있다.[17)]

　구체적으로 살펴보면 예를 들어, 靖宗대는 동시에 함께 並存해 있던
6부 판사의 유형이 1명인 경우가 8년 12월의 판예부사 黃周亮, 9년 정
월의 판이부사 黃周亮 등 2사례, 2명인 경우가 8년 6월의 판호부사 皇
甫兪義와 판예부사 黃周亮, 9년의 판호부사 崔齊顔과 판예부사 李作

---

17) 6부 판사의 任免에 따른 구성원의 변동 회수는 다음과 같은 방식으로 조사하
　　였다. 예를 들어, 문종 31년 11월에 3명의 6부 판사가 있었는데, 판형부사 최
　　유부는 26년 7월에 이미 임명되어 있었고, 판병부사 김행경, 판예부사 정유산
　　이 새로 임명되어 3명이 된 것이다. 그러다가 34년 9월에 정유산이 은퇴하면
　　서 6부 판사에는 나머지 2명만 남게 되었다. 이렇게 해서 6부 판사의 任免에
　　따른 구성원이 변할 때마다 1사례로 하여 31년 11월에 3명인 경우가 1사례, 34
　　년 9월에 2명인 경우가 1사례 등으로 계산하여 총 142사례의 변동을 확인할
　　수 있었다.

忠 등 2사례, 3명인 경우가 3년 7월의 판이부사 徐訥과 판호부사 皇甫
兪義 그리고 판예부사 黃周亮, 9년 2월의 판이부사 黃周亮과 판호부사
崔齊顔 그리고 판예부사 李作忠 등 2사례였던 것이다.

여기서 보면 고려전기에 6부 판사가 처음 임명된 시기의 현종부터
의종까지 6부 판사의 任免에 따라 구성원이 변동한 회수는 총 142사례
였다.[18] 그런데 그중에 6명의 판사가 모두 竝存한 것은 2사례이고, 5명
이하의 경우는 140사례나 되었다. 그리고 140사례 중에 1명 유형은 20
사례, 2명은 34사례, 3명은 37사례, 4명은 31사례, 5명은 18사례였다.[19]
이는 고려전기에는 재신으로 6부 판사를 겸직한 경우에 6명의 판사가
모두 竝存해 있던 적이 거의 없었음을 의미한다.

그런데 이러한 상황은 宰臣이지만 6부 판사에 임명되지 않은 인물이
상당수 있었다는 사실과 연결해서 보면 그 의미가 더욱 분명해진다. 앞
서 살핀 대로 국왕별로 재신의 숫자가 6부 판사의 숫자보다 많았다. 이
는 고려전기에 6명의 판사가 동시에 竝存한 적이 거의 없었던 것이, 여
기에 임명할 宰臣의 숫자가 부족해서 그런 것이 아니었음을 뜻한다. 만
약 6부 판사가 6명의 판사를 모두 채워야 하는 제도였다면 남아 있는

---

18) 추밀, 복야로서 6부 판사를 겸직한 사례 중에는, 재신으로 승진하여 계속 겸직
   한 적은 없이 그들 추밀, 복야의 상태에서 겸직한 6부 판사 1명만 존재하는 사
   례가 문종대에 3사례, 의종대에 1사례가 있다. 이 경우에 6부 판사가 존재한
   것은 사실이지만 宰臣의 자격으로 임명된 것이 아니기 때문에 계산에서 제외
   하였다. 왜냐하면 본문의 문맥은 '재신'의 6부 판사 겸직이 과연 재신의 6부
   '장악'을 의미하는 것인가를 검토하는 것이기 때문이다.

19) 이 통계는 재신 1명이 2종류의 판사를 겸직했을 경우에 판사 2종류로 계산한
   것이다. 예를 들어, 선종 10년 5월에 6부 판사로는 판이부사 최석, 판병형부사
   소태보, 판호부사 김상기 등 3명이 있었는데, 다만 소태보는 병부와 형부의 판
   사를 동시에 겸직하여 이런 경우에 4종류의 판사가 竝存한 것으로 계산한 것
   이다. 본 논문에서 6부 판사의 숫자를 이러한 방식으로 계산한 이유는 宰臣에
   의해 몇 개의 6부 판사가 채워졌는가 하는 점이 이른바 6부 판사 '장악'을 이
   해하는 데 중요하다고 판단했기 때문이다.

宰臣으로 임명했어야 한다. 하지만 실상은 그렇지 않았다. 이는 6부 판사제도가 6명의 판사를 모두 채워야 하는 제도는 아니었음을 뜻한다.

이러한 결과는 宰臣의 운영방식과 비교하면 좀 더 구체적인 이해가 가능하다. 이와 관련해서 살펴보아야 할 것이 동시에 활동한 宰臣의 竝存 상황이다. 6명의 판사가 모두 竝存하기 위해서는 같은 시기에 竝存하는 宰臣의 숫자가 적어도 6명이 있어야 하기 때문이다.

다음 <표 3>은 6부 판사가 임명된 시기의 현종에서 의종까지 국왕별로 6부 판사의 任免이 이루어진 것과 같은 시점에 竝存하고 있던 宰臣의 숫자를 살펴본 것이다.[20] 이렇게 하면 6부 판사에 임명할 수 있는 宰臣이 당시에 몇 명이나 竝存해 있었는지 확인할 수 있다.

이를 보면 현종대는 6부 판사의 任免이 전체 5사례가 있었는데, 그중에 2사례는 竝存한 재신이 5명, 3사례는 재신이 6명일 때 이루어졌음을 뜻하며, 다른 국왕의 시기도 이런 방식으로 이해할 수 있다.

구체적으로 살펴보면 예를 들어, 宣宗대는 6부 판사의 任免에 따라 구성원이 변동한 것이 7사례나 되었는데, 그러한 시점에서 재신이 5명일 때는 4년 3월에 최석, 김양감, 유홍, 왕석, 노단의 사례와, 4년 5월과 4년 12월에 최석, 김양감, 유홍, 노단, 최사량의 사례이다.

---

20) <표 3>은 다음과 같은 방식으로 조사하였다. 예를 들어 정종 9년 정월에 황주량이 판이부사에 임명되어 1명의 6부 판사가 있다가, 2월에 새로 최제안이 판호부사, 이작충이 판예부사에 임명되어 3명으로 늘어 6부 판사의 구성원 숫자가 변동이 생겨났다. 그런데 정종 9년 정월에 宰臣으로는 문하시중 황주량, 중서시랑평장사 최충, 참지정사 최제안, 이작충, 황보영 등 5명이 있었고, 이어 6부 판사의 숫자가 변동한 2월의 시점에 宰臣으로는 문하시중 황주량, 문하시랑평장사 최제안, 중서시랑평장사 최충, 황보영, 이작충 등 5명이 있었다. 이렇게 해서 6부 판사의 구성원 숫자가 변동하는 시점의 宰臣들의 숫자를 조사하여 정종 9년 정월에 재신 5명이 1사례, 2월에 宰臣 5명이 1사례 등으로 계산한 것이다.

<표 3> 고려전기 국왕별 6부 판사의 任免 시점에 竝存해 있던 宰臣의 숫자 유형

竝存해 있던 宰臣의 숫자	현종	덕종	정종	문종	선종	헌종	숙종	예종	인종	의종	합계
1명 유형										1사례	1사례
2				2						3	5
3				4						5	9
4			1	6			5	1	1	10	24
5	2	1	2	2	3		4	11	11	8	44
6	3		1	2	3	1	1	8	12	2	33
7			1		1	2	1	3	8	1	17
8			1				1		3		5
9							1		3		4

* 1. 국왕별로 동시에 竝存한 宰臣의 숫자를 조사하였다.
  2. 6부 판사의 任免에 따라 그 구성원이 변동하는 시점의 宰臣 숫자를 조사하였다.

宰臣이 6명일 때는 3년 4월의 이정공, 최석, 김양감, 유홍, 왕석, 노단의 사례와 8년 11월의 최석, 김양감, 최사량, 이안, 이자위, 김상기의 사례, 그리고 10년 5월의 최석, 소태보, 서정, 김상기, 유석, 이자위의 사례 등이다. 7명일 때는 7년 2월의 최석, 김양감, 유홍, 최사제, 최사량, 이안, 이자위의 사례이다.

<표 3>을 전체적으로 보면 고려전기에 6부 판사가 任免되는 시점에 竝存해 있던 宰臣의 숫자가 1~9명으로 다양했음을 알 수 있다. 이러한 숫자의 다양성은 고려전기 宰臣의 숫자가 5명 또는 6명으로 고정되어 있어서 그 숫자를 모두 채우는 방식으로 운영된 것이 아니라 국왕이 상황에 따라 숫자를 융통성 있게 임명할 수 있었기 때문에 생긴 결과였다.21)

그리고 竝存한 宰臣의 숫자를 1~5명과 6~9명으로 구분해서 보면, 전자는 83사례, 후자는 59사례였다. 이들 중에 1~5명의 83사례는 宰臣

---

21) 박재우, 「고려전기 宰樞의 임용 방식과 성격」, 『한국사연구』 125, 2004, 57쪽.

의 숫자가 6명이 되지 않기 때문에 그들을 모두 6부 판사에 임명한다고
해도 6명의 판사를 다 채울 수 없게 된다. 이는 고려전기에 6명의 판사
를 모두 채울 수 없는 상황이 상시적으로 존재하였음을 뜻한다.

더욱 주목할 것은 宰臣이 6~9명이나 竝存해 있던 59사례인데, 이는
앞의 <표 2>에서 6명의 판사가 모두 임명되어 竝存해 있던 유형이 2
사례에 불과하다는 점과 비교하면 그 의미가 잘 드러난다. 쉽게 말해
宰臣이 6명 이상 竝存해 있는 경우가 59사례나 되어 6명의 판사를 모
두 채울 가능성이 있었지만, 그 중에서 단지 2사례만 6명의 판사를 모
두 임명했고,22) 나머지는 분명히 6명 이상의 宰臣이 竝存해 있었음에
도 불구하고 6부 판사를 모두 임명하지 않았다는 것이다.

이 문제를 좀 더 자세히 이해하기 위해서는 특정 시점에 竝存해 있
던 宰臣이 몇 명이며, 그들로서 임명된 6부 판사는 몇 명인가 살펴볼
필요가 있다. 이렇게 되면 어떤 시점에서 확인할 수 있는 宰臣의 6부
판사 겸직에 대한 실상을 보다 구체적으로 이해할 수 있다.

다음 <표 4>는 6부 판사가 임명된 현종에서 의종까지의 전 기간에
6부 판사가 任免되는 시점에 竝存해 있던 宰臣과 그들로서 임명된 6부
판사의 숫자를 조사한 것이다. 여기서 2명의 6부 판사가 竝存해 있던
사례를 살펴보면, 당시에 竝存해 있던 宰臣이 2명인 경우는 3사례, 3명
인 경우도 3사례, 4명인 경우는 9사례, 5명인 경우도 11사례, 6명인 경
우는 7사례, 7명인 경우는 1사례 등 전체 34사례였다.

---

22) 첫째 사례는 예종 4년 3월에 재신으로 윤관, 최홍사, 이오, 김경용, 임의, 오연
총 등 6명이 있었는데, 그들 중에 윤관, 최홍사, 임의, 이오, 김경용이 5명이 6
부 판사에 임명된 것이다. 이때 최홍사가 병부와 호부의 판사를 둘다 겸직했
기에 6부 판사가 모두 채워졌다. 둘째 사례는 예종 17년 3월에 宰臣으로 이자
겸, 김연, 김준, 김지화, 임유문, 왕자지, 한안인 등 7명이 있었는데, 그들 중에
이자겸, 김연, 왕자지, 임유문, 김준, 한안인 등 6명이 6부 판사를 맡아 6종류
의 판사가 모두 채워진 것이다.

<표 4> 고려전기 6부 판사의 任免 시기에 각각 竝存해 있던 宰臣 및 6부 판사의 숫자

宰臣 6부 판사	1명	2	3	4	5	6	7	8	9	합계
1명	1사례	2	3	5	7	2				20사례
2		3	3	9	11	7	1			34
3			3	8	11	6	5	2	2	37
4				1	9	11	8	2		31
5				1**	6	6	2	1	2	18
6						1	1			2
합계	1사례	5	9	24	44	33	17	5	4	142

* 1. 국왕별로 조사한 것을 <표>로 제시하면 분량이 많아지므로 고려전기 전 기간을 대상으로 제시하였다.

2. 재신의 자격으로 6부 판사에 任免되는 시점에 각각 竝存해 있던 宰臣 및 6부 판사의 숫자를 조사하였다.

3. 재신의 지위로서 6부 판사를 겸직한 경우를 대상으로 조사하였기에 추밀, 복야로서 6부 판사에 임명된 경우는 계산에서 제외하였다.

4. 1명의 재신이 2개의 6부 판사를 동시에 겸직한 경우는, 몇 종류의 6부 판사가 채워졌느냐가 중요하기 때문에 편의상 2명으로 계산하였다.

** 숙종 즉위년 10월의 사례로서, 당시 재신으로 소태보, 김상기, 임개, 손관 등 4명이 있었는데, 그들 모두 6부 판사에 임명되었을 뿐만 아니라 특히 김상기는 병부와 예부 2개 관부의 판사를 역임했기에 판사가 5명으로 계산되어 이러한 결과가 나왔다.

한두 가지 사례를 구체적으로 살펴 보면, 현종 18년 정월에 宰臣으로 최사위, 채충순, 이공, 서눌, 곽원, 왕가도 등 6명이 있었는데 그들 중에 6부 판사에 임명된 것은 최사위, 채충순 등 2명이었고, 덕종 3년 7월에 宰臣으로 서눌, 유소, 이단, 황보유의, 황주량 등 5명이 있었는데 그들 중에 6부 판사를 겸직한 것은 서눌, 황보유의 등 2명이었다. 또한 문종 4년 정월에 宰臣으로 최충, 김영기, 김원충, 이자연 등 4명이 있었는데 그들 중에 6부 판사가 된 인물은 김원충, 이자연 등 2명이었다. 이러한 방식으로 계산된 것이 모두 34사례였던 것이다. 이는 다른 경우도 같은 방식으로 이해할 수 있다.

<표 4>에 대한 전반적인 이해는 竝存해 있던 재신이 1~5명인 경우와 6~9명인 경우로 구분해서 살펴보면 도움이 된다.

먼저 竝存해 있는 재신이 1~5명인 경우이다. 이 경우에 이들 재신을 모두 6부 판사에 임명한다고 해도 6부 판사는 1~5명이 있게 될 뿐이어서 6명의 판사가 모두 채워지지 않게 된다. 그럼에도 불구하고 만약 6부 판사제도가 재신이 6부를 장악하기 위한 제도였다면, 비록 6명이 되지는 않지만 그들 모두 6부 판사에 임명하는 방식으로 제도를 운영했을 것이다. 재신과 6부 판사의 숫자가 각각 1~5명으로 같은 14사례는 그러한 방식으로 해석될 여지가 있다.

하지만 재신의 숫자보다 6부 판사가 적게 임명된 68사례는 그러한 해석을 전적으로 받아들이기 주저하게 만든다. 왜냐하면 재신이 1~5명밖에 없는 상황에서도 6부 판사에 임명되지 않은 재신이 있었기 때문이다.

예를 들어 竝存한 재신이 4명인 경우에 그들 모두 6부 판사에 임명한 것은 1사례에 불과하며, 1명만 임명한 것이 5사례, 2명은 9사례, 3명은 8사례였다. 그리고 재신이 5명인 경우에 그들 모두 임명한 것은 6사례뿐이었고, 1명만 임명한 것은 7사례, 2명은 11사례, 3명도 11사례, 4명은 9사례였다. 竝存한 재신이 1~3명인 경우도 이러한 방식으로 이해할 수 있다. 이렇게 본다면 과연 6부 판사가 재신이 6부를 모두 임명해야 하는 제도였는지 의심하지 않을 수 없다.

다음으로 宰臣이 6~9명인 경우 역시 같은 문제가 있다. 이 경우는 6부 판사의 숫자를 모두 채울 수 있는 조건이 됨에도 불구하고 대부분 6명의 판사를 채우지 않고 있다. 즉 이들 전체 59사례 중에 6명의 판사를 모두 임명한 것은 竝存한 재신이 6명인 경우에서 1사례, 7명인 경우에서 1사례 등 단지 2사례에 불과하다.

이들은 6명의 판사를 채울 수 있었지만 실제 임명 상황은 그럴 것에 전혀 얽매이지 않은 것처럼 보인다. 이를 좀 더 자세히 살펴보면, 竝存한 재신이 6명인 경우는 전체 33사례로서 그들 중에 판사를 1명 임명한 것은 2사례, 2명은 7사례, 3명은 6사례, 4명은 11사례, 5명은 6사례였고, 재신이 7명인 경우는 17사례로서 그들 중에 판사를 2명 임명한 것은 1사례, 3명은 5사례, 4명은 8사례, 5명은 2사례였던 것이다.

竝存한 재신이 8~9명인 경우도 이런 방식으로 이해할 수 있다. 이처럼 竝存한 재신의 숫자가 6~9명이므로 6명의 판사를 모두 임명할 수 있는 여건이 되었음에도 불구하고 6명을 모두 채우지 않았다.

이렇게 본다면 고려전기의 6부 판사제도는 특정 시점에서 竝存한 宰臣의 숫자의 많고 적음과 상관없이 대개는 그들 중에 일부만 6부 판사에 임명되었고 그래서 판사에 임명되지 않은 재신이 항상적으로 있었다. 이는 6부 판사제도가 6명의 판사를 모두 채워야 하는 제도가 아니었기 때문에 가능한 것이다.

이러한 상황을 이해하는 데 충렬왕대에 6부를 개편하여 만든 4사의 판사에 관한 연구를 제시한 이익주의 논문이 참고된다. 그에 따르면, 충렬왕대는 특정시점에 竝存한 재상이 4~8명이었다. 그런데 4사 판사의 겸직은 재상의 班次에 따라 이루어져 수상에서 三宰까지 차례로 전리사, 군부사, 판도사의 판사 등 3개 관직을 겸했으며, 전법사의 판사는 임명 사례가 없었다고 한다.[23]

이로 보면 충렬왕대는 병존한 宰臣의 숫자가 판사의 숫자보다 많았음에도 불구하고 전법사의 판사를 임명하지 않았다. 이는 4사의 판사가 4명의 판사를 반드시 모두 임명해야 하는 제도가 아니었기 때문에 가능한 것이었을 것이다. 물론 이러한 운영방식은 고려전기 이래의 것으로 생각된다.

---

23) 이익주, 「고려후기 겸직제의 연구 - 충렬왕대 4사 관직의 겸직 실태 분석을 중심으로 - 」, 『인문과학』 9, 서울시립대학교 인문과학연구소, 2002.

　　사실『高麗史』백관지의 6부 판사의 '宰臣兼之' 규정은 재신이 겸하는 관직이라는 점을 보여줄 뿐, 6명의 판사를 중서문하성의 재신으로 '반드시 모두' 채워야 하는 것이라고 말해주고 있지는 않다. 6부 판사제도는 실제 운영에서 상황에 맞게 탄력적으로 운영될 수 있는 제도였던 것이다. 즉 6부 판사제도가 6명의 판사를 반드시 모두 채워야 하는 제도라고 생각하지 않는다면, 그 실제 운영방식도 제도적 규정과 크게 배치되는 것으로 볼 필요는 없다.

　　한편 6부 판사의 '宰相兼之' 규정과 달리, 실제 사례를 보면 추밀, 복야로서 겸직한 경우도 있었다.[24] 먼저 복야에 대해 살펴보면, 변태섭은 복야가 재신과 추밀보다 지위가 낮아 자체로는 재상이 아니지만 司空을 더하면 재상이 되었고 그래서 수사공좌우복야는 6부 판사를 겸직했다고 하였다.[25] 이에 반해 박용운은 복야는 司空 또는 司徒의 부가 여부와 상관없이 그 자체로 재상이었고 그래서 6부 판사를 겸직한 것으로 보았다.[26]

　　고려전기에 복야로서 6부 판사를 겸직한 실제 사례를 보면, 상서좌복야 판상서형부사 金行瓊, 상서우복야로서 판상서형부사를 겸직한 崔有孚, 상서좌복야 판병부사 李徵望, 상서좌복야로서 판공부사를 겸직한 金漢忠, 상서우복야로서 판상서공부사를 겸직한 崔挺, 수사공 상서우복야 판공부사 柳子維, 수사공 상서좌복야 판병부사 高義和, 상서좌복야로서 수사공을 더하여 판공부사를 겸직한 金至和 등이 있었다. 이를 보면 사공을 붙인 것뿐만 아니라 붙이지 않아도 6부 판사를 겸직했음

---

24) 상장군으로 판병부사를 겸직한 사례도 있는데, 왕국모이다. 다만 그는 권판병부사를 역임했다.

25) 변태섭,「고려재상고」,『역사학보』35・36합집, 1967/『고려정치제도사연구』, 일조각, 1971, 81쪽.

26) 박용운,「고려시대의 尙書都省에 대한 검토」,『국사관논총』61, 1995/『고려시대 상서성 연구』, 경인문화사, 2000, 19~34쪽.

을 알 수 있다.

문제는 추밀로서 6부 판사를 겸직한 경우이다. 그동안 추밀은 6부 판사를 겸직하지 못한 것으로 이해해 왔다. 복야 또는 수사공 복야를 재상으로 해석하여 이들은 백관지의 '宰臣兼之' 규정과 어긋나지 않는 것으로 보았지만 추밀은 재신이 아니기 때문이었다.

하지만 추밀로서 6부 판사를 겸직한 실제 사례가 확인되는데, 지중추원사로서 판상서예부사를 겸직한 崔惟善, 지중추원사로서 판상서형부사를 겸직한 王懋崇, 추밀원사로서 좌복야 판호부사에 임명된 金先錫, 추밀원사 상서좌복야로서 판상서형부사를 겸직한 林幹, 지추밀원사로서 판상서공부사를 겸직한 金景庸, 상서좌복야 판공부사로서 추밀원사에 임명된 金漢忠, 추밀원사로서 판상서형부사를 겸직한 林克忠이 있었다.27)

이렇게 보면 6부 판사는 백관지에 '宰臣兼之' 규정이 있고 그래서 기본적으로 중서문하성의 宰臣이 겸직했지만, 복야와 추밀도 6부 판사를 겸직했음을 알 수 있다.28)

이들 15사례는 재신으로 6부 판사를 겸직한 인물이 84명이었던 것과 비교하면 많은 사례는 아니지만, 그렇다고 해도 이들은 6부 판사제도가 6명의 판사를 모두 중서문하성의 宰臣으로 채우려는 의지를 가지고 운영된 제도가 아니었다는 점을 보여주는 데는 손색이 없다. 이러한 해석이 가능하다고 생각되는 이유는, 이들 추밀과 복야가 6부 판사를 겸직

---

27) 박용운, 「고려시대의 6部判事制에 대한 고찰」, 『고려시대연구』 II, 2000/『高麗時代 尙書省 研究』, 경인문화사, 2000에서는 김선석, 임간, 김한충의 本職은 좌복야로, 최유선, 왕무숭, 임극충은 不明으로 보았고, 김경용은 지추밀원사 호부상서를 본직으로 이해하면서도 이것이 재신이 아니어서 본직과 겸임직이 잘 어울리지 않은데, 이렇게 된 내막은 파악할 수 없다고 하였다.

28) 이들 상당수는 宰臣으로 승진했으나 崔有孚는 우복야, 李徵罘은 좌복야, 金漢忠은 추밀원사, 崔挺은 우복야, 柳子維는 우복야, 高義和는 우복야, 任克忠은 추밀원사까지만 승진했고 宰臣으로 승진하지는 못했다.

할 당시에 6부 판사에 임명되지 않은 중서문하성의 宰臣이 있었음에도 불구하고, 그들은 6부 판사에 임명되지 않은 반면에 이들 樞密이나 僕射가 6부 판사를 겸직하고 있었다는 사실 때문이다.

추밀에 관한 사례를 예로 들면, 文宗 15년 8월의 시점에 재신으로 王寵之, 朴成傑, 金元鼎 등 3명이 있었는데 당시 6부 판사는 판예부사 崔惟善이 전부였다. 그런데 崔惟善은 문종 9년 9월 지중추원사로 나타나고 15년 8월 판예부사에 임명된 뒤에 11월에 참지정사 권판한림원사에 임명되었다. 그러므로 판예부사에 임명된 것은 재신이 되기 전의 일로서 지중추원사로서 겸직한 것으로 보인다. 15년 8월 당시에 宰臣이 3명이나 있었지만 그들은 6부 판사에 임명하지 않고 樞密인 최유선을 판예부사에 임명했던 것이다.

복야에 관한 다른 사례를 들면, 睿宗 5년 12월의 시점에 宰臣으로 尹瓘, 崔弘嗣, 金景庸, 吳延寵, 李瑋 등 5명이 있었는데, 그들 중에 6부 판사에 임명된 인물은 판이예부사 崔弘嗣, 판병부사 尹瓘, 판호부사 李瑋, 판형부사 金景庸 등 4명뿐이고 吳延寵은 임명되지 않았다. 반면에 예종 원년 3월에 상서좌복야에 임명된 金漢忠이 5년 12월에 판공부사에 임명되었다.

이러한 상황은 다른 복야나 추밀이 6부 판사를 겸직한 시점에도 마찬가지였다. 이처럼 宰臣이 있음에도 불구하고 그들을 6부 판사에 임명하지 않고 樞密, 僕射로 임명한 것은, 6부 판사제도가 6명의 판사를 모두 중서문하성의 宰臣으로 임명하려는 의도로 운영된 것이 아니었음을 보여준다.

이렇게 6명의 판사를 모두 채우지 않게 되자 6부의 각 판사마다 임명되지 않은 기간이 짧지 않게 나타났다. 6부 판사제도가 시행된 현종 12년 12월에서 의종 24년 8월까지 148년 9개월의 기간에 6부 판사가 임명되지 않은 공백기를 살펴보면, 판이부사는 20년 6개월, 판병부사는 40

년 6개월, 판호부사는 93년 11개월, 판형부사는 72년, 판예부사는 48년 3개월, 판공부사는 105년 1개월이다. 이로 보면 이부의 판사가 공백기가 가장 짧고 병부, 예부의 판사가 비슷하며, 호부, 형부, 공부의 판사는 해당 기간의 절반 이상이 공백기로 남아 있었다.

물론 여기에는 자료의 누락으로 인해 파악되지 않은 경우도 없지 않을 것이고 그렇다면 일부 판사들의 공백기는 다소 줄어들 수도 있다. 하지만 대체적인 경향성을 파악하는 데는 문제가 없다고 생각된다. 공백기가 생기는 이유로는 전임이 물러난 후에 신임이 임명되기까지 도목정의 시점을 기다리는 경우도 있지만 아예 임명하지 않은 경우도 적지 않았던 것으로 보인다. 문제는 공백기가 생기는 사유의 유형이 어떻든 간에 그 기간 동안 6부 판사는 空席으로 존재하게 된다는 것이고, 그러한 空席 동안 재신이 해당 6부를 ‘장악’하지 못하게 된다는 점이다

그리고 만약 6부 판사제도가 재신의 6부 ‘장악’을 위한 제도적 장치라면, 국왕이 해당 관청에 판사를 임명하지 않을 때에 지배층의 상당한 저항에 부딪힐 것이 분명하다. 하지만 각부의 판사마다 상당 기간 공백기가 있었음에도 불구하고 그 때문에 재신이 국왕에게 저항했다는 자료는 발견되지 않는다. 그러므로 고려의 재신이 6부 판사제도를 통해 6부를 장악했다고 보는 것은 과도한 평가이다.

이처럼 고려전기의 6부 판사제도는 모든 재신이 6부 판사를 겸직했던 것이 아니었을 뿐만 아니라 6명의 판사가 모두 임명되지도 않았다. 『高麗史』 백관지에는 6부 판사의 ‘宰臣兼之’ 규정만 있을 뿐 6명의 판사를 중서문하성의 재신으로 ‘반드시 모두’ 채워야 한다는 내용은 없다. 6부 판사제도는 6명의 판사를 모두 임명해야 하는 제도가 아니었던 것이다. 6부 판사제도가 재신이 6부 ‘전체’를 ‘장악’하는 제도였다면 이런 방식으로 운영될 수는 없다.

Ⅲ. 6부 판사의 竝存 유형

고려전기의 6부 판사제도는 6명의 판사를 '모두' 임명해야 하는 제도가 아니었다. 여기서는 그로 인해 실제 운영에서 동시에 竝存한 판사의 숫자와 유형이 '다양'하게 나타났다는 점을 주목하고자 한다.

이를 이해하기 위해 다음 <표 5>는 6부 판사가 임명된 시기의 현종에서 의종까지 국왕별로 동시에 竝存한 6부 판사의 숫자를 1~6명으로 구분하고 각각의 숫자 안에서 '유형'을 조사한 것이다.

여기서 竝存한 6부 판사의 숫자를 보면, 6명 모두 竝存한 것은 전체 142사례 중에 예종대의 2사례에 불과하여 6부 판사제도가 6명의 판사를 모두 임명해야 하는 제도가 아니었음은 앞서 확인한 바와 같다.

앞서도 살펴보았지만 우선 관심을 끄는 것은 竝存한 6부 판사의 숫자가 고정되어 있지 않고 '다양'했다는 점이다.

<표 5> 고려전기 국왕별로 특정 시점에 존재한 6부 판사의 竝存 유형

	6부 판사의 竝存 유형	현종	덕종	정종	문종	선종	헌종	숙종	예종	인종	의종	합계
1명	이부	2		1	5			1			3	12사례
	병부				1							1
	호부									1		1
	형부				1							1
	예부			1	3						1	5
2명	이부 병부				1	2				1	5	9
	이부 호부		1			3		2		1		7
	이부 형부										2	2
	이부 예부	2								2	2	6
	이부 공부										1	1
	병부 형부				1						1	2
	병부 예부				1			1		1		3
	호부 예부			2								2
	형부 예부				1			1				2

												합계
3명	이부 병부 호부					1	2		1	1		5
	이부 병부 형부				1					3	6	10
	이부 병부 예부	1								2	1	4
	이부 병부 공부									1	1	2
	이부 호부 형부							1		1		2
	이부 호부 예부			2						1		3
	이부 호부 공부									1	1	2
	이부 형부 예부							1		2		3
	병부 호부 형부								1			1
	병부 호부 공부								1	1		2
	병부 형부 예부				1					1		2
	형부 예부 공부									1		1
4명	이부 병부 호부 형부					1	1		1	1		4
	이부 병부 호부 예부								3			3
	이부 병부 호부 공부								1	1		2
	이부 병부 형부 예부							1		4		5
	이부 병부 형부 공부									1	1	2
	이부 병부 예부 공부									2	1	3
	이부 호부 형부 예부							2	3			5
	이부 호부 형부 공부									2		2
	이부 호부 예부 공부									1	1	2
	이부 형부 예부 공부								1			1
	병부 호부 형부 공부									1		1
	호부 형부 예부 공부									1		1
5명	이부 병부 호부 형부 예부							3	5			8
	이부 병부 호부 예부 공부									1		1
	이부 병부 형부 예부 공부									3		3
	이부 호부 형부 예부 공부									3	2	5
	병부 호부 형부 예부 공부									1		1
6명	이부 병부 호부 형부 예부 공부									2		2

* 1. 국왕별로 동시기에 竝存한 6부 판사의 類型을 조사하였다.
  2. 국왕별로 새로 임명한 유형만을 계산하였고, 前王이 임명한 類型이 今王 초반까지 이어지는 것은 今王에는 계산에 넣지 않았다.
  3. 추밀, 복야로서 판사를 겸직한 경우는 사례에서 제외하였다.

예를 들어 현종대는 竝存한 6부 판사의 숫자가 1명(2사례), 2명(2사례), 3명(1사례)인 경우가 있었다. 다른 예로 숙종대는 1명(1사례), 2명(4

사례), 3명(2사례), 4명(3사례), 5명(3사례)인 경우가 있었다. 물론 다른 국왕의 시기도 이러한 방식으로 이해할 수 있다.

이를 보면 국왕별로 재위 기간 내에 동시에 竝存한 6부 판사의 숫자가 통일되지 않았다. 현종대를 보면 1명, 2명, 3명만 임명해야 한다는 법적 제한이 있어서 그렇게 임명한 것 같지는 않다. 그리고 더욱이 1명은 2사례까지, 2명은 2사례까지, 3명은 1사례까지 해야 한다는 규정이 있었을 것 같지가 않다. 숙종대도 이런 식으로 이해할 수 있다. 숙종대는 현종대는 없는 4명, 5명씩 竝存한 사례가 나타나는데 이 역시 새로운 법 개정의 결과가 아닐 것은 분명하다. 그리고 1명은 1사례, 2명은 4사례, 3명은 2사례, 4명은 3사례, 5명은 3사례로서 각각의 사례도 현종대와는 다르게 나타난다.

이는 6부 판사제도가 6명의 판사를 모두 임명해야 하는 제도가 아니었을 뿐만 아니라, 竝存한 판사의 숫자가 많든 적든 어떤 경우라도 법적으로 아무런 문제가 없었기 때문에 가능했던 것으로 이해된다. 그랬기 때문에 竝存한 판사의 숫자가 '다양'하게 나타날 수 있었던 것이다.

이러한 운영방식은 竝存한 판사의 '유형'에서도 마찬가지였다. 예를 들어, 선종대는 竝存한 판사가 2명인 경우에 이부-병부 유형과 이부-호부 유형 등 2개 유형으로 임명되어 어느 하나로 고정되지 않았다. 물론 1사례씩만 확인되는 3명의 이부-병부-호부 유형이나 4명의 이부-병부-호부-형부 유형도 이들 유형으로만 임명해야 한다는 규정이 있었다고 보기는 힘들다.

다른 예로, 예종대는 판사의 竝存 유형이 좀 더 다양한 형태로 나타난다. 선종대와 달리 竝存한 판사가 2명인 경우는 없었고, 3명인 경우에 선종대는 이부-병부-호부 유형뿐이지만 예종대는 병부-호부-형부 유형과 병부-호부-공부 유형이 더 있었다. 이는 4명의 경우도 마찬가지여서 선종대의 이부-병부-호부-형부 유형 외에 이부-병부-호부-예부 유형,

이부-병부-호부-공부 유형, 이부-호부-형부-예부 유형, 이부-형부-예부-공부 유형 등 4종류의 유형이 더 있었다. 그리고 선종대에는 없는 竝存한 판사가 5명과 6명인 경우의 유형도 있었다.

예종대에 이처럼 다양한 유형으로 임명된 것은 아마 예종의 재임 기간이 선종보다 길었기 때문이겠지만, 임명해야 하는 판사의 竝存 유형이 제도적으로 고정되어 있지 않았다는 것이 보다 근본적인 원인이라고 생각된다.

이런 방식으로 살펴본 결과 <표 5>에 따르면, 고려전기에는 6부 판사가 1명만 임명된 경우는 5개 유형, 2명이 竝存한 것은 9개 유형, 3명은 12개 유형, 4명은 12개 유형, 5명은 5개 유형, 6명은 1개 유형이 있었음을 확인할 수 있었다.[29]

이처럼 6부 판사제도는 竝存하는 6부 판사의 숫자가 법제적으로 고정되어 있지 않았고, 또 해당 숫자 안에서 임명되는 판사의 유형도 단일하게 정해진 것이 아니라 다양하였다. 즉 숫자로는 1명이든, 2명이든, 3명이든 얼마를 竝存시킬 것인가 하는 점이 정해진 것이 없었고, 그렇기 때문에 4명, 5명, 6명으로 임명하지 않아도 법적으로 문제가 되지 않았다. 이는 유형도 마찬가지여서, 예를 들어 竝存한 판사가 2명인 경우, 이부와 병부 유형이든, 병부와 형부든, 병부와 예부든, 형부와 예부든 어떤 유형으로 임명할 것인가 하는 점이 결정되어 있지 않았다. 그래서 2종류로 임명할 수 있는 어떤 유형으로 임명해도 문제될 것이 없었던

---

29) 이들 유형은 각각의 숫자 안에서 임명 가능한 모든 유형이 다 임명된 것이 아니라 그들 중에 '일부' 유형만 임명된 것이었다. 즉 1명의 판사인 경우는 이부, 병부, 호부, 형부, 예부, 공부 등의 6개 유형의 임명이 가능한 것이지만 실제는 공부의 판사를 제외한 5개 유형만 임명되었고, 2명은 15개 유형이 가능하지만 실제는 9개 유형만 임명되었으며, 3명은 20개 유형이 가능하지만 12개 유형만, 4명은 15개 유형이 가능하지만 12개 유형만, 5명은 6개 유형이 가능하지만 5개 유형만 임명되었던 것이다. 이 역시 유형이 법제적으로 결정되어 있는 것은 아님을 보여준다.

것이다.

다양한 竝存의 가능성 중에서 왜 지금과 같은 숫자와 유형으로 임명되었는가는 현재로서는 자료적 한계로 인해 의문을 완전히 풀 길은 없다. 하지만 아무런 원칙이 없었다고 생각할 필요는 없다.

백관지의 기록처럼 6부 판사를 기본적으로 재신이 겸직하는 관직으로 규정해 놓고, 가능한 한 이러한 규정을 존중하면서도 탄력적인 운영이 가능하도록 해 두면, 실제 운영에서는 6부 판사 중에 어떤 것을 임명할 것인지를 결정할 때에 당대의 정치 행정적 필요나 관행, 그리고 국왕의 판단이 작용하여 '다양'한 숫자와 유형이 나오게 되는 것이다.

예를 들어 이부와 병부의 판사가 다른 판사에 비해 상대적으로 많이 임명된 것은 문반과 무반의 인사 행정에 재상이 참여하도록 하기 위한 제도적 배려로 이해된다.[30] 唐은 5품 이상의 관리에 대한 전주권을 재상이 맡았고 이부와 병부는 하급 관리에 대한 권한만 가지고 있었다. 이에 비해 고려는 문반과 무반의 인사를 이부와 병부에서 맡았고 宰府가 전주권을 갖지 않았다. 그래서 재상 중에 수상과 아상이 이부와 병부의 판사가 되어 해당 관청에서 인사권에 참여하는 제도를 수립하였다.[31] 이렇게 되면 이부와 병부의 판사는 가능한 한 缺員 없이 임명하려는 관행이 생겨나게 되고 국왕은 될 수 있는 대로 이를 존중하게 되는 것이다.

이러한 정치 행정적 관행을 존중하면서도 6부 판사의 숫자와 유형이

---

30) 사실 재상은 최고관료로서 합리적인 국정의 논의를 위해 국가 행정을 잘 알고 있어야 할 필요가 있었다. 특히 6부 업무는 국가 중대사이므로 이에 대한 파악이 더욱 중요했고, 그래서 재신이 6부 판사를 겸직할 수 있었던 것이다. 이런 관점은 박재우, 「고려전기 재추의 운영원리와 권력구조」, 『역사와현실』 26, 1997 참고.

31) 박재우, 「관리임용을 통해 본 국정운영」, 『고려 국정운영의 체계와 왕권』, 신구문화사, 2005.

제도적으로 고정된 것이 아니기 때문에 결정 과정에서 국왕의 재량권이 발휘될 수 있었다. 판사의 숫자와 유형을 재신들이 결정하는 것이라면 해석은 달라지지만 그런 일은 있을 것 같지가 않다. 물론 국왕은 자의적으로 결정하는 것이 아니라 6부 판사의 운영에 대한 법제적 테두리 안에서 형성된 재량권의 범위 내에서 결정하는 것으로 보아야 한다.

고려전기에 6부 판사가 임명되지 않은 경우가 많았다는 것은 6부의 독자성과 관련이 있다. 사실 6부는 국가의 최고행정 기구로서 재상의 참여 없이도 독자적으로 잘 운영될 수 있는 관청이었다.

6부 판사제도는 어사 6관이 운영된 성종 전반에는 시행되었을 가능성이 적다. 성종 3년 5월에 刑官의 기둥에 벼락이 치자 어사, 시랑, 낭중, 원외랑이 모두 파직되었는데,[32] 처벌 대상에 判事는 나타나지 않는다. 이는 성종 전반에는 판사제도가 없었음을 의미한다. 그렇지 않았다면 같이 처벌을 받았을 것이다.

그리고 「유방헌묘지명」을 보면, 그가 목종 7년에 판한림원사 좌산기상시 참지정사 감수국사 상주국 정의대부 하동현개국후 식읍 3백호에 임명된 기록이 있는데,[33] 직함의 내용으로 보아 기록에 생략이나 누락이 있을 것 같지는 않다. 그런데 여기에는 6부 판사의 관직은 보이지 않으므로 목종 7년의 시점에도 6부 판사제도가 시행되지 않았다고 보아야 할 것이다.

그렇다면 6부 판사제도는 현종대에 최사위를 판이부사에 임명하면서 시행된 것으로 이해할 수 있겠는데,[34] 이렇게 본다면 성종대에 성립한 6관 또는 6부는 원래 재상의 참여 없이도 독자적으로 운영될 수 있는

---

32) 『高麗史』 권3, 성종 3년 하5월 庚戌朔.
33) 김용선 편저, 「柳邦憲墓誌銘」, 『高麗墓誌銘集成』, 한림대학교출판부, 2006.
34) 박용운도 崔士威의 판이부사 임명을 최초의 사례로 보고 있다. 박용운, 「고려시대의 門下侍中에 대한 검토」, 『진단학보』 85, 1998/『고려시대 中書門下省 宰臣 연구』, 일지사, 2000, 68쪽.

관부였음을 알 수 있다.

이러한 점은 6부 판사제도가 시행된 이후에도 마찬가지였다. 예를 들어 원종 3년(1262)에 발급된 「상서도관첩」은 상서도관에서 柳璥에게 노비를 지급한다는 내용으로 발급한 문서로서, 서명란에 상서, 지사, 시랑, 낭중, 원외랑만 기록되어 있고 判事가 없다.[35] 도관은 형부의 屬司이므로 형부의 관원 전체가 서명에 참여한 것인데, 당시는 판형부사가 임명되지 않았으므로 서명란에 判事가 없는 것이다. 하지만 해당 업무를 수행하는 데 아무런 지장을 초래하지 않고 있다.

이처럼 6부 판사를 임명하지 않아도 6부는 얼마든지 해당 업무를 독자적으로 수행할 수 있는 관부였다. 하지만 정치 행정적 필요와 관행이 생기면 달랐다. 앞서 말한 대로 銓注 업무에 재신이 참여하지 않는 불합리함을 없애야 할 필요와 관행이 생겨나면서 재신으로서 이부와 병부의 판사에 계속 임명한 것은 좋은 예이다. 반면에 호부, 형부나 공부 등은 재신의 참여가 업무 수행에 이부와 병부 정도로 필요하다고 판단되지는 않았기 때문에 상대적으로 재신의 임명이 적었던 것이다. 물론 이러한 판단은 제도의 운영방식에 대한 당시 지배층의 공감과 이를 반영한 국왕의 결정에 따른 것으로 생각된다.

이처럼 6부는 재상의 참여 없이도 독자적으로 운영될 수 있는 관청이었고, 6부 판사는 당대의 정치 행정적 필요나 관행, 그리고 국정운영에 대한 국왕의 판단이 작용하여 임명되었으므로, 그 결과 '다양'한 임명 숫자와 유형이 나올 수 있었다고 생각된다.

---

35) 노명호 외, 「尙書都官帖」, 『한국고대중세고문서연구』, 서울대학교출판부, 2000.

Ⅳ. 6부를 둘러싼 권력관계

고려의 6부는 행정의 중심 기구이므로[36] 6부의 上奏가 재상을 거쳐 올라가느냐 그렇지 않고 국왕에게 직접 전달되느냐는 고려 국정운영의 성격을 이해하는 데 매우 중요한 문제이다. 재상을 거친다면 재상의 영향력이, 곧장 상주된다면 국정에 대한 국왕의 영향력이 보다 비중이 있는 것으로 이해할 수 있기 때문이다.

고려의 6부가 국왕에게 국정을 직접 상주하였음은 변태섭이 지적한 이래로 정설로 인정되고 있다. 하지만 6부 直奏의 실효성의 정도에 대해서는 견해가 나뉘고 있다. 변태섭이 재신의 6부 판사 겸직을 인정하면서도 6부의 直奏를 강조하여 행정체계상 고려의 정치제도가 왕권강화에 유리했다고 평가한 반면에, 박용운은 6부 판사제도로 인한 재신의 6부 통할권을 강조하여 6부의 直奏가 실효성을 갖기 어렵다고 평가하였다.

이 논쟁은 6부 판사제도의 비중을 어떻게 이해할 것인가의 문제로서, 운영방식에 대한 구체적인 분석이 없이는 해결이 불가능한 것이므로 앞장에서 이 문제에 대하여 살펴보았다. 그 결과 6부 판사는 6명의 판사를 '모두' 임명해야 하는 제도가 아니었고, 대부분의 경우에 6명을 모두 채우지 않은 상태에서 당대의 정치 행정적 필요나 국왕의 판단에 따라 다양한 숫자와 유형의 임명이 가능한 제도였음을 밝혔다. 이렇게 되자 6부 판사제도를 6부 '전체'를 '장악'하려는 의도에서 만든 제도로 보기는 힘들었다.

그런데 6부 판사제도의 이러한 운영방식은 6부의 直奏와 연결시켜

---

36) 6部를 행정의 중심 기구로 보는 관점에 대하여 최근에 이정훈, 「高麗前期 各司의 설치와 운영방식의 변화」, 『韓國史研究』 128, 2005에서 성종대는 그렇다고 인정할 수 있어도 현종 이후는 그렇게 볼 수 없다는 견해가 제시되었다.

보면 흥미로운 결과가 나타난다. 즉 6부가 국정을 상주하는 시점에 해당 관부에 판사가 있는 경우와 없는 경우가 모두 존재할 수 있다는 점이다. 그동안의 연구는 이러한 점을 충분히 생각하지 못했다. 하지만 판사가 없는 관부에서는 재신이 해당 6부를 총괄할 수 없었다.

사실 재신이 6부 행정을 통할하기 위한 가장 좋은 방법은 6부의 上奏가 재신 전체를 경유해서 국왕에게 전달되는 것이라고 생각된다. 이를테면 조선의 의정부서사제 같은 제도가 그런 형태에 가깝지 않나 생각된다. 하지만 고려는 6부의 上奏가 중서문하성을 경유해서 국왕에게 전달되는 제도를 설립하지 않고, 재신 '1명'이 6부 가운데 '1개' 관청의 판사가 되어 해당 관부를 총괄하는 6부 판사제도를 설치하였다. 즉 6부 판사제도는 중서문하성과 6부라는 관청 대 관청의 관계가 아니라 宰臣 1명이 6부 가운데 1개 관청의 판사를 겸직하는 제도였다.37)

예를 들어 이부에는 판이부사를 맡은 수상 1명이, 병부에는 판병부사를 맡은 亞相 1명이 배치되는 식이다. 그러므로 수상이 판이부사를 맡고 있는 이부에서 국왕에게 直奏할 때 그것은 재신 전체의 의견이 아니라 기본적으로 판이부사가 된 재신 1명의 견해가 포함될 뿐이다.

의정부서사제와 6부 판사제도는 둘 다 재상이 국정에 영향력을 행사하도록 만든 제도이다. 하지만 이들은 제도 운영에서 명백한 차이가 있는데, 의정부서사제는 재상 '전체'의 견해가 上奏 내용에 영향력을 미치지만, 6부 판사제도는 재신 '1명'이 판사로 임명된 해당 관청에서만 영향력을 줄 뿐 다른 재신들은 직접적인 간여를 하지 못하는 제도라는 점이다.

6부 판사제도의 이러한 특징은 고려의 국정운영방식과도 맞물려 있었다. 즉 만약 6부의 上奏에 처음부터 재신 '전체'의 의견이 반영된다면

---

37) 宰臣의 6부 판사 겸직이 이러한 성격을 갖는 것에 대해서는 朴龍雲, 앞의 책, 2000, 210~211쪽에서도 인정하고 있다.

국왕이 6부의 안건을 재상에게 다시 자문할 필요가 없다. 하지만 고려의 국왕은 6부의 上奏에 대하여 혼자 결정하기 어려울 때 재상에게 자문을 하였다. 물론 6부의 상주는 해당 관부에 판사가 있는 경우와 없는 경우를 구분해서 생각해야 한다.

먼저 판사가 없는 경우를 생각해 보자. 판사가 없는 상황에서 해당 관부의 上奏는 국왕이 국정을 직접 파악하도록 했던 直奏 제도의 성격을 분명하게 보여준다고 할 수 있다. 예를 들어, 문종 11년 5월에 병부가 동서 양계에 군사를 보내 변방을 지키도록 상주하자, 상서좌복야참지정사 김원정이 봉책군의 사례처럼 물건을 주어 보내도록 청했고, 이에 왕이 따랐다.38) 병부는 국왕에게 直奏를 하는 관청이었으므로 재상인 김원정이 곧장 내용을 파악하지는 못했을 것이고, 上奏를 받은 국왕이 결정 과정에서 재신에게 자문했기 때문에 김원정이 이러한 건의를 할 수 있었던 것으로 생각된다.

그런데 당시 재신으로는 문종 9년 7월에 임명된 문하시중 李子淵, 문하시랑평장사 王寵之, 중서시랑평장사 金廷俊, 朴成傑, 참지정사 金元鼎 등 5명이 있었고, 6부 판사는 판이부사 李子淵 1명뿐이었다. 다시 말해 병부에는 판사가 없었다. 그렇다면 이러한 상황에서는 병부가 上奏하는 과정에서 재신이 영향력을 미칠 가능성이 없었고 재신은 국왕의 자문을 받은 다음에야 국정에 대한 의견을 진술할 수 있을 뿐이었다.

그렇다고 해서 고려의 국왕이 전제정치를 했다고 생각해서는 곤란하다. 고려는 대간제도와 같은 왕권을 견제할 비중있는 제도적 장치가 있었을 뿐만 아니라,39) 국왕은 혼자 결정하기 어려운 문제를 재상에게 자

---

38) 『高麗史』 권95, 列傳8, 金元鼎, "尚書左僕射叅知政事 時兵部請 遣兵東西兩界以備邊 元鼎奏曰 近因送迎北朝封冊使 士卒已疲 又赴興王寺役 不得休息 資糧殆乏 乞依封冊軍例 賜物以遣 乃命侍御史秦仲 依所奏行之".

39) 박용운, 『高麗時代 臺諫制度 研究』, 일지사, 1980.

문하여 처리하는 것이 관례였으니, 이는 상당히 일반적인 국정의 운영 방식이었던 것이다.[40] 하지만 판사가 없는 6부가 상시적으로 존재했었다는 것은, 그들 관부에 대해서 국왕이 재상의 간여 없이 국정을 직접 처리할 수 있었다는 점에서 국왕이 6부 행정의 중심에 위치했음을 보여주는 근거로 이해할 수 있다.

이와 달리 판사가 있는 경우를 생각하면, 해당 관청에는 재신 '1명'이 판사에 임명되어 영향력을 발휘하였다. 이러한 영향력은 해당 관부의 업무에 재신이 실질적으로 참여하는 것을 의미한다.

예를 들어 "吏 兵部의 판사와 諸僚가 본부에 모여 공이 있는 자는 올리고 죄가 있는 자는 물리쳐 모두 왕명을 받았다"[41]고 하여, 이부와 병부의 판사는 해당 관청의 인사 업무에 직접 간여하였다. 실제로 판이 부사로서 任元厚는 銓注가 심히 공평하다는 평가를 받았고,[42] 崔允儀도 銓注가 平允하다는 인정을 받았으며,[43] 崔世輔는 뇌물의 많고 적음에 따라 높고 낮음을 삼았다는 비판을 받았다.[44] 또 판병부사 李光挺은 완고하고 탐욕스럽고 무지하여 銓注가 猥濫되었다는 비난을 받았다.[45]

비록 宰臣 1명이 해당 관부에서 업무를 수행한 것이지만 판사가 없는 관부와 비교한다면 재신이 해당 관부의 업무에 상당한 영향력을 발휘했음은 말할 것도 없다.

하지만 그렇다고 해서 재신이 6부를 장악했다고 볼만큼 규제력이 강력한 것은 아니었다. 박용운은 麻制에 들어있는 '夏官에서 훈련을 맡게 한다' '夏官을 判하게 하니 민사를 가벼이 하지 말라' '版圖의 部를 총

---

40) 박재우, 『고려 국정운영의 체계와 왕권』, 신구문화사, 2005.
41) 『高麗史』 권75, 選擧志 3, 銓注, 選法.
42) 『高麗史』 권95, 任懿 附 任元厚.
43) 『高麗史節要』 권11, 毅宗 16년 8월.
44) 『高麗史節要』 권13, 明宗 23년 10월.
45) 『高麗史節要』 권12, 明宗 11년 춘정월.

관하게 한다’ ‘祠部에서 예문을 제하게 하고’ ‘儀曹의 판사가 되어 五禮의 文을 정하게 하고’ ‘九工을 判하게 하여 修繕하는 일을 관장케 한다’ 등의 표현을 6부 판사가 각부의 업무를 총괄했다는 근거로 제시하면서, 이들 내용으로 보아 6부에 대한 판사의 기능은 직접적이고 강력한 것이었다고 해석하였다.[46]

하지만 麻制의 표현은 문서의 성격상 관행적으로 미화하는 문장이어서 그대로 받아들이기 어렵다. 다만 判事는 尙書보다 지위가 높고 또 재신이 임명되는 것이었기 때문에 그런 정도의 문장으로 표현되는 것이 불가능한 것은 아니라고 생각된다.

그러나 판사가 해당 관청의 업무를 ‘총괄’한 것을[47] 직접적이고 강력한 기능으로 해석하고 이를 근거로 6부 판사가 재신이 6부를 ‘장악’하는 제도였다고 보는 견해는 받아들이기 힘들다. 이른바 ‘총괄’은 判事가 尙書보다 지위가 높고 또 宰臣으로 임명되는 관직이기에 맡게 되는 업무 수행의 위상이 높았다는 정도로 이해해야 할 것이다.

그리고 재신의 입장에서 보면, 국왕과 함께 국정을 논의하거나 정사당에서 회의하는 議政 활동이 가장 중요했고, 6부 판사는 그보다는 비중이 낮았다고 이해된다. 그렇지 않으면 판사에 임명되지 않은 재신들이 다수 있었음에도 불구하고 6명의 판사를 모두 채우지 않은 운영방식을 이해하기가 힘들다.

이처럼 판사가 있는 관청에서 상주하는 경우에, 이를 판사가 없는 관부에서 상주한 것과 비교하면 분명 재신의 입장이 상주 내용에 포함되

---

46) 박용운, 앞의 책, 2001, 108~114쪽.
47) 변태섭은 6부 판사가 해당 관청의 중요사만 결정하는 데 참여했다고 하였다. 사실 자료의 부족으로 변태섭의 견해처럼 중요사만 결정했는지 아니면 박용운의 해석처럼 총괄했는지 논증하기는 어렵다. 다만 마제의 표현과 판사가 상서보다 지위가 높다는 점을 생각하면 ‘총괄’로 보는 것이 불가능하지는 않다고 생각한다. 문제는 ‘총괄’의 성격이다.

어 있는 것으로 보아야 한다. 그리고 비록 '장악'은 아니지만 6부 판사제도가 원래 판사가 임명된 해당 관부의 업무에 재신이 영향력을 발휘할 수 있도록 만든 제도이므로 이러한 결과가 생겨나는 것은 당연한 일이다.

다만 이는 재신 '1명'의 영향력이 해당 안건에 반영되는 것이었기 때문에 재신 '전체'의 입장이 상주 내용에 반영된 것으로 생각할 필요는 없다. 그래서 판사가 있는 관부에서 상주한 경우에도 국왕의 판단으로 재상 '전체'에게 자문하는 것이 가능했다. 즉 설령 판사가 있는 관청에서 상주했다고 해도, 다른 관부에서 판사를 겸직하고 있는 재신은 물론이거니와 아예 6부 판사에 임명되지 않은 재신들도 있었기 때문에, 국왕은 그들 '전체'의 의견이 필요하다고 판단한 상황에서 자문할 수 있었던 것이다.

이처럼 6부 판사제도는 국왕이 국정의 중심에서 6부 행정을 이끌어 가면서 정치 행정적 필요나 관행, 국왕의 판단에 따라 재신 1명이 해당 관청의 판사로 임명되어 행정에 참여하게 하는 제도였다고 평가된다. 그러므로 6부 판사제도가 6부 행정에 대한 국왕의 주도권을 무력하게 했다고 볼 수는 없다.

V. 맺음말

이상의 연구를 정리하면 다음과 같다. 고려의 6부 판사제도는 재신이 6부를 장악하는 제도적 장치로 알려져 있다. 이에 대해 본 연구는 6부 판사제도를 재신이 6부를 '장악'하는 제도로 보는 것은 과도한 평가라는 입장을 제시하는 것이다.

재신이 6부를 장악하기 위해 가장 좋은 방법은 6부 판사 '전체'를 겸

직하는 것이다. 하지만 실제는 그렇지 못했다. 고려전기의 국왕별 또는
전 기간을 살펴보면, 재신의 숫자가 6부 판사의 숫자보다 많았다. 즉 재
신이라고 해서 '모두' 6부 판사를 겸직한 것은 아니었다. 재신의 전체
숫자는 140명인데, 그들 중에 6부 판사에 임명된 인물은 84명(91명)이었
고 56명(49명)은 재신에만 임명되었을 뿐 6부 판사에는 임명되지 못했
다.

하지만 일부 재신에 의해서라고 하더라도 6명의 판사가 모두 임명되
어 竝存했다면 재신의 6부 장악은 의심할 필요가 없다. 6부 판사가 任
免되어 구성원이 변동한 시점에 竝存한 6부 판사를 조사했는데, 142사
례 중에 단 2사례만 6명의 판사가 모두 병존하였고 나머지 140사례는
1~5명이 있을 뿐이었다. 6명의 판사가 모두 竝存한 경우는 거의 없었
던 것이다.

또한 재신의 임명 상황을 살펴보면 흥미로운데 6부 판사가 任免된
같은 시점에 병존했던 재신의 숫자를 조사한 결과 1~5명이 83사례,
6~9명이 59사례였다. 전자는 재신이 6명이 되지 않으므로 6명의 판사
를 모두 채울 수 없고, 후자는 채울 수는 있었으나 실제로는 대부분 6
명을 모두 임명하지 않았다. 게다가 6부 판사에 임명할 宰臣이 있었음
에도 불구하고 그들은 임명하지 않고 대신 추밀이나 복야로 6부 판사
에 임명하기도 했다.

이는 6부 판사제도가 6명의 판사를 중서문하성의 재신으로 채우고
그것을 통해 6부를 장악하려는 제도가 아니었음을 뜻한다. 이렇게 되자
각 판사마다 임명되지 않은 공백 기간이 짧지 않게 나타났다. 그러한
기간에 재신은 6부 '전체'를 장악할 수 없었다.

만약 6부 판사제도가 재신이 6부 전체를 '장악'하기 위한 제도적 장
치였다면 국왕이 해당 관청에 판사를 임명하지 않을 때에 상당한 저항
에 부딪힐 것이다. 하지만 각부 판사마다 공백기가 적지 않았음에도 불

구하고 그런 사료는 발견되지 않는다. 그러므로 고려의 재신이 6부 판사를 통해 6부를 장악했다고 보는 것은 과도한 평가이다.

한편 竝存한 6부 판사의 숫자와 유형도 '다양'하게 나타났다. 고려전기의 국왕별 또는 전 기간에 6부 판사는 임명 숫자가 정해져 있지 않았을 뿐만 아니라 해당 숫자 안에서 임명된 판사의 유형도 정해지지 않고 다양했다. 이러한 다양성은 당대의 정치 행정적 필요나 관행, 그에 따른 국왕의 판단이 작용하여 생겨난 것이다. 물론 이러한 국왕의 판단은 6부 판사의 운영에 대한 법제적 테두리 안에서 이루어진 것으로 보아야 한다.

사실 6부 판사가 임명되지 않은 경우가 많았던 것은 6부의 독자성과 관련이 있다. 6부는 재상의 참여 없이도 독자적으로 운영될 수 있는 관청이었던 것이다.

그러므로 백관지의 6부 판사에 대한 '宰臣兼之' 규정은 6부 판사는 기본적으로 재신이 겸하는 제도라는 규정을 보여줄 뿐, 6명을 중서문하성의 재신으로 모두 채워야 하는 제도라는 의미는 아닌 것이다.

6부 판사제도가 6명의 판사를 모두 임명하는 제도가 아니었다는 점을 6부 直奏와 관련시켜 보면 흥미롭다. 6부가 국정을 上奏하는 시점에, 해당 관부에 판사가 있는 경우와 없는 경우가 모두 존재한다. 그동안의 연구는 이런 점을 충분히 생각하지 못했다.

판사가 없는 경우, 국왕은 재신의 간여 없이 해당 관청의 上奏를 받아 국정을 직접 파악하였다. 반면에 판사가 있는 경우는, 해당 관청에 판사로 임명된 재신 '1명'이 업무에 영향력을 미쳤다. 이 경우에 재신은 해당 관부의 업무를 총괄하기는 했지만 그것은 재신 1명의 영향력에 불과했다. 그러므로 국왕은 재상 '전체'의 의견이 필요하다고 판단하는 경우에 그들 모두에게 자문할 수 있었다.

그러므로 6부 판사제도는 국왕이 국정의 중심에서 6부 행정을 이끌어가면서 정치 행정적 필요나 관행, 국왕의 판단에 따라 재신 1명을 해당 관청의 판사로 임명하여 행정에 참여하게 하는 제도였다고 평가된다. 이렇게 되면 6부 판사는 해당 부서의 업무에 영향을 행사할 수 있었다. 그렇다고 해서 6부 판사제도가 6부 행정에 대한 국왕의 주도권을 무력하게 했다고 볼 수는 없다.

제4장
고려후기 정치제도의 변화

高麗後期 都評議使司 體制의 성립과 발전

金 昌 賢

Ⅰ. 머리말

都評議使司는 충렬왕 5년에 기존의 都兵馬使가 개칭된 최고권력기구이다. 고려후기에 僉議府(門下府), 三司, 密直司(樞密院)의 재상들은 여기에 모여 국정 전반을 의논하였다. 그러므로 도평의사사의 기능과 성격을 살펴보는 것은 고려후기 정치운영의 실상을 파악하는 하나의 길이 될 수 있다. 그런데 도평의사사의 기능에 대해서는 두 가지의 설이 대립되어 있는 형편이다.

먼저 邊太燮에 의해 확립된 종래의 통설은 도당 구성원이 점차 확대되어 감에 따라 도당의 기능과 권한이 강화되어 간다고 보았다. 첨의와 밀직 자체의 수가 증가하였을 뿐만 아니라 삼사의 정원도 재추로서 도당에 합좌하게 되고 여기에 商議까지 합하여 말기에는 그 구성원이 70, 80명으로 확대되었다. 그 기능도 합의기관인 동시에 국가서무를 직접 관장하는 행정기관으로 되었으며, 임시기관에서 상설기관으로 변하였다. 왕의 旨, 중앙의 諸司, 지방의 諸道안렴사도 도당에 일원화되어 도당은 중앙의 최고정무기관이 되었다고 하였다.[1]

반면에 근래 金光哲은 이러한 종래의 통설에 반론을 제기하였다. 도

---

1) 邊太燮, 「高麗都堂考」, 『歷史敎育』 11·12 합집, 1969/ 『高麗政治制度史硏究』, 一潮閣, 1971, 99~109쪽.

평의사사가 행정기능을 소유하게 되었다는 것에 대해서 회의를 표명하
였음은 물론, 그 구성원의 수적 증가가 곧 권한의 확대를 의미하는 것
은 아니며, 오히려 재추의 증가는 이들의 의견을 결집시키는 데에 어려
움이 있었고 권력의 분산을 가져와 왕권을 유지시켜 나가는 데에는 유
리한 방향으로 작용했다고 보았다. 또한 원 간섭기에 그것의 기능이나
권한은 강력한 왕권에 의해 제약받았을 뿐만 아니라 必闍赤와 같은 권
력기구의 존재와 폐행집단의 등장으로 위축되었다고 보았다.[2]

　이처럼 도평의사사의 기능과 성격에 대해 서로 다른 의견이 제시되
고 있는 원인은 여러 가지가 있을 수 있지만 무엇보다도 도평의사사의
그것이 시기마다 차이가 있다는 점을 간과한 데에서 기인한 것 같다.
본고에서는 이러한 점에 유의하여 도평의사사 체제를 성립시기와 발전
시기로 나누어 고찰하였는데, 그 주된 대상 시기는 도평의사사 체제가
탄생하는 충렬왕 5년(1279)부터 위화도 회군으로 정치세력이 교체되는
우왕 14년(1388)까지가 될 것이다. 깊이 있는 논고가 되지 못하지만 고
려후기 정치체제와 그 운영의 이해에 조그마한 보탬이 되었으면 한다.

Ⅱ. 都兵馬使의 都評議使司로의 개칭 배경

　도병마사가 충렬왕 5년 3월에 왜 도평의사사로 개칭되었는지 아직
명확히 밝혀지지 않고 있다. 이 개칭은 단순한 명칭의 변경이 아니라
해당기구의 기능과 성격의 변화를 내포한다고 생각되므로 그 배경을
파악하는 것은 중요한 일이라 하겠다.[3] 필자는 국방관계 임시회의 기구

---

2) 金光哲, 「元干涉期　王權과　世族」, 『高麗後期世族層研究』, 동아대　출판부,
　　1991, 156～160쪽.
3) 末松保和는 원과의 새로운 관계에 부응하여 도평의사사는 원의 고려지배에서
　　고려측의 受命機關으로서 改名하여 출현하였다고 보았다.(末松保和, 「朝鮮議

인 도병마사가 그 구성과 기능이 확대 강화되어 국정 전반을 논의하게
된 결과 도평의사사로 개칭되었다는 변태섭의 설을 지지한다. 하지만
그의 설명은 포괄적이어서 좀더 구체적인 배경의 제시가 필요한 것 같
다.

백관지 기사 중에 "事元以來 事多倉卒 僉議密直每爲合坐"라는 대
목이 눈에 띈다.[4] 원을 사대한 이후 '事多倉卒' 해서 僉議와 密直이 매
양 合坐했다는 것이다. '事元以來'는 몽고와 관계를 맺기 시작하면서로
보아야 할 것 같다. 요컨대 몽고와의 전쟁과 화해의 성립, 개경으로의
환도, 삼별초 토벌, 일본 정벌 등을 겪으면서 재추가 처리해야 할 일이
많아져 매양 합좌하게 되었던 것으로 판단된다. 이처럼 몽고와의 관계
에 따라 군사·대외관계에서 처리할 일이 많이 발생하였는데 이것을
'事多倉卒'의 첫 번째 내용이라 할 수 있을 것이다.

그런데 도병마사는 군사·대외관계를 중심으로 회의를 하다가 고종
말부터는 재정문제를 집중적으로 다루기 시작한다. 이는 '事多倉卒'의
두 번째 내용이라 할 수 있다. 고종 44년 6월에는 재추가 회의하여 '分
田代祿'하기로 하고 給田都監을 두는데[5] 이것은 재정의 고갈로 녹봉

政府考」,『朝鮮學報』9, 1956/『靑丘史草』1에 재수록, 255~258쪽 참조) 이에
반하여 邊太燮은 고종말부터 도병마사가 국방에 관한 것뿐만 아니라 국사 전
반에 걸친 문제를 회의하고 재추 전원에 의한 '都堂'으로 변질된 이상, 종래의
명칭은 적합하지 않아 새로운 '도평의사사'의 명칭이 나타나게 되었다고 하였
다.(앞의 책, 93~99쪽 참조) 한편, 金光哲은 고종말부터 도병마사의 기능이 강
화되어 왕권을 제약하자 충렬왕이 비칙치를 설치하여 재추의 기능과 권한을
축소한 후 이들을 무마하기 위해 도평의사사로 개편하였다고 보았다.(앞의 책,
156~159쪽 참조)
4)『高麗史』권77, 百官志2 諸司都監各色 都評議使司, "國初稱都兵馬使, 文宗
定官制……忠烈王五年 改都兵馬使爲都評議使司, 凡有大事 使以上會議 故
有合坐之名, 事元以來 事多倉卒 僉議密直每爲合坐". 원래 이 기사는 李齊賢
의『櫟翁稗說』에 근거한 것임. 前集 1 참조.
5)『高麗史』권78, 食貨志1 田制 祿科田 고종 44년 6월조.

을 제대로 지급하지 못해왔음을 시사해 주는 것이다.[6] 그 후 고종 46년 (1259) 몽고와의 강화가 성립되고, 원종 11년(1270) 개경으로 환도하게 되면서 녹봉부족 문제를 해결하기 위한 시책이 도병마사에 의해 추진된다. 12년 2월에 도병마사가 경기 8縣에서 관품에 따라 祿科田을 지급할 것을 건의하여 재가를 받았던 것이다.[7] 도병마사는 당시에 백관의 녹봉이 부족한 이유를 '近因兵興 倉庫虛竭'에서 찾고 있다. 즉 몽고와의 전쟁이 재정을 고갈시켰던 것이다.

고려의 재정상태는 충렬왕 즉위년 10월에 단행된 여몽연합군의 제1차 일본 정벌로 더욱 악화되었다. 국용이 부족해지자 충렬왕도 전대의 고식책을 이어받아 科斂을 자주 이용하였으며,[8] 관직을 팔아 재정에 충당하는 방법까지 강구할 수밖에 없었다. 충렬왕 원년 12월에 도병마사가 國用의 부족을 이유로 銀을 납부하면 관직을 제수하도록 조처하였던 것이다. 3년 2월에도 도병마사는 관직을 구하는 자에게 은을 國贍都監에 납부케 한 후 제수할 것을 건의하여 윤허를 받는다.[9]

이처럼 고종말부터 충렬왕 초기까지 국정의 가장 중요한 문제가 재정의 해결이었으며 도병마사가 여기에 대한 대책을 강구하고 있었다. '事多倉卒'의 첫 번째 내용으로 제시했던 군사·대외 관계도 특히 강화의 성립 이후에는 몽고에 대한 공물의 헌납, 일본 정벌에 필요한 군사비 지출, 왕·왕비·세자와 사신 등의 몽고왕래 비용 등이 막대하였음을 고려하면 재정문제로 귀착된다. 충렬왕이 도평의사사로 개칭한 직후 그에게 三稅의 納否와 호구의 增耗를 檢察하여 稅額을 更定할 것

---

6) 이후에도 녹봉은 제대로 지급되지 않았다.『高麗史』권80, 食貨志3 祿俸條 참조.

7)『高麗史』권78, 食貨志1 田制 祿科田 원종 12년 2월 ;『高麗史』권27, 원종 12년 2월 계미조 참조.

8)『高麗史』권79, 食貨志2 科斂條 참조.

9)『高麗史』권80, 食貨志3 賑恤 納粟補官之制 충렬왕 원년 12월·3년 2월조.

을 촉구한 사실이 또한 이를 뒷받침한다.[10] 이를 통해 충렬왕이 도평의
사사에 기대한 것은 증세를 통한 재정의 확보였던 것이다.

　결국 충렬왕은 군사·대외문제와 그로 인해 심화된 재정문제를 해결
해야 할 운명에 처해 있었던 것이다. 이는 단순히 대외 혹은 대내 문제
로 분리될 수 없는 국정의 핵심이었다. 이러한 심각한 문제는 재상들의
전폭적인 협조없이는 도저히 해결될 수 없는 성질의 것이었다. 그리하
여 충렬왕은 이미 국정전반을 의논하는 성격을 띠어가고 있었던 도병
마사를 그 역할에 걸맞게 도평의사사로 개칭함으로써 재상들의 적극적
인 역할을 기대했던 것이라 여겨진다. 이는 또한 충렬왕이 자기의 세력
기반을 넓히기 위한 체제정비의 일환이기도 하였다.

Ⅲ. 都評議使司 체제의 성립

1. 三司의 참여에 따른 三府 체제의 출범

　재정위기의 심화는 錢穀의 출납을 담당한 三司의[11] 지위를 고양시
켜 재추만으로 운영되던 도평의사사에 三司의 재상이 참여하는 구성의
확대가 발생하였다. 충렬왕 8년 3월에 判三司事 韓康을 宰樞所 즉 도
평의사사의 司存으로 삼았다는 기록이[12] 그것을 말해준다. 그러면 언
제부터 삼사의 구성원이 도당에 참여하게 되었을까. 충렬왕 5년 3월 도
평의사사 체제가 출범할 무렵이 아닌가 짐작된다. 왜냐하면 정3품직으

---

10) 『高麗史』 권29, 충렬왕 5년 3월 계유조.
11) 三司의 조직과 기능에 대해서는 邊太燮의 자세한 연구가 있다.(「高麗의 三
　　司」, 『歷史敎育』 17, 1975) 그는 삼사가 충렬왕 이후 기구상으로는 강화되었지
　　만 기능상으로는 도리어 약화되어 유명무실하게 되었다고 보았다. 하지만 필
　　자는 삼사의 기능이 허설화되는 시기는 공민왕대 무장세력이 정권을 장악한
　　이후로 파악한다.
12) 『高麗史節要』 권20, 충렬왕 8년 3월조.

로 대개 寺·監의 判事가 겸하여 통상 기록되지 않던 三司使가 동왕 5년 12월의 정규 인사발령(B-1 사료)에 나타나기 때문이다. 이는 삼사사가 전임직으로서 재상이 되어 도평의사사에 참여하였음을 시사하는 것이다. 추측컨대 삼사사는 충렬왕 5년 3월 도평의사사의 출범 때 그에 참여한다는 원칙이 정해졌으며 12월의 정규인사 때 인사발령이 나면서 비로소 포함되었을 가능성이 크다. 그런데 判三司事는 도평의사사가 출범한 이후 이루어진 충렬왕 5년 12월, 6년 12월의 인사에 보이지 않는다. 이는 판삼사사를 僉議府의 하위재상이나 密直司의 고위재상이 겸하던 전통이 여전히 살아 있는 결과로 여겨진다. 그렇지만 韓康이 충렬왕 8년 3월에 판삼사사로 나타나며 이는 전임직으로 판단된다. 그는 7년 7월에 知密直司事로 나오므로[13] 아마도 7년 12월의 정기인사 때 판삼사사로 승진발령을 받은 것이 아닌가 한다.

이처럼 도평의사사가 출범한 직후 삼사의 재상이 전임직으로서 도당에 참여하게 되었다. 이로써 僉議府, 三司, 密直司의 재상이 도당에 참여하는 三府 체제가 성립하였다.[14] 재상으로 승격된 三司使는 이후 삼사의 위상이 강화되면서 충렬왕 중엽에는 三司右使와 三司左使로 분리되어 더욱 조직화한다.[15] 이러한 진행은 그만큼 재정문제가 중요한 관심사로 떠오른 결과라 할 수 있다.

그러면 충렬왕대 判三司事와 三司使의 위상을 살펴보기로 하자. 먼

---

13) 『高麗史節要』 권20, 충렬왕 7년 7월조.

14) 『三峯集』 4, 記 高麗國新作都評議使司廳記에 따르면 門下府(첨의부)는 理典을, 삼사는 錢穀을, 밀직사는 軍旅를 담당하였다. 단 宿衛를 주로 하는 밀직이 軍旅를 관장하게 된 시기는 朴龍雲에 의하면 충선왕 복위 이후이다.(후술) 고려후기에도 '宰樞' 혹은 '兩府'라는 호칭이 관용적으로 많이 쓰이지만 삼사가 폐지된 기간을 제외하면 사실은 '三府'를 의미하는 것이다.

15) 『高麗史』 권76, 百官志1 三司 참조. 충렬왕 22년 2월에 安珦이 三司左使로 나타나는 것으로 보아 20년 전후에 左右로 갈라진 것 같다. 『高麗史』 권31, 세가 참조.

저 판삼사사를 알아보기 위해 인사발령을 시기순으로 제시한다.

　A-1. 以廉承益爲僉議評理　鄭可臣判三司事　金忻同判密直司事(『高麗
　　　　史』 권30, 충렬왕 13년 12월 丙寅)
　　2. 以……趙仁規·廉承益 並知都僉議司事 朴之亮判三司事 印侯判密
　　　　直司事(『高麗史』 권30, 충렬왕 13년 12월 癸未)
　　3. 以洪文系爲僉議贊成事致仕　韓希愈判三司事　金忻判密直司事(『高
　　　　麗史』 권30, 충렬왕 17년 4월 癸酉)
　　4. 以……韓希愈知僉議府事世子貳保　金忻判三司事　鄭仁卿·柳陞·
　　　　崔有渰 並同知密直司事(『高麗史』 권30, 충렬왕 18년 윤6월 辛亥)
　　5. 以……金忻知都僉議司事　金之淑判三司事　安珦爲密直司使(『高麗
　　　　史』 권31, 충렬왕 21년 정월 己巳)
　　6. 以李之氐爲都僉議贊成事 閔萱咨議都僉議贊成事 鄭瑎判三司事 李
　　　　混判密直司事(『高麗史』 권32, 충렬왕 30년 정월 丙子)

　판삼사사는 判密直司事와 知僉議府事 사이로 나타나니, 그 서열은
밀직사의 재상보다는 상위에, 첨의부의 재상보다는 하위에 위치했다고
볼 수 있다. 그러한 예를 하나만 들면 韓希愈는 判密直司事→ 判三司
事→ 知僉議府事로 승진했던 것이다.16)
　다음에는 충렬왕대 三司使의 위상을 살펴보기로 하겠는데 시기순으
로 정리하면 다음과 같다.

　B-1. 以……朴球爲密直副使 金伯鈞·禹濬冲 並爲三司使(『高麗史』 권
　　　　29, 충렬왕 5년 12월 辛卯)
　　2. 以朴之亮副知密直司事 金惲爲三司使(『高麗史』 권30, 충렬왕 13년
　　　　정월 辛未)

---

16)『高麗史』 권30, 충렬왕 16년 8월 기축·17년 4월 계유·18년 윤6월 신해조.

3. 以……金昕副知密直司事 薛景成爲三司右使 張碩爲軍簿判書 柳栒
   爲典法判書(『高麗史』 권31, 충렬왕 23년 8월 辛丑)

4. 以鄭瑎爲右常侍 吳仁永爲軍簿判書 柳栒副知密直司事 洪詵·黃元
   吉爲三司左右使 洪子翰爲密直司知申事……(『高麗史』 권31, 충렬
   왕 24년 9월)

5. 以……李英柱爲密直副使·軍簿判書 黃元吉·尹萬庇爲三司左右使
   兪甫爲軍簿判書(『高麗史』 권31, 충렬왕 26년 11월)

6. 以……郭贇爲監察大夫 朴顥爲典理判書 高世爲三司右使 金文衍爲
   軍簿判書……(『高麗史』 권32, 충렬왕 28년 6월 庚辰)

삼사사는 대체로 副知密直司事·密直副使와 知申事·4司 判書 사
이에 기록되고 있다. 따라서 삼사사는 서열이 밀직사의 재상 다음에 해
당하는 하위재상이라 할 수 있다.[17] 삼사사의 위상을 알려주는 사례로
元卿의 경우 右副承旨에서 부지밀직사사로 승진하여 형인 元珦와 함
께 재상이 된 적이 있었다. 그런데 그는 형보다 서열이 높아 편치 못하
다고 충렬왕에게 아뢰어 결국 三司使로 改授되고 형은 副知密直司事
에 임명된다.[18]

다음에는 충선왕의 치세에 三司의 위상은 어떠했는지 알아 보자. 그
는 충렬왕 24년 정월에 즉위한 후 5월에 관제개편과 동시에 새로운 인
사발령을 하는데[19] 삼사의 구성원이 보이지 않는다. 개혁정치의 일환으
로 혁파되어 그 업무가 民曹에 흡수되었을 가능성이 크다 하겠다. 하지

---

17) 단 趙仁規의 경우 同判密直司事 위에(『高麗史』 권30, 충렬왕 13년 2월 경신
   조), 李之氐의 경우 지밀직사사 위에(『高麗史』 권31, 충렬왕 23년 10월 신묘
   조), 安珦의 경우 副知密直司事 위에(『高麗史』 권31, 충렬왕 22년 2월 갑진조)
   기록된 점이 문제된다. 이는 각각 知密直司事에서, 적어도 同知密直司事 이
   상에서, 密直司使에서 삼사사로 옮겨간 데 기인한 것으로 보인다.

18) 『高麗史』 권124, 元卿傳.

19) 『高麗史』 권33, 충선왕 전 즉위년 5월조 참조.

만 원의 간섭으로 6월에 新定官制가 회수당한 뒤 7월에 단행된 인사발령에는 다시 삼사의 구성원이 나타난다.[20] 여기에는 판삼사사가 知都僉議事와 密直使 사이에, 삼사좌우사가 密直副使 및 資政院副使와 知申事 사이에 위치하고 있다. 충선왕이 충렬왕파를 물리치고 다시 실권을 장악한 후를 보자. 그는 충렬왕 33년 3월에 인사발령을 단행하는데[21] 이때 都僉議叅理・判三司事에 임명된 金深은 贊成事・判版圖司事와 判密直司事 사이에 위치하고 있다. 찬성사 다음에 언급된 것은 참리로서 판삼사사를 겸했기 때문으로 여겨진다. 또한 정당문학과 지도첨의사사는 임명되지 않은 것으로 판단된다. 삼사의 좌・우사는 密直副使 다음에 위치하고 있다. 아직까지는 이전과 근본적인 차이가 발견되지 않는다.

그런데 충선왕은 충렬왕 34년에 삼사를 혁파하여 民部에 병합하는 조치를 취하였다. 이 무렵 密直司도 역시 혁파된다.[22] 그런데 충선왕 원년 4월 단행된 인사에는 삼사의 구성원이 나타난다.[23] 이때 밀직사가 다시 설치되는데 삼사도 역시 부활한 것이라 할 수 있다. 판삼사사는 評理와 判密直司事 사이에, 삼사의 우・좌사는 密直副使 다음에 위치하여 삼사의 위상은 충렬왕대 수준에 머물렀다고 할 수 있다.

2. 성립기 도평의사사의 활동과 추이

충렬왕은 도평의사사의 기능이 활성화되기를 바랐던 것 같다. 그것

---

20) 『高麗史』 권33, 충선왕 前 즉위년 7월 무술조.
21) 『高麗史』 권32, 충렬왕 33년 3월 신묘조 참조.
22) 삼사에 대해서는 『高麗史』 권76, 百官志1 戶曹條에 충렬왕 34년에 충선왕이 "改爲民部 仍以三司・軍器・都塩院 倂焉"한 것으로 되어 있다. 밀직사는 충선왕 원년 4월에 중방과 더불어 복구되는 것으로 보아(『高麗史』 권33 참조) 혁파당했음이 분명한데 그 시기는 삼사가 민부에 병합될 때가 아닌가 한다.
23) 『高麗史』 권33, 충선왕 원녀 4월조 참조.

은 도병마사를 도평의사사로 개칭한 며칠 후에 그에게 조세납부의 여부와 호구의 증감을 조사하여 세액을 정할 것을 촉구한 데에서 알 수 있다. 그런데, 도평의사사의 재추는 三稅납부의 여부는 각 有司가 담당하는 것이며 호구의 증감은 농사철에 살피는 것이 아니라고 반대하여 이루어지지 못했다.[24] 왕의 뜻과는 달리 도평의사사는 아직 각 有司의 영역을 침범할 준비가 되어 있지 않았던 것이다.

하지만 도평의사사의 기능은 차츰 활성화되기 시작한다. ① 충렬왕 5년 6월에는 도평의사사가 聖旨에 의거하여 伊里干을 설치하여 朝聘役使를 담당하도록 요청하여 허락을 받는다.[25] ② 이 무렵에 도평의사사는 전쟁과 기근이 계속됨으로써 倉儲가 고갈되어 橫斂이 심하므로 戶口를 조사하고 賦稅를 다시 정할 것을 상언한 결과 計點使를 누차 파견하게 된다.[26] ③ 8년 6월에는 도평의사사가 榜을 내려 米穀과 銀甁의 折價를 마련하고 京市署로 하여금 풍흉을 따져서 그 가격을 정하도록 한다.[27] ④ 9년 3월에는 重房이 諸生까지 東征軍에 징발하려 하자 도평의사사가 그러한 행위를 한 자는 그 領府의 都將尉를 반드시 무겁게 처벌하겠다는 榜을 내린다.[28] ⑤ 16년 2월에는 哈丹賊이 쳐들어 온다는 소문이 들리자 회의를 열어 강화도로 천도할 것을 결정한다.[29] ⑥ 27년 9월에는 경상도 안렴사 朱印遠이 그 道의 勸農使를 겸하게 되자 宰樞가 백성을 侵虐하는 인물이라 하여 반대하는 상언을 하므로 왕이 그의 비리를 증언하는 인물들을 도당에 파견하여 그와 證詰하도록 한다.[30]

---

24) 『高麗史』 권29, 충렬왕 5년 3월 계유조.
25) 『高麗史』 권29, 충렬왕 5년 6월 계묘조.
26) 『高麗史』 권79, 食貨志2 戶口 충렬왕 5년 9월조.
27) 『高麗史』 권79, 食貨志2 貨幣 市估 충렬왕 8년 6월조.
28) 『高麗史』 권81, 兵志1 五軍 충렬왕 9년 3월조.
29) 『高麗史節要』 권21, 충렬왕 16년 2월조.
30) 『高麗史節要』 권22, 충렬왕 27년 9월조.

이처럼 도평의사사에서 논의한 사항은 외교(①), 경제(②,③), 군사(④), 천도(⑤), 인사(⑥) 등 國政 전반에 걸쳐 있었음을 알 수 있다.[31] 주목되는 점은 도평의사사의 역할이 정책을 협의하여 왕에게 요청하는 데에 머물고 있지 않다는 것이다. 도당이 자신이 결정한 정책을 榜을 붙여 시중에 널리 알리거나 京市署, 重房·領府와 같은 諸司에 명령한 사실이 바로 그것이다. 이는 도평의사사가 최고기구로서의 역할을 상당히 수행하였음을 보여준다.[32] 한편, 충렬왕 22년 2월에는 왕의 內旨도 도당을 거치도록 하자는 상소를 재추가 올린 사건으로 도평의녹사가 하옥되며, 25년 4월에는 원에서 파견된 左丞 哈散이 韓希愈를 국문할 때 도평의녹사가 文案을 작성하는데[33] 이는 국정의 책임이 도당에 있었음을 말해준다. 이러한 사례는 충렬왕 3년 정월에 충렬왕과 제국공주가 奉恩寺에 연등을 관람하러 갔을 때 재추가 늦자 왕이 僉議府吏를

---

31) 이로 볼 때, 도평의사사로의 개편이 원의 受命 기관으로서의 역할을 담당하기 위해서 이루어졌다는 末松保和의 주장과, 국내 정치문제에 관한 의결기능을 약화시키고 대원관계 쪽으로 전환시키기 위한 조처로 이후 도당은 상징적인 최고기구에 그쳤다는 金光哲의 주장(앞의 책, 156~159쪽)은 재고를 필요로 한다고 생각한다. 한편, 충렬왕 4년 10월에 설치된 별청재추인 必闍赤가 문제된다. 이것이 계속 존속하였다면 도당의 영역을 상당부분 침식하였겠지만, 그 활동 사례가 나타나지 않는 것으로 보아 곧 폐지된 것으로 보인다. 충렬왕 10년을 전후하여 측근세력이 다수 도당에 참가하게 되면서 별청재추의 필요성은 더욱 감소한다. 충렬왕은 강력한 왕권을 바탕으로 측근세력은 물론 재상의 협조를 받아 정국을 안정시켰던 것이다.

32) 충렬왕이 도평의사사가 활성화되기를 바랐던 점은 그 외에도 많이 보인다. 동왕 6년 10월에는 各道 指揮使의 判官과 錄事를 혁파하였는데 오직 도평의녹사만은 유임시켰던 일, 7년 8월에는 최고의 고과를 받은 陰竹監務 金珥를 都評議案牘員으로 特差한 일, 8년 3월에 兩府의 '顧望退托'을 보완하기 위해 宰樞所에 司存을 둔 일 등이 그것이다. 『高麗史』 권29, 충렬왕 6년 10월 정해·7년 8월 임신조 ; 『高麗史節要』 권20, 충렬왕 8년 3월조 참조.

33) 『高麗史』 권105, 趙仁規傳 ; 『高麗史節要』 권21, 충렬왕 22년 2월조 ; 『高麗史』 권123, 印侯傳 ; 『高麗史節要』 권22, 충렬왕 25년 4월조 참조.

가둔 일과 대비된다.34) 이는 고종말부터 도병마사가 '都堂'이라 칭해졌지만 아직 첨의부가 재추를 대표하다가 도평의사사로 개칭된 후에야 이곳이 공식적으로 재추를 대표하는 최고기구가 되었음을 시사한다.

그러나, 충렬왕대 도평의사사의 활동에는 아직 제약이 존재하였다. 이는 충렬왕 22년 2월에 도당이 세 가지 일을 上言한 데 대한 왕의 반응을 통해 추론이 가능하다. 그 중 특히 문제가 된 부분은 西北界의 일은 內旨로 처리하면 소요를 일으키게 되니 왕이 도당에 명령하면 도당이 都指揮使에게 牒을 내려 처리하게 할 것과, 內旨로써 使로 나가는 자가 많아 민폐가 되고 있으니 지금부터는 반드시 도당을 경유하도록 하자는 것이었다. 이에 왕은 진노하여 堂吏를 고문하고 倡議한 자로 지목된 同知密直司事 李混을 巡軍獄에 가두게 하고 결국 파직시켜 버렸다.35) 內旨도 도평의사사를 경유해야 된다는 도당의 주장이 충렬왕에게는 왕의 고유 권한이 침해받는 것으로 인식되었던 것이다. 이를 보면 이 시기에 王旨가 도당을 거쳐야 한다는 원칙은 성립한 것 같지 않다.

충렬왕대 도평의사사의 또 다른 한계는 일원적인 최고기구로서의 역할을 다하지 못한 점이다. 지방과의 관계나 다른 나라와의 외교관계에서 중앙정부를 대표하지 못하고 僉議府가 그 역할을 수행하였던 것이다. 충렬왕 7년 2월에 안동 사람이 부정축재한 法曹를 첨의부에 고발한 일, 23년 5월에 제국공주가 죽자 왕이 첨의부에 이어한 일 등은36) 첨의부가 여전히 지방 및 중앙을 대표하는 기관이었음을 말해준다. 이는 위에서 언급한 것처럼 都指揮使에게 내리는 內旨도 도당을 거쳐야 한다는 상언의 주도자를 처벌한 데에 잘 드러나 있다. 그리고 충렬왕 19년 7월에 行中書省이 都僉議使司에 箚付하여 진도와 탐라 문제를 언급한

---

34) 『高麗史節要』 권19, 충렬왕 3년 정월조 참조.
35) 『高麗史節要』 권21, 충렬왕 22년 2월조 참조.
36) 『高麗史節要』 권20, 충렬왕 7년 2월조 ; 『高麗史』 권31, 충렬왕 23년 5월조.

일은[37] 여전히 첨의부가 고려를 외교적으로 대표하는 기관이었음을 말해준다. 첨의부가 고려와 諸司를 대표하는 관부였기에 원은 첨의부에 충렬왕 5년 5월에는 정4품 印을, 7년 9월에는 종3품 인을, 19년 3월에는 첨의부를 都僉議使司로 고치고 종2품 인을 하사하였던 것이다.[38]

이처럼 첨의부가 중앙과 지방의 관청을 대표하고, 대외적으로 고려를 대표하게 된 이유는 무엇일까. 이는 첨의부가 설치될 때 중서문하성이 상서성을 흡수하는 형태로 이루어진 데에서 기인한다. 왜냐하면 상서성은 지방관과의 관계에서 중앙정부를, 외국과의 외교관계에서 고려정부를 대표하였기 때문이다.[39] 첨의부는 상서성의 그러한 기능을 계승하였던 것이다. 도평의사사가 국정을 협의하는 최고기구로 공식적인 출범을 하여 그러한 활동을 하였지만, 첨의부 또한 행정적인 절차상 諸官府를 대표하는 최고관부로서의 역할을 일정하게 수행하였던 것이다. 이는 도당이 아직 일원적인 최고기구로서 기능하지 못했음을 시사한다 하겠다.

그런데 도평의사사는 후기로 가면서 충렬왕의 지위가 흔들리고 대신 충선왕이 부상함으로써 그 구성원이 분열함에 따라 위상이 약화되어 간다. 충렬왕 24년 정월에 부왕의 양위를 받아 즉위한 충선왕은 詞林院을[40] 중심으로 정국을 운영하였기 때문에 도당의 기능은 위축되었다. 5

---

37) 『高麗史』 권30, 충렬왕 19년 7월조.
38) 『高麗史』 권76, 百官志1 門下府 ; 『高麗史節要』 권20, 충렬왕 5년 5월 ; 『高麗史』 권29, 충렬왕 7년 9월 계미 ; 『高麗史』 권30, 충렬왕 19년 3월 을유조 참조.
39) 이는 朴龍雲, 「高麗時代의 尙書都省에 대한 檢討」, 『國史館論叢』 61, 1995, 78~80쪽 참조. 尙書都省은 국무를 실질적으로 총괄하지는 못했지만 6부나 중앙의 諸司가 州郡에 公貼을 보내려면 이곳의 심의를 통과해야 했으며, 중앙과 지방을 잇는 매개기관으로서 6부를 포함한 중앙의 여러 官署를 통제하는 일정한 역할과 함께 지방의 州郡에 대해서는 중앙을 대표하는 기구의 위치에 있었다 한다.
40) 사림원에 대해서는 李起男의 자세한 연구가 있다. 「忠宣王의 改革과 詞林院

월의 관제개혁으로 密直司는 光政院으로 개편된 반면 삼사는 혁파된 것으로 보인다. 하지만 측근기구를 통해 독재적인 왕권을 추구한 충선왕의 관제개혁은 많은 불만을 야기하여 결국 즉위년 7월에 그것을 개정할 수밖에 없었다.[41] 이때 광정원이 밀직사로 복구되고 삼사가 부활한 것으로 여겨지는데 이는 이때 단행된 인사발령에 그 구성원이 나타나기 때문이다. 이러한 조치와 함께 그 직후인 8월에 충선왕이 실각하고 충렬왕이 복위함에 따라 도평의사사의 기능도 활성화될 가능성이 커졌다. 12월에 관제를 완전히 復舊하는 조처가[42] 그것을 더욱 뒷받침한다.

하지만 이후 충렬왕파와 충선왕파의 대립이 심화되면서 도당이 정국을 주도하는 데는 많은 어려움이 따랐다. 왕의 권위는 行省官의 增置를 통한 원의 내정간섭과[43] 충선왕파의 무력을 동원한 韓希愈·吳祁 체포사건[44] 등에 의해 땅에 떨어졌다. 충렬왕은 倖臣·內僚 등을 가까이 하거나[45] 27년 7월에 별청재추를 다시 설치하여[46] 왕권을 수호하려 하지만 충선파는 도당을 통해 이에 대항하여[47] 정국은 반전을 거듭하

의 設置」,『歷史學報』52, 1971.

41)『高麗史』권33, 충선왕 즉위년 7월 무술조. 이미 6월에 원이 파견한 右丞 阿里灰와 洪重喜 등에 의해 新定官制는 회수되었다. 충선왕의 정치행태에 불만을 품은 자들이 원에 참소한 결과일 것이다.

42)『高麗史』권31, 충렬왕 24년 12월 경진조.

43)『高麗史』권31, 충렬왕 24년 9월조 ;『高麗史』권31, 충렬왕 25년 10월조~『高麗史』권32, 충렬왕 27년 3월조 참조.

44)『高麗史節要』권22, 충렬왕 25년 정월·2월 ;『高麗史』권32, 충렬왕 29년 8월·9월조.

45)『高麗史節要』권22, 충렬왕 25년 5월조 참조.

46) 이 별청재추는 충렬왕 30년 8월까지도 계속 존속하며 이후 충선왕파가 실권을 장악하는 어느 시기에 혁파된 것 같다.『高麗史』권32, 충렬왕 27년 7월 ;『高麗史節要』권22, 충렬왕 30년 8월 ;『高麗史』권125, 宋邦英傳 참조.

47) 吳祁를 체포하는 정변에 재추가 행동을 같이 한 점이 그것을 말해준다.

였다.

마침내 권력투쟁에서 승리한 충선왕은 충렬왕 33년 9월에 都評議司에게 13～16세의 여자가 시집가려면 申聞을 받은 이후 허락하도록 명령한다.[48] 그동안 위상이 약화되었던 都評議使司이지만 국정의 최고기구라는 사실을 일단 인정한 셈이다. 하지만 충선왕이 충렬왕 34년 5월에 관제를 개혁하고 6월에 반포하면서 사정이 달라진다.[49] 앞에서 언급했다시피 이때 삼사는 民部에 흡수되고 밀직사는 폐지되었던 것이다. 도평의사사를 구성했던 재상기구 중에 첨의부만 남은 셈이니 그 合坐 기능은 이미 마비되었다고 할 수 있다. 그리하여 그 두 달 후인 8월에 도평의사사는 혁파된 것으로 판단된다.[50] 그 결과 僉議司가 복위식을 한 충선왕에게 향연을 베푸는 주체로 나타난다. 또한 충선왕이 諸道의 務農使로 하여금 폐정개혁에 따르지 않는 자가 있으면 처결한 후에 僉議府로 申報하도록 하는 조처를 취한 것도 같은 맥락으로 이해된다.[51] 이는 첨의부가 최고 권력기구의 역할을 수행하였음을 알려주는 것이다.

하지만 앞에서 언급했다시피 원년 3월에 三官이 복구되어 都評議錄事가 다시 두어지고 4월에 밀직사와 삼사가 복구됨으로써 도평의사사가 다시 최고 권부로서의 기능을 회복한다. 이는 10월에 都評議使가 왕명으로 도평의녹사를 사헌규정과 함께 각 道에 파견하여 提察과 守令

---

48) 『高麗史』 권32, 충렬왕 33년 9월.

49) 『高麗史節要』 권23, 충렬왕 33년 8월조 ; 『高麗史』 권32, 충렬왕 34년 5월 병술·6월 신축조 참조.

50) 『高麗史』 권33, 충선왕 원년 丁未에 내려진 교지 중에 '前所革近侍·茶房·三官·五軍 皆復之'라는 구절이 있다. 그런데 충렬왕 34년 8월에는 近侍·茶房만 혁파한 것으로 나타난다. 하지만 三官·五軍도 함께 복구되는 것으로 보아 같은 시기에 혁파된 것으로 파악이 된다. 三官은 迎送都監, 式目都監, 都兵馬使(都評議使司)의 錄事를 가리킨다.(邊太燮, 「高麗의 式目都監」, 『歷史敎育』 15, 1973, 68～69 쪽 참조) 업무를 주관하는 堂吏가 사라진 사실은 곧 도평의사사의 혁파를 의미하는 것으로 판단된다.

51) 『高麗史』 권33, 충선왕 복위년 8월·10월조 참조.

의 姦利를 廉問하도록 한 데에서 확인된다.[52] 이러한 조치는 충선왕의 측근중심정치로 합좌기능이 마비되자 재상들이 반발한 데 기인한 것으로 판단된다. 재추의 지지로 다시 집권한 충선왕으로서는 그들의 반발을 무시할 수만은 없었을 것이다. 한편, 왕은 守僉議政丞 최유엄이 나이가 많기 때문에 5일에 한 번만 都堂에 나와 '軍國大事'를 의논하도록 배려하고 찬성사 柳淸臣에게는 '細務'를 專理하도록 조처하기도 한다.[53] 2년 8월에는 柳淸臣을 僉議政丞에 임명하여 최유엄 대신에 도당에서 국정을 의논하도록 명령하였다.[54] 하지만 이 조치가 내려진 지 8일만에 諸司 및 州郡의 칭호를 고치면서 도평의사사는 식목도감에게 도당의 지위를 빼앗긴다.

Ⅳ. 式目都監의 부상과 都評議使司의 위상 약화

도평의사사는 충선왕이 2년(1310) 8월에 式目都監이 '邦國重事'를 관장하도록 하고 僉議府, 三司, 密直司의 재상들이 그의 判事와 使가 되도록 명령하면서[55] 유명무실해진다. 이제 식목도감이 도평의사사 대신에 국정의 최고 권력기구인 都堂으로 떠오른 것이다.[56] 이때 주목되

---

52) 『高麗史』 권33, 충선왕 원년 10월조.

53) 『高麗史節要』 권23, 충선왕 2년 8월조. 崔有渰이 守僉議政丞에 임명된 시기는 충선왕 원년 4월 辛未이므로 이러한 조치는 그와 동시이거나 그 직후에 이루어졌을 것이다. 『高麗史』 권33, 충선왕 원년 4월 辛未條 참조.

54) 『高麗史節要』 권23, 충선왕 2년 8월조 ; 『高麗史』 권33, 충선왕 2년 8월 戊申條 참조.

55) 『高麗史』 권77, 百官志2 諸司都監各色 式目都監, "忠宣王二年 敎曰 式目掌邦國重事 其以僉議政丞·判三司事·密直使·僉議贊成事·三司左右使·僉議評理爲判事 以知密直以下爲使 又置商議式目都監事".

56) 邊太燮은 식목도감의 도당화를 논증하였는데, 그 배경을 충렬왕파의 舊勢力을 제거하기 위한 권력구조의 개편과 그에 따른 인사이동의 필요성에서 찾았

는 점은 密直使가 첨의찬성사·삼사좌우사·첨의평리를 제치고 첨의
부와 삼사를 각각 대표하는 첨의정승과 판삼사사 다음으로 명기된 사
실이다. 이는 밀직사의 위상이 상승된 결과를 반영한 것인데 이때 밀직
사를 2품으로 올리고 첨의부와 더불어 같이 兩府라 칭하게 했다는 기
록이 그것을 뒷받침한다.[57] 왕권의 주도적 역할을 중시했던 충선왕은
식목도감의 국정의논 과정에서 첨의부의 독주를 견제하기 위해 밀직사
의 위상을 상승시켰던 것으로 보인다.[58] 또한 주목되는 점은 판삼사사
가 첨의정승 다음에, 삼사좌우사가 찬성사 다음에 기록된 사실이다. 이
처럼 삼사의 서열이 급격히 상승한 것은 재정의 확보와 절감을 중시했
던 충선왕이 그 기능을 강화할 필요를 느꼈기 때문이라 여겨진다. 삼사
와 밀직사 지위의 상승은 첨의사 독주의 견제를 가능하게 하여 왕은 통
치권 행사를 용이하게 할 수 있었다.[59]

다. 「高麗의 式目都監」, 『歷史敎育』 15, 1973, 58~64쪽 참조.

57) 『高麗史節要』 권23, 충선왕 2년 8월조 ; 『高麗史』 권76, 百官志1 密直司 참조.

58) 충선왕은 충렬왕 24년에도 밀직사를 光政院으로 개칭하면서 使를 종1품으로
하는 등 그 관질을 승격시킨 적이 있다.(『高麗史』 권76, 百官志1 密直司) 그는
기본적으로 宿衛와 軍機를 담당한 밀직사를 왕권의 보루로 여겼다고 볼 수
있다. 한편, 朴龍雲은 충선왕 복위 2년의 이 조치로 추밀원이 비로소 軍政을
담당하게 된 것으로 파악하였다.(「高麗의 中樞院 硏究」, 『韓國史硏究』 12,
1976, 129~132 쪽 참조)

59) 三府의 새로운 관계는 식목도감을 국정의 최고기구로 한 직후인 충선왕 2년 9
월에 단행된 인사(『高麗史』 권33)에서 엿볼 수 있다. 여기에는 첨의정승 다음
에 판삼사사, 찬성사, 密直使, 찬성사, 삼사우좌사, 평리 등의 순으로 기재되어
있다. 백관지 式目都監條와 다른 점은 밀직사가 찬성사와 찬성사 사이에 위
치한 것이다. 그런데 밀직사 앞에 기록된 찬성사는 柳淸臣과 裴挺이다. 배정
의 경우는 알 수 없지만 유청신의 경우는 첨의정승에서 강등된 데 따른 대우
의 차원에서 이루어진 것으로 여겨진다. 密直使의 위상이 격상되었음은 이에
임명된 金深의 前職이 찬성사였음을 통해서도 알 수 있다. 한편 『高麗史節
要』 권23, 충선왕 2년 9월조에는 密直使가 모든 찬성사 뒤에 기술되어 있다.
하지만 이는 모든 찬성사를 하나로 묶어 서술하려는 편의성의 추구로 인한 결
과로 보여진다.

이처럼 충선왕은 식목도감에서 첨의부, 삼사, 밀직사의 재상들이 서로 견제하는 가운데 왕이 주도권을 행사하는 정국운영을 추구하였다. 이러한 의도는 도평의사사를 제쳐두고 식목도감을 국정의 최고기구로 택한 데에서도 엿볼 수 있다. 부왕 때의 정치를 쇄신하려는 의지를 지녔던 충선왕은 부왕이 창설하여 국정의 최고기구로 만든, 더욱이 명칭상 국정을 모두 맡아 처리하는 뜻을 명확히 나타내어 왕권을 위협하는 듯이 느껴지는 도평의사사에 불만을 가졌을 것이다. 그리하여 古制를 중시하는 그는 고려전기부터 존재하여 格式・通規의 제정을 담당해 왔던 식목도감을 새로운 권력기구로 출범시켰다고 볼 수 있다.

그런데 밀직사의 지위상승은 일시적인 현상에 불과하였다. 충선왕 3년 4월의 인사이동을 보면 密直使가 僉議評理 다음에 나타나기 때문이다.[60] 물론 삼사의 지위는 이후 큰 변동이 없어 판삼사사는 첨의정승 다음에 위치하였지만, 찬성사 다음에 위치했던 三司使가 評理의 위 또는 아래에 위치하여 평리와 비슷한 지위를 지니게 되는 점이 조금 달라질 뿐이다.[61] 그리하여 이제현은 충혜왕 복위 3년에 저술한 『櫟翁稗說』의 前集 1에서 "判三司事坐于亞相之上 左右使坐于評理之上下"라 기록하였던 것이다. 이는 판삼사사는 1명 또는 2명의 정승 다음에,[62] 삼사사는 평리의 위 또는 아래에 위치하였음을 말해주는 것인데 이러

---

60) 『高麗史』 권34, 충선왕 3년 4월 임술조 참조.
61) 그런데 金元祥이 8년 정월에 三司使에서 정당문학으로 이동한 것을(『高麗史』 권35, 세가) 김원상전(『高麗史』 권125)에는 '陞'이라 표현하였다. 충선왕이 충숙왕 7년 10월 원에서 실각하여 유배되자 충숙왕이 삼사사의 지위를 한 단계 강등시켰을 가능성이 있다. 하지만 8년 10월에 김원상은 삼사사로 복귀하고 그 서열도 찬성사와 평리 사이에 위치하였다.(『高麗史』 권35, 세가) 충숙왕이 8년 4월에 원에 억류되면서 그 조치가 흐지부지된 것이 아닌가 한다.
62) 이는 판삼사사 金台鉉이 정승의 부재시에 '首居二府' 했다는 데에서도(『高麗史』 권110, 金台鉉傳) 알 수 있다. 二府 즉 兩府에 포함되는 삼사의 재상은 서열이 상승하면서 '宰臣'으로 간주되었을 것이다.

한 모습은 계속 유지된다. 밀직사의 지위가 다시 하락하게 된 것은 그가 비록 軍機를 장악하였지만 평화기여서 그 기능을 제대로 발휘하지 못하였기 때문이라 여겨진다.[63] 결국 이후는 원래부터 政務를 담당한 첨의부와 재정의 중요성이 강조되면서 지위가 상승한 삼사의 고위재상이 중심이 되어 도당이 운영되어진다. 이처럼 왕의 시종관으로 왕권을 뒷받침하는 밀직재상의 위상이 약화되어 고위재상 중심으로 도당이 운영되면 왕권이 약화되었을 경우 도당 권한이 매우 강화될 소지가 있는 것이다.

충선왕은 원래 여러 재상들의 습坐를 기피하여 삼사와 밀직사를 혁파하여 첨의부 만으로 재상기구를 축소했었다. 하지만 이러한 관제개혁을 洪重喜가 원에게 참소하자[64] 할 수 없이 삼사와 밀직사를 부활하여 도평의사사의 기능을 회복했던 것이다. 그렇다고 다시 도평의사사에게 계속 국정을 총괄하도록 하는 데는 마음이 내키지 않았다. 그리하여 그동안 그리 큰 역할을 못해 오던 식목도감에게 '邦國重事'를 맡긴 것이었다. 사정이 이러하니 식목도감은 비록 재상의 회의기구이지만 마치 측근기구처럼 충선왕에게 이용되었다.

그런데 중요한 변화의 하나는 식목도감이 외교관계에서 고려를 대표하는 것으로 나타난다는 것이다. 원 황제의 聖旨는 식목도감에 전달되었으며,[65] 충숙왕이 원에 억류된 동안 실권을 행사한 瀋王 暠의 명령도 식목도감에 내려졌던 사실이[66] 그러한 사정을 알려준다. 이전에는 도평

---

63) 공민왕, 우왕대에는 전쟁이 잦아서 軍機를 담당하는 밀직사의 위상이 강화될 것 같지만 사실은 그렇지 않다. 당시 군령권은 도순문사, 원수 등이 장악하고 있었는데 첨의부와 삼사의 고위재상들이 주로 임명되었던 것이다.

64) 『高麗史』 권33, 충선왕 원년 3월 정미조 충선왕의 '傳旨' 참조.

65) 충숙왕을 비난하는 내용의 聖旨가 사라진 사건으로 식목도감의 녹사가 국문을 받았는데 녹사는 왕궁에 가 대언에게 전달하였다고 진술하였다. 이는 황제의 명령을 식목도감이 접수하였음을 말해준다. 『高麗史節要』 권24, 충숙왕 9년 3월조에 실린 瀋王이 재상에게 보낸 명령문 참조.

의사사가 국정을 총괄하였지만 외교적으로는 첨의부가 국가를 대표하였었는데 이제 식목도감에서 그러한 지위까지 차지하게 된 것이다. 이는 원에서 傳旨를 통해 고려를 다스린 충선왕의 통치방식과 관련이 깊을 것이다. 그는 식목도감을 적절히 이용함으로써 원에 머무르면서도 고려를 효율적으로 통치하였다고 볼 수 있다. 또한 식목도감은 첨의부 대신에 지방과의 관계에서 중앙정부를 대표하게 된 것으로 보인다. 이는 海州가 왕족 璹이 그 지역 5,000여 결의 토지를 탈점한 데 반발하여 관부의 印을 도당 즉 식목도감에 반납한 것에서[67] 추론이 가능하다. 상왕인 충선왕이 식목도감에 傳旨하여 5道에 사신을 파견하여 '怙勢之徒'가 州郡에 縱暴하는 행위를 금지하라 명령한 것도[68] 그러한 사실을 반영한 것이라 볼 수 있다. 요컨대 충선왕은 도평의사사 때문에 약화되었던 식목도감의 기능을 원래대로 회복시킨 위에 도당의 역할까지 수행하게 하였음은 물론 나아가 고려왕조와 중앙정부를 대표하게 하였던 것이다.

충선왕은 충숙왕에게 양위한 다음에도 상왕으로서 식목도감을 통해 계속 영향력을 행사하였다. 또한 충선왕의 총애를 받는 藩王 暠도 충숙왕이 원에 억류되어 있는 동안 식목도감에 명령을 내려 고려의 내정에 간섭하였다. 상왕과 심왕의 지나친 간섭에 불만을 품었던 충숙왕과 측근들은 그들을 대리하는 식목도감에 대해서도 반발심을 지녔을 것이다. 식목도감의 활동은 충숙왕 12년 10월에 왕이 교서를 내려 식목도감에게 賜牌를 考覈하여 초과한 것을 삭제하라는 명령을 내린 것을 끝으로 나타나지 않는다. 아마도 충숙왕은 상왕인 충선왕이 동왕 12년 5월에 세상을 뜨자 13년을 전후한 시기에 식목도감의 도당으로서의 기능을

---

66) 『高麗史節要』 권24, 충숙왕 9년 6월조 참조.
67) 『高麗史』 권90, 宗室1 顯宗 平壤公基, 璹.
68) 『高麗史』 권34, 충숙왕 3년 3월 정묘조 참조.

다시 도평의사사로 환원하지 않았나 여겨진다.[69]

이처럼 충숙왕은 상왕과 심왕의 영향 하에 있었던 식목도감의 도당으로서의 지위를 도평의사사로 이전하여 舊制를 회복하였다. 하지만 충숙왕이 심왕의 도전을 치러내는 과정에서 親政에 싫증을 낸 결과 폐행세력이 정권을 장악하였기 때문에 도평의사사의 역할은 축소되었다. 충혜왕도 폐행을 가까이 하면서 독단적인 통치를 폈기 때문에 도평의사사를 구성하는 재상의 발언권은 약화되었다. 도당의 역할이 무시된 것은 왕이 원에 압송되었을 때 문서를 작성하여 그를 구원하려는 재상들의 시도가 반대의견이 많아 좌절되는 결과를 초래한다.[70] 이처럼 충숙왕~충혜왕 시기에는 도당의 기능이 위축되어 제 구실을 다하지 못하였다.

V. 都評議使司 체제의 발전

1. 도평의사사의 활성화

충목왕이 8세의 나이로 즉위하여 개혁을 단행하면서 사정은 달라진다. 어린 왕을 보좌하는 재상의 역할이 중시되면서 약화되었던 도평의사사의 기능이 정상화되었던 것이다. 5월에 李齊賢이 폐정개혁안을 도당에 상서한 것이 그러한 사실을 뒷받침해준다. 그 내용은 국정 전반에 걸쳐 있는데,[71] 특히 그는 왕과 재상이 만나는 기회가 거의 없었던 선

---

69) 변태섭은 『櫟翁稗說』에 "都兵馬使……其後 改爲都評議使 或稱爲式目都監使"라는 대목에 주목하고 문맥상 이제현이 이를 기술한 충혜왕 후3년에는 식목도감 시대가 아닌 것 같이 느껴져 당시에는 이미 도평의사사가 도당의 지위를 회복하였다고 보았다. 앞의 논문, 65쪽 참조.

70)『高麗史』권36, 충혜왕 복위 5년 정월 무진조 참조.

71)『高麗史』권110, 李齊賢傳 ;『高麗史節要』권25, 충혜왕 후5년 5월조 참조.

왕대의 일을 비판하고 이제는 날마다 재상과 만나 政事를 논의할 것을 강조하였다. 이는 도당 기능의 활성화를 촉구한 것이라 볼 수 있다.

이에 따라 도평의사사의 위상이 강화되었으니 충목왕 원년 8월에 도평의사사는 '權勢之家'들이 賜牌를 빙자하여 녹과전을 據執하고 있는 실상을 비판한다. 이어서 선왕이 제정한 경기 8현의 土田에 의거하여 다시 經理하고 여러 지목의 토지를 考覈하여 지급함과 동시에 그 나머지 賜給田은 收奪하여 職田을 均給하며, 餘田은 租稅를 거두어 國用에 충당할 것을 상언하여 制可를 받는다.72) 권세가에 의한 私田의 확대는 당시 사회모순의 핵심이었는데 도당이 그것을 시정할 것을 촉구하는 상소를 올려 제가를 받은 것은 그만큼 그 위상이 강화되었음을 말해준다. 한편, 張沆은 도당에 상서하여 굶주린 자들에 대한 진휼을 요청하기도 하였다.73) 도평의사사의 활성화는 지방과의 연결을 더욱 밀접하게 만들었다. 충목왕 3년의 整理都監狀에 따르면 行省이 外方에 文牒을 보내는 公事는 都評議使에 보고하면 도평의사사가 存撫使와 按廉使에게 문첩을 보내 施行하도록 하는 것이 例라고 하였던 것이다.74)

하지만 도평의사사는 여전히 외교적으로 고려를 대표하지 못했다. 整治都監 判事인 王煦와 金永旽은 整治의 일이 征東行省 理問所의 간섭으로 좌초될 상황에 빠지자 僉議府에 알리고 원의 中書省에 그 사정을 전달해 달라고 하였던 적이 있다.75) 이는 당시에도 첨의부가 고려를 대표하는 기관이었음을 말해준다. 이로 보아 중앙과 지방의 諸司를 대표하는 역할도 첨의부가 담당했을 가능성이 크다. 이러한 기능들은

---

72) 『高麗史』 권78, 食貨志1 祿科田 충목왕 원년 8월.

73) 『高麗史節要』 권25, 충목왕 4년 2월조.

74) 『高麗史』 권84, 刑法志1 職制 충목왕 원년조 참조. 충목왕 원년은 3년의 착오라고 한다. 閔賢九, 「整治都監의 設置經緯」, 『國民大論文集』 11, 1977, 93쪽 참조.

75) 『高麗史節要』 권25, 충목왕 3년 5월조.

식목도감이 도당의 기능을 상실할 때 원래대로 첨의부로 이관되었던 것이다.

　요컨대, 충목왕 때에는 왕권은 약한 반면 도당의 기능이 상당히 활성화된 것으로 보인다. 충정왕 때에도 11살의 나이에 왕위에 오르고 충정왕파와 공민왕파의 대결이 심화되었기 때문에 왕권은 약화되고 재상들의 발언권은 계속 커졌다. 물론 정치도감의 개혁이[76] 실패한 충목왕말부터 충정왕대에는 개혁세력이 후퇴하고 德寧公主와 禧妃의 폐행세력이 도평의사사를 장악하여 정국을 주도한다.

　그런데 충정왕파와의 대결에서 승리하여 즉위한 공민왕은 전왕대의 폐행세력을 숙청하였지만 도평의사사 중심의 정국운영을 계승하였다. 원년 정월에 判書雲觀事 姜保가 음양의 拘忌를 빌미로 왕의 太廟 親享을 반대하자 도당이[77] 그를 꾸짖은 일, 4년 12월에 지도첨의사사 金鏞이 왕지를 칭탁하여 3년상을 요청하는 상소문을 도평의사에 내려 시행하기를 핍박한 일[78] 등이 그러한 사실을 말해준다. 공민왕 초기는 燕邸 시종신료를 중심으로 한 친왕세력이 도당을 장악하여 정국을 주도한다.[79] 이 중에 조일신은 5軍錄事의 참소를 빙자하여 都評議錄事를 모두 除名禁錮시키고 5군녹사·학생 등으로 도평의사사의 案牘을 맡도록 하기도 하였다.[80] 그는 추종자들로 보이는 5군녹사로 도당의 실무

---

76) 정치도감의 개혁에 대해서는 閔賢九, 「整治都監의 設置經緯」, 『國民大論文集』 11, 1977 ; 「整治都監의 性格」, 『東方學志』 23·24 합집, 1980 참조.
77) 『高麗史』 권38, 세가에는 僉議府로 나타나지만 『高麗史』 권89, 后妃2 明德太后洪氏와 『高麗史節要』 권26에는 都堂으로 나타난다.
78) 『高麗史』 권131, 金鏞傳 ; 『高麗史節要』 권26, 공민왕 4년 12월조 참조.
79) 필자가 전개하는 공민왕대 정국의 흐름은 공민왕 초기에는 친왕세력이, 홍건적의 침략과 홍왕사의 변을 겪은 후에는 무장세력이, 신돈집권기에는 그의 세력이, 신돈몰락 이후에는 무장세력이 정국을 주도하였다는 閔賢九의 설에 바탕하였음을 밝혀둔다. 「辛旽의 執權과 그 政治的 性格」(상)·(하), 『歷史學報』 38·40, 1968 참조.
80) 『高麗史』 권131, 趙日新傳 , 『高麗史節要』 권26, 공민왕 원년 4월조 참조.

를 장악하게 함으로써 도당을 보다 효율적으로 장악하였다고 볼 수 있
다. 하지만 정변의 실패로 그 일파가 제거당하면서 왕권은 상당한 타격
을 받고 친왕세력이 다소 위축된 반면 奇轍 등 부원배들의 영향력이
증대하였다.

2. 일원적인 최고기구로서의 도평의사사

공민왕은 5년(1356) 5월의 반원개혁 정책을 통하여 정국의 주도권을
장악하였다. 5월의 정변으로 기철 등 부원세력이 숙청당하고 그를 주도
한 친왕세력이 정권을 장악하자 왕권은 안정되었다. 이후 왕은 5년 6월
에 정방을 혁파하는 명령을 내리고, 7월에 官制를 고려전기의 상태로
復舊하는 제도상의 개혁을 추진한다.[81] 이러한 관제개혁의 일환으로
도평의사사의 직능도 제도적으로 정비되어졌을 가능성이 크다.

공민왕 8년 7월 당시 宰樞所 즉 도평의사사의 常時合坐에 六色掌이
持事啓課하고 있는 것으로 나타난다.[82] 이를 통해 도당의 업무가 6개
분야로 나뉘어져 있었음을 알 수 있는데, 그러면 언제 도당에 육색장이
설치된 것일까. 아무래도 공민왕 5년 7월의 관제개혁 때로 보는 것이
합리적일 것 같다. 이때 첨의부는 중서문하성으로 개칭되고 삼사가 혁
파되는 대신에 상서성이 부활한다.[83] 이 관제개혁으로 삼사가 혁파되어
그 기능이 호부에 흡수되었으며, 이미 혁파명령이 내려진 정방의 기능
도 이·병부로 귀속될 수 있었다. 이처럼 6부의 기능을 정상화하는 한
편 그 상급기관인 상서성을 부활하여 6부의 독립성을 표시하였다. 그
위에 도당에도 육색장을 설치하여 6부와 효율적으로 연결되는 관계를

---

81) 『高麗史』 권39 ; 『高麗史節要』 권26, 공민왕 5년 5월·6월·7월조 참조.

82) 『高麗史』 권84, 刑法志1 職制 공민왕 8년 7월조.

83) 『高麗史節要』 권26, 공민왕 5년 7월조 ; 『高麗史』 권76, 百官志1 문하부·상
    서성·삼사 참조.

만들어낸 것으로 보인다. 당시는 왕권이 강화되었으므로 도당이 6부를 허설화시켜 그 업무를 직접 관장하는 단계는 아니었을 것이다. 육색장이 설치됨으로써 도당은 보다 효율적으로 중요한 안건을 심의하여 6부를 포함한 諸司에 명령할 수 있게 되었다. 이는 또한 도당이 국정을 협의하는 데 그치지 않고 행정적인 기능까지 갖추게 되었음을 알려준다.

또한 이 무렵 도당은 대외적으로 고려를 대표하는 기관으로 변모한다. 趙日新의 정변이 마무리된 직후 耆老들이 都僉議司에 상서하여 그 과정을 원 조정에 고해줄 것을 요청하였는데[84] 이는 공민왕 초기도 도첨의사가 대외적으로 고려를 대표하는 기관이었음을 말해준다. 하지만 공민왕 6년 8월에 도당은 정동행성에 글을 보내 雙城·三撒 등이 고려 땅임을 역설하고 이를 遼陽行省에 통보해 줄 것을 요청했다.[85] 이는 도평의사사가 도첨의사 대신에 대외적인 대표기관으로 기능하였음을 시사한다. 이러한 변화의 시점은 역시 5년 7월 관제개혁이 아닐까 한다.

그런데 공민왕은 5년 5월 기철 등 부원배들을 제거한 직후 내린 교서 중에서 기철 등이 탈점한 人口와 土田을 도첨의사가 都監을 세워 신고할 것을 허락하여 각기 本主에게 돌려주라 하였다.[86] 여기에서 도첨의사는 도감을 세우는 주체로 나타나고 있다. 이는 당시까지 도첨의사가 제 관부를 대표하는 위치에 있었음을 말해준다. 하지만 그 다음 달에 내린 교서에서는 도첨의사가 아니라 都評議使로 하여금 屯田官을 두도록 하고 있다.[87] 이는 도평의사사가 첨의부를 대신하여 대내적으로도 관부를 대표하는 기관으로 변모하였음을 말해준다. 한편, 이때 내린 교서에서는 都評議司가 監察司와 더불어 存撫使와 按廉使를 규찰한 후 聞奏하여 黜削할 것을 명령하였다.[88] 이처럼 5년 6월의 교서에서는 도

---

84)『高麗史』권131, 趙日新傳.

85)『高麗史』권39, 공민왕 6년 8월조 참조.

86)『高麗史』권131, 奇轍傳.

87)『高麗史』권82, 兵志2 屯田 공민왕 5년 6월조.

당이 대내적으로 중앙을 대표하는 기관으로 설정되는 한편 감찰기능까지 부여되어 도당의 위상이 강화되었다.

요컨대 공민왕은 5년 5월에 부원배를 숙청한 다음 6월에 내린 교서에서 도평의사사 중심의 정치체제를 천명하였다고 할 수 있다. 이는 7월에 행해진 관제개혁에 반영되어 도당은 명실공히 대내적으로 중앙정부를, 대외적으로 고려정부를 대표하는 일원적인 최고기구가 되었으며 협의기능만이 아니라 행정기능까지 소유하게 되었다. 그 결과 도평의사사는 모든 관부를 지배하는 기관으로 굳건히 자리잡는다. 왕명이 도당을 경유해야 한다는 원칙도 이때 자리잡은 것으로 보이지만 왕권이 안정된 상황이었으므로 중요한 일에 한정되었을 것이다.[89]

이러한 상황은 왕권이 도당에 눌려서가 아니라 왕권의 행사에 자신감을 가졌기 때문에 가능하였다. 공민왕은 재상권을 보호해줌으로써 그들의 협조를 얻는 동시에 6전체제가 정상화됨으로써 국정을 원활히 수행할 수 있었다. 정책집행이 왕에서 재상, 재상에서 6부·諸司·지방으로 유기적으로 수행되었던 것이다. 당시 도당의 위상은 3번씩이나 어사대부(감찰대부)를 겸했던 이인복이 "瑣碎不足煩上聽 大事又在廟堂 不可中撓也"라는 입장을 표시한 데에 잘 나타나 있다.[90] 이는 당시에 도당이 대사를 처리하여 국정의 중심으로 기능하였음을 시사하는 것이다.

---

88) 『高麗史』 권75, 選擧志3 凡選用監司 공민왕 5년 6월조 교서 참조.

89) 이후 도당의 활동은 5년 9월에 도당이 百司로 하여금 화폐를 의논하도록 한 일(『高麗史』 권79, 食貨志2 화폐), 6년 12월에 왕이 교서를 내려 도평의사사와 어사대가 獄官의 枉刑을 申聞하여 紏理하도록 한 일(『高麗史』 권39, 세가), 8년 6월에 어사대가 都評議使로 하여금 太常寺에게 材瓦를 지급하여 祭廚·齋宿의 室을 짓도록 요청하여 윤허받은 일(『高麗史』 권62, 禮志4 吉禮中祀 籍田) 등에 잘 드러나 있다.

90) 『高麗史』 권112, 李仁復傳. 그는 공민왕 3년 7월, 5년 11월, 8년 8월에 감찰대부(어사대부)를 겸하도록 명령받는다. 『高麗史』 권38, 공민왕 3년 7월 ; 『高麗史』 권39, 공민왕 5년 11월·8년 8월조.

이렇게 되자 6부와의 관계에 마찰이 생길 소지가 다분히 발생하였다. 공민왕 7년에 지형부사인 鄭云敬은 都評議使로부터 訟事가 내려오자 "재상의 일은 백관을 式序하여 能者를 나아가게 하고 不能者를 물러나게 하는 것"이라고 전제하면서, "至於法守 各有司存 事事皆由廟堂 是侵官也"라 하여 반발했다는 기록이 그것을 말해준다. 그의 반발은 訟者가 그에게 輻湊하였다는 것으로 보아 상당히 효과가 있었던 모양이다.[91] 이는 도당이 六色掌을 설치하여 실무기능을 강화한 것이 6부의 기능을 상당히 잠식하였지만, 동시에 6부도 그 위상을 잃지 않으려 노력하여 성과를 거두었음을 말해준다. 정운경은 그 공로를 인정받아 1년여만에 형부상서에 超授된다. 공민왕은 안정된 왕권을 바탕으로 도당과 6부의 조정자 역할을 성공적으로 수행하였다고 볼 수 있다.

3. 도평의사사 권한의 비대화

공민왕 10년(1361) 10월에 발생한 홍건적의 2차 침략과 왕의 南遷, 전쟁 후에 진행된 친왕세력의 분열과 몰락, 홍왕사의 변, 덕흥군을 고려왕으로 옹립한 북원 군대의 침략 등은 왕권을 급속히 약화시키고 무장세력의 대두를 초래하였다. 그 결과 무장세력이 도당을 장악하게 되었으니 이는 왕권에 위협이 되었다. 신돈을 등용하여 因循의 폐단을 개혁하려 한 배경의 하나로 "王在位久 宰相多不稱志"를 지적한 데에서[92] 알 수 있듯이 왕은 도당을 불신하였다. 전쟁을 겪으면서 성장한 무장출신 재상이 지배하는 도당이 왕권을 위협하는 상황이 되었던 것이다.

이처럼 왕권은 약화된 반면 무장세력이 장악한 도평의사사의 위상은 크게 강화되었다. 다음 세 사건은 그러한 사정을 잘 전해준다. 공민왕

---

91)『三峯集』권4, 鄭云敬行狀.
92)『高麗史』권131, 辛旽傳.

11년 8월에 안렴사 李之泰는 嬖人에게 公州倉의 米를 하사하라는 手敎를 '王命必由兩府而下'라고 하면서 왕명을 받들지 않았다. 왕은 재상 柳淑에게 '事皆由卿等耶'라고 하면서 울분을 토로하지만 결국 양보할 수밖에 없었다.[93] 11년 9월에 대언 李穡은 佛護寺의 僧에게 田을 하사하는 賜牌에 御寶를 찍으라는 왕명을 "此事宜議諸大臣 不可輕易"라 하며 반발하였다.[94] 13년 12월에 왕은 豐儲倉使 丁得年에게 명하여 閹人에게 米를 하사하도록 하였지만, '命不由兩府'라 하여 받들지 않았다. 왕은 그를 杖流시키려 하지만 책임이 신등에게 있다는 찬성사 崔瑩의 말을 듣고 석방할 수밖에 없었다.[95] 이 최영의 발언은 주목되는데 최영 등이 지배하는 도평의사사가 그러한 상태를 만들었다는 것을 시사한다.

그렇다고 위 사건들이 일어난 시기에 와서야 왕명이 도당을 거쳐야 하는 원칙이 성립한 것 같지는 않다. 위 사건들은 왕이 嬖人과 閹人에게 米를, 僧에게 田을 하사하는 명령을 도당을 거치지 않았다 하여 받들지 않고 있는 것이다. 이는 공민왕 11년 6월 內賜하는 王旨도 도당을 거쳐야 한다는 감찰사의 상언이[96] 받아들여진 데 따른 결과였다. 요컨대 왕명이 도당을 거쳐야 하는 원칙은 앞에서 언급한 것처럼 5년 7월의 관제개혁으로 이미 성립하였지만 이제 왕권이 약화되면서 왕이 사적으로 행하는 內賜까지 도당을 거쳐야 되었던 것이다. 공민왕이 한탄한대로 일마다 도당을 거쳐야 하는 상황으로 왕의 입지는 상당히 축소되었다. 그리하여 세세한 일도 도당을 경유해야 하는 실정으로 발전하였다.

이러한 상황은 安祐 등을 살해한 직후인 공민왕 11년 3월의 관제개

---

93) 『高麗史』 권112, 柳淑傳 ; 『高麗史節要』 권27, 공민왕 11년 8월조.
94) 『高麗史』 권115, 李穡傳. 공민왕 11년 9월에 監試 합격자를 취한 것에 근거하여 시기를 추정하였다. 『高麗史』 권74, 選舉志2 凡國子試 참조.
95) 『高麗史』 권113, 崔瑩傳 ; 『高麗史節要』 권28, 공민왕 13년 12월조.
96) 『高麗史』 권80, 食貨志3 諸衙門工匠別賜 공민왕 11년 6월조.

혁에 이미 예고되어 있었다. 중서문하성을 都僉議府로 개칭하면서 상서성을 혁파하고 삼사가 부활하였다. 樞密院은 密直司로, 6部는 6司로 개칭되었다.[97] 이는 조종구제를 회복한 5년 7월의 관제개혁을 포기하고 원 간섭기와 유사한 모습으로 돌아간 것이었다. 삼사가 부활함으로써 도평의사사는 三府體制를 회복하였지만 삼사는 독립적인 기능을 제대로 발휘하지 못한 것 같다. 공민왕 14년 무렵에 兩府가 첨의·추밀·감찰·중방의 夕直者에 대한 공급을 재개하려 하였지만 오랫동안 정해지지 않자 都僉議使司의 吏들이 그 稽緩함에 화가 나서 錢穀을 관장한 녹사 朴允龍과 孫國英의 告身을 내주지 않겠다는 게시를 한 적이 있었다.[98] 그런데 전곡을 관장한 녹사인 박윤룡과 손국영은 바로 도당의 녹사로 판단된다. 원래 전곡을 관장한 관부는 삼사인데 도당이 또한 그 일을 맡고 있는 것이다. 이 시기에는 삼사가 도당에 예속되어 독자적인 기능을 발휘하지 못하였던 것이다.[99]

홍건적의 2차 침략 이후는 일마다 도당을 거쳐야 했고 그 결과 왕이 사적으로 행하는 일조차도 도당을 경유해야 했다. 이러한 상황에서 왕은 더 이상 재상과 6부의 조정자 역할을 수행할 수 없었을 것이며, 이

---

97) 『高麗史』 권76, 百官志1 문하부, 상서성, 삼사, 밀직사, 6조 참조.
98) 『高麗史』 권111, 柳濯傳. 이 사건의 발생시기는 이와 연관된 시중 유탁이 공민왕 14년 3월에 시중이 되지만 5월에 신돈이 집권하면서 세력을 잃는 것에 의해 추정하였다.
99) 이후 신돈정권의 어느 시기에 가서는 그가 都事審官이 되고자 삼사에게 事審官의 부활을 요청하는 상소를 올리게 한 것으로 보아(『高麗史』 권75, 選擧志3 銓注 事審官 공민왕 18년조) 삼사의 독립성이 보장되었을 가능성이 있다. 하지만 그의 실각 후에 사정이 달라진다. 이는 國用에 필요한 비용을 삼사가 아니라 도당이 지급하는 상황을 시사하는 낭사의 낭소에서 엿볼 수 있다.(『高麗史』 권82, 兵志2 屯田 辛禑 5년 정월조 참조) 이처럼 도당이 재정에 적극 간여함으로써 삼사는 실권을 상실하였다. 공양왕 때 金子粹가 올린 상소에 "三司官 數至十五 署祿牌外 無餘事"(『高麗史』 권120, 김자수전)라 한 대목은 그러한 상황을 묘사한 것이라 할 수 있다.

는 도당 행정기능의 강화를 초래하여 6부의 허설화를 초래케 하였을 것으로 판단된다. 『高麗史』 권76, 百官志1 序文에는 事元 이래 첨의와 밀직이 도평의사사에서 매양 회의하였고 그 숫자가 많이 증가한 결과 "六部徒爲虛設 百司渙散無統"하게 되었다고 적혀 있다.[100] 이 중 6부와 百司의 허설화를 지적한 부분은 특히 왕권이 흔들리고 도당의 권한이 강화되는 공민왕 11년 이후의 상황을 말한 것으로 판단된다. 이제 도당은 6부의 권한을 침해하게 되었으며 그에 따라 6부는 허설화되는 과정을 밟게 되었던 것이다.

이러한 상황을 반전시키는 개혁을 추진하기 위해 공민왕은 대외관계가 어느 정도 안정되자 신돈을 등용하였다. 신돈은 왕 14년 5월부터 20년 7월까지 정권을 장악하여 과감한 개혁정책을 추진한다.[101] 신돈은 무장세력 등 왕권에 거슬리는 인물들을 내쫓고 자기 사람들로 도당의 구성원을 채워 지배하였다. 신돈에게 타협한 재상들이 국정을 주도했고 그렇지 못한 자는 국정참여에서 배제되었다. 신돈의 주청에 의해 右侍中 柳濯과 三司右使 李仁任이 都堂에서 '庶政'을, 密直副使 金蘭·任君輔와 睦仁吉은 궁중에서 '庶務'를 장악하였다.[102] 후자는 內宰樞 제도를 의미하는 것으로 보이는데[103] 이후 신돈 집권기 동안 존속하는 것으로 판단된다. 이에 대해서는 신돈이 축출된 직후 내재추를 혁파할 것

---

100) 이 백관지 서문은 趙浚의 관제개혁 상소를 많이 참고한 것으로 보인다. 그것
    에 따르면 법이 오래되어 폐단이 발생하자 6司가 소관 업무를 제대로 수행하
    지 못하여 허설화되자 百僚庶司가 渙散無統하여 名存實亡한 상태가 되었다
    는 것이다. 『高麗史』 권118, 趙浚傳.
101) 신돈의 개혁에 대해서는 閔賢九, 앞의 논문 참조.
102) 『高麗史節要』 권28, 공민왕 14년 5월조 참조. 이인임은 공민왕 14년 3월에 三
    司右使에 임명되었다.(『高麗史』 권41)
103) 내재추는 재추의 일부가 궁내에서 機密事務를 비롯한 주요한 政務를 처결하
    여 사실상의 小都堂的 성격을 갖게 된 체제로 도당의 권한을 제약하고 축소
    시키는 역할을 하였다고 한다. 閔賢九, 앞의 논문(상), 78~82쪽 참조.

을 요청하는 羅州牧使 李進修가 올린 상소가 참고된다.[104] 그는 재신과 추밀이 도당에 모여 음양을 섭리하고 인물을 題品하며 의논할 일이 있으면 모두 紫門에 나아가 왕명을 받아 시행하는 것을 정상적으로 파악하였다. 반면에 내재추가 때가 아닌데도 들어가 알현하고 威福을 오로지하여 同列로 하여금 그 연유를 모르게 하는 상황을 비판하였다.

요컨대 왕과 신돈은 도당에서 庶政을 처리하게 하여 그 기능을 유지시키지만, 내재추로 하여금 궁중에서 機務를 관장하게 함으로써 도당의 기능을 견제하게 하였다. 도당과 내재추를 양립시키는 구도를 통해 왕권을 안정시켰던 것이다. 왕과 신돈은 측근으로 하여금 도당을 주도하도록 하는 한편, 측근인 내재추를 통해 도당을 견제하게 하면서 동시에 도당과 내재추로 하여금 서로 견제하게 함으로써 자신들이 조정자의 역할을 효율적으로 수행할 수 있었다. 이러한 조처로 왕권은 안정되었으며 도당의 기능은 위축되었다.

하지만 신돈은 공민왕 20년(1371) 7월 실각하여 죽음을 당한다. 이로써 개혁은 수포로 돌아가고 왕권은 추락하였으며 다시 무장세력이 득세하여 도당을 장악하였다. 앞에서 언급했다시피 신돈 제거 직후에 李進修는 내재추를 폐지하고 도당을 활성화할 것을 주장하였다. 그의 상소는 왕이 '嘉之'했다는 것으로 보아 받아들여진 것 같다. 이에 따라 그동안 위축되었던 도당의 활동은 다시 활발해졌다. 다음과 같은 공민왕 20년 12월의 敎가 그것을 뒷받침해 준다.

> C. 敎曰 一 百僚庶務 斷自都堂 近年 諸司凡有公事 擅移諸道存撫按廉 遣人徵督 甚者 直牒州縣 病民實多 自今 並令稟都評議司 區處(『高麗史』 권84, 刑法志1 職制 공민왕 20년 12월)

---

104) 『高麗史』 권43, 공민왕 20년 7월 기묘조.

왕은 먼저 百僚의 庶務는 그 결단함이 도당으로부터 말미암는다고 지적하였는데 이는 신돈 집권기 이전의 상황을 말한 것으로 판단된다. 그런데 근래에는 諸司가 公事를 마음대로 諸道의 存撫使와 按廉使에게 이첩하거나 심한 경우는 주현에게 直牒하고 있다는 것이다. 이는 바로 신돈 집권기에 도당이 약화되어 諸司·諸道를 지배하지 못했음을 알려주는 것이다. 결국 공민왕은 왕권의 존립기반이었던 신돈정권이 무너지자 百僚의 庶務 또는 諸司의 公事를 모두 都評議司에 아뢰어 區處하도록 조처하는 교서를 내릴 수밖에 없었다.105) 이 교서에는 감찰기능 등 도당을 강화하는 내용이 담겨 있다.106) 이제 도당은 신돈 집권기 이전의 위상을 회복하였음은 물론 왕권을 위협하게 되었다.

이러한 상황에서 10살의 어린 나이로 즉위한 우왕의 왕권은 탄탄할 수가 없었다. 우왕이 즉위하자 諫官 柳珣·安宗源 등이 宦者의 폐단을 개혁할 것을 왕이 아니라 都堂에 상소하였는데, 그 이유는 '時 禑年幼 政出宰相'이라고 한다.107) 왕이 어렸기 때문에 政事를 都堂에서 결정했던 것이다. 이후 도당은 李仁任 등 우왕 추대세력과 崔瑩 등 무장세력이 지배하는 양상이 된다. 우왕 3년까지는 이인임, 최영, 池奫, 林堅味 등이 정권을 장악하고 그 이후는 이인임, 최영, 임견미, 廉興邦 등이 정권을 장악하였다. 한편 임견미는 洪永通·曹敏修와 더불어 內宰樞로서 권력을 휘두르기도 한다.108) 내재추는 두 侍中 다음으로 중요한

---

105) 金光哲은 이 조처 이후에야 비로소 도당의 기능이 강화된 것으로 파악하였다. 앞의 책, 160~161쪽 참조.

106) 『高麗史』 권85, 刑法志2 恤刑 ;『高麗史』 권80, 食貨志3 賑恤 水旱疫厲賑貸 之制 ;『高麗史』 권82, 兵志2 站驛 ;『高麗史』 권43, 세가의 공민왕 20년 12월 조 참조.

107) 『高麗史節要』 권29, 공민왕 23년(우왕 즉위년) 11월조.

108) 『高麗史』 권126, 林堅味傳 참조. 내재추가 다시 설치된 시기는 임견미가 우왕 3년 무렵부터 평리로, 임견미와 도길부가 5년 8월에 내재추로 나타나는 것으로 보아(『高麗史節要』 권30, 우왕 3년 8월조·5년 9월조) 池奫이 숙청당한 우

위치를 차지하였지만109) 신돈 집권기와 같이 왕권을 뒷받침한 것이 아니라 도당을 대변하는 역할을 한 것으로 판단된다. 이는 우왕의 乳媼 張氏와 연결된 許完과 尹邦晏이 그녀를 통하여 왕에게 내재추 임견미와 都吉敷를 참소하여 제거할 것을 요청한 데에서도 알 수 있다.110)

고려말기 도당의 권한과 직무는 창왕이 즉위한 직후 조준이 올린 시무책에 都評議使가 中外의 官司에 移文하는 것은 모두 出納錢穀, 殺生威福, 發號施令 등의 일이라111) 한 데에 잘 나타나 있다. 이는 공양왕 즉위 직후 그가 다시 올린 상소에서 '摠百揆 頒號令'으로112) 축약되었다. 이는 공민왕 5년 7월 관제개혁으로 도당이 명실공히 일원적인 최고기구로 된 이후의 상황, 특히 공민왕 20년 신돈이 실각하고 도당의 권한이 다시 비대해지는 이후의 상황을 강조한 것이라 여겨진다.

왕 3년 3월 직후일 가능성이 크다. 이 사건으로 도당을 지배하는 이인임, 최영 등이 왕과 그 측근세력의 움직임을 감시하고 견제할 조치의 필요성을 느낀 결과물이 내재추의 설치가 아닌가 한다. 임견미는 달아나는 지윤을 평소 교분이 있는데도 불구하고 붙잡아 이인임과 최영의 신임을 얻은 결과 내재추에 선발되었을 것이다. 홍영통과 조민수도 그들과 가까운 재상이라 여겨진다. 임견미가 최영과 대립하는 것은 그의 세력이 좀더 커진 이후이다.

109) "禑在壺串 都堂遣知申事權執經 請還面送徐質 禑怒囚兩侍中及內宰樞家奴 各三十人"(『高麗史』 권136, 신우전 우왕 13년 6월)이란 기사가 그것을 시사한다. 이는 또한 내재추가 우왕 13년 6월 당시에도 존속했음을 말해주지만 위화도 회군 이후에 폐지되는 것으로 판단된다.

110) 그러자 임견미 등은 시중 경복흥과 이인임, 판삼사사 최영에게 奔告하는데, 이는 그들을 대표로 하는 도당과 내재추가 직결되어 있었음을 시사하는 것이다. 결국 최영은 兩府 百官 耆老를 소집하여 張氏 일파를 무력으로 축출하였다. 『高麗史節要』 권31, 우왕 5년 9월조 참조.

111) 『高麗史』 권118, 趙浚傳.

112) 『高麗史』 권84, 刑法志1 職制 공양왕 원년 12월조.

VI. 都評議使司의 운영

어떤 사안이 발생하면 재상들은 도당에 모여서 의논을 하였는데 의결은 합의를 원칙으로 하였다. 이는 재상들이 도당에서 각기 可否를 말하는데 녹사가 그 사이를 오가면서 의견이 하나로 정해지도록 한 후에 시행하여 그것을 '議合'이라 했다는 데에서 알 수 있다.[113) 우왕 2년에 도당이 왕의 명령으로 폄출중인 康舜龍 등을 용서해 주고자 하여 의논이 정해진 일이 있었다. 그런데 이때 판삼사사인 崔瑩은 사냥 나가서 참가하지 못했다. 후에 녹사가 그 案에 서명하기를 요청하자 화가 난 그는 "國家大事 必大臣合議 然後行 何不預告 遽取署耶" 하면서 서명을 거부한다. 이처럼 도당에서의 의논은 재상 모두가 안건에 동의하는 서명을 거쳐야 결정되어 시행되었던 것이다. 재상이 의안에 찬성하면 도당의 녹사인 堂吏가 각자에게 서명을 받았다. 일이 있어서 출석하지 못한 재상이 있으면 당리가 그 집을 방문하여 서명을 받았던 것이다.

그런데, 도당의 구성원이 점차 늘어나고 商議職이 생겨나서 도당에 참여하면서[114) 議合에 이르기가 쉽지 않았다. 재상 수의 증가는 '謀政無主', '顧望退托'하는 상태를 초래할 수 있었다.[115) 충선왕은 宰執의 수가 古制보다 배로 늘어 公家의 議論이 많이 달라 '事事稽滯'하고 있다고 불평하였다.[116) 하지만 상의직의 폐단은 공민왕 전반기까지만 해

---

113) 『櫟翁稗說』 前集 1.

114) 邊太燮, 「高麗都堂考」, 『高麗政治制度史硏究』, 99~102쪽 참조. 상의직은 洪子藩이 충렬왕 22년 5월에 商議都僉議事로 나타나는 것으로 보아 충렬왕 중엽에 생겨난 것 같다. 『高麗史』 권31 참조.

115) 전자는 김주정이 비칙치 설치의 사유로, 후자는 충렬왕이 재추소 司存을 두는 사유로 제시된 표현임. 『高麗史』 권104, 김주정전 ; 『高麗史節要』 권20, 충렬왕 8년 3월조.

116) 『高麗史』 권33, 충선왕 즉위년 5월 신묘일의 교서. 한편 이제현은 "旅進而羣退 往往 高談大笑 閨房夫婦之私 市井米塩之利 靡所不談"이라 비판하기도

도 의결권이 없어 덜 심한 것 같다.[117) 그런데 공민왕 12년 윤3월에 상
의도 역시 재상이므로 서명권을 갖게 하자는 논의가 도당에서 이루어
졌고 商議 金貴가 드디어 서명하면서 사정이 달라진다.[118) 도당의 운영
은 상의가 서명권을 지니게 됨으로써 이전보다 효율성이 떨어졌다 하
겠다. 그 정도는 공민왕이 살해된 뒤에 재추가 70 내지 80명에 이르면
서 더욱 심해졌다. 그래서 비록 合坐의 이름이 있었다 하나 무리지어
進退하여 국정에 참여하지 않는 자가 많았다 한다.[119)

이처럼 도당의 구성원이 많아지면서 의합에 이르기가 어려워지게 되
었다. 그렇다고 도당의 결정이 마냥 미루어질 수는 없었으니 의안의 논
의과정에서 이견은 조정되고 대체로 소수는 다수의 의견을 따르는 경
우가 많았던 것이다. 충렬왕 16년 2월에 哈丹賊이 이미 국경을 넘었다
는 소문을 듣고 耆老宰相들이 國都를 옮길 것을 회의한 적이 있었다.
그런데 모두 국도를 옮겨야 한다고 하자 수상인 許珙도 堂吏인 文証에
게 衆議가 이와 같으니 저지할 수 없다고 토로하였다.[120)

하지만 무엇보다도 冢宰 즉 시중(중찬, 정승)의 의견이 가장 중요시
되었다. 총재는 1명이거나 때로는 左右 각 1인 또는 ‘守’를 따로 두어 2
명일 경우도 있었다. 고려말에 양부의 재상이 상의직까지 포함하여 수

하였다.『櫟翁稗說』前集 1 참조.
117) 충렬왕 33년 6월 判에 의하면 첨의·밀직의 咨議·權授者는 本官 同品의 아
래에 앉는다 하였다. 咨議는 商議와 유사한 직책으로 판단된다. 그런데 咨議
·權授者는 邀請이 아니면 本官의 公事에 參署하지 못하도록 하고 있다.『高
麗史』권68, 禮志10 嘉禮 兩府宰樞合坐儀 참조. 또한『高麗史』권114, 목인
길전에 따르면 故事에 상의가 된 자는 비록 국정을 논의하는 데는 참여하였
지만 文移에는 서명하지 못했다고 하였다.
118)『高麗史』권114, 睦仁吉傳. 이 논의는 홍왕사변을 진압한 직후 辛丑扈從功臣
을 책봉하기 전에 이루어졌다.
119)『高麗史』권75, 選擧志3 銓注 공양왕 원년 12월의 郎舍 具成祐等의 上疏 참
조.
120)『高麗史節要』권21, 충렬왕 16년 2월조.

334 제4장 고려후기 정치제도의 변화

십명이 되었지만 經濟를 관장한 자는 시중 2인에 불과했다는 조선초의
기록이 주목된다.[121] 이처럼 도당의 주도자는 兩侍中 즉 수상과 아상인
것이다. 결국 수상과 아상이 국정을 주도하였으며 그 중에서는 수상의
발언권이 더 컸을 것이다. 홍자번이 아상이었을 때 수상인 허공이 마지
못해 그 의견을 따르는 경우가 있었다는 기록은[122] 보통은 수상이 아상
보다 영향력이 컸음을 말해준다.

그런데 우왕 6년에 우왕의 조모인 명덕태후가 왕에게 "願王稽大疑
決大事 必咨侍中慶復興李仁任·判三司事崔瑩及諸相 愼勿徑情直行"
이란 유언을 남긴다.[123] 이는 시중 2인 외에 그 다음 서열인 판삼사사
의 의견도 많이 참작되었음을 말해준다. 도당의 논의과정을 하나 소개
하면, 도당에서 왜구를 물리칠 元帥를 택하는 결정에 지윤이 반발하자
우시중 이인임, 판삼사사 최영, 찬성사 지윤 등이 좌시중 경복홍의 집
에 모여 그 일을 다시 의논하였다. 그런데 지윤이 이인임의 정책에 강
력히 반발하자 이인임은 '三宰抗此議 則吾何能爲'라 하면서 나가 버린
다. 결국 지윤은 머리 숙여 사과할 수밖에 없었다.[124]

요컨대 도당에서 논의를 주도하는 자는 시중, 그 다음에는 판삼사사
(충선왕 2년 이후), 그 다음에는 찬성사 등의 고위재상이라 할 수 있다.
물론 그 이외의 재상도 발언권이 있었지만 그들의 의견에 끝까지 반대
하는 경우는 드물었을 것이다. 홍자번이 자신의 의견을 옳다고 고집하
면 그보다 서열이 높은 재상들이 어쩔 수 없었다는 일화는[125] 예외적인
현상이라 할 수 있다. 도당은 첨의부, 삼사, 밀직사의 재상으로 구성되
었지만 밀직사의 발언권은 약했다. 첨의부와 삼사의 고위재상, 그 중에

---

121) 『定宗實錄』 권4, 정종 2년 4월 신축조.
122) 『高麗史』 권105, 洪子藩傳.
123) 『高麗史』 권89, 后妃 忠肅王의 明德太后 洪氏.
124) 『高麗史節要』 권30, 신우 2년 11월조 참조.
125) 『高麗史』 권105, 洪子藩傳.

서도 첨의부를 대표하는 시중과 삼사를 대표하는 판삼사사가 정국을 주도하였던 것으로 보인다. 그리고 내재추가 존재한 시기에는 그들이 시중과 판삼사사 다음으로 영향력을 행사하였을 것이다.

하지만 정치상황의 변화에 따라 權臣이 발생하면 그들이 국정을 주도하여 수상의 권한도 많은 제약을 당하는 경우도 생겨났다. 수상인 경복흥이 권신인 이인임과 지윤에게 눌려 자신의 뜻을 관철시키지 못했다는 기록이[126] 그러한 사실을 잘 말해준다. 이처럼 권신이 도당을 지배하게 되면 다른 구성원들은 그에게 반대 의견을 제시하는 것이 쉽지가 않다. 이인임·지윤·임견미 등의 권신이 用事하자 三司右使 金續命은 "伴食都堂 凡署事 心非口是"하고 있다고 토로하였다.[127] 대부분의 재상들은 마음속으로는 그들의 천단을 그르다고 생각하지만 입으로는 옳다고 말하면서 동의하는 서명을 할 수밖에 없었던 것이다.

Ⅶ. 맺음말

도평의사사 체제는 몽고와의 관계로 인한 군사·외교관계에서 비롯된 재정문제(보완 : 군사·외교문제와 그에서 비롯된 재정문제)를 재상의 협조로 해결하기 위해 충렬왕 5년(1279) 3월 출범하였다.[128] 재정문제가 가장 중요한 현안으로 떠오르면서 宰樞 외에 三司가 전임직으로서 참여하게 됨으로써 첨의부, 삼사, 밀직사의 재상이 도당을 구성하는

---

126)『高麗史』 권111, 慶復興傳.
127)『高麗史』 권111, 金續命傳.
128) 단순히 재정문제 때문에 도평의사사가 출범한 것처럼 독자에게 느껴지도록 만들 수 있다. 재정문제를 강조하다 보니 생겨난 필자의 불찰이다. 몽고와의 관계로 인한 군사·외교문제와 특히 그에서 비롯된 재정문제를 해결하기 위해 도평의사사가 출범했다는 것이 본 논문의 흐름임을 부연한다. 한편 삼사의 도당 참여와 위상 상승은 생산력 발전의 산물이기도 했다.

三府 체제가 성립하였다. 충렬왕대~충선왕 복위초의 도평의사사는 국정 전반에 대한 협의는 물론 榜을 붙여 결정 사항을 알리는 등 상당히 제 기능을 발휘하였다. 하지만 僉議府가 여전히 국내적으로 諸司·諸道를, 대외적으로 고려를 대표하였다. 또한 王旨도 도평의사사를 거쳐야 한다는 원칙이 성립되지 못하였다.

그런데 충선왕은 2년 8월에 式目都監으로 하여금 邦國의 重事를 담당하게 하여 도평의사사 대신에 도당으로 기능하게 한다. 충선왕대, 충숙왕 초기의 식목도감은 첨의부 대신에 대내적으로 諸官府를 대표하고, 대외적으로 고려를 대표하는 역할까지 수행하였다. 식목도감이 도당의 역할을 함으로써 도평의사사는 유명무실해졌다. 도평의사사는 충숙왕 13년 전후에 도당의 지위를 회복한 것으로 파악된다. 이후의 그것은 충렬왕대와 유사한 모습으로 그려진다. 하지만 심왕파의 책동과 폐행세력의 대두로 그 기능을 제대로 발휘하지 못하였다.

하지만 충목왕이 즉위하여 개혁정치가 실시되면서 도평의사사는 다시 활성화되었다. 공민왕은 5년 7월에 관제개혁을 단행하는데 이는 도당에 중대한 변화를 초래하였다. 삼사가 혁파됨으로써 재추만으로 구성된 도당은 6색장이 설치되어 행정기능이 구비되었으며, 문하부 혹은 상서성 대신에 대내적으로 諸司·諸道를, 대외적으로 고려를 대표하게 되었다. 이로써 도당은 일원적인 최고기구로 탈바꿈하였던 것이다. 또한 이 시기에 王旨도 도당을 거쳐야 하는 원칙이 성립된 것으로 여겨진다. 하지만 당시는 안정된 왕권을 바탕으로 6전체제도 강화되었기 때문에 도당이 6부의 영역을 침범하는 일은 그리 많지 않았다.

하지만 공민왕 10년 10월의 홍건적 2차침략을 기점으로 왕권이 약화되고 무장세력이 도당을 장악하면서 도평의사사의 권한은 비대화되어 갔다. 왕이 사적으로 하는 內賜까지 도당을 거쳐야 하는 등 일마다 재상들이 간섭하여 왕권이 상당히 위축되었다. 이러한 상황을 타개하기 위해 공민왕은 신돈을 등용하여 개혁정치를 펴는데, 이로써 도당은 상당히 약화되었다. 그렇지만 신돈이 실각하고 무장세력이 다시 도당을 지배하면서 그 위상은 이전대로 회복되었다. 공민왕이 살해당한 뒤 어린 우왕이 즉위하여 親政을 행하지 않고 도당에게 국정을 맡기자 그 위상은 더욱 상승하였다.

도당의 재상 수가 증가하면서 '議合'에 이르기가 쉽지 않았지만 그 과정에서 재상 또는 여러 정치세력 간의 조율과 타협이 이루어졌다는 사실을 주목해야 한다. 그 결과 정책의 시행이 순조로울 수 있었으니, 이는 권문·세족 사회(보완 : 고려후기 사회)를 오랫동안 지탱하는 힘의 원천이 되었다. 재상 수의 확대가 직접적으로 도당의 위상을 강화하거나 약화하는 것은 아니었다. 도당의 위상은 왕권의 강약, 왕의 정국운영 방향, 강력한 정치세력이나 權臣·嬖幸의 대두 여부에 따라 결정되었던 것이다.

고려후기 都評議使司 연구

김 광 철

Ⅰ. 머리말

고려후기 정치사연구는 정치구조, 정치운영방식, 정치세력연구 등 다양한 분야에 걸쳐 그동안 괄목할 만한 연구성과를 거두어 왔다. 이들 연구를 통해 이 시기 권력구조와 권력집단의 성격, 정치세력의 갈래와 그 동향이 밝혀짐으로써 고려에서 조선으로 이행하는 과정에서 나타난 정치적 변동을 체계적으로 이해할 수 있게 되었다.

정치사 연구의 이 같은 성과에도 불구하고 그동안의 연구는 정치과정과 정치세력 연구에 집중되어 정치구조에 대한 연구는 상대적으로 저조함으로써 이 시기 정치체제와 그 성격을 이해하는 데 한계가 있었다. 정치기구는 국가의 대민 지배체제일 뿐 아니라 정치세력이 정치활동을 통해 권력을 분점하는 제도적 장치로서 매 시기 정치사 이해의 전제가 된다. 그럼에도 불구하고 그동안 고려후기 정치구조와 관련한 연구가 저조한 까닭은 제도사적 연구에 치중해 온 데 대한 반성이기도 하지만, 고려후기 정치제도를 전기 그것의 연장선 상에서 인식하거나, 부분적 변화에 그치는 것으로 이해하고 있기 때문일 것이다.

고려후기 都評議使司는 국정운영의 중심기구였다. 지금까지의 연구에 따르면1) 도평의사사는 都兵馬使의 기능이 확대, 강화됨에 따라 이를 수용하여 개편하게 되었고, 合坐制도 재추권이 강화되는 고종때부터 시작하여 도평의사사로 개편된 후에야 정착되었다고 한다. 아울러 도평의사사의 기능은 정책의 의결뿐만 아니라, 행정적 기능까지 수행함으로써, 이에 따라 왕권도 상당 정도 제약당했던 것으로 이해되고 있다.

이 연구에서는 도병마사와 도평의사사에 대한 기왕의 견해를 비판적으로 수용하면서 이를 전체적으로 재검토하고자 한다. 먼저 도평의사사의 성립 배경을 검토할 것이다.『고려사』관련 기록대로 도평의사사는 도병마사에서 개편되었다. 이에 대해 기왕의 견해는 도병마사의 기능이 확대, 강화되고 합좌의 형식을 갖추게 되면서 그 기능에 걸맞는 도평의사사로 개칭하게 되었고, 비로소 都堂으로 탈바꿈하게 되었던 것으로 이해하고 있다. 그런데 고종대 여몽전쟁으로 말미암아 도병마사가 중시되었다 하더라도, 국방과 군사문제만을 주관해온 도병마사가 어떤 과정을 거쳐 기능을 확대할 수 있었고, 합좌의 형식까지 갖게 되었는지 의문이다. 도평의사사의 성립을 도병마사 기능의 확대, 강화만으로 설명하기 어려운 점이 있기 때문이다. 뿐만 아니라, 도평의사사로의 개편 이유가 도병마사와 재추권의 강화를 수용한 결과로만 해석하기도 어려운 점이 있다.

다음으로 도평의사사의 기능과 권한을 검토하고자 한다. 도평의사사는 고려후기 대표적인 정치기구로 자리잡고 있었지만, 시기에 따라 그 정치적 위상은 달리 나타나고 있다. 특히 원간섭기 도평의사사의 지위와 공민왕대 이후의 그것은 크게 다른 것이었다. 이제 이 연구에서는 도평의사사의 기능과 권한을 두 시기로 나누어 시기에 따라 어떠한 변화를 보이는 것인지 밝히고자 한다. 공민왕대 이후 도평의사사의 활동

---

1) 도병마사와 도평의사사에 대한 대표적인 연구는 다음과 같다. 변태섭,「고려도 당고」,『역사교육』11・12, 1969 ;『고려정치제도사연구』, 일조각, 1977 ; 조계찬,「조선건국과 도평의사사」,『부산사학』8, 1984 ; 김갑동,「고려시대의 도병마사」,『역사학보』141, 1994 ; 김창현,「고려후기 도평의사사체제의 성립과 발전」,『사학연구』54, 1997.

이 빈번하다는 점을 감안하여 관련 史書에서 관계 자료를 발췌하고 이를 활동 내용에 따라 항목별로 분류, 통계 처리하여 이를 토대로 그 기능과 권한을 검토하고자 한다.

Ⅱ. 도평의사사 체제의 성립

1. 고려전기 都兵馬使와 宰樞會議

고려시대 도병마사는 성종 8년의 兵馬判事制에서 비롯되이 현종초에 와서 하나의 기구로 성립되었다.[2] 도병마사의 호칭에 대해 최근 관부로서의 명칭은 '都兵馬'이고 '도병마사'는 그 소속 관직으로 보아야 한다는 견해가 제시되어 있다.[3] 즉 도병마사는 '도병마의 使'로 보아야 한다는 것이다. 관직으로서의 도병마사는 도병마판사 다음의 직임임이 분명하다. 6추밀 및 직사 3품 이상의 관료가 맡는 직임이었다. 따라서 관부의 호칭은 '都兵馬使司'이든지, '都兵馬司' 또는 '都兵馬都監'이 되어야 맞을 것이다.

그런데 기록상 나타나고 있는 '都兵馬使'는 그 직임에 해당하는 인물을 병기한 예를 제외하고는 대체로 관부를 지칭하는 것이었다. 다음이 그 대표적 예이다.

1. 是月 有箭著于都兵馬使及金剛庫屋上 其鏃穿瓦(『高麗史』 권13, 세가, 예종 6년 5월 기사)

---

2) 변태섭, 위의 책, 1977, 85쪽.
3) 도병마사의 지칭에 대해서는 그동안 의심없이 받아들여 왔으나, 도병마사는 직임일 뿐이고, 그 기관 또는 관부는 '都兵馬'였다는 견해가 최근에 제기되었다. 김갑동, 앞의 논문, 1994.

즉, 화살이 도병마사와 금강고의 지붕으로 날아들어 그 기와를 꿰뚫었다고 했는데, 여기서 도병마사는 직임이 아니라 관부일 수밖에 없다. 더욱이 이 기록은 당시 도병마사가 업무를 수행하는 독립 청사를 갖고 있었음을 보여주고 있다. 도병마사는 무기고인 금강고와 인접하여 자리잡고 있었던 것이다.

그러므로 도병마사는 직임으로도 사용되었지만 관부를 지칭했던 것으로 보는 것이 타당할 것이다. 다만 '都評議使司'의 명칭 사용예에서 보듯이 하나의 약칭이었을 가능성이 높다. 도평의사사도 기록에 따라서는 '都評議使' 또는 '都評議司'로 표현한 사례가 수없이 많기 때문이다 두 예만 소개하면 아래와 같다.

2-① 王曰 人命至重 絶不復續 聞決事官 多枉刑致死 自今 有枉刑者 都評議使·御史臺 科罪申聞 刑部重刑 依古制 申聞(『高麗史』 권85, 지39, 형법, 恤刑, 공민왕 6년 12월)

② 都評議司榜曰 敢捕諸生補軍伍者 其領府都將尉 必重罰之 遣使于諸道 備兵粮 造器械 修戰艦(『高麗史』 권81, 지35, 병1, 병제, 5군, 충렬왕 9년 3월)

도병마사의 직임과 기능은 시기에 따라 차이가 있는 것으로 이해된다. 고려전기 도병마사 조직은 동서북면 방어를 담당하기 위해 성종 8년에 설치되었던 병마사 조직과[4] 연관을 갖는 것이었다. 그리고 그 기능도 예종 초까지는 병마사의 통수부와 같은 존재로서 국방문제를 논의하는 최고 기구였다.[5] 즉, 문종 관제에서 도병마사는 재추만으로 구

---

4)『高麗史』 권77, 지31, 백관2, 외직, "兵馬使 成宗八年 置於東西北面 兵馬使一人三品 玉帶紫襟 親授斧鉞赴鎭 專制閫外 知兵馬使一人亦三品 兵馬副使二人四品 兵馬判官三人五六品 兵馬錄事四人 又以門下侍中中書令尙書令爲判事 留京城 遙領之 後以西北路邊圉事煩 錄事增爲七人".

5) 末松保和,「高麗兵馬使考」,『東洋學報』39-1, 1956 ;『青丘史草』1, 笠井出版

성되었던 것이 아니라, 使에 職事 3품 이상의 관리가 선임될 수 있었
고, 副使와 判官에는 卿·監·侍郎과 少卿이 각각 선임되고 있었다는
점에서[6] 그 조직 자체는 국방문제에 대응한 군사기구로서의 성격을 갖
는 것이었으며,[7] 국가 중대사를 협의하는 합좌기구로 볼 수는 없을 것
이다.

　여몽전쟁 이전까지 도병마사는 兩界의 장졸에 대한 상벌이나 변경
鎭民의 진휼, 축성·둔전·군사훈련·군령·국경·대외관계 등을 논의
하는 기관이었다.[8] 그러나 몽고침입 후 도병마사가 부활되면서 그 기능
이 확대된 것으로 나타나고 있다. 즉, 이때부터 도병마사는 본래의 군
사적 업무에다 사회·경제적인 문제까지 관할함으로써 국정 전반을 관
장하는 기구로 등장하게 되었다.[9]

　그러면 고려전기에 주로 국방문제를 관장하던 도병마사가 몽고침입
이후에 어떠한 과정을 거쳐 국가의 주요 政事를 논의하는 합좌기구로
성장하고, 都堂의 지위를 획득하게 되었을까? 도병마사가 고려전기까
지는 군사기구에 지나지 않았고, 무신정권 성립 이후 폐지 또는 유명무
실했다는 점에서,[10] 고려후기에 합좌 형식을 갖춘 최고의 국정운영 기
구로 변화·발전하는 데에는 자체적인 기능 강화 외에 다른 배경이 있
었을 것으로 생각된다. 여기에서는 그 배경을 도병마사와 재추회의의
통합에서 찾아보고자 한다.[11]

社, 1965, 195~197쪽.

6) 『高麗史』 권77, 지31, 백관2, 제사도감각색, 도평의사사, "國初設都兵馬使 文
　宗定官制 判事以侍中平章事參知政事政堂文學知門下省事爲之 使以六樞密
　及職事三品以上爲之 副使六人正四品以上卿監侍郎爲之 判官六人 少卿以下
　爲之 錄事八人 甲科權務 吏屬有記事十二人 記官八人 書者四人 算士一人".

7) 변태섭, 앞의 책, 1977, 94쪽 ; 김갑동, 앞의 논문, 1994, 77쪽.

8) 변태섭, 위의 책, 92쪽.

9) 김갑동, 앞의 논문, 1994, 82쪽.

10) 김갑동, 위의 논문, 1994, 67쪽.

고려전기 도병마사는 앞에서 검토했듯이 합좌기구가 아니라 관부적 성격을 갖는 군사기구였다. 국가 중대사를 논의하는 합좌기구는 별도로 마련되어 있었다. 다음에 보이는 바와 같이 '兩府', '宰樞所' 등이 그것이다.[12]

3-① 樞密副使智祿延等 輕躁不能謀 朝鮮公先事作亂 遂逼上出幸其居 上度勢難保 密詔欲禪位於朝鮮公 朝鮮公遣人 傳示兩府 相顧皆不知所言 公徐□曰 雖有詔國公 必不如命 參政李公資德 亦以公言爲然 □□公聞之意沮 其事遂寢(김용선 편, 『高麗墓誌銘集成』, 「李公壽墓誌銘」)

② 時□日本國對馬島官人 以邊事移牒東南海都府署 都府署不敢□決 馳馹聞試朝 兩府議 卽欲以尙書都省牒回示 公聞之 謂承制李公升曰 彼對馬島官人 邊吏也 今以尙書都省牒回示 失體之甚 宜都府署□回公文 承制李公驚曰 微子之言 幾失國家之體(김용선 편, 『高麗墓誌銘集成』, 「李文鐸墓誌銘」)

③ 因宰樞所奏 下制曰 百姓乃國家根本 朕欲其安土樂業 故遣朝臣 分憂宣化 近聞守令 因公事不急之務 侵漁勞擾 民不堪弊 流移逃散 轉于溝壑 朕甚愍之……(『高麗史』 권75, 지29, 선거3, 凡選用監司,

---

11) 변태섭은 도병마사 기능의 확대 강화를 전기의 그것에서 변질된 것으로 설명하면서도, 그렇게 된 까닭을 도병마사와 재추가 일원화되었기 때문인 것으로 이해한 바 있다. 변태섭, 앞의 책, 1977, 96~97쪽.

12) '兩府', '宰樞'가 합좌회의를 주도했을 가능성은 우선 다음의 기사에서 엿볼 수 있다. 『高麗史』 권12, 세가, 예종 즉위년 12월 을해, "召宰樞于乾明殿 問東界邊事"; 『高麗史』 권13, 세가, 예종 4년 5월 계축, "王將肆赦 召宰樞議 崔弘嗣 以爲不可 王曰……欲肆赦 以安衆心 卿獨何心 以爲不可 宰樞皆慚懼而退"; 『高麗史』 권13, 세가, 예종 4년 5월 갑자, "御文德殿 召宰樞 議邊事"; 『高麗史』 권13, 세가, 예종 6년 10월 병오, "兩府會議邊事"; 『高麗史』 권14, 세가, 예종 12년 2월 갑자, "命兩府宰樞 會中書省 問北邊事宜"; 『高麗史節要』 권8, 세가, 예종 13년 윤9월, "宰樞三表請 復尙膳 從之"; 『高麗史節要』 권9, 인종 9년 8월, "召兩府宰臣于便殿 問軍國事".

명종 18년 3월)

④ 白勝賢業風水 高宗末 補郞將 王在江都 嘗問延基之地 勝賢曰
願幸穴口寺談揚法華經 又刱闕于三郞城 以試其驗 王命兩府合坐
令勝賢與景瑜判司天事安邦悅等論難利害……兩府曰 如之何 景瑜
等不得已曰 勝賢之言 雖不可信 姑試之 於是 命營假闕于三郞城及
神泥洞(『高麗史』 권123, 열전36, 嬖幸1, 白勝賢전)

위의 기사 3-①은 이자겸난이 발생했을 때, 인종이 禪位하고자 했던
사실을 전하고 있다. 인종이 형세가 어쩔 수 없어 이자겸에게 비밀리에
선위하는 조서를 주었다고 한 것이 그것이다. 이에 이자겸은 사람을 兩
府에 보내어 그 조서를 전달하고 있다. 이자겸이 선위 조서를 양부에
전달한 까닭은 적어도 재추회의에서 동의하여야 선위가 가능하다고 판
단했기 때문일 것이다. 양부의 권위를 인정하고 있었던 것이다. 이때
양부에는 재추가 집결했을 것으로 보인다. 조서가 전달되었을 때, '모두
말할 바를 알지 못했다'고 한 것이 그것이다. 이자겸의 권세에 눌려 재
추가 어쩔 수 없는 상황이었음을 말하고 있는 것이겠다. 그러나 결국
당시 평장사 李公壽와 참지정사 李資德 등의 반대에 부딪쳐 선위는 성
공할 수 없었다. 재추회의가 인종의 선위를 막은 것이다. 여기에서 양
부는 단순히 2개의 관부를 의미하는 것이 아니라, 재추회의를 말하는
것임은 물론이다.

3-②는 의종초 對馬島 官人이 변경의 일을 보고한 내용에 대해서 이
를 처리한 과정을 전해주고 있다. 대마도 관인의 보고를 받은 東南海都
府署는 이를 독자적으로 처결하지 못하고 그 내용을 중앙에 보고했는
데, 이때 양부가 의논하여 尙書都省牒으로 回示하려 하였다. 이에 당시
도병마녹사였던 李文鐸이 尙書都省牒을 직접 보내는 것은 국가의 체
통을 손상시키는 일이라 지적함으로써 都府署에서 처리하는 것으로 결
정되었다. 어쨌든 당시 양부는 변경 업무도 협의의 대상으로 삼고 있었

다.

여기에서 도병마녹사 이문탁과 양부의 관계를 주목할 필요가 있다. 이문탁은 양부 재추회의에 참석하지 않았던 것으로 보인다. 尙書都省 牒을 회시하는 것으로 양부가 결정했다는 내용을 간접적으로 듣고 있기 때문이다. 도병마사에서 재추가 이 문제를 논의한 것이라면, 이문탁은 그 실무자인 도병마녹사로서 회의에 참여하여 논의된 내용을 잘 알고 있었을 것이며, 자신의 의견을 개진할 기회도 가질 수 있었을 것이다. 그러나 논의 내용을 뒤에 듣고, 承宣 李公升을 통해 자신의 의견을 전달하는 것을 보면, 이때 대마도 문제는 도병마사에서가 아니라 재추회의에서 논의되었다고 보아도 좋을 것이다.

양부의 宰樞로 구성된 재추회의는 무인정권 초기까지도 그 기능을 행사하고 있었다. 3-③에서 이를 확인할 수 있다. 명종 18년 왕은 수령의 대민수탈을 지적하고 안찰사 등이 이를 금지시키도록 명령하고 있는데, 명종이 이 같은 조치를 취하게 된 것은 '宰樞所'의 건의에 따른 것이라 하였다. 즉 재추회의는 명종대까지만 하여도 재추소라고도 지칭하면서 지방관 비행의 근절을 건의하는 등 그 기능과 권한을 행사하고 있었다.

3-④는 고종의 嬖幸 白勝賢이 새 궁궐의 건립을 건의하자 이를 양부에서 논의하게 한 내용이다. 여기에서는 양부가 합좌했다는 것이 비로소 나타나고 있는데, 합좌는 이때에야 시작된 것은 아닐 것이다. ①② 의 사례에서도 양부가 합좌하고 있었다는 것을 충분히 짐작할 수 있기 때문이다. 양부 재추회의는 사안에 따라 재추만이 아니라 그 관련자들을 참여시켜 논의했던 것으로 보인다. 백승현·景瑜·安邦悅 등을 참여시켜 궁궐 건립의 타당성 여부를 논의케 한 데서 이를 알 수 있다. 재추회의는 이 같은 의견들을 취합하여 최종적인 안을 확정했던 것으로 보인다.

이처럼 고려전기 양부 재추는 왕위계승 문제나 변방업무, 민생문제 등 국가 중대사가 발생했을 때 합좌회의의 형식으로 이를 처리하고 있었다. 고려는 도병마사를 두고 있으면서도 이곳에서 합좌하는 경우보다 양부에서 합좌가 이루어지는 것이 일반적이었다. 물론 사안의 중대성이나 필요에 따라서는 양부 재추와 도병마사를 함께 참여시켜 논의하는 경우도 있었다. 이는 다음의 사실들에서 확인된다.

> 4-① 會宰樞及臺省諸司知制誥侍臣都兵馬判官以上文武三品以上于宣政殿 宣問還九城可否 皆奏曰 可(『高麗史』 권13, 세가, 예종 4년 7월 을사)
>
> ② 遼將伐女眞 遣使來請兵 召宰樞侍臣都兵馬判官諸衛大將軍以上議之 群臣皆以爲可 惟衛尉少卿拓俊京 禮部郎中金富佾 戶部員外郎韓冲 右司諫金富軾 右正言閔脩 以爲國家丁亥戊子兵亂之後 君民僅得息肩 今爲他國出師 是自生釁端 竊恐將來利害難測也 王問至再三 卒無定議(『高麗史節要』 권8, 예종 10년 8월)
>
> ③ 遼來遠城牒曰……王命兩府臺省侍臣知制誥文武三品都兵馬判官以上 會議中書省(『高麗史』 권14, 세가, 예종 14년 3월 신묘)
>
> ④ 詔 今年累月不雨 禾穀不登 內外人民將至飢困 大可憂也 塗有餓殍而不知發 豈爲政之道乎 都兵馬使與宰樞 其熟議救恤之方 使吾赤子毋或飢餓(『高麗史』 권17, 세가, 의종 5년 7월 경자)

즉, 국방과 외교, 민생문제 등 국가 중대사가 발생했을 때 경우에 따라서는 양부뿐만 아니라, 도병마사, 臺省·侍臣 등 3품 이하의 관료, 대장군 등을 참여시켜 이를 논의하게 하였다. 물론 양부는 빠짐없이 회의에 참여하고 이를 주도해 나갔던 것으로 보인다. 그리고 이렇게 회의 참여 범위가 확대되었을 때에 회의 장소는 중서성이 되기도 하고 宣政殿이 되기도 하는 등 편의에 따라 정해졌다.

위의 기사를 통해 고려전기까지는 도병마사와 재추회의가 별개로 존재하고 있었음을 확인할 수 있다. 9城 문제를 논의하는 자리에 재추와 도병마판관이 독자적으로 참여하고 있으며, 遼나라가 원병을 요청하자 이를 논의할 때에도 마찬가지였다. 의종이 흉년에 대비할 수 있는 구휼정책을 수립할 때에도 도병마사와 재추에게 그 방안을 마련하라고 요구하고 있다.

2. 도병마사와 재추회의의 통합

그 기능을 달리하면서 별도의 기구로 잡리잡고 있던 도병마사와 재추회의는 무인정권 시기를 거치면서 하나의 기구로 통합 운영되어 갔다. 그 시기는 대체로 고종말이었던 것으로 보인다. 이 시기에 와서 도병마사와 재추회의가 통합되고 있었다는 것은 다음에서 엿볼 수 있다.

5-① 都兵馬宰樞所奏 功臣柳璥金仁俊朴希實李延紹金承俊朴松庇林衍李公柱等 奮擧忠義 再造王家 匡正三韓 帶礪難忘 雖超授秩 不足以酬答 依三韓壁上功臣例 柳璥仁俊 宜爵其子六品 給田一百結 奴婢各十五口 希實延紹承俊松庇林衍公柱 爵其子七品 給田五十結 奴婢各五口 無子者 爵其甥姪女壻中一人 圖畵壁上 各陞鄕貫之號 其同力輔佐車松佑以下十九人 亦皆陞秩 許一子九品職 若崔忠獻罪盈惡稔 崔怡專權擅命 宜削去圖畵 罷廟庭配享 從之(『高麗史』 권24, 세가, 고종 45년 7월 을해)

② 流大將軍宋吉儒于楸子島 吉儒性貪酷諂事……又奪人土田財物 朘削無厭 按察使宋彦庠劾報都兵馬 其黨金仁俊承俊等 私謂大司成柳璥待制柳能曰 吉儒 吾素所善者 聞按察劾書 已至都堂 若遽發 勢難營救 吾將乘間 善辭令公 庶可免矣 惟公圖之 璥等不得已陰戒堂吏停槀(『高麗史節要』 권17, 고종 45년 정월)

위의 기사 5-①은 당시 무인집정이었던 최의를 제거한 후, 그 공신을 책봉한 내용이다. 이때 공신책봉을 건의한 주체는 都兵馬宰樞所로 되어 있다. 여기서 도병마재추소는 도병마사와 재추소의 합칭으로 볼 수 있을 것이다.13) 별개의 기구인 도병마사와 재추소가 공동으로 공신책봉을 건의한 것으로 보기는 어려울 것이기 때문이다. 앞에서 보았듯이 명종대까지 도병마사와 별도의 회의기구로 자리잡고 있던 재추소가 이때에 와서 도병마사와 통합되고 있었던 것이다. 도병마사와 재추회의가 통합되고 있었으면서도 명칭이 '都兵馬宰樞所'로 된 것은 아직 두 기구가 일체화되지 않고 있었음을 말해주는 것이기도 하다.

이 시기에 도병마사와 재추회의가 통합되어 있었음은 5-②에서도 확인할 수 있다. 당시 慶尙州道水路防護別監이었던 酷吏 宋吉儒가 토지를 약탈하는 등 폐단을 일삼자, 안찰사 宋彦庠이 이를 탄핵하는 보고서를 도병마사에 전달하고 있다. 이때 송길유의 黨與였던 金俊 등은 송길유를 구원하기 위해 대사성 柳璥, 待制 柳能과 협의하면서 그 탄핵서가 이미 都堂에 도착했다고 말하고 있다. '都兵馬'와 '都堂'이 함께 기록되고 있는 점이 주목된다. 여기에서 도병마와 도당은 동일 기구에 대한 異稱으로 보는 것이 타당할 것이다. 안찰사 宋彦庠이 劾報한 곳과 김준 등이 유경에게 탄핵서가 도착해 있다고 한 곳은 같은 기구라고 볼 수밖에 없을 것이기 때문이다. 즉, 이 시기에는 도병마사를 도당이라 칭하기도 했던 것이다. 都堂은 5-①의 宰樞所와 같은 것으로 보아도 좋을 것이다. 양부·재추소는 이미 고려전기부터 都堂으로도 지칭해 왔는데,14) 이제 하나의 기구로 통합됨으로써 이를 도병마사라 칭하기도

---

13) 김갑동은 이 '都兵馬宰樞所'를 도병마와 재추소를 합칭한 하나의 관부로 보고 이때부터 재추가 도병마에서 합좌하기 시작했기 때문에 이러한 지칭이 생긴 것으로 이해하였다. 김갑동, 앞의 논문, 1994, 92쪽.

14) 『高麗史』등 각종 史書에서 나타나고 있는 도당 관련 기록은 위의 5-② 기사가 처음이다. 이 때문에 기왕의 견해에서는(변태섭, 앞의 책, 93-94쪽) 고려시

하고 도당이라 부르기도 했던 것이다.

비록 아직은 일관된 체계를 갖지는 못했지만, 도병마사와 재추회의가 이제까지 별개의 기구로 존재하다가 이제 하나의 기구로 결합되고 있다는 것은 커다란 변화로 볼 수 있다. 그러면 이처럼 도병마사와 재추회의가 하나의 기구로 통합 운영하게 된 계기는 무엇이었을까? 여몽전쟁이 전개됨에 따라 전시체제로 국정을 운영해야 하는 현실과 관련이 있을 것으로 보인다. 즉, 국방문제와 몽고와의 강화 등에 대해 효과적으로 대응할 필요성이 제기되면서 두 기구의 통합이 가시화된 것이 아닐까 한다. 먼저 몽고침입에 대한 대비 등 국방문제와 관련한 재추회의의 모습을 보기로 하자.

6-① 宰樞會崔瑀第 議發南方州郡精勇保勝軍 城宜州和州鐵關等要害
　　之地 以備蒙古(『高麗史節要』권15, 고종 8년 윤 12월)

대 합좌기구로서의 도당은 고려후기에 가서야 비로소 태동하는 것으로 이해되고 있다. 즉, 도병마사가 고종말부터 국방과 군사문제뿐만 아니라, 국가 중대사와 관련한 폭넓은 기능을 행사하게 되면서 비로소 도당의 지위를 갖기 시작하며, 도평의사사로 개편된 후 도당으로 지칭하는 것이 보편화된다는 것이다. 그러나 고려전기 정치체제를 구축하면서 당·송의 제도를 수용했다는 점을 감안한다면, 비록 그 내용이나 운영방식은 차이가 있다 하더라도 전기에 이미 합좌기구로서의 도당을 수용했을 가능성이 높다. 직접적인 기록은 아니지만 고려전기에 도당 관련 기록이 없는 것도 아니다.『三國史記』권2, 신라본기2, 沾解王 3년 7월조의 기사 "作南堂於宮南"의 夾註에 '南堂 或云都堂'이라 하여, 이미 신라때부터 都堂이 존재했음을 말해주고 있다. 물론 이 기사가 沾解王 당시의 사정을 말하는 것으로 볼 수는 없을 것이다. 3세기 중엽에 귀족회의가 존재하였다 하더라도 이를 도당이라 지칭했을 것으로는 보이지 않기 때문이다. 南堂에 대한 夾註는 오히려『三國史記』편찬 당시인 고려시대 인식이 반영된 것이 아닐까 한다. 남당을 창건한 사실에 대하여 편찬자가 註釋한 것으로 볼 수 있기 때문이다. 즉, 신라때 귀족들이 政事를 논의했던 장소인 南堂이 있었음을 보고, 이를 고려시기 합좌기구인 도당으로 해석한 결과라 하겠다.

② 兩府會崔瑀家 議備禦東眞之策(『高麗史』권22, 세가, 고종 16년 7
　월 임진)
③ 忠州官奴作亂 宰樞會崔瑀第 議發兵(『高麗史節要』권16, 고종 19
　년 1월)
④ 宰樞會宣慶殿 議禦蒙古(『高麗史』권23, 세가, 고종 19년 5월 신
　축)
⑤ 崔瑀會宰樞於其第 議遷都 時國家昇平旣久 京都戶至十萬 金碧
　相望 人情安土重遷 然畏瑀無敢發一言者(『高麗史節要』권16, 고종
　19년 6월)

위의 기사에 보이는 바와 같이 재추가 주목받기 시작한 것은 몽고의
침입 등 국가가 위기 상황에 직면하면서 부터이다. 고종 8년 최우는 몽
고침입에 대비하기 위해 재추와 함께 그 대책을 논의하였으며, 고종 16
년에는 국경을 넘어오는 東眞군 대책을 숙의하였다. 몽고침입이 시작
된 고종 18년 이후부터는 더욱 자주 재추회의를 개최하였다. 몽고침입
에 대비하는 한편, 충주관노의 반란 등 정권에 대한 저항을 봉쇄해야
했고, 특히 천도 문제가 현안으로 대두되고 있었기 때문이다.

이러한 국내외적 문제가 현안으로 대두하게 되자 최씨정권으로서는
조정의 정치세력을 결속시킬 필요가 있었고, 결과적으로 재추가 정국운
영의 중심으로 부상하기 시작한 것이다. 물론 재추회의가 최우의 사저
에서 개최되고 논의 과정에 재추가 주도적인 입장이 되지 못하기는 하
였지만, 이전과는 달리 정치운영의 중심으로 부상하게 된 것이다.

재추회의는 몽고와의 강화문제가 대두되면서 그 지위를 더욱 강화할
수 있었다. 몽고침입 후 崔瑀정권은 항전론을 견지함으로서 몽고와의
강화는 명분에 불과하였다. 그러나 고종 36년 최우가 죽고 崔沆이 집권
하면서 사정은 달라지기 시작하였다. 권력 세습과정에서 정권 내부의
저항에 부딪치고 있던 최항은 권력기반을 강화할 수 있는 시간적 여유

를 확보하기 위해 항전론을 견지하는 한편으로 강화론을 수용하게 된 것이다.15)

> 7-① 王命宰樞及文武四品以上 議答詔 或言太子親朝 或言王老病未得 親朝爲辭 待更詰遣太子親朝未晚(『高麗史』 권17, 세가, 고종 38년 10월 병진)
>
> ② 遣安慶公淐如蒙古 初宰樞請遣淐乞班師 王不允 參知政事崔璘獨 奏曰 愛子之情 無貴賤一也 然不幸有死別者矣 殿下何惜一子乎 今 民之存者十二三 蒙兵不還 則民失三農 皆投於彼 雖守一江華 何以 爲國 王不得已而頷之(『高麗史節要』 권17, 고종 40년 12월)
>
> ③ 宰樞等請 遣王子講和於蒙古 不聽 崔滋金寶鼎等 力請許之 宰樞 更奏 先遣宗親觀變 然後可遣也 乃遣永安公僖贈車羅大銀瓶一百 酒果等物(『高麗史』 권24, 세가, 고종 44년 7월 계유)
>
> ④ 宰樞奏 請遣太子以活民命 王猶豫未決 宰樞又遣金軾告車羅大曰 待大軍回歸 太子親朝帝所 車羅大許之曰 回軍後 王子可與松山等 偕來 於是 禁掠昇天府甲串江外及諸島人民 時內外蕭然 計無所出 但祈禱佛宇神祠而已(『高麗史』 권24, 세가, 고종 44년 7월 무자)

위의 기사 7-①은 새로 즉위한 몽고 황제 憲宗이 조서를 보내 고려 국왕의 친조와 환도를 요구함으로써,16) 답서를 준비하기 위해 고종이 재추와 문무 4품 이상의 관료를 모아 논의한 내용이다. 이때 재추들은 국왕 친조는 노병을 칭탁하여 거부하고 태자를 친조케 하는데, 그것도 시간을 벌다가 몽고가 다시 요구하면 그 때 가서 대응하자는 방안을 제시하였다.

재추의 입장은 태자의 친조를 관철시켜 몽고의 국왕친조 요구를 모면하고 강화를 통해 전쟁상태에서 벗어나려는 의도였다. 그러나 최항이

---

15) 이익주, 「고려 대몽항쟁기 강화론의 연구」, 『역사학보』 151, 1996, 8~9쪽.
16) 『高麗史』 권24, 세가, 고종 38년 10월 병진.

여전히 항전론을 견지하고 있는 데다 국왕 또한 태자의 친조를 반대하고 있어 곧바로 강화가 성사되기는 어려웠다. 그래서 우여곡절 끝에 재추들은 위의 기사 7-②에 보이는 바와 같이 왕자 安慶公 淐을 入朝케 하는 데 의견을 모았다.

당시 고종은 태자가 아닌 왕자를 입조케 하는 데에도 반대하는 입장이었다. 이에 최린 등 재추는 전쟁 때문에 수많은 민이 죽어갔음을 상기시키고, 고통을 견디지 못하는 민들이 몽고에 투항하고 나면 강화를 지킨들 국가를 유지할 수 없음을 환기시켜 왕의 승낙을 얻어내고 있다. 위의 기사 7-③④에서도 당시 재추가 몽고와의 강화를 주도하고 있음이 드러나고 있다. 왕자를 보내어 몽고와 강화하자는 데 선뜻 동의하지 않고 있던 고종을 설득하여 이를 관철시키고 있으며, 태자 입조에 난색을 표하는 국왕에게 民命을 살려야 한다는 명분으로 이를 설득하고 있다.

한편, 국방문제의 대두는 다시 도병마사를 주목하는 계기가 되었으며, 다음에서 보이는 바와 같이 민생문제를 관장하는 등 그 기능이 확대되고 있었다.

> 8. 是月 道路始通 兵荒以來 骸骨蔽野 被虜人民 逃入京城者 絡繹不絶 都兵馬使日給米一升救之 然死者無筭(『高麗史』 권24, 세가, 고종 42년 4월 계사)

위의 기사는 무인정권 등장으로 이렇다할 활동을 보이지 않던 도병마사가 이때에 와서 활동을 재개하고 있음을 말해주고 있다. 전쟁기간 포로로 잡혀갔던 인민들이 대거 귀환하게 되면서 이들의 생계가 현안문제로 대두하고 있었는데, 이 문제를 도병마사가 관장하고 있었던 것이다. 도병마사가 '被虜人民'의 생계문제를 관장했다는 것은 전기 도병마사의 소관 업무였던 국방·군사문제의 연장으로 볼 수도 있을 것이다. 그러나 그보다는 국정이 전시체제로 운영됨으로써 국방과 내정이 분리될 수 없는 상황이었기 때문에 도병마사가 이를 관장하게 된 것으로 이해하는 것이 옳을 것이다. 여몽전쟁에 따른 전시체제의 지속은 도병마사 기능에도 변화를 가져오게 한 것이다.

이처럼 여몽전쟁 기간 동안 국방문제가 시급한 과제로 대두되고, 몽고와의 강화문제가 정국의 전면에 부상하게 되면서, 재추회의가 자주 개최되고 재추권이 강화되는 한편,17) 도병마사 역시 그 기능이 회복되어 활동을 전개하기 시작하였다. 국방과 내정이 분리될 수 없는 전시체제의 지속으로 재추회의와 도병마사는 국정운영에 임하여 현안문제를 함께 처리하거나, 공동으로 대응하는 경우가 많아졌을 것으로 보인다. 도병마사와 재추회의가 한 기구 내로 통합될 수 있는 조건은 바로 여기에 있었다.

도병마사와 재추회의가 통합된 이후, 이 기구는 사정에 따라 재추회의, 양부, 도병마사로 지칭되면서 국정 전반을 관장하는 기구로 자리잡게 되었다. 다음의 몇몇 사례에서 이를 확인할 수 있다.

9-① 宰樞會議 分田代祿 遂置給田都監(『高麗史』권78, 지32, 식화1, 전제, 녹과전, 고종 44년 6월)

② 王薨于柳璥第 大將軍金仁俊 欲奉安慶公嗣位 兩府議曰 元子繼體 古今之通義也 況今太子代王入朝 而弟爲君可乎 遂頒遺詔(『高

---

17) 남인국은 이 시기에도 재추권은 강화되지 않았던 것으로 이해하였다. 즉, 재추집단은 권력자의 정국운영을 추인하거나 묵시적으로 지지하는 입장을 나타낼 뿐이었다는 것이다. 물론 무인정권이 지속되고 있었으므로 재추권의 강화는 한계가 있었을 것이다. 그러나 무인정권도 국방문제나 강화론을 어떠한 방식으로든 해결해야 했기 때문에, 정권유지 차원에서라도 재추회의를 활용할 필요성이 있었을 것으로 보이며, 이 과정에서 이전에 비해 상대적으로 재추가 주목받게 된 것이 아닌가 한다. 남인국, 「무신정권기 재추의 성분과 활동」, 『역사교육논집』 22, 64~69쪽.

麗史』권24, 세가, 고종 46년 5월 임인)

③ 宰樞會議 束里大去留便否 皆曰 主上親請留之(『高麗史』 권25, 세가, 원종 원년 7월 무자)

④ 林衍集三別抄六番都房于擊毬庭 與宰樞議曰 我爲王室除權臣 王乃與金鏡等謀欲殺我 不可坐而受戮 我欲行大事如之何 宰樞莫敢對 衍歷問之 侍中李藏用 自度不能止 且恐有不測之變 乃以遜位爲言 參知政事兪千遇曰 此大事也 請公反復思之 況今世子在上國 待其還亦未晚也 衍未決而罷(『高麗史節要』권18, 원종 10년 6월 임진)

⑤ 林衍宴黑的等 賂珍寶甚多 衍復宴黑的于其第 黑的言王復位事 衍不得已 會宰樞議 廢淐復立王(『高麗史節要』권18, 원종 10년 11월)

⑥ 宰樞會議 復都舊京 榜示畫日(『高麗史』권26, 세가, 원종 11년 5월 임술)

⑦ 都兵馬使言 近因兵興 倉庫虛竭 百官祿俸不給 無以勸士 請於京畿八縣 隨品給祿科田 時諸王及左右嬖寵 廣占腴田 多方沮毀 王頗惑之 右承宣許珙等屢言之 王勉從之(『高麗史』권78, 지32, 식화1, 전제, 녹과전, 원종 12년 2월)

고종 말 도병마사(재추회의)는 급전도감을 설치하여 관료들의 녹봉문제의 해결 방안을 모색하고 있으며, 고종 사후 왕위계승 문제가 대두되었을 때 安慶公 淐을 옹립하려는 金俊 등 무인의 요구를 막아내고 태자로 왕위를 계승케 하는 데 주도적인 역할을 하고 있다. 이처럼 고종 말에 이르러 재추권은 상당 정도 강화됨으로써 도병마사는 국정운영의 중심기구로 자리잡게 되었다.

원종대에도 무인정권은 계속되고 있었지만, 당시 도병마사는 몽고 사신의 체류 문제를 논의하고, 개경 환도문제를 매듭짓고 있으며, 경기 8현에 녹과전을 설치케 하는 등 국가 주요 업무에 관여하고 있었다. 녹과전 설치 문제와 관련하여 고종 45년에는 재추회의에서 이를 논의한 것으로 되어 있고, 원종 12년에는 도병마사가 이를 건의한 것으로 되어 있다는 점에서 이 두 기구의 기능이 동질적이었음을 알 수 있다.

원종대 도병마사의 위상이 어떠했는지는 원종 폐위사건과 관련하여[18] 엿볼 수 있다. 원종 10년 6월 당시 무인 집정 林衍은 원종을 폐위하고 安慶公 淐을 옹립하고자 하였다. 이때 임연은 이 문제를 단독으로 결정하지 않고 재추와 협의하고 있다. 그래서 재추들이 의견을 내지 못하는 가운데 시중 李藏用은 이를 저지하기 어렵다 판단하고 폐위를 찬성하는 입장을 취했으며, 참지정사 유천우는 재고할 것을 주문하였다. 임연이 자신의 의도대로 원종을 폐위하였다는 점에서 재추는 이 사건에 관한한 무기력할 수밖에 없었지만, 그 과정에서 임연이 재추의 동의를 얻으려 했다는 것은 당시 재추회의의 위상을 고려한 때문일 것이다.

원종을 복위시키는 과정에서도 임연은 재추회의를 소집하는 절차를 거치고 있다. 물론 임연이 원종을 복위시킬 수밖에 없었던 것은 몽고의 압력 때문이었지만,[19] 임연은 복위의 명분을 확보하기 위해서라도 재추회의를 활용할 수밖에 없었다. 이처럼 원종대 재추와 도병마사는 무인정권이 지속되고 국왕측근세력이 권력층으로 부상하는 가운데[20] 국정운영의 중심세력로서 그 위상을 유지하고 있었다.

이상에서 살펴보았듯이 여몽전쟁이 지속되는 가운데, 전시체제로 국정을 운영하게 되면서 고종말에 이르러서는 국방문제를 관할하던 도병마사와 국정운영을 담당하던 재추회의가 통합 운영되고 있었다. 이제

---

18) 원종 폐위사건에 대해서는 최원영, 「임씨 무인정권의 성립과 붕괴」, 『고려무인정권연구』, 서강대출판부, 1996 참조.

19) 임연이 원종을 복위시킨 까닭에 대해서는 김광철, 「고려 충렬왕대 정치세력의 동향」, 『창원대학논문집』 7-1, 1985, 140~141쪽 참조.

20) 원종말 측근세력에 대해서는 이익주, 「여원관계의 전개와 '世祖舊制'의 성립」, 『고려·원관계의 구조와 고려후기 정치체제』, 서울대 박사학위논문, 1996, 52 ~54쪽 참조.

도병마사는 고려전기와 달리 국방문제뿐만 아니라, 국정운영의 중심 기구로 자리잡게 되었다. 도병마사, 재추회의, 양부 등의 이름으로 몽고침입에 대한 대책, 몽고와의 강화문제, 被虜人의 규휼, 왕위계승, 녹과전 설치 등 국정 전반에 걸쳐 그 기능과 권한을 행사하고 있었다. 이는 도병마사와 재추의 기능이 복원, 통합됨으로써 가능한 것이었고, 도병마사 자체만으로서 그 기능이 확대, 강화된 결과는 아니었다.

3. 도평의사사 체제의 성립

도평의사사 체제가 성립하는 것은 충렬왕 5년 3월의 일이다.[21] 이때 도병마사를 도평의사사로 개편한 것이다. 도평의사사로의 개편에 대한 기왕의 견해는 강화되어온 도병마사의 기능을 발전적으로 수용하기 위한 것으로 파악하고 있다. 즉, 도병마사가 도평의사사로 개편된 것은 원의 간섭에 의한 것이 아니라, 고려 자신의 필요에 따른 것으로서, 도병마사의 구성과 기능이 확대됨에 따라 이를 수용하기에 적합한 기구로 개편하였다는 것이다.[22] 나아가 임시적인 국방·군사문제의 회의기관에 불과하였던 도병마사가 고려후기에 도평의사사로 개칭되면서 재추 전원이 합좌하여 國事 전반을 總斷하는 일원적인 집권기관으로 변하였다는 것이다.[23]

그런데 도평의사사로의 개편 배경을 이같이 이해하는 데에는 몇 가지 난점이 있다. 원간섭기 왕권의 문제와 외세인 원의 내정간섭 문제를 고려하지 않은 이해방식이기 때문이다. 즉, 기왕의 견해대로 개편 배경을 이해하려면 원간섭기 왕권이 약화되어 있었다는 것이 전제되어야 하고, 도평의사사로의 개편에 관한 한, 원의 간섭은 없었던 것으로 이

---

21) 『高麗史節要』 권20, 충렬왕 5년 3월, "改都兵馬使爲都評議使".
22) 변태섭, 앞의 논문, 1969 ; 앞의 책, 1977, 97~98쪽.
23) 변태섭, 「고려의 정치체제와 권력구조」, 『한국학보』 4, 1976, 33쪽.

해되어야 그것이 가능할 것이다. 그러나 이는 사실과 다르다는 점에서
도평의사사 체제의 성립 배경을 재고할 필요가 있다.

이제 여기에서는 충렬왕 5년 도평의사사 체제가 성립되는 배경을 3
가지 측면에서 살피고자 한다. 도병마사 자체의 정비의 필요성, 왕권과
재추권의 갈등, 원의 내정간섭 등이 그것이다.

첫째, 도평의사사로의 개편은 합좌기구화한 도병마사 자체의 체제
정비와 관련이 있다. 국방문제를 담당했던 도병마사와 의정기구인 재추
회의가 전시체제 하 현실적 필요성에 따라 통합 운영되기는 하였지만,
지칭 자체를 '都兵馬宰樞所'라 할 정도로 아직 일체화가 이루어지지 않
음으로써 여러 가지 문제를 야기했을 것으로 보인다. 이는 다음에서 엿
볼 수 있다.

> 10-① (金)俊聽將軍車松祐言 謀欲殺使 深竄海中……遂決謀殺使 乃令
> 都兵馬錄事嚴守安告兩府 兩府皆變色 莫敢言(『高麗史節要』 권18,
> 원종 9년 3월)
> ② 嘗以國學學諭兼都兵馬錄事 一日 賷文案 歷詣諸相家 受署(『高
> 麗史』 권106, 열전19, 崔守璜傳)

김준 등이 몽고 사신을 살해하려 계획했을 때, 이를 양부에 보고하는
일을 都兵馬錄事 엄수안이 담당하고 있는데, 이는 양부와 도병마사가
통합되어 있으면서도 여전히 일체화되지 않은 데서 비롯된 것이라 하
겠다. 都兵馬錄事 최수황이 재추의 집을 찾아다니며 문안에 署名을 받
아야 했다는 사실도 당시 도병마사의 체제 정비가 제대로 이루어지지
않고 있었음을 상징하는 것이라 하겠다.

그러므로 도병마사의 조직을 일원화하고, 운영체계를 정비하기 위해
서라도 도병마사의 개편은 필요한 것이었다. 더욱이 여몽전쟁이 종식되
고 대외관계가 새로운 국면을 맞게 됨으로써 전시체제 하에서 운영되

었던 도병마사의 개편은 불가피한 것이었다.

둘째, 충렬왕 즉위 후 왕권문제가 도병마사 개편의 배경이 된 것으로 보인다. 충렬왕 즉위 후에도 일정 기간 동안 재추권은 강화될 수 있었다. 왕은 즉위 직후 재추를 접견하는 자리에서 왕실의 安危는 재추의 손에 달려 있음을 강조하고 직언할 것을 주문한 바 있으며,[24] 왕 2년에는 재추에게 傳旨하여 時政의 득실을 논해달라 하였다.[25] 재추의 위상을 지키겠다는 의도로 볼 수 있겠다. 이에 따라 도병마사는 국가재정을 보충하기 위한 방안으로 納粟補官制의 시행을 건의하기도 하고,[26] 元都에서 청탁한 혐의가 있는 뚤루게(禿魯花) 자제의 파면을 관철시킨 바 있다.[27] 뿐만 아니라 삼별초에 가담했던 진도 등에 대한 읍격 강등조치를 관철시켰으며,[28] 지방에 파견된 별감의 비행을 문제 삼아 파직시키거나,[29] 避役人을 추쇄할 수 있는 직첩을 발행하는 등[30] 정책의 의결뿐만 아니라 행정적 기능도 행사할 정도로 재추권이 강화되고 도병마사의 기능이 확대되고 있었다.

그런데 충렬왕은 즉위초 그동안 강화되어온 재추권을 인정하면서도 한편으로는 이를 견제하려는 움직임을 보이고 있었다.[31] 다음의 기사에

---

24)『高麗史』권28, 세가, 충렬왕 즉위년 9월 무자, "王引見宰樞曰 自古賢君必賴忠良能底 又强我家安危 只在卿等 事有可言 不可含嘿".

25)『高麗史』권28, 세가, 충렬왕 2년 12월 임술, "傳旨宰樞曰 近者 星文屢變 寡人思欲修德弭災 卿等各言時政得失 無有所諱 宰樞以十二事上書 秘而不發".

26)『高麗史』권80, 지34, 식화3, 진휼, 納贖補官之制, 충렬왕 원년 11월.

27)『高麗史』권28, 세가, 충렬왕 2년 7월 무술, "都兵馬使言 禿魯花子弟 至京師 請托而還者 請皆免官 追徵盤纏銀紵國贐馬 王許之".

28)『高麗史』권28, 세가, 충렬왕 2년 8월 갑자, "都兵馬使請降號賊鄕尙州淸州海陽珍島等州 且從賊入耽羅者禁錮 王只許禁錮".

29)『高麗史』권28, 세가, 충렬왕 3년 4월 임신, "宰樞以全羅道王旨別監權宏 割民媚權貴 劾罷之".

30)『高麗史』권28, 세가, 충렬왕 3년 4월 경진, "流人物推考都監錄事裴悅朴萇于海島 各道州郡吏民 來屠京城 付勢避役 悅萇承宰樞牒 推勘勒還".

보이는 바와 같이 충렬왕은 왕권을 견제하려는 관료들의 행위에 불만
을 표시하고 있었던 것이다.

11-① (王)因問(李)汾成曰 官吏皆欲抗我命何也 對曰 今僧徒僕隷 凡有
　　所欲 皆托左右以受宣旨 官吏無問是非 皆從之 弊豈少哉 且人臣豈
　　欲抗其主乎 人主屈於臣 乃盛德也 王然之(『高麗史節要』 권19, 충
　　렬왕 원년 4월)
　　② 散員田裕訴于王曰 臣昨以捕��4 過安東 司錄金琔曰 鷹坊已罷 何
　　爲到此 待臣甚薄 疑宰相移書諸道 以禁鷹鷂 王怒語李褶曰 此事何
　　損於宰相而禁之乎 欲罷琔(『高麗史節要』 권18, 충렬왕 3년 7월)

11-①은 당시 응방 관계자였던 吳淑富 등이 권세를 믿고 비행을 일
삼은 데 대하여 안찰사 安戩 등이 제동을 걸자 충렬왕이 이에 불만을
표하고 있는 장면이다. 충렬왕은 李汾成에게 관리들이 자신의 명을 거
역하고 있다고 불만을 토로하고 있다. 이분성의 설득에 의해 왕의 태도
가 수그러들기는 했으나 자신의 측근세력을 비호하는 입장은 바꾸지
않았다. 그것은 11-②에서도 드러나고 있다. 응방 관계자 田裕의 참소
에 따라 응방에 반대하는 재상들에게 불만을 표하고 안동사록 金琔을
파직시키려 하고 있기 때문이다.

이외에도 충렬왕은 內僚의 관료 진출과 토지점탈을 막으려는 僉議
府의 건의를 묵살하거나,32) 공신들의 賜田을 職田으로 量給하자는 도
병마사의 건의를 무시하고 祿科田으로 전환하지 못하게 하는 등33) 재

---

31) 즉위초 충렬왕의 재추에 대한 입장에 대해서는 김광철, 앞의 논문, 1985, 140～
　　142쪽 참조.
32) 『高麗史』 권75, 지29, 선거3, 한직, "忠烈王二年閏三月 僉議府上言 近內竪賤
　　微者 以隨從之勞 許通仕路 混雜朝班 有乖祖宗之制 請收成命 不允";『高麗
　　史節要』 권19, 충렬왕 3년 2월, "僉議府言 公主怯怜口及內僚 廣占良田 標以
　　山川 多受賜牌 不納租稅 請收還賜牌 不聽".

추권을 인정하지 않으려는 입장을 보였다. 이처럼 충렬왕은 즉위초 응방관계자, 내료 등을 중심으로 측근세력을 형성하여 이를 중심으로 국정을 운영하고,[34] 재추권에 제약을 가하려는 움직임을 보이고 있었다. 이는 충렬왕 4년 10월 비칙치(必闍赤)의 설치로 가시화 되었다.

12. 新置必闍赤 以朴恒金周鼎廉承益李之氏等爲之……舊制 凡國家事 宰樞會議 令承宣禀旨而行 周鼎建議曰 今宰樞旣衆 無適謀政 宜別 置必闍赤 委以機務……自是 恒等常會禁中 參決機務 時號別廳宰 樞 以非祖宗舊制 人皆不平之(『高麗史節要』 권20, 충렬왕 4년 10월)

이때 새로 설치한 비칙치(必闍赤)는 단순히 이전의 政房 기능을 담당했던 것이 아니라, 국가 중대사인 機務를 처리하였다. 특히 궁궐에서 기무를 參決했다는 점에서 국왕측근기구가 되고 있었다.[35] 비칙치는 당시 '別廳宰樞'라 칭할 정도로 재추 가운데 특정 인물들로 구성된 권력기구였음을 알 수 있다.

비칙치의 설치 배경에 대해서 이를 건의한 김주정은 재추가 많아서 '謀政', 즉 정책 의결에 어려움이 있기 때문이라고 하였다. 여기에서 '謀政'의 범위가 어떠한지는 확실하지 않다. 그러나 재추회의에서 모든 國

---

33) 『高麗史』 권78, 지32, 식화 1, 田制, 녹과전, 충렬왕 5년 2월, "傳旨曰 功臣受賜田 在京畿八縣者 勿充祿科田 時畿縣之田 權貴皆以賜牌各占 故都兵馬使 言 勿論賜牌 量給職田 王許之 又聽受賜者請 有是命".

34) 충렬왕대 측근세력의 형성과 측근정치에 대해서는 다음의 연구가 참고된다. 김광철, 「고려 충렬왕대 정치세력의 동향」, 『창원대논문집』 7-1, 1985 ; 김광철, 「충렬왕대 측근세력의 분화와 그 정치적 귀결」, 『고고역사학지』 9, 1993 ; 이익주, 「충렬왕대 국왕측근세력 중심의 정치운영」, 『고려·원관계의 구조와 고려후기 정치체제』, 서울대 박사학위논문, 1996.

35) 비칙치(必闍赤)의 구성과 그 기능에 대한 연구 성과와 여러 학설에 대해서는 박용운, 「고려후기의 必闍赤에 대한 검토」, 『이기백선생고희기념 한국사학논총』, 일조각, 1994 참조.

家事를 다루고 있었다는 점에서 정책 결정과 행정 집행을 모두 포함하는 것으로 볼 수 있다.

재추의 수가 증가하고 있었던 것은 사실이다. 고려전기 도병마사의 구성원인 5宰·7樞가 명종대에는 省宰가 8명으로 늘었으며, 충렬왕대에는 三司의 요원과 商議職까지 재추에 포함되는 등 숫적 증가를 보이고 있었다.[36] 이 때문에 재추회의에서 논의하는 과정에 결론을 도출하지 못하거나 업무가 제때에 처리되지 못하는 경우가 많이 발생하고 있었다.[37]

그러나 비칙치가 재추의 수적 증가와 비효율적인 회의 운영 때문에만 설치된 것으로 보기는 어렵다. 만일 그렇다면 재추 수를 조정하는 것으로 해결될 수 있는 것이기 때문이다. 따라서 비칙치의 설치 배경에는 다른 정치적 목적이 내재해 있었던 것으로 보인다. 그것은 고종말 이후 강화되어온 재추권을 일정하게 제한하기 위한 것이었다.

앞에서 보았듯이 여몽전쟁 기간 동안 講和論이 대두하면서 재추의 영향력은 강화되었고, 충렬왕 즉위 초에 이르기까지 재추권은 꾸준히 성장하고 있었다. 국방문제 등 정책 의결뿐만 아니라 행정적 기능도 수행하고 있었다. 원종 폐위 사건을 직접 겪었던 충렬왕은 즉위 초 이 같은 재추권의 강화를 그대로 용인하고 있었지만, 한편으로는 측근세력을 형성하는 등 왕권강화 의지를 뚜렷이 하고 있었다. 충렬왕 2년 12월과 3년 12월 두 차례에 걸쳐 발생한 이른바 '金方慶誣告事件'은 강화되어온 재추권에 결정적 타격을 입혔다. 이 사건은 뒤에 무고로 판명되었지만, 이 사건이 전개되는 과정에서 많은 조정 인물들에게 혐의가 돌아감

---

36) 변태섭, 앞의 논문, 1969 ; 앞의 책, 1977, 99~104쪽.

37) 『高麗史節要』 권22, 충선왕 즉위년 5월, "改官制 敎曰 先王設官分職 蓋欲得人而共圖庶政 孤於幼歲入侍天庭 躬承先帝之訓 目覩大朝之制旣詳矣 及叨重寄 凡諸時弊 一皆蠲罷 惟宰執之數 倍於古制 公家議論 多少異同 事事稽滯 宜當減省".

으로써 재추의 위상을 실추시키는 계기가 마련되었다. 김방경이 사망했을 때 禮葬을 할 수 없을 정도로[38] 타격이 큰 것이었다.

반면에 충렬왕은 이 무고사건을 처리하는 과정에서 한껏 그 위상을 높일 수 있었다. 이 사건이 발생했을 때 충렬왕은 원으로 들어가 원 황실과 중서성을 상대로 하여 적극 해명하고, 그밖에 현안 문제가 되고 있던 洪茶丘, 忻都 등이 이끄는 고려 주둔군의 횡포를 비판하여 철군을 약속받는 등 많은 성과를 거두었다.[39] 그것은 다음의 기사에서도 잘 나타나고 있다.

13. 王與公主至自元 百官班迎于郊 是行也 凡國家騷擾事 一切奏除 國人頌德感泣(『高麗史』권28, 세가, 충렬왕 4년 9월 을사)

충렬왕은 이번 입조에서 국가 소요사, 즉 김방경 무고사건을 비롯하여 주둔군의 횡포 등 원의 간섭으로 국정운영과 민생에 장애가 되고 있던 모든 문제를 원 세조에게 알려 해결하였다고 한다. 이 같은 충렬왕의 활동은 국내에서 높이 평가되어 국인들이 '頌德感泣'으로 표현할 정도였다. 충렬왕은 이처럼 높아진 정치적 위상을 기반으로 하여 재추권을 제약할 수 있는 제도적 장치를 모색하였던 것이고, 그것이 같은 해 10월 비칙치의 설치로 귀결되었던 것이다.

도평의사사 체제의 등장을 재추권의 강화로 이해할 때 걸림돌이 되는 것은 말할 것도 없이 비칙치의 설치를 어떻게 설명할 것인가 하는 문제이다.[40] 비칙치의 설치가 재추권을 제약하고 왕권을 강화하기 위한

---

38) 『高麗史』권104, 열전17, 김방경전, "遺命歸葬安東 時用事者惡之 遂沮禮葬 後王悔之".
39) 이때 충렬왕의 원에서 활동한 내용은 『高麗史』권28, 세가, 충렬왕 4년 6월과 7월조에 상세히 기술되어 있다.
40) 일찍이 末松保和는 비칙치(必闍赤)와 都評議使司의 기능이 유사하여 오랜 기

것이라면, 이는 도평의사사로의 개편을 재추권 강화로 설명하는 문제와 충돌하게 된다. 비칙치가 도평의사사로의 개편과 함께 혁파되었거나 기능과 권한이 약화된 것으로 볼 수도 없기 때문이다.[41]

충렬왕 5년 도평의사사로의 개편을 비칙치의 설치와 연관시켜 이해한다면, 개편이 이전까지 도병마사와 재추가 가졌던 기능과 권한을 그대로 유지하거나 강화시키기 위한 것이기 보다는 그 권한을 제한하거나 조정하기 위한 것으로 이해하는 것이 타당할 것이다. 즉, 비칙치의 설치와 함께 '機務'로 표현되는 재추권의 상당 부분을 이곳으로 이전한 후, 도병마사의 위상을 새롭게 정립하기 위해 도평의사사로 개편하면서 그 기능과 권한을 축소한 것으로 이해하여야 할 것이다. 그 기능이 어떻게 조정되었는지는 명확하지 않지만, 이제까지 확보해 왔던 행정적 기능은 거의 상실했을 것으로 보인다. 대신에 對元관계에서 발생하는 문제나 명목상 인준이 필요한 중대사는 도평의사사가 맡음으로써 그 권위를 일정하게 인정해주는 선에서 조정되었다고 하겠다. 도평의사사로의 개편을 전하는 기사에서 "원을 섬긴 이래 갑자기 일이 많아져서 첨의와 밀직이 매번 합좌했다"고 한 것은[42] 이러한 사정을 말하는 것이다.

셋째, 도병마사가 도평의사사로 개편되는 데에는 원의 간섭도 작용

간 양립할 수 없었다고 하면서, 도평의사사가 비칙치의 기능을 흡수한 것으로 이해하였다. 이는 비칙치가 도평의사사가 설치되는 충렬왕 5년 이후 혁파된 것으로 잘못 이해한 데서 비롯된 것이다. 末松保和, 「高麗兵馬使考」, 『東洋學報』 39-1, 1956 ; 『青丘史草』 1, 笠井出版印刷社, 1965, 221쪽.

41) 必闍赤은 '別廳宰樞', '王府必闍赤', '政房必闍赤' 등으로 불리면서 공민왕대까지 그 기능과 권한을 행사했던 것으로 이해되고 있다. 박용운, 앞의 논문, 1994, 868~874쪽 ; 김광철, 「고려 충혜왕대 측근정치의 운영과 그 성격」, 『국사관논총』 71, 1996, 168~170쪽.

42) 『高麗史』 권77, 지31, 백관2, 제사도감각색, 도평의사사, "忠烈王五年 改都兵馬使爲都評議使司 凡有大事 使以上會議 故有合坐之名 事元以來 事多倉卒 僉議密直 每爲合坐".

했을 것으로 생각된다. 충렬왕 원년에 고려는 원의 간섭에 따라 대폭적인 관제개편을 단행한 바 있다.[43] 이때의 관제개편은 원의 관제와 중복되는 명칭을 고치고 고려의 상위관부들을 司나 署로 격하한 것으로서, 중서문하성-6부체제가 첨의부-4사체제로 개편된 것이었다. 이로 말미암아 고려 관제는 상하관계에 있는 관부들의 격이 뒤섞이는 등 기형적인 모습을 보이게 되었다.[44]

충렬왕 원년의 관제개편에서 도병마사는 그대로 유지되었다. 원의 관제개편 요구는 省·院·臺·部 등 원의 관제와 같은 것을 개정하라는 것이었기 때문에,[45] 도병마사가 상설 정규관부가 아니라는 점에서 그 대상에서 제외되었을 것으로 보인다. 그러나 도병마사가 국가 중대사를 의논하고, 특히 국방문제에 대응하는 최고 의결기구라고 하는 것을 원이 모를리 없기 때문에 도병마사의 향배에 관심을 갖지 않을 수 없었을 것이다.

원은 고려와의 전쟁이 종식되고 화친이 성립된 후에도 고려 군사력에 대해 항상 경계와 통제를 소홀히 하지 않았다.[46] 원 주둔군이 고려에서 철군한 후에도 원은 고려 군대에 대한 發命權, 發兵權, 掌兵權 등 병권을 장악하여 군사적 통제를 가하였으며, 군대뿐만 아니라 고려내의 軍器까지도 규제하면서 원의 지배력 행사나 치안유지에 대한 위협을 제거하고자 하였다. 고려의 국방문제는 철저히 원의 통제 하에 들어가

---

43) 『高麗史』 권28, 세가, 충렬왕 원년 11월 계유.

44) 이익주, 「충선왕 즉위년(1298) '개혁정치'의 성격 - 관제개편을 중심으로」, 『역사와 현실』 7, 1992, 122~126쪽.

45) 『元史』 권8, 본기, 세조5, 至元 12년 11월 갑오, "以高麗國官制僭濫 遣使諭旨 凡省院臺部官名爵號 與朝廷相類者改正之".

46) 원과의 관계가 종속적인 상태로 된 이후, 원의 고려에 대한 군사적 통제에 대해서는 송인주, 「원 압제하 고려왕조의 군사조직과 그 성격」, 『역사교육논집』 16, 1991 ; 권영국, 「원 간섭기 고려 군제의 변화」, 『14세기 고려의 정치와 사회』, 민음사, 1994 참조.

있었던 것이다. 이러한 상황 속에서 원나라는 그 名號 자체가 최고 군 통수부로서의 지위를 갖는 도병마사를 그대로 유지시키려 하지 않았을 것으로 보인다.

원이 도병마사의 名號를 개칭하도록 구체적으로 요구한 사실은 확인 되지 않는다. 그러나 도평의사사로 개편되는 충렬왕 5년 경의 상황은 이러한 요구가 대두될 수 있는 여건이 조성되고 있었다. 그것은 김방경 무고사건의 발생과 연관이 있다. 무고사건에서 구실로 삼은 것은 강화 도에 들어가 모반하려 한다는 것이었다. 다음에서 확인된다.

14-① 乃譖於忻都 以爲方慶與子忻壻趙抃及孔愉羅裕韓希愈安社貞等 四百餘人 謀去王公主達魯花赤 入據江華以叛 讒構多端(『高麗史節 要』권19, 충렬왕 3년 12월)
② 印侯還自元 帝召還洪茶丘 先是 茶丘遣人 誣奏帝曰 金方慶積穀 造船 多藏兵甲 以圖不軌 請於王京以南要害之地 置軍防戍 亦於州 郡皆置達魯花赤 方慶及子壻家屬 悉送京師 以充臧獲 收其田租 以 供兵糧(『高麗史節要』권20, 충렬왕 4년 3월)

충렬왕 3년 12월에 발생한 제2차 무고사건에서 무고자 韋得儒와 盧 進義 등은 忻都에게 김방경 등이 왕과 공주, 다루가치(達魯花赤) 등을 제거하고 강화도에 들어가 모반하려 한다고 무고하였다. 講和가 성립 되고 개경으로 환도하는 등 친선관계에 들어간 후에도 원은 고려에 대 한 경계를 늦추지 않았다. 무고자들은 이 점을 노려 원에 대한 모반을 무고의 구실로 삼은 것이다.

홍다구가 원 세조에게 보고한 내용은 좀더 구체적이다. 김방경 등이 군량을 확보하고 전함을 구축했으며, 병기를 마련하여 不軌를 도모한 다고 한 것이 그것이다. 이들은 이에 대한 대책으로서 원 세조에게 개 경 이남 요해처에 군대를 설치할 것, 州郡에 다루가치를 설치할 것, 김방경 등을 압송할 것 등 3가지를 요구하였다. 이 사건을 계기로 부원세력은 김방경을 제거하는 한편, 고려에 대한 군사적 지배를 강화하겠다는 의도로 보인다. 원으로서는 고려와의 전쟁이 종식된 후 이제 고려에 대한 지배방식을 모색할 형편에 있었는데, 우선적으로 수행해야 할 것은 고려가 독자적인 군사력을 확보할 수 없도록 하는 것이었다. 원과 부원세력은 김방경 무고사건을 계기로 이를 관철시키려 했을 것으로 보인다.

고려 왕실로서도 원과 친선관계를 유지하게 되었고, 원을 배경으로 왕권을 강화할 수 있는 계기를 마련했기 때문에 원으로부터 빌미를 살 필요가 없었을 것이다. 그래서 충렬왕은 무고사건을 해명하기 위해 원에 들어갔을 때 모반과 같은 군사행동은 전혀 있을 수 없다고 역설하였다.[47] 충렬왕은 오히려 흔도, 홍다구 등이 이끄는 원군의 폐해가 큼을 지적하고 철군을 관철시켰다.

충렬왕은 김방경 무고사건의 해명을 위해 입조하여 원 주둔군의 철수 등 상당한 외교적 성과를 거두었다. 『고려사』 관련 기록대로라면 당시 원 세조는 충렬왕의 요구를 모두 들어준 것으로 되어 있다. 그런데 김방경 무고사건이 원에 알려졌을 때, 원은 정식으로 충렬왕에게 이를 조치하라 하고, 忻都와 洪茶丘에게는 병사를 갖춰 이에 대비하라 명한 바 있다.[48] 비록 뒤에 세조가 무고라는 사실을 알았고, 충렬왕이 이에 대해 적극적으로 해명했다 하더라도 이처럼 영을 내려놓고 쉽게 거둬들였을 것같지 않다. 더욱이 아무런 보장없이 주둔군의 철수를 약속했을 것으로는 보이지 않는다. 사실이 아니라 하더라도 모반, 즉 원과의 종속관계 철폐라는 심각한 문제가 제기된 상황이었기 때문이다.

---

47) 『高麗史』 권28, 세가, 충렬왕 4년 7월 갑신 · 임진.
48) 『元史』 권9, 본기, 세조 至元 14년 정월 무술, "高麗金方慶等爲亂 命高麗王治之 仍命忻都洪茶丘 餙兵備禦".

따라서 기록에는 나타나고 있지 않지만, 충렬왕이 김방경 무고사건을 없었던 것으로 하고, 철군문제 등 원과의 관계에서 발생하고 있던 고려의 현안문제를 해결할 수 있었던 것은 고려의 일방적 요구가 수용된 것이라기 보다는 원으로서는 일정하게 그에 대한 대가를 요구했을 것으로 보인다. 그 가운데 하나가 철군 후에도 고려를 군사적으로 지배할 수 있는 방안이었을 것이며, 도병마사의 개편 문제도 제기되었을 가능성이 높다. 비록 원에서 도병마사의 개편을 직접 요구하지 않았다 하더라도 충렬왕으로서는 원에게 고려가 독자적으로 병권을 관장한다는 인식을 불식시킬 필요가 있었기 때문에 상징적으로 도병마사의 개편을 약속했거나 스스로 그 조치를 취했을 것으로 보인다.

이상에서 검토한 바와 같이 충렬왕 5년 도병마사가 도평의사사로 개편된 배경에는 도병마사 자체의 체제정비 요구와 왕권강화, 원의 내정간섭 등 국내외적인 문제가 개입되어 있었다. 도병마사와 재추회의(도당)가 통합됨에 따라 그 기능은 확대·강화될 수 있었지만, 그 조직이 제대로 정비되지 않고, 논의 절차가 체계적이지 못하는 등 문제점을 드러내고 있었다. 그래서 도병마사는 도평의사사로의 개편을 통하여 실질적인 일원화를 달성하고자 하였다.

왕권강화를 정치운영의 목표로 삼고 있던 충렬왕은 재추권과 도병마사의 기능이 걸림돌이라 판단하여 개편의 필요성을 절감하고 있었다. 그래서 먼저 충렬왕 4년 10월 비칙치를 설치하여 도병마사의 기능과 권한을 이곳으로 이전하는 데 성공하였다. 도병마사의 개편을 목표로 삼고 있던 충렬왕은 김방경 무고사건의 발생으로 麗元관계에 이상 기류가 흐르고, 원이 고려의 모반문제를 제기하는 등 병권문제가 현안으로 떠오르게 되자, 원 주둔군을 철수하는 대가로 원의 병권 장악 요구를 수용하는 한편 도병마사를 도평의사사로 개편하는 조치를 취하였다. 충렬왕으로서는 대원관계를 활용하여 왕권강화와 재추권의 약화를 관철시킨 셈이다.

Ⅲ. 도평의사사의 조직과 그 운영

고려전기 문종관제에 반영된 도병마사의 조직은 判事·使·副使·判官·錄事·吏屬 등으로 구성되어 있었다. 그 내용은 다음 표와 같다.

<표 1> 도병마사의 조직

직위		인원(명)	자격
判事			侍中·平章事·參知政事·政堂文學·知門下省事
使			6樞密 및 職事 3품 이상
副使		6	정4품 이상의 卿·監·侍郎
判官		6	少卿 이하
錄事		8	甲科權務
吏屬	記事	12	
	記官	8	
	書者	4	
	算士	1	

위의 표에 보이는 바와 같이 문종 관제에서 도병마사는 당시 정규 관부의 전 관료를 대상으로 하여 적임자를 그 구성원으로 선임하고 있었다. 判事와 使에는 정원 없이 侍中 이하를 그 구성원으로 임명하고 있었지만, 이들이 자동으로 임명되었던 것이 아니라 이 가운데 적임자를 선임했던 것으로 이해되고 있다.[49]

고려후기에 도병마사와 재추회의가 통합되는 과정을 거쳐 성립한 도평의사사도 이 같은 직임을 갖고 있었는지 의문이다. 고려후기 도평의사사는 다음의 기사에 보이는 바와 같이 성립기에 첨의부와 밀직사, 삼사의 재추로 구성되고 있었다.[50] 이제현이 도평의사사의 구성원으로 僉

---

49) 변태섭, 앞의 책, 86~88쪽.

議, 密直과 함께 判三司事, 三司左·右使를 들고, 정도전이 三府가 모
여 회의하였다고 한 것이 그것이다. 재추의 수는 명종대 이래 증가되기
시작하여 고려말에는 70~80명에 이른다고 비판할 정도로 증가하고 있
었다.[51] 창왕대에는 도평의사사에 참여하는 관부가 첨의부, 밀직사, 삼
사 외에도 開城府·厚德府·慈惠府의 判事와 尹이 그 구성원이 되는
등[52] 그 참여 관부의 수도 증가하고 있었다.

15-① 國家設都兵馬使 以侍中平章事參知政事政堂文學知門下省事爲
    判事 判樞密已下爲使 有大事則會議 故有合坐之名 一歲而或一會
    累歲而或不會 其後 改爲都評議使 或稱爲式目都監使 事大來 事多
    倉卒 僉議密直爲合坐……今則僉議密直增置其員 又各有商議之官
    判三司事坐于亞相之上 左右使坐于評理之上下(『櫟翁稗說』前集 1)
    ② 臣道傳 拜手稽首而言曰 國家置門下府 掌理典 三司掌錢穀 密直
    掌軍旅 各司其職 有大事則會三府以議之 謂之都評議使司 因事置
    罷 盖周禮官聯之遺意也(『三峰集』권4, 記, 高麗國新作都評議使司
    廳記)

도평의사사에는 使 이상의 재추 이외에도 首領官이라 지칭되던 실
무직이 배치되고 있었다. 그 가운데 錄事로 구성된 六色掌이 있었는
데,[53] 창왕대에 가서 6房錄事로 개칭되었고, 知印 10인과 宣差 10인도
두게 되었다.[54] 공양왕대에는 도평의사사에 經歷司가 설치되면서 經歷

---

50) 변태섭, 앞의 책, 99~101쪽 ; 김창현, 앞의 논문, 1997, 7~11쪽.

51) 고려후기 재추 수의 증가에 대해서는 변태섭, 위의 책, 99~104쪽 참조.

52) 『高麗史』권77, 지31, 백관2, 제사도감각색, 도평의사사, "辛昌時……又以開城
    厚德慈惠府判事及尹 皆兼都評議司".

53) 『高麗史』권84, 지38, 형법1, 직제, 공민왕 8년 7월, "宰樞所以爲 常時合坐 着
    靴坐高床 六色掌持事啓課 不宜俯仰接待 作高床 各置座前 以紫帛作巾覆之
    謂紫羅酒案 又於文字不宜操筆各署 刻木作署 凡於文字以各署着之效 元朝
    法也".

·都事·典吏 등이 증치되었다.[55] 그러나 고려전기 도병마사 시기에 배치되고 있었던 記事 이하 吏屬에 대해서는 확인할 수 없다.

도평의사사 체제가 성립된 후 그 직제는 어떠하였을까? 성립 초부터 判事, 使 등 도병마사 시기의 직제를 그대로 유지한 것 같지는 않다. 그것은 다음의 기사에서 엿볼 수 있다.

> 16-① 忠烈朝 知密直司事 轉判三司事 時兩府議國事 皆顧望 莫有主者 始置宰樞所司存 以(韓)康爲之(『高麗史』 권107, 열전20, 韓康전)
> ② 以判三司事韓康密直副使金伯鈞爲宰樞所司存 時兩府皆顧望退 托 莫適謀事 故置司存 六月而替(『高麗史節要』 권20, 충렬왕 8년 3 월)

충렬왕대에 도평의사사에는 '宰樞所司存'이 설치되고 있었다. 양부가 國事를 논의할 때, 재추들은 서로 바라보기만 하고 일을 제대로 처리하지 못했기 때문에 이를 설치하였다고 한다. '주관하는 자'가 없었다는 것으로 보아 당시까지만 하여도 첨의부·밀직사·삼사의 재추가 도평의사사에 합좌만 할 뿐, 일을 주관할 수 있는 구조가 만들어지지 못했던 것같다. 도병마사와 재추회의가 통합되는 과정에서 나타났던 문제들이 도평의사사로 일원화 된 후에도 상당 기간 그 직제가 정비되지 않고 있었음을 말하는 것이겠다. 그래서 司存을 두어 도평의사사에서의 논의를 주관하게 했던 것이다.

당시 宰樞所司存은 정원이 정해진 것 같지는 않으며, 韓康과 金伯鈞

---

54)『高麗史』 권77, 지31, 백관2, 제사도감각색, 도평의사사, "辛昌時 都評議司六 色掌 改爲吏禮戶刑兵工六房錄事 又知印二十員 分十人爲知印 十人爲宣差 宣差任使外".

55) 위의 책, "恭讓王二年加置經歷司 以統六房 經歷一人三四品 都事一人五六品 皆以文臣爲之 又以各年貢擧雜業不仕者 屬爲典吏 階七八品 以任書寫".

두 사람이 각각 判三司事와 密直副使였다는 점에서 사존이 될 수 있는 자격이 별도로 마련된 것 같지도 않다. 6개월마다 교체했다는 점에서 도평의사사의 구성원인 재추들 가운데에서 번갈아가며 이 직책을 맡았던 것으로 보인다.

그러면 고려후기 도평의사사는 단순히 재추가 합좌하는 기구일 뿐 고려말에 이르기까지 직제를 마련하지 않은 채, 宰樞所司存의 주도 하에 상층의 재추와 실무를 담당하는 錄事로만 운영되었던 것일까? 도평의사사의 직제와 관련하여 式目都監의 그것을 주목할 필요가 있다.

17-① 其後 改爲都評議使 或稱爲式目都監使 事大來 事多倉卒 僉議密直爲合坐(『櫟翁稗說』 前集 1)
② 王傳旨曰 式目都監 掌邦國重事 其以僉議政丞判三司事密直使僉議贊成事三司右左使僉議評理以上爲判事　知密直以下爲使(『高麗史節要』 권23, 충선왕 2년 8월)

이제현은 당시 都評議使를 式目都監使라 칭하기도 했다고 한다. 식목도감은 고려전기부터 도병마사와는 별도의 직능을 가진 회의기관이었다는 점에서 도평의사를 식목도감사라고도 했다는 것은 의문의 여지가 있다. 그러나 이제현이 당시대를 살면서 직접 이를 경험한 바였고, 충선왕대 이후 상당 기간 도평의사사를 대신하여 식목도감이 도당으로 기능하고 있었다는 점을 감안한다면,[56] 이제현의 지적은 설득력을 갖는다 하겠다.

따라서 충선왕 2년 개편된 식목도감의 직제는 도평의사사의 그것으로도 볼 수 있지 않을까 한다. 즉 충목왕대 이후 식목도감의 기능이 약화되고 도평의사사의 기능이 강화되면서[57] 도평의사사는 식목도감이

---

56) 변태섭, 「고려의 식목도감」, 『역사교육』 15, 1973, 58~64쪽.
57) 변태섭, 위의 논문, 64~65쪽.

가졌던 직제를 그대로 계승한 것으로 볼 수 있을 것이다. 이 같은 이해가 허락된다면 이제까지 宰樞所司存에 의해 주도되어 왔던 도평의사사는 이 시기에 와서 첨의정승·판삼사사·밀직사·첨의찬성사·삼사우사·삼사좌사를 판사로 삼고, 지밀직사사 이하를 사로 삼아 체계적으로 운영되고 있었다고 볼 수 있다.

도평의사사의 직제는 앞에서 보았듯이 창왕대 실무직으로서 6방녹사·지인·선차가 개편, 증치되었고, 공양왕대에 가서는 經歷司가 설치되는 한편, 그 상층부인 판사와 사의 직제도 조정되었다. 이는 다음에서 엿볼 수 있다.

18-① 殿下 始以門下侍中臣沈德符守門下侍中臣李國諝爲判事 三司則判事臣王安德以下 門下則贊成事臣鄭夢周以下爲同判事 密直則判事臣金士安以下爲使 正其名稱 使司之任益重矣(『三峰集』 권4, 記, 高麗國新作都評議使司廳記)
② 恭讓王二年……又以門下府三司密直司正員爲判司事同判司事兼司事(『高麗史』 권77, 지31, 백관2, 제사도감각색, 도평의사사)

그동안 판사와 사의 직제로 운영되어 왔던 도평의사사는 공양왕대에 가서 판사·동판사·사의 직제로 확대·정비되었다. 즉 판사에는 2명의 시중이 임명되고, 동판사에는 판삼사사와 문하찬성사 이하, 사에는 판밀직사사 이하의 재추가 임명되어 도평의사사를 운영하고 있었다. 이렇게 도평의사사 상층부의 직제가 확대된 것은 재추의 숫적 증가와 기능 강화를 수용한 결과로 볼 수 있을 것이다. 이 같은 공양왕대 도평의사사의 직제 개편은 조선 건국 후에도 그대로 수용된 것으로 보이는데, 조선 태조 즉위 후 반포된 관제에 포함된 다음과 같은 도평의사사의 직제는[58) 副使와 檢詳條例司를 제외하면 공양왕대의 그것을 말해주는 것으로 보아도 좋을 것이다.

<표 2> 조선 태조대 도평의사사의 직제

직제		인원	자격
判 事		2	侍中
同判事		11	門下府・三司 정2품 이상
使		1	判中樞院事
副 使		15	中樞使 이하 中樞學士 이상
經歷司	經歷	1	
	都事	1	
	六房錄事	각 1	
	典吏	6	
檢詳條例司	檢詳	2	
	錄事	3	

이처럼 도평의사사는 그 성립초기에 宰樞所司存을 중심으로 운영되다가 충선왕대 이후 판사와 사의 직제를 갖추게 되었고, 공양왕대 이후 그 기능이 강화되면서 직제가 확대 정비되었다. 그러면 이러한 직제로 운영되던 도평의사사가 합좌했던 곳은 어디였을까? 鄭道傳의 언급에 의하면 공양왕 원년 도평의사사 廳舍가 건립되기 이전에는 고정된 署宇가 없었다고 한다.59) 그런데 공민왕대 이후 도평의사사에서 합좌가 빈번해지고 그 기능이 강화되고 있었다면, 회의가 이루어질 수 있는 청사가 마련되어 있었다고 보아야 하지 않을까? 이는 다음의 사실을 통해 엿볼 수 있다.

19-① 忠正旣爲首相 趙公仁規爲亞相 廉公承益次之 廉公以方術得幸

---

58) 『太祖實錄』 권1, 태조 원년 7월 정미, "定文武百官之制……都評議使司 判事二 侍中 同判事十一 門下府三司正二品已上 使一 判中樞院事 副使十五 中樞使已下中樞學士已上 經歷司 以他官兼之 經歷一 都事一 六房錄事各一 典吏六 七品 去官都吏廩俸 其餘權知 檢詳條例司 檢詳二 以他官兼之 錄事三 以三館兼之".

59) 『三峰集』 권4, 記, 高麗國新作都評議使司廳記, "近來 使司專總衆職 常置不罷 其職任禮秩 固已重於百僚矣 而無定署 至是 新作署宇".

於兩宮 常居禁中 稀至都堂(『櫟翁稗說』前集 2)

② 時池李擅權 擧國趨附 復興廉潔自守 雖惡其貪饕 知不可救 日以
醉酒爲事 及其銓注 輒薦賢以抑行賄之輩 然梡二人不能行己意 或
先出不與都堂 將議呈省書 復興不至……(禑王)六年 國家聞遼東欲
攻納哈出 慮其掠我界 遣人覘之還言 遼東摠兵已出師 都堂亟會議
復興醉又不至(『高麗史』 권111, 열전24, 慶復興전)

③ (恭愍王 10年)王起正陵 以雲菴寺爲願刹 給寺僧米月三十石 凡所
供給 無不至 寺僧又詣都堂 請給餉客之需 宰樞重違其請 議給轉輸
都監米五十石(『高麗史』 권114, 열전27, 李成瑞전)

④ 仁吉嘗在都堂 揚言曰 倭賊肆侵掠 吾輩在此飽食 略不愧恥 可謂
有人乎(『高麗史』 권114, 열전27, 睦仁吉전)

위의 자료들을 통해 당시 도평의사사(도당)가 합좌회의를 개최하거나
업무를 수행하는 일정한 청사를 갖고 있었음을 짐작할 수 있다. 19-①
에서 이제현은 당시 재상이었던 염승익이 兩宮 즉 충렬왕과 왕비인 齊
國大長公主의 총애를 받아 주로 궁궐에서 활동하였고, '도당에 나오는
일이 드물었다'고 한다. 염승익이 국왕측근세력으로서 궁궐에 설치되었
던 必闍赤(別廳宰樞)에서 활동했기 때문에 그러했을 것이다. 어쨌든 염
승익이 '稀至都堂'이라 한 것으로 보아 도당이 특정 장소에 자리잡고
있었음을 알 수 있다.

이는 19-②③④의 기사에서도 확인할 수 있다. 慶復興은 인사가 있을
때마다 賢士를 천거하고 뇌물쓰는 무리를 막았는데, 당시 권력층이었
던 池奫과 李仁任 때문에 자신의 뜻이 관철되지 않자, '먼저 나가 도당
에 참여하지 않았다'고 한 것이나, 왕실의 願刹이었던 雲菴寺 승려들이
'도당에 나아가' 餉客 비용의 지급을 요청했다고 한 것, 목인길이 '도당
에 있으면서' 倭賊이 노략질하고 있는데 우리만 포식할 수 있느냐 고함
쳤다고 한 데서 도당이 특정 장소에 자리잡고 있었음을 알 수 있다. 도

평의사사의 청사가 있었음은 다음의 기사에서 더욱 뚜렷하다.

> 20. 宰樞所以爲 常時合坐 着靴坐高床 六色掌持事啓課 不宜俯仰接待
>   作高床 各置座前 以紫帛作巾覆之 謂紫羅酒案 又於文字不宜操筆
>   各署 刻木作署 凡於文字以各署着之效 元朝法也(『高麗史』 권84,
>   지38, 형법1, 직제, 공민왕 8년 7월)

위의 기사는 공민왕대에 도평의사사의 좌석 배치와 서명 방법이 개선되고 있었음을 말해 주고 있다. 이때에 와서 6色掌 즉 녹사들이 議合을 유도하는 과정에서 나타나고 있던 불편을 덜기 위하여 高床, 즉 '紫羅酒案'을 만들어 재추 앞에 배치함으로써 議案의 서명 등을 용이하게 하였다고 한다. 뿐만 아니라, 이제까지 재추들이 의안에 직접 서명하던 것을 도장을 찍게하는 방식으로 바꾸기도 하였다. 도당이 이같이 '紫羅酒案' 등의 시설을 갖추려면 독립된 청사를 마련해야 가능한 것이었을 것이다. 필요에 따라 도당회의가 이곳저곳 옮겨다니면서 개최되었다면 이러한 시설을 마련하기 어려웠을 것이기 때문이다. 그러므로 도평의사사는 공양왕 원년에 완공된 '都評議使司廳'과 같은 독립된 청사를 아직 확보하지는 못하고 있었다 하더라도, 기존의 특정 관청을 그 청사로 이용하였다고 볼 수 있을 것이다.

그러면 도평의사사가 자리잡고 있던 곳은 구체적으로 어디였을까? 이를 확인할 수 있는 직접적인 자료는 찾을 수 없지만,[60] 都省, 즉 尙書省이 아닐까 추정해본다. 고려전기부터 都省에서는 국가 중대사를 협의 처리하고 있었다. 인종대에 3품 이상의 관료가 도성에 모여 重刑에

---

60) 앞에 든 『고려사』 기록에서 예종 6년 5월, 화살이 도병마사와 금강고에 날아
   들어 지붕 기와를 꿰뚫었다는 것을 보면, 도병마사 시절부터 독립 청사가 있
   었고, 그곳은 무기고인 금강고 근처였음을 짐작케 한다. 『高麗史』 권13, 세가,
   예종 6년 5월 기사.

관해 논의하고,[61] 拓俊京과 그 자손의 죄를 논의하고 있으며,[62] 가뭄이 들었을 때마다 巫女를 都省廳에 불러모아 자주 기우제를 올리기도 하였다.[63] 이처럼 상서도성은 경기지방의 통할, 州郡 長吏의 임면, 외교문서의 발송, 각종 公牒의 통제와 수수, 각종 제례와 기우 등의 행사 주관, 전함의 건조 독려 등 다양한 기능을 담당하고 있었다.[64] 都省이 국가 중대사를 협의하는 청사였다는 점과 관련하여 다음의 『高麗圖經』 관련기록이 주목된다.

21. 官府之設 大抵 皆竊取朝廷美名 至其任職授官 則實不稱名 徒爲文具 觀美而已 尙書省在承休門內 前有大門 兩廊十餘間 中爲堂三間 卽令官治事之所 政事之所自出也 自尙書省之西 春宮之南 前開一門 中列三位 中爲中書省 左曰門下省 右曰樞密院 卽國相平章知院治事之所……自廣化門外言之 官道之北 則尙書戶部 又其東 曰工部 曰考功 曰大樂局 曰良醞局 四門 並北列而南向 各有標名 道之南 則兵刑吏三司 其門 南列而北向(『高麗圖經』 권16, 官府, 臺省)

인종 원년 사신으로 왔던 徐兢은 고려의 관부를 서술하면서, 고려가 중국의 관제를 채용하고 있지만 名實이 부합되지 않고 형식만 취하고 있다고 비판한 후, 상서성 이하의 규모를 묘사하고 있다. 서긍의 기술대로라면 고려 관부 가운데 상서성이 가장 규모가 컸던 것으로 보인

---

61) 『高麗史』 권15, 세가, 인종 즉위년 7월 신사, "命三品以上 會都省 議重刑".
62) 『高麗史』 권127, 열전40, 반역1, 拓俊京전, "(仁宗)八年 詔曰 (拓)俊京犯闕之罪 雖重 然其功亦不細 令妻子完聚 給還其子職田 尋集三品以上及臺諫侍臣于都省 籍李拓之黨及子孫之罪 藏諸所司".
63) 『高麗史』 권54, 지8, 五行2, 金, 인종 11년 5월 경오, "集女巫三百餘人于都省廳祈雨".
64) 박용운, 「고려시대의 尙書都省에 대한 검토」, 『국사관논총』 61, 1995, 87~88쪽.

다.65) 상서성은 兩廊에 10여 간의 규모인데 비하여 중서성, 문하성, 중추원 등은 이보다 훨씬 규모가 작았던 것으로 이해된다. 상서성이 규모만 컸던 것이 아니라, 그 기능도 가장 강력했던 것으로 묘사되고 있다. 상서성은 令官이 治事하는 곳일 뿐만 아니라, 政事가 여기에서 나오는 것으로 이해하고 있기 때문이다.

위 『高麗圖經』 기사에서 중앙에 3간 규모의 堂이 있었다고 한 것이 주목된다. 이 堂은 단순히 상서성의 집무실 정도로 보기 어렵기 때문이다. ‘治事之所’이고 政事가 나오는 곳이라는 것도 구체적으로는 이 堂을 지목한 것이며, 이는 바로 都堂을 지칭하는 것이 아닌가 한다. 고려 상서성의 규모나 제도가 중국과 반드시 유사했다고 볼 수는 없다 하더라도,66) 『通典』과 『文獻通考』에서 도당이 상서성의 중앙에 자리잡고 있었다고 기록하고 있는 것이나,67) 『金史』에서 도당을 ‘尙書省堂’이라고 지칭했다는 사실을68) 감안할 때, 이를 도당으로 해석해도 좋을 것이다. 즉, 당시 상서성의 규모로 보아 국가 중대사를 논의하는 합좌회의는 상서성의 도당에서 개최되고 있었던 것으로 볼 수 있다.

원간섭기 이후 상서도성은 중서문하성에 통합되어 첨의부로 개편되었지만, 충렬왕대에 여전히 기우제 장소로 이용되는 등69) 그 존재가 확

---

65) 『高麗圖經』 권5, 官殿1, 王府조에서도 “內府十六 尙書省爲冠”이라 하여 상서성이 가장 규모가 큰 관부였던 것으로 파악하였다.

66) 변태섭은 『高麗圖經』에서 상서성을 ‘令官治事之所 政事之所自出也’라고 한 데 대하여, 실제 고려에서는 政令이 중서문하성에서 나왔다는 점을 들어, 이는 중국의 제도를 기준으로 한 원칙론이라고 하였다. 변태섭, 앞의 논문, 1970 ; 앞의 책, 1977, 9~10쪽.

67) 『通典』 권22, 職官4, 尙書上, 尙書省 ; 『文獻通考』 권51, 職官考5, 尙書省, “凡尙書省事無不摠 龍朔二年 改尙書省爲中臺……神龍初 復爲尙書省[亦謂之南省] 都堂居中 左右分司[舊尙書令有大廳 當省之中 今謂之都堂]”.

68) 『金史』(中華書局 刊) 권54, 지35, 선거3, 省選, 세종 大定 16년조의 “引至尙書省堂量才受職”에 대한 校勘記에서 ‘尙書省堂’이 상서성 도당임을 밝히고, “都堂 蓋尙書省之大堂”이라 하였다.

인되고 있다. 상서도성의 기능은 첨의부로 吸收되었지만 都省의 청사
는 그대로 유지되고 있었던 것이다. 그렇다면 도평의사사가 자리잡을
수 있는 청사도 都省이 최적지였을 것으로 생각된다. 이러한 추정이 가
능하다면 고려후기 도평의사사는 都省廳을 그 임시 청사로 이용하다가
공양왕 원년에 가서 독립적인 신 청사인 都評議使司廳을 건립하는 것
으로 볼 수 있다. 신 청사를 건립할 수밖에 없었던 것은 이 시기에 와서
재추의 수가 증가한 데다 도평의사사의 직제가 분화되는 등 기구 자체
가 비대해진 것을 수용하기 위한 것이었을 것이다.

　이상과 같이 합좌회의를 진행할 수 있는 고정된 공간을 확보하여 직
제를 갖추고 운영되었던 도평의사사는 합좌의 형식이나 논의 절차도
나름대로 마련해놓고 있었다. 다음에서 이를 확인할 수 있다.

> 22. 合坐之禮　先至者　離席北向而立　後至者　依其位一行而揖　同至席前
> 南向兩拜　離席北向而伏　以敍寒喧　復至席前　南向兩拜　離席北向一
> 行揖乃坐　知僉議以上至前　則密直皆下庭而立東向上北　俯首低手
> 僉議立于其上　二行而揖　升堂拜揖坐如前儀　旣得僉議一員同坐　更
> 無庭迎之禮　唯首相至　則亞相而下　皆下庭東向上北以迎之　首相西
> 向對揖　然後升堂拜揖　亦如前儀　首相獨坐於東　謂之曲坐　亞相而下
> 一行而坐　首相非政丞(政丞者　侍中也)　不曲坐無庭迎　錄事啓事于前
> 各以其意言其可否　錄事往返其間　使其議定于一　然後施行　謂之議
> 合　其餘則端坐不言　望之儼然　誠可敬而畏也(『櫟翁稗說』前集 1)

　위의 合坐禮는 도당에 도착하는 순서, 재추 사이, 수상에 대한 예 등
을 말해 주고 있다. 도착한 순서에 따라 재추들은 안부를 묻는 등 정중
히 예를 표하고 있었고, 知僉議 이상의 재추가 도착했을 때에는 밀직
등은 뜰로 내려가 예를 표하는 庭迎禮를 치루고 있었다. 이 경우도 이

---

69)『高麗史』권54, 지8, 五行2, 金, 충렬왕 10년 5월 정축, "集巫于都省祈雨".

미 첨의가 1인이라도 도착해 있으면 庭迎禮를 행하지 않았다. 수상에 대한 예는 더욱 극진하였다. 수상이 도착했을 때, 亞相 이하는 모두 뜰에 내려와서 庭迎禮를 행한 후 수상을 뒤따라 堂에 올랐으며, 수상은 曲坐라 하여 동쪽에 혼자 자리잡고 앉아 회의를 주관했다.

이렇게 재추가 모두 堂에 자리잡게 되면 회의를 시작하는데, 먼저 녹사가 회의 안건을 보고하면 재추가 자신들의 의견에 따라 可否를 말하게 하였다. 녹사는 재추들 사이를 오가면서 의견을 조정하여 일치시키는 역할을 담당했는데 이를 '議合'이라 불렀다. 합좌회의에서의 의결은 만장일치제를 채택하고 있었던 것이다. 이상과 같은 합좌회의에서의 논의과정은 가장 모범적인 사례이고, 재추의 수가 많아지면서 논의가 정상적으로 이루어지지 않는 경우가 많았던 것으로 보인다.

Ⅳ. 도평의사사의 기능과 위상 변화

1. 원간섭기 도평의사사의 기능과 그 지위

원간섭기 고려 왕들은 원에 대해서는 그 종속성을 면치 못하고 있었으나, 국내에서는 강력한 왕권을 행사하고자 하였다. 왕위계승에 원이 개입함으로써 이 과정에서 심각한 권력투쟁이 수반되었으며, 원은 이를 통해 고려를 종속구조 속에 묶어놓으려 하였다. 그러나 원간섭기 고려 국왕들은 일단 즉위하고 나면 원의 지원을 배경으로 하여 왕위를 유지하는 한편, 왕권을 강화하고자 하였던 것이다. 물론 원의 내정간섭을 받는 데다가 부원세력이 활동하고 있고, 정치기구 또한 원의 종속정책을 수용하는 방향으로 개편된 현실 속에서 왕권강화를 제도적으로 보장하기란 어려운 것이었다. 그래서 왕실 내에 비칙치(必闍赤)와 같은 국왕측근기구를 설치하여 정치를 운영하거나, 국왕과 정치생명을 같이 할 수 있는 세력집단인 측근세력을 형성하여 이들을 매개로 왕위를 유지하고 왕권을 강화하고 있었다. 따라서 원간섭기 도평의사사의 기능과 권한은 이 시기 왕권 및 권력집단의 동향, 원의 내정간섭 문제와 관련지워 이해하여야 할 것이다.

원간섭기 도평의사사는 왕명을 받아 사안을 논의하여 이를 수행하기도 하고, 현안문제를 왕에게 건의하거나, 여러 관부와 국왕을 연결하는 통로 역할을 수행하고 있었다. 먼저 왕명수행의 예를 보기로 하자.

23-① 傳旨都評議使司曰 可遣使諸道 檢察往年三稅納否 戶口增耗 自
　　今年更定稅額 幷點鹽戶 以徵其稅 宰樞以謂三稅納否 各有司存察
　　戶口增耗 非農時所行 遂停之(『高麗史』 권78, 지32, 식화1, 貢賦, 충
　　렬왕 5년 3월)
　② 前王命都評議司 女年十六歲以下十三歲以上 毋得擅嫁 必須申聞
　　而後許嫁 違者罪之(『高麗史』 권32, 세가, 충렬왕 33년 9월 계유)
　③　都評議使 以王命分遣司憲糾正金成固都評議錄事金祿于慶尙道
　　糾正崔洳錄事吳石圭于全羅道　糾正盧錄事李石麟于忠淸道　糾正趙
　　侚錄事安琠于交州道　糾正金文鼎錄事宋祿松于西海道　廉問提察及
　　守令姦利(『高麗史』 권33, 세가, 충선왕 1년 10월 기묘)

위에서 보듯이 도평의사사의 왕명 수행은 수취문제와 田民計定, 혼인금지, 지방관 감찰 등으로 나타나고 있다. 도평의사사는 이 같은 왕명을 수행하는 과정에서 왕명을 그대로 집행하는 경우가 대부분이었지만, 23-①에서 보듯이 문제가 있는 사안이거나, 재추의 이해관계와 충돌하는 것이면 왕에게 재고를 요구하기도 하였다. 즉, 三稅의 수납여부는 각 관계 관청에서 감찰하면 되는 것이고, 호구의 증감은 농사철이라 시행하기 어렵다고 하여 도평의사사의 의결을 관철시키고 있다.

한편 도평의사사는 현안문제에 대해 왕에게 그 내용을 건의하고 이

를 해결하는 모습을 보이고 있다. 伊里干의 설치, 세법개정을 위한 計點使 파견, 녹과전의 설치와 사급전제의 조정, 진휼정책의 건의 등이 그것이다.

24-① 都評議使據聖旨 請於瀋州遼陽間 置伊里干 徙諸道富民二百戶居之 又於鴨綠江內 置伊里干二所 所各一百戶 以供朝聘役使 從之(『高麗史』 권29, 세가, 충렬왕 5년 6월 계묘)
② 分遣計點使於諸道 初都評議使司言 太祖奠五道州郡 經野賦民皆有恒制 近來 兵饉相仍 倉儲懸罄 橫斂重於常貢 逋戶累其遺黎是宜計戶口更賦稅 以革姑息之弊 由是 累發計點使 而未見成效 及東征之役 發民爲兵 故復有是命(『高麗史』 권79, 지33, 식화2, 호구, 충렬왕 5년 9월)
③ 都評議使司言 先王設官制祿 一二品三百六十餘石隨品差等以伍尉隊正莫不准科數以給故衣食足給一切奉公 其後再因兵亂 田野荒廢 貢賦欠乏 倉庫虛竭 宰相之祿 不過三十石 於是 罷畿縣兩班祖業田外半丁 置祿科田 隨科折給 近來諸功臣 權勢之家 冒受賜牌自稱本田 山川爲標 爭先據執 有違古制 乞依先王制定京畿八縣土田 更行經理 御分宮司田鄉吏津尺驛子雜口分位田 考覈元籍 量給兩班軍閑人口分田 元宗十二年以上公文考覈折給 其餘諸賜給田竝皆收奪 均給職田 餘田公收租稅以充國用 制可(『高麗史』 권78, 지32, 식화1, 전제, 녹과전, 충목왕 원년 8월)
④ 宰樞議 請太史府庫米三十石 黃豆五十石 義成德泉倉米一百石內府常滿庫布一百匹 給賑濟色(『高麗史』 권80, 지34, 식화3, 진휼, 水旱疫癘賑貸之制, 충목왕 4년 3월)

伊里干의 설치는 도평의사사가 독자적으로 논의하여 이를 건의한 것이 아니라, 聖旨 곧 원의 요구를 수용하자는 것이었다. 瀋州─遼陽간에 이리간을 설치하여 각 도의 富民 200호를 사민시키고, 압록강 내에도 2

개소의 이리간을 두어 100호씩 충원함으로써 朝聘에 대비하자는 것이었다.[70]

도평의사사가 호구를 조사하고 賦稅를 更定하자고 건의한 점은 주목된다. 당시 군현에 따라 세부담이 과중하고 불균등하게 된 원인은 세부과의 기준이 되는 量田과 호구 조사가 제대로 실시되지 못했기 때문이었다는 점을 고려할 때,[71] 도평의사사가 이 문제의 해결을 건의했다는 것은 당시 수취문제와 관련하여 발생하고 있던 폐단에 대해 올바르게 인식하고 있었던 것으로 평가할 수 있다.

도평의사사는 충목왕대 개혁정치가 실시되자 녹과전의 설치와 사급전제의 조정을 건의하고 있다. 원종대에 성립되었던 녹과전제는 원간섭기를 거치면서 겸병의 대상이 되어 붕괴되는 추세에 있었다.[72] 그래서 도평의사사는 이때에 와서 경기 8현의 兩班祖業田 외 半丁을 혁파하여 녹과전을 설치하자고 건의하고 있는 것이다.

도평의사사는 사급전제의 개선도 건의하였다. 몽고와의 전란에 따라 발생한 陳荒田을 개간할 목적으로 시행되었던 賜牌정책은 토지겸병의 수단으로 활용되어 많은 폐단을 야기하고 있었다. 특히 사급전은 원간섭기 국왕측근세력 등 권력층의 경제적 보장책으로 정액이 없이 지급됨으로써 대토지소유 현상을 심화시켜 민생문제와 국가재정의 파탄을 초래케 하고 있었다.[73] 충목왕대 도평의사사는 바로 이 같은 사급전 문제를 해결하고자 했던 것이다. 도평의사사는 그 대책으로서 경기 8현의

---

70) 이때 이리간 설치와 관련해서는 『高麗史』 권82, 지36, 병2, 站驛조에 보다 상세히 기록되어 있다.

71) 권영국, 「14세기 전반 '개혁정치'의 내용과 그 성격」, 『역사와 현실』 7, 1992, 98쪽.

72) 고려후기 녹과전제의 성립과 그 내용에 대해서는 민현구, 「고려의 녹과전」, 『역사학보』 53·54, 1972 ; 오일순, 「고려후기 토지분급제의 변동과 녹과전」, 『14세기 고려의 정치와 사회』, 민음사, 1994 참조.

73) 권영국, 앞의 논문, 1992, 95쪽.

토지를 양전하여 御分田 등과 口分田으로 지급하고 사급전을 몰수하여 일부는 職田으로, 일부는 수세하여 國用에 충당케 하는 방안을 제시하고 있다. 도평의사사가 이처럼 토지문제에 대한 개혁안을 제시할 수 있었던 것은 이 시기 개혁정치 분위기에 편승한 것이라 볼 수 있겠다.

원간섭기 도평의사사는 이처럼 왕명을 수행하여 정책을 실행하거나 정책을 건의하는 한편, 자체적인 논의를 거쳐 정책 집행을 한 경우도 있었다. 충렬왕 8년 6월, 도평의사사가 榜을 통해 京市署로 하여금 물가를 안정시키게 한 것[74]이 그 예에 해당한다. 도평의사사가 물가문제까지 관여했다는 것은 당시 도평의사사가 행정적 기능을 행사하고 있는 사실로 이해할 수도 있다. 그러나 이는 경시서의 입장을 받아들여 도평의사사가 그 뜻을 방의 형식을 빌어 공포한 것에 지나지 않는다. 물가문제는 경시서 소관이었으며, 실제 원종대에도 경시서가 물가 안정책을 건의하고 있기 때문이다.[75]

이처럼 원간섭기 도평의사사는 토지문제, 수취체제, 물가, 진휼정책 등 국가 중요정책을 왕명에 따라 수행하거나 건의하는 활동을 보이고 있었다. 충선왕이 일반 관료들에게 크고 작은 업무를 보고하기 전에 재추의 검토를 거치도록 지시한[76] 것은 도평의사사의 위상을 고려한 것이라 하겠다. 이 같은 도평의사사의 활동을 그대로 받아들인다면, 원간섭기에도 도평의사사의 위상은 어느 정도 강화되고 있었던 것으로 볼 수 있겠다. 그러나 이 같은 활동이 주로 개혁정치 시기에 나타나고 있

---

74) 『高麗史』 권79, 지33, 식화2, 市估, 충렬왕 8년 6월, "都評議使司榜曰 民生之本 在於米穀 白金雖貴 不救飢寒 自今 銀瓶一事折米 京城率十五六石 外方率十八九石 京市署 視歲豊歉 以定其價".

75) 『高麗史』 권85, 지39, 형법2, 禁令, 원종 2년 5월, "京市署奏 今市肆物價踴貴 不可不禁 今宜折定物價 違者按律科罪 從之".

76) 『高麗史節要』 권22, 충렬왕 24년 5월, "敎 自今 百僚 凡大小公事 並除狀申 從宰樞商議處決然後以聞".

음을 볼 때, 원간섭기 도평의사사의 위상에 대해서는 면밀한 검토가 필요하다.

원간섭기 도평의사사의 위상을 이해하기 위해서는 국왕권의 강화에 따라 등장한 측근세력과의 관계와 원간섭기구이면서 권력기구로 등장하고 있던 征東行省·萬戶府 등과의 관계 속에서 살필 필요가 있다. 먼저 국왕측근세력 등 권력층의 형성이 도평의사사의 기능과 권한을 위축시키고 있었다. 다음의 기사에 주목해보자.

25. 同知密直司事李混罷 先是 王欲籍耽羅民戶 隷內庫 混極言其不可 王不懌 至是 都堂以三事上言 一西北界人性暴悍 不可以內旨騷擾 自今 宜傳旨都評議司 都評議司下牒 都指揮使亦可以辦事而安人心 二驛戶逃亡 多由傳遽之繁 宜遣使整理 三近以內旨出使者 多實爲民弊 今後 必經都評議司 給驛然後行 此皆寵幸者所爲 故疾之訴于王 王怒甚 命巡馬官 執堂吏李紆 訊其倡議者 紆曰 此事皆我爲之 王益怒 命高宗秀 必欲得其情 痛加榜掠 紆誣服指混 故下混巡馬獄 遂罷(『高麗史節要』 권21, 충렬왕 22년 2월)

당시 도평의사사는 寵臣, 즉 국왕측근세력들이 內旨를 이용하여 여러 가지 비행을 일삼자 그와 관련된 3가지 일에 대한 시정을 왕에게 건의하였다. 즉, 총신들이 內旨로서 서북민을 소요케 하는 일, 역호 도망의 건, 內旨의 잦은 발급에 따른 민폐를 시정해야 한다는 것이 그것이다. 도평의사사는 이러한 폐단을 막기 위해서는 內旨를 함부로 발급하지 말고, 도평의사사를 경유케 하는 방안을 제시하였다. 도평의사사가 본래의 기능에 따라 총신들이 일으키는 폐단을 시정하겠다는 의도였다.

그러나 충렬왕은 도평의사사의 건의를 전혀 수용하지 않았을 뿐만 아니라, 발의자를 색출하려 하였다. 왕은 高宗秀를 동원하여 堂吏 李紆를 혹독히 국문케 하고, 발의자로 지목된 동지밀직사사 李混을 수감하

후 파직시키고 있다. 고종수는 충렬왕 측근세력의 핵심인물로서,[77] 권력을 바탕으로 막대한 양의 賜牌를 받는가 하면 民田을 탈점하고 民을 예속시키는 등 비행을 일삼아 비난의 표적이 되고 있던 인물이다.[78] 충렬왕이 측근세력인 고종수를 동원하여 도평의사사를 제압케 했다는 점이 주목된다. 도평의사사의 건의가 측근세력을 견제하기 위한 것이라는 점에서, 충렬왕은 측근세력과 도평의사사의 대립구도에서 측근세력의 입장을 옹호한 것으로 해석할 수 있다. 도평의사사와 재추권이 국왕측근세력에 의해 제약당하고 있었음은 다음의 기사에서도 드러나고 있다.

> 26. (崔)世延擅權用事 多受賄賂 臣僚升黜 多出其口 雖宗室宰輔 不敢
>   逆其意(『高麗史』 권122, 열전35, 宦者, 崔世延傳)

최세연은 환관 陶成器의 추천으로 충렬왕의 총애를 받아 측근세력이 되었던 인물이다. 그는 장군직을 지니고 있으면서도 재상 趙仁規의 私第를 빼앗을 정도로 권력층으로 부상하고 있었다.[79] 위의 기록에 나타나 있는 바와 같이 그는 관료들의 승진과 黜陟을 좌우할 만큼 권력을 행사함으로써 종실이나 재상도 그의 뜻을 어길 수 없을 정도였다. 최세연이 이같이 권력을 행사하고 재추권을 제약할 수 있었던 것은 국왕측근세력으로서 왕의 지원을 받고 있었기 때문에 가능한 것이었다. 그러므로 국왕이 이처럼 권력층인 측근세력을 지원하는 한, 도평의사사의 기능과 권한은 제약될 수밖에 없는 것이었다. 충렬왕 측근세력이었던

---

77) 『高麗史』 권123, 열전36, 嬖幸1, 李之氐전 附 高宗秀전.
78) 『高麗史』 권123, 열전36, 嬖幸1, 廉承益전, "時鷹坊怯怜口及內竪賤微者 皆受
    賜田 多至數百結 誘齊民爲佃 凡民田在旁近者並收租 州縣賦稅無所入 守令
    有繩以法者 誣譖抵罪 承益及尹秀李貞朴義元卿高宗秀李之氐鄭承伍朴卿等
    尤甚".
79) 『高麗史』 권122, 열전35, 宦者, 崔世延傳.

廉承益이 재상이면서도 都堂에 나가지 않고 항상 궁궐에서 활동하였다는 것은[80] 도당의 지위와 권한이 그만큼 한계가 있었다는 것을 말해주는 것이기도 하다.

원간섭기 도평의사사는 征東行省과 같은 원간섭기구의 존재로 그 기능과 권한을 행사하는 데 제약받고 있었다. 정동행성은 단순히 고려와의 공적 연락기관으로서만 기능했던 것이 아니라,[81] 대원외교의 사무에 복무하는 한편, 田民·司法·租稅 등 고려의 국내문제에까지 참여하여 내정을 간섭하고 있었다.[82] 정동행성이 도평의사사에 대하여 어떻게 그 기능을 제약하고 있었는지 다음의 기사에 잘 나타나고 있다.

> 27.　忠穆王元年　整理都監狀……行省行移外方公事　報都評議使　使移
>   文存撫按廉使　施行例也　近年以來　行省令宣使螺匠等授牌字發送
>   騷擾民間　今後　稱宣使螺匠作弊者　械送于京(『高麗史』 권84, 지38,
>   형법1, 직제)

고려 중앙정부와 지방관청 사이에서 발생하는 주요 공무의 연락관계는 도평의사사가 관장하고 있었다. 그런데 위의 기사에서 드러나고 있듯이 정동행성은 이를 무시하고 宣使와 螺匠을 지방에 함부로 파견하여 수탈을 일삼는 등 민간을 소요시키고 있었다. 도평의사사는 이 같은

---

80) 『櫟翁稗說』 前集2, “忠正旣爲首相　趙公仁規爲亞相　廉公承益次之　廉公以方
　　術得幸於兩宮　常居禁中　稀至都堂”.

81) 고병익은 원간섭기 고려의 정치기구 모두가 원에 종속되었고, 심지어 사소한
　　사건까지지도 직접 원에 奏請하는 상황이었기 때문에 정동행성이 고려에 대한
　　감시·감독기구로 기능할 필요가 없었다 전제하고, 정동행성은 고려의 원제국
　　내에서의 지위를 규정하는 한편, 고려와의 공적 연락기관임과 동시에 부원세
　　력의 이해관계를 옹호하는 기관 정도로 이해하였다. 고병익, 「麗代 征東行省
　　의 硏究(下)」, 『역사학보』 19, 1962, 195~197쪽.

82) 장동익, 「征東行省의 硏究」, 『동방학지』 67, 1990, 83쪽.

정동행성의 권력행사에 무기력한 상태로 있다가 충목왕대 개혁정치 시기에 와서야 이를 문제삼고 있는 것이다. 정동행성은 지방에 공문 전달에서만이 아니라, 국정 전반에 관여함으로써 도평의사사의 위상에 손상을 입혔던 것으로 보인다. 그것은 다음에서 엿볼 수 있다.

28. 遣政堂文學李仁腹如元 上表謝 又上書曰 竊惟世皇征東 令國王爲
    丞相 行省官吏委國王保擧 不入常調 非他行省比 其後 續立都鎭撫
    司理問所儒學提擧司醫學提擧司 比來 省官皆托婦寺 濫受朝命 擅
    作威福 小邦有監察司典法司 掌刑聽訟 糾正非理 而省官聽人妄訴
    拘取諸司所斷文券 以是爲非 莫敢誰何 人疾之如狼虎……世皇東征
    日本時 所置萬戶 中軍右軍左軍耳 其後 增置巡軍合浦全羅耽羅西
    京等萬戶府 並無所領軍 徒佩金符 以誇宣命 召誘平民 妄稱戶計
    勒令縣官 不敢差發 深爲未便(『高麗史節要』 권26, 공민왕 5년 10월)

위의 기사는 공민왕 5년 반원 개혁정치를 추진하면서 이인복을 원으로 보내, 정동행성 등 원의 간섭기구로 말미암아 발생하고 있던 고려의 현안문제를 上書한 내용의 일부이다. 공민왕은 여기에서 정동행성과 만호부의 폐해를 신랄히 비판하고 있다. 정동행성은 都鎭撫司·理問所·儒學提擧司·醫學提擧司 등의 기구가 증치되어 조직이 확대되면서 행성 관리의 비행이 점차 노골화되고 있었다. 행성 관리들은 조정의 명을 악용하여 지나치게 권력을 행사하고, 감찰사와 전법사에서 판결한 내용을 뒤엎는 등 불법을 자행하고 있었다.

일본 정벌 때 만호부는 중·우·좌군만호부에 불과하였으나, 이후 순군·합포·탐라·서경만호부가 증치되면서 점차 권력기구로 등장하고 있었다. 이들은 군사를 거느리고 있는 것은 아니었지만, 金符를 가지고 왕명을 과시하면서 지방민을 招集하여 '戶計'라 하고 수령을 억압하여 差發을 방해하고 있었다. 만호부는 지방에서 수령을 제치고 통치권을 행사하고 있었던 것이다. 이처럼 원간섭기 정동행성과 만호부는 권력을 배경으로 고려 국내의 정책의결과 행정 수행에 관여하면서 각 관부의 고유 기능을 무기력하게 만들고 있었던 것이다.

원간섭기구 소속 관리가 재상 등 고려 관리를 억압한 것은 이미 충렬왕대부터 드러나고 있었다. 충렬왕 25년 10월 정동행성 평장으로 파견되었던 고리기스(闊里吉思)는 노비제도 등 고려의 제도를 개편하려 하여 무리를 빚었는가 하면,83) 권력을 함부로 하여 뇌물을 수수하고 자신의 뜻에 맞지 않은 재상들을 체포·수감하고 매치는 불법을 자행하기도 하였다.84) 그러므로 도평의사사는 이 같은 원간섭기구의 존재와 그 소속원의 탈법적 권력 행사로 말미암아 그 기능과 권한 행사에 제약당할 수밖에 없었을 것이다.

도평의사사는 이처럼 권력기구와 원간섭기구의 존재 때문에 그 기능과 권한이 제약당하고 있을 뿐 아니라, 그 구성원이 갖는 한계 때문에 무기력한 모습을 보이고 있었다. 다음에서 이를 확인할 수 있다.

29-① 下旨 諸王宰樞及扈從臣僚諸宮院寺社 望占閑田 國家亦以務農重穀之意賜牌 然憑藉賜牌 雖有主付籍之田 並皆奪之 其弊不貲(『高麗史』 권78, 지32, 식화1, 전제, 경리, 충렬왕 11년 3월)
② 宰樞議遣採訪使于諸道 更定稅法 或曰 今郡縣田野盡闢 宜量田增賦 以贍國用 宰樞恐其所占田園入官 事遂寢(『高麗史』 권78, 지32, 식화1, 조세, 충선왕 2년 11월)

즉, 충렬왕대에 재추는 토지 탈점의 주체로 비난의 대상이 되고 있었다. 이들은 閑田을 望占하는가 하면, 사패를 빙자하여 소유주가 있는

---

83) 『高麗史節要』 권22, 충렬왕 26년 10월.
84) 『高麗史節要』 권22, 충렬왕 26년 11월, "(闊里)吉思擅權納賄 好惡不公 自宰輔以下 不問尊卑曲直 稍忤於心 或杖或囚 一國之人 無不行賂".

토지를 閑田으로 조작하여 탈점하는 불법을 일삼고 있었다. 이 때문에 충선왕 2년 세법 개정을 논의할 때, 이를 저지하는 태도를 보이고 있다. 量田의 문제가 대두되자 재추들은 자신들이 점유하고 있는 농장이 양전 과정에서 관에 몰수당할까 두려워서였다. 도평의사사의 구성원이었던 재추들은 '量田增賦'가 국가의 중대사임에도 불구하고 자신들의 이해관계에 따라 그 의결을 포기하고 있는 것이다. 이는 세법 개정의 문제만이 아니었을 것이다. 인사나 토지문제와 같은 정책입안이 자신들의 이해관계와 충돌할 때 재추는 그 기능 행사를 포기했을 것으로 보인다. 그러므로 재추가 이같이 정책의결과 행정 수행을 이해관계에 따라 제한적으로만 행사하는 한 도평의사사의 위상은 한계가 있을 수밖에 없었다.

이상에서 살핀 바와 같이 원간섭기 도평의사사는 왕명에 따라 정책을 집행하거나 정책을 건의하는 형식으로 토지문제, 수취문제, 물가, 진휼정책 등을 수립하는 데 그 기능과 권한을 행사하고 있었다. 그러나 도평의사사의 이 같은 기능과 권한은 원간섭기 외세 종속구조의 지속이라는 시대적 상황에서 배태된 국왕측근세력 등 권력층의 존재와 정동행성·만호부 등 원간섭기구의 내정간섭으로 말미암아 제약당하고 있었다.

2. 공민왕대 이후 도평의사사의 기능 강화

고려후기 도평의사사는 공민왕대 이후 그 기능이 강화되고 있다. 이 시기부터 도평의사사의 기능이 강화될 수 있었던 조건은 우선 원의 정치적 간섭이 약화되고, 특히 정동행성의 기능이 무력화된 것을 꼽을 수 있다. 주지하듯이 공민왕은 왕 5년 반원 개혁정치를 실시하여 부원세력을 숙청하는 한편, 정동행성 이문소를 혁파함으로써[85) 원의 내정간섭으

로부터 벗어날 수 있는 기회를 맞게 되었다. 원간섭기에 정동행성과 만
호부 등이 권력기구로 자리잡음으로써 도평의사사의 기능과 권한이 제
약당하고 있었음을 감안한다면, 공민왕대에 와서 정동행성 등이 혁파되
었다는 것은 도평의사사의 기능이 회복될 수 있는 조건이 될 수 있었
다.

공민왕대 도평의사사가 기능을 회복, 강화할 수 있었던 또다른 배경
은 이 시기 정치상황과도 밀접한 관련이 있다. 공민왕은 왕 5년 반원개
혁정치를 추진하여 부원세력을 숙청하였다. 공민왕으로서는 이들 부원
세력을 숙청하는 데 정당성을 확보하고 정치세력의 지원을 받기 위해
서라도 재추의 협조가 필요했을 것이며, 이것이 도평의사사를 강화시키
는 계기가 되었을 것이다. 뿐만 아니라 공민왕대에는 왜구와 홍건적의
침입으로 국방의 필요성이 요구되는 등 전시체제로 국정을 운영해야
하는 정치상황이 장기간 지속되었기 때문에 도평의사사의 역할이 중요
시될 수밖에 없었다.

한편 개혁정치의 실시도 도평의사사의 기능을 강화할 수 있는 계기
가 되었다. 공민왕대에는 왕 1・5・12・20년 4차례에 걸쳐 개혁정치가
추진되었다.86) 이들 개혁정치 시기에 정치분야에서의 개혁은 도평의사
사의 기능회복 문제가 자주 거론되었다. 특히 공민왕 20년의 개혁정치

---

85) 『高麗史節要』 권26, 공민왕 5년 5월.
86) 공민왕대 개혁정치에 대해서는 다음의 연구가 참고된다.
　　민현구, 「고려 공민왕의 반원적 개혁정치에 대한 일고찰」, 『진단학보』 68,
　　1989 ; 민현구, 「고려 공민왕대 반원적 개혁정치의 전개과정」, 『허선도선생정
　　년기념 한국사학논총』, 일조각, 1993 ; 황을순, 『고려 공민왕대의 개혁과 그 성
　　격에 관한 연구』, 동아대 박사학위논문, 1989 ; 홍영의, 「공민왕초기 개혁정치
　　와 정치세력의 추이(상・하)」, 『사학연구』 42, 43・44, 1990 ; 백인호, 「공민왕
　　20년의 개혁과 그 성격」, 『고고력사학지』 7, 동아대박물관, 1991 ; 이익주, 「공
　　민왕대 개혁의 추이와 신흥유신의 성장」, 『역사와 현실』 15, 1995 ; 김광철,
　　「개혁정치의 추진과 신진사대부의 성장」, 『한국사』 19, 1996.

에서는 다음에 보이는 바와 같이 도평의사사의 기능 강화를 요구하고 있었다.

> 30. 敎曰 一百僚庶務 斷自都堂 近年 諸司凡有公事 擅移諸道 存撫按
>   廉 遣人徵督 甚者 直牒州縣 病民實多 自今 並令稟都評議司區處
>   (『高麗史』 권84, 지38, 형법1, 직제, 공민왕 20년 12월)

즉, 공민왕은 도당이 '百僚庶務'를 聽決해야 함을 강조하고 중앙 각 관부의 대민 공무를 모두 도평의사사에 보고하여 처리케 하였다. 이제 도평의사사는 정책의 의결뿐만 아니라, 행정을 총괄하는 주요 기구로 부상하게 된 것이다. 공민왕 20년 이 같은 조처를 계기로 도평의사사는 점차 그 기능을 강화하게 되는 것이다.

공민왕대 이후 조선 건국 직전까지 도평의사사의 활동 사례는 다음 표에 나타난 바와 같이 154회 정도 찾아진다. 이는 『고려사』, 『고려사절요』 등 사서에서 찾은 회수이기 때문에 실제 활동은 이보다 훨씬 많을 수 있지만, 이 통계 자료를 활용하여 이 시기 도평의사사의 활동을 엿볼 수 있을 것이다.

우선 시기별로 도평의사사의 활동을 보면 공민왕대 31회, 우·창왕대 72회, 공양왕대 51회로 나타나는데, 연평균 공민왕대는 1.5회, 우·창왕대는 5회, 공양왕대는 13회 정도로, 이 통계대로라면 도평의사사의 활동이 공양왕대에 집중되었고, 우왕대에도 활동이 활발했던 것으로 볼 수 있다.

각 왕대에 있어서도 그 활동이 시기별로 조금씩 차이를 보이고 있다. 공민왕대 도평의사사의 활동이 전반적으로 두드러진 것은 아니었지만, 특히 공민왕 14년에서 19년까지는 전체 31회의 활동 가운데 4회 정도 나타나고 있어 극히 저조했음을 알 수 있다.

<표 3> 공민왕대 이후 도평의사사 활동

항목	시기	공민왕대					우·창왕대				공양왕대					총계
		즉-(	7-13	14-9	20-3	계	즉-	6-10	11창	계	1	2	3	4	계	
정치	왕실		1			1	1	1	8	10	1			1	2	13
	관리임면		1		2	3	1		2	3	1	4	3		8	14
	관제				1	1	1		1	2	1		1	1	3	6
	천도		1	1		2	1			1						3
	외교	1	1	1	1	4	1	5	3	9	1		1		2	15
	소계	1	4	2	4	11	5	6	14	25	4	3	5	2	14	51
경제	전제	2	1			3			2	2			2		2	7
	녹봉		2	1		3						2			2	5
	물가(화폐)	1				1					1		1		2	3
	회계													3	3	3
	조세(공부)						1			1			1		1	2
	소계	3	3	1		7	1		2	3	1	2	4	3	10	20
군사	군제						3		1	4	1		3		4	8
	국방				1	1	3	2		5						6
	군역	1	1			2							1		1	3
	군수(둔전)				1	1	4			4						5
	병기						1	1		2						2
	역				1	1			1	1	1	1			2	4
	전쟁포로						1	1		2						2
	소계	1	1		3	5	12	4	2	18	2	1	3		6	30
사회	혼인										1				1	1
	작폐	1	1			2	4			4			1		1	7
	상벌(사면)	1		1		2	7	3	3	13	1	2	2	2	7	22
	구휼				1	1	4			4		3	1		4	9
	소계	2	1	1	1	5	15	3	3	21	2	6	5	2	15	39
문화	예(의식)		1			1		1	2	3			6		6	10
	제사	1			1	2	1	1		2						4
	소계	1	1		1	3	1	2	1	4			6		6	14
합계		8	10	4	9	31	34	15	23	72	9	12	23	7	51	154

이는 이 시기가 신돈집권기라는 정치상황에서 비롯된 것으로 보인다. 신돈집권기에는 內宰樞제가 시행되는 등 신돈을 정점으로 일부의 재추들에게 권력이 집중됨으로써 도평의사사의 기능과 권한은 제약될

수밖에 없었다. 신돈 숙청 후 내재추제에 대한 비판이 시작되면서[87] 도
평의사사의 활동은 다시 재개되었던 것이다.

우왕대에는 즉위에서 5년까지 도평의사사의 활동이 활발했던 것으로
나타나고 있다. 우왕대 전체 71회 가운데 거의 절반인 34회의 활동을
보이고 있다. 우왕대 이 시기에 도평의사사가 왕성한 활동을 보인 것도
당시의 정치상황과 관련된 것으로 보인다. 우왕 즉위초 정치운영은 이
인임·최영 등 재추 중심으로 이루어지고 있었다. 즉, 도당 중심의 연
합체제로 정국을 운영하게 됨으로써,[88] 외형적으로는 도평의사사의 활
동이 활발한 것으로 나타나게 된 것같다.

공양왕대에도 왕 3년에 도평의사사의 활동이 왕성했던 것으로 나타
나고 있다. 공양왕대 전체 도평의사사의 활동 51회 가운데 50% 가까이
되는 23회의 활동이 이 해에 이루어지고 있다. 공양왕 3년이라는 시기
는 위화도 회군 후 정국운영의 주도권을 장악해온 이성계파가 金佇의
獄과 尹彝·李初사건을 통하여 권력기반을 강화하고 조선 건국을 준
비하는 가운데, 이른바 구세력으로 지칭되는 고려왕조 유지세력이 이에
대응하면서 정치적 갈등이 심화되고 있던 시기이다. 공양왕 3년 9월까
지는 이성계파가 주도권을 유지하면서 구세력에 대한 공세를 강화한
반면, 9월 이후에는 鄭夢周를 중심으로 한 왕조 유지세력이 공양왕의
지원을 받으면서 이성계파를 공격하고 있었다.[89] 공양왕 3년의 도평의

---

87) 『高麗史』 권43, 세가, 공민왕 20년 7월 기묘, "羅州牧使李進修上疏曰 內宰樞
　　不可不去也 宰臣樞密會于都堂 燮理陰陽 題品人物 如有議事 皆詣紫門稟命
　　而發……國制 知申事一人承宣四人 位皆不過三品 更日入直 執禮報平 出納
　　王命 雖片言不敢自發 是謂龍喉 又謂內相".
88) 이형우, 「우왕의 왕권강화 노력과 그 좌절」, 『역사와 현실』 23, 1997, 136~137
　　쪽.
89) 이 점에 대해서는 다음의 연구가 참고된다.
　　조계찬, 「조선건국과 윤이·이초사건」, 『이병도구순기념한국사논총』, 일조각,
　　1987, 456~461쪽 ; 이형우, 「정몽주의 정치활동에 대한 일고찰」, 『사학연구』

사사의 활동은 科田法의 제정을 비롯하여[90] 대체로 같은 해 9월까지 집중되고 있는데, 이는 바로 이성계파를 중심으로 도평의사사가 운영되면서 건국에 대비하여 여러 제도를 개혁한 조치가 반영된 결과이다.

공민왕대 이후 도평의사사의 활동은 정치(51), 경제(20), 군사(30), 사회(39), 문화(14) 등 당시 사회 제 부문에 걸쳐 있었다. 공민왕대의 활동은 그렇게 왕성했던 것은 아니지만, 당시 사회 제부문에서 발생하고 있던 문제들에 골고루 대응한 반면, 우왕대에는 정치·군사·사회 분야에 집중되고 경제분야의 활동이 저조한 것이 특징이다. 공양왕대는 군사분야의 활동이 다른 분야에 비해 상대적으로 적은 편이다.

정치분야에서의 도평의사사 활동은 전체의 1/3에 해당하는데, 왕실·관리임면·관제 및 행정·천도·외교 등의 분야와 관련하여 활동하고 있었다. 정치분야의 활동 가운데에는 외교 활동의 비중이 큰데, 특히 우왕대에 더 두드러진 것으로 나타나고 있다. 이는 이 시기가 원·명에 대한 대외노선을 정립하는 과정에서 갈등을 빚고 있었기 때문일 것이다.

정치분야 각 항목과 관련한 도평의사사의 대표적 활동 사례로는, 우선 왕실관련 활동으로서 왕위계승 문제에 관여한 것을 꼽을 수 있다. 공민왕 사후 왕위계승 문제를 논의한 것[91]이 그것이다. 비록 이인임의 의견이 크게 반영됨으로써 활발한 논의를 할 수는 없었지만, 우왕옹립을 승인하는 데에 도평의사사가 그 역할을 담당하고 있었던 것이다.

도평의사사는 수령을 천거하는 등[92] 관리의 임면에도 관여하고 있었

41, 1990, 88~90쪽 ; 유경아, 『정몽주의 정치활동 연구』, 이화여대 박사학위논문, 1996, 111~124쪽.

90) 『高麗史』 권78, 지32, 식화1, 전제, 녹과전, 공양왕 3년 5월, "都評議使司上書 請定給科田法 從之".

91) 『高麗史』 권133, 열전46, 신우1, 즉위년 9월, "翌日 太后及復興欲立宗親 仁任 欲立禑 議未決 都堂相視 莫敢發言".

으며, 西京의 衙門과 員吏를 정리하는 등93) 관제의 정비와 행정의 체계화를 기하는 역할을 담당하였다. 도평의사사는 우왕 4년 新京의 후보지를 선정하는 데 주도적인 역할을 하고 있는 것으로 보아94) 천도나 移都 문제를 해결하는 것도 그 기능의 하나였던 것 같다. 아울러 세자의 입조에 맞춰 明이 요구한 馬의 수를 해결하기 위하여 도당이 나서는 등95) 외교문제가 대두되었을 때 국론을 수렴하는 역할도 도평의사사가 담당하고 있었다.

경제문제와 관련하여 도평의사사는 토지, 녹봉, 물가 및 화폐, 회계, 조세 및 공부 등의 분야에서 활동한 것으로 나타나고 있다. 전체적으로 보아 도평의사사의 경제분야 관련 활동은 20회 정도로 집계되고 있듯이 다른 분야에 비해 그렇게 두드러진 것은 아니었다. 특히 우왕대에는 전체 71회 가운데 3회 정도 집계될 정도로 그 활동이 저조했다. 고려후기 사회모순이 경제문제에서 비롯된 것이라 볼 때, 이 통계만 놓고 보면 도평의사사가 사회모순의 해결에 소극적이었던 것으로 평가할 수도 있을 것이다.96)

경제분야 각 항목과 관련한 도평의사사의 대표적 활동으로는 먼저 공민왕이 田制를 복구하기 위해 經理의 시행을 명하자 이를 주관하

---

92) 『高麗史』 권75, 지29, 선거3, 凡選用守令, 공민왕 20년 9월, "命都堂 各擧才堪守令者數人".

93) 『高麗史』 권79, 지31, 백관2, 서경유수관, "恭讓王三年 都堂啓曰 平壤府土官之數 本因公事緩急而定也……其冗雜衙門及員吏 一皆沙汰 從之".

94) 『高麗史』 권133, 열전46, 辛禑1, "四年正月 都評議使率百官相地于新京".

95) 『高麗史』 권46, 세가, 공양왕 3년 6월 기해, "禮曹判書韓理等上疏曰 今令世子朝見 臣等竊以謂 殿下卽位三歲 朝廷始遣使購馬萬匹 國家所遣 不滿二千匹 遽以世子入朝 若朝廷責遲緩 世子將何以對 願殿下更令臣僚 擬議施行 命下都堂".

96) 도평의사사가 사회모순의 해결에 소극적이었음은 다음의 사례에서 확인할 수 있다. 『高麗史』 권136, 열전49, 辛禑4, 13년 12월, "禑諭都堂 凡奪占諸倉庫宮司田民者 具名以聞 都堂自嫌 遂閣不行".

고,97) 왜구 침입으로 녹봉 지급에 문제가 발생했을 때 그 지급액을 조정하는 역할을 담당한98) 것을 들 수 있다. 아울러 군현에 상평창을 설치하여 물가를 조절하고99) 楮幣의 제조를100) 논의한 바 있다. 도평의사사는 中外 官司에 공문을 발송하여 錢穀의 출납 등 회계업무를 관장케 하였으며,101) 지방 향리들의 공물 대납의 폐단을 해결하기 위해 常平濟用庫를 설치, 이를 관장하였다.102)

도평의사사의 군사분야 활동은 군제·국방·군역·군수·병기제조·전쟁포로 등 군사문제와 관련한 전 분야에서 나타나고 있다. 군사분야 활동은 상대적으로 우왕대에 집중되고 있는데, 이는 왜구의 침입이 이 시기에 극심하고 있었던 사정과 밀접한 관련을 갖는 것으로 보인다.

왜구의 침탈이 극심하자 도평의사사는 군사체제를 한시적으로 翼軍 체제로 운영하는 방안을 건의하고 있으며,103) 동서북면의 방어를 공고

---

97) 『高麗史』 권78, 지32, 식화1, 전제, 경리, 공민왕 12년 5월, "敎曰 田法弊久 國匱民貧 仰都評議使司 當於農隙 遴選官吏 改行經理 以便公私".

98) 『高麗史』 권80, 지34, 식화3, 녹봉, 공민왕 7년 5월, "都評議使司啓 近因倭寇 漕運不通 百官祿俸不給 請封伯已行侍中者從宰樞科 其餘伯依異姓諸君科 從之".

99) 『高麗史』 권80, 지34, 식화3, 상평의창, 공양왕 원년 12월, "大司憲趙浚等上疏曰……願自今郡縣皆置常平倉 其豊凶斂散之法 一依近日都評議司所奏".

100) 『高麗史』 권79, 지33, 식화2, 화폐, 공양왕 3년 7월, "都評議使司奏罷弘福都監 爲資贍楮貨庫 請造楮幣曰……".

101) 『高麗史』 권118, 열전31, 조준전, "今都評議使移文中外官司者 皆出納錢穀 殺生威福 發號施令等事 所係至重 而一錄事署名 非通變防奸之道也 願依印朝謝之例 凡都堂文牒 必令印之 舊制下王牌於諸倉庫宮司 必印以行信寶 今內竪獨署其名 亦非所以防奸也 願凡所內用令都評議使供之 毋下王牌 以塞內竪盜竊之源".

102) 『高麗史』 권79, 지33, 식화2, 借貸, 우왕 원년 2월, "宥旨 一外吏上京 因各司催納貢物及徵地欠 稱貸私錢 倍償其直 書及於民 仰都評議司 置常平濟用庫 止取其本 以便借用 其外方州府 亦令置之 除任領內倍償之弊 各官司 除都評議司行移外 毋得擅行徵納".

103) 『高麗史』 권81, 지35, 병1, 병제, 5군, 우왕 4년 12월, "都堂議置軍翼 遣各道計

히 하기 위해 군관과 戍卒의 교대 방법과[104] 해변 인민을 대상으로 3丁 1戶의 원칙에 따라 水軍을 징발하고 그에 대한 반대급부로 조세를 면제하는 방안[105]을 제시하고 있다. 뿐만 아니라 도평의사사는 각도의 품관과 烟戶에게서 과렴하는 방법으로 군수 확보 방안[106]을 마련하고 있으며, 防禦都監 소유 병기의 부족을 메꾸기 위해 각 관청의 錢物을 거둬 병기를 제조케 하는 등[107] 병기 확보 문제도 관장하고 있었다. 아울러 倭에 포로가 되었다가 귀환한 자들을 간첩으로 지목하고 살해하는 일들이 벌어지자 이를 금지케 하는 등[108] 전쟁포로의 처리 문제도 관장하고 있었다.

사회분야에서 도평의사사는 사회기강·상벌 및 사면·구휼 등의 영역과 관련하여 그 기능을 행사하고 있었다. 특히 상벌 및 사면과 관련한 활동이 두드러진데, 이는 계속된 왜구의 침입에 따른 결과로 보인다. 도평의사사는 사회기강 확립 차원에서 散騎 이상 관료 처의 재가를 금지케[109] 하고, 忽只·忠勇·愛馬 등의 작폐를 근절시키는 역할[110]을

點元帥 下旨 限倭寇寢息 依西北面例 各道皆置軍翼”.

104) 『高麗史』 권82, 지36, 병2, 鎭戍, 공민왕 6년 1월, “都評議使請 今東西北面戍卒 二月遞代 軍官則八月遞代 軍官與卒 一時更代 防戍空虛 宜以二月三月八月九月 爲先後番 以次更戍 其三月遞代 湏及上旬 勿令妨農”.

105) 『高麗史』 권83, 지37, 병3, 選軍, 공양왕 3년, “都堂啓曰 召募海邊人民 三丁爲一戶 定爲水軍 諸道海濱之田 不收租稅 以養水軍妻子 從之”.

106) 『高麗史』 권82, 지36, 병2, 둔전, 우왕 2년 9월, “都評議使以各道軍資 無數之費 令各道在外品官又烟戶各里差等拍斂 以補軍湏”.

107) 『高麗史』 권81, 지35, 병1, 병제, 5군, 우왕 2년 7월, “都評議使奏 今倭賊興行 但以防禦都監軍器 難於周用 宜令各司 用司中錢物 刻日造兵器 以備緩急 禑從之”.

108) 『高麗史』 권135, 열전46, 辛禑1, 3년 6월, “禑下書都堂曰 今聞邊民被虜於賊 幸而逃還 皆指爲賊諜 輒殺之 甚不可也 夫思鄕懷土 人情之常 況有父母妻子者 孰不思還 特畏死從賊耳 自今 凡逃還者 必加褒賞 雖實諜者 毋得殺戮 官給資糧 以遂其生 如有斬倭還者 賞之加等 其令邊郡張榜以示 違者罪之”.

109) 『高麗史』 권84, 지38, 형법1, 姦非, 공양왕 원년 9월, “都堂啓 散騎以上妻爲命

담당하였다. 아울러 형벌을 집행하는 관리가 條例에 따라 처리하지 않거나 죄인을 유배하는 도중 살해하는 경우 이를 단죄하는 등111) 형벌문제에도 관여하고, 왜구의 침입으로 피해를 입은 州縣에 대해 常徭·雜貢·鹽稅의 감면조치를 취하는 등112) 구휼정책도 입안하고 있었다.

문화분야와 관련한 도평의사사의 활동은 두드러지지 않지만, 각종 의식의 마련과 제사문제를 관여하고 있었다. 다음에서 보이는 바와 같이 도평의사사는 明이 반포한 儀注와 고려의 舊儀를 참작하여 '朝野通行禮儀'를 제정하고 있으며, 郊祀와 종묘제사도 관장하고 있었다.

31-① 都評議使司 據朝廷頒降儀注及本國舊儀參定 群臣見殿下 稽首四拜……(『高麗史』 권68, 지22, 예10, 嘉禮, 朝野通行禮儀, 창왕 즉위년 9월 계미)
② 敎曰……郊祀宗廟祭祀爲大 仰都評議使摠理其事(『高麗史』 권43, 세가, 공민왕 20년 12월 기해)

이상에서 살핀 바와 같이 공민왕대 도평의사사는 당시 사회 제부문에서 활발한 활동을 전개하고 있었다. 이는 정책의 의결뿐만 아니라 행정기능을 수행한 것이었다. 이 같은 도평의사사의 활동은 다음 표에서

婦者 毋使再嫁 判事以下至六品妻 夫亡三年 不許再嫁 違者 坐以失節 散騎以上妾及六品以上妻妾 自願守節者 旌表門閭 仍加賞賜".

110)『高麗史』 권84, 지38, 형법1, 직제, 우왕 원년 2월, "敎曰 諸倉庫官司及波吾赤等房 依憑內用 徵斂州縣 又有忽只忠勇各愛馬 多般求請 作弊爲甚 仰都評議司 一行禁斷 違者 所在官司 呈報憲司糾罪".

111)『高麗史』 권85, 지39, 형법2, 휼형, 공민왕 20년 12월, "敎曰……刑罰明有條例 不宜輕重出入 自逆臣擅柄 凡用笞杖 必中虛怯 旣貶之後 陰囑管押之人 中路殺之 深爲慘毒 今後 中外執法官吏 敢有如此者 都評議使申聞斷罪".

112)『高麗史』 권80, 지34, 식화3, 진휼, 우왕 원년 윤9월, "都評議司奏 各道州縣 屢經倭亂 殘亡太甚 其沿海各官 常徭雜貢及鹽稅等 全羅道限五年 楊廣慶尙道限三年蠲免 從之".

나타나는 바와 같이 왕명을 수행한 경우도 있고, 도평의사사가 정책을 건의하거나 자체적으로 협의 처리하는 경우도 있었다.[113]

<표 4> 공민왕대 이후 도평의사사 활동유형

시기 구분	공민왕대					우·창왕대				공양왕대					합계
	즉-6	7-13	14-19	20-23	계	즉-5	6-10	11-창	계	1	2	3	4	계	
왕명수행	1	1	1	5	8	13	1	4	18		2	2	2	6	32
건의보고	4	7	1	1	13	4		3	7	3	9	19		31	51
협의처리	3	2	2	3	10	17	14	16	47	6	1	2	5	14	71
계	8	10	4	9	31	34	15	22	72	9	12	23	7	51	154

공민왕대 이후 도평의사사의 활동 유형은 시기마다 조금씩 다른 것으로 나타나고 있다. 공민왕대 도평의사사의 활동 유형은 왕명수행·건의보고·협의처리가 전 시기에 걸쳐서는 비슷한 경향을 보이고 있지만, 왕 13년 경까지는 건의 보고하는 형식으로 활동한 경향이 우세한 반면, 20년 이후에는 왕명을 수행하는 형식으로 활동하는 경우가 많았다. 이러한 변화가 무엇을 의미하는지는 확실치 않지만, 20년 이후 공민왕은 도평의사사를 통해 개혁을 추진하면서 왕권을 강화해보려는 의도가 반영된 것이 아닌가 한다.

우·창왕대 도평의사사의 활동은 자체적으로 사안을 협의 처리한 경우가 많았다. 그러나 우왕 즉위초에는 왕명을 수행한 사례가 13회나 나타나고 있다. 이 통계만 놓고 보면 우왕이 주도적으로 도평의사사를 활용하였다고 볼 수 있다. 그러나 우왕 즉위초 국정운영이 재추 연합체에 의해 이루어지고 있었음을 감안한다면, 우왕이 주도하여 도평의사사가

---

113) 여기서 왕명 수행으로 분류한 것은 국왕의 교서 속에 도평의사사에 명한 경우나, 도당에 下書한 사례들이며, 건의보고로 분류한 것은 도평의사사가 상서의 형식으로 국왕에게 정책을 건의한 사례들이고, 협의처리로 분류한 것은 도평의사사가 자체적으로 揭榜하거나 논의, 처리한 사례들이다.

왕명을 수행하도록 했다기 보다는 형식적으로 도평의사사에 下書하는 형식을 취했던 것으로 보인다.

공양왕대 도평의사사의 활동은 건의 보고하거나 협의처리한 사례가 월등히 많다. 왕명을 수행한 예는 6회에 지나지 않는다. 특히 공양왕 3년의 경우 도평의사사는 건의 보고하는 형식으로 그 기능과 권한을 행사하고 있었다. 이는 이 시기에 와서 도평의사사의 기능과 권한이 극대화 되고 있었음을 의미한다.

이상에서 공민왕대 이후 도평의사사의 활동 내용을 살펴보았다. 이 시기 도평의사사의 위상은 원간섭기의 그것에 비해 크게 신장된 것으로 보인다. 도평의사사가 행정적 기능을 수행하는 것도 이 시기에 와서의 일이다. 그런데 이 시기 도평의사사의 위상도 왕권과 권력층의 향배에 따라 한계를 보이고 있었다. 공민왕대에는 앞에서 보았듯이 신돈집권기에 내재추제가 시행됨으로써 도평의사사는 이렇다할 활동을 보이지 못하고 위축된 모습을 보이고 있었다. 이는 우왕대에도 마찬가지이다. 다음에서 이를 확인할 수 있다.

> 32-① 禑始選置內宰樞掌出納 於是 林堅味及洪永通曹敏修爲之 常在禁中 事無大小 皆先關白然後行(『高麗史』 권126, 열전39, 간신2, 林堅味전)
> ② 時李仁任池奫林堅味等專權用事 貪黷無厭 唯憚續命不敢肆 續命嘗移病在第 慶復興仁任奫問疾 續命曰 古制 兩府省五樞七而已 今一日所除宰樞至五十人 如物議何 復興曰 不得已爾 續命曰 今宰樞竊祿尸位 而心不正者 無我若也 仁任曰 公不正 誰爲正乎 續命曰 予伴食都堂 凡署事 心非口是 心不正 誰如我乎 池李深銜之(『高麗史』 권111, 열전24, 金續命전)

앞에서 우왕 즉위초 도평의사사의 활동은 활발했던 것으로 이해하였

다. 그런데 32-①에서 보이는 바와 같이 이 시기에 內宰樞가 설치되어
임견미·홍영통·조민수 등이 여기에서 활동하고 있었다. 이때 내재추
는 궁궐에 설치되었던 것으로 일의 크고 작음을 막론하고 먼저 내재추
에 보고한 후 시행하도록 했다고 한다. 내재추가 이같이 기능과 권한을
행사하는 한 도평의사사의 기능은 제약당할 수밖에 없었을 것이다.

  당시 도평의사사가 제 기능을 다하지 못하고 있었음은 32-②에서도
확인된다. 三司右使로서 도평의사사의 구성원이었던 김속명은 이인임
등이 문병온 자리에서 지금 재추가 '竊祿尸位'하고 있으며, 자신도 도
당에서 '伴食'하고 있다고 비판하고 있다. 자신이 署事할 때, "마음 속
으로는 옳지 못하다 하면서 입으로는 옳다고 했다"한 점이 주목된다.
도평의사사에서 제반 사안을 의논할 때, 소신껏 의견을 제시하지 못하
는 등 재추들은 독자성을 유지할 수 없었음을 시사하는 것이다. 이렇게
된 까닭은 이인임·지윤·임견미 등 권력층이 '專權用事'하고 있었기
때문이다. 즉, 우왕대 권력층인 이인임·임견미 등이 族黨을 형성하
여,114) 대부분 자신들이 천거한 인물들로 도평의사사를 구성함으로
써,115) 도평의사사는 독자적으로 정책을 의결하거나 행정을 수행할 수
없었다. 그것은 다음에서도 드러나고 있다.

33. 門下府上疏 請罷內宰相 不允 疏曰……前朝之時 主少國危 權臣擅
    政 其在闕內議事者 謂之內宰樞 凡所處置 皆在掌握 而都堂大臣

---

114) 노명호, 「고려후기의 족당세력」, 『이재룡박사환력기념 한국사학논총』, 한울,
    1990, 215~223쪽.
115) 다음에 보이는 바와 같이 당시 兩府宰樞는 이인임 등이 천거한 인물들이었다.
    이들 재추가 바로 도평의사사의 구성원이었다. 『高麗史』 권126, 열전39, 간신
    2, 李仁任전, "時仁任齋堅味提調政房 顓權植黨 舉國趨附 銓注之際 視人賄
    賂多少 伺候勤怠以爲升黜 官或不足 則添設無限 或累旬不下批 以待貨賄之
    來 一日除官 宰樞至五十九 臺諫將帥守令 皆其親舊 至於市井工匠 無不夤緣
    除拜 時人謂之烟戶政".

不與聞焉 殿下所親見也 我太上王應天開國 立經陳紀 每與都堂大
臣 圖議政事 而內相之名則未有也(『定宗實錄』 권5, 정종 2년 8월
병오)

위 기사는 조선 정종 2년 8월 '內宰相'을 혁파하라는 문하부 상소의
일부이다. 문하부는 정종대 내재상이 부활하자 이를 막기 위해 고려후
기 내재추제의 폐단을 거론하고 있다. 즉 내재추가 모든 업무의 처리를
장악함으로써 도당의 대신들은 그 내용을 알 수 없었다고 한다. 도당은
국정 논의에서 철저히 배제되고 있었음을 의미한다. 문하부가 정종에게
'전하께서 몸소 본 바입니다'라고 한 것으로 보아, 권력층을 중심으로
내재추가 구성됨으로써 도평의사사가 국정운영에서 소외되었던 것은
사실이었던 것 같다.

공양왕대 도평의사사의 기능과 권한은 공민왕대나 우왕대보다 상대
적으로 신장되었다. 집권세력으로 등장한 이성계파가 도평의사사를 중
심으로 권력을 장악하고 개혁을 추진하면서 조선 건국에 박차를 가하
고 있었기 때문이다. 더욱이 공양왕대에는 내재추와 같은 권력기구가
별도로 존재하지도 않았던 것으로 보인다.

비록 공양왕대는 재추권이 강화되고 도평의사사의 기능이 활성화 되
어 그 활동 영역이 확장되기는 하였지만, 그 기능과 권한의 행사가 독
자성을 유지할 수 있었는지 의문이다. 당시의 정치상황을 고려할 때,
도평의사사가 정치권력의 향배에 관계없이 정치체제 상의 최고의 의결
기구로 자리잡기는 어려웠을 것으로 보이기 때문이다. 즉, 위화도 회군
후 이성계파가 권력을 장악하고 정국을 주도하는 상황에서 재추의 임
명은 물론 도평의사사의 구성이 당시 집권세력의 영향으로부터 자유로
울 수 없었을 것이기 때문에 그 기능과 권한도 이성계파의 이해관계에
따라 범주가 정해질 수밖에 없었을 것이다. 더욱이 공양왕 3년 신왕조

개창을 주도하는 이성계파와 왕조를 유지하려는 이른바 구세력 사이에 정치적 갈등이 심화되면서 도평의사사의 활동은 이로부터 영향받을 수밖에 없었을 것이다. 공양왕 4년 각 관청의 공무를 6조를 거치지 말고 도당에 직접 보고토록 하여[116) 도평의사사를 강화시킨 바 있는데, 이 같은 조치는 정몽주 살해 직후 이성계파가 왕조개창을 준비하기 위해 일시적으로 도당에 권력을 집중시킨 것이라는 점에서,[117) 도평의사사의 기능과 권한은 정치권력의 영향권 안에 있었다.

V. 맺음말

고려전기 군사기구에 지나지 않았던 도병마사는 고종말에 이르러 그 기능이 확대·강화되어 국방문제뿐만 아니라 국정 전반을 관장하는 합좌기구로 발전하게 된다. 이는 고려전기 도병마사의 기능이 그대로 회복된 것이 아니라, 전시체제로 국정을 운영하는 가운데 전기에 합좌기구였던 재추회의가 여기에 통합 운영되는 과정에서 두 기구가 일원화해 간 결과이다.

도병마사는 원간섭기가 시작되는 충렬왕 5년에 도평의사사로 개편되었다. 이때 도평의사사로의 개편에는 도병마사 자체의 조직 정비의 필요성, 왕권과 재추권의 조정, 원의 내정간섭 등의 문제가 그 개편 배경으로 작용하고 있었다. 재추회의와 도병마사가 통합 운영됨으로써 그 기능은 강화되고 있었지만, 협의과정이 체계적이지 못하는 등 문제점을 드러내고 있었다. 충렬왕은 즉위초 도병마사의 기능과 권한을 그대로

---

116) 『高麗史』 권77, 지31, 백관2, 제사도감각색, 도평의사사, "(恭讓王)四年 各司受稟公事 皆令直報都堂 勿隷六曹".
117) 박재우, 「고려 공양왕대 관제개혁과 권력구조」, 『진단학보』 81, 1996, 82~83쪽.

수용하고 있었지만, 그것이 왕권 강화에 걸림돌로 판단되자, 비칙치(必闍赤)를 설치하여 재추권을 제약하는 등 도병마사의 기능과 권한을 조정하고자 하였다. 한편, 원은 충렬왕 원년의 관제개편에서 도병마사는 그대로 두었지만, 김방경 무고사건이 발생하는 등 고려에 대한 종속정책에 차질을 빚을 조짐이 보이자 군권을 상징하는 도병마사의 개편에도 개입한 것으로 보인다.

도평의사사는 재추와 실무직인 녹사층으로 구성되어 있었다. 개편 초기에 도평의사사는 체계적인 직제를 마련하지 못한 채, 宰樞所司存을 중심으로 합좌회의를 운영하다가, 충선왕대에 식목도감이 도평의사사의 기능을 대신하는 것을 계기로 判事와 使로 편제되었으며, 공양왕대에는 判事·同判事·使 체계를 갖추게 된다. 실무직은 首領官이라고도 지칭되고 있었는데, 성립 초기에는 녹사로 구성된 六色掌만 존재하다가, 창왕대에 6房錄事로 개칭되면서 知印과 宣差를 두었고, 공양왕대에는 經歷司가 설치되어 여기에 經歷·都事·典吏 등이 소속되었다.

도평의사사의 기능과 권한은 시기에 따라 일정치 않았다. 원간섭기 도평의사사는 토지문제, 수취체제, 물가, 진휼정책 등 국가 중요정책을 왕명에 따라 수행하거나 건의하는 등의 기능과 역할을 담당하였다. 충선왕대 개혁정치 시기에는 관료들이 크고 작은 公事를 왕에게 보고하기 전에 재추의 검토를 거치도록 지시하고 있는 것으로 보아, 원간섭기에도 도평의사사는 어느 정도 국정운영의 중심기구로서 그 위상을 유지하였다고 볼 수 있다. 그러나 도평의사사의 이 같은 기능과 권한은 국왕측근세력 등 권력층의 견제와 정동행성·만호부 등 원간섭기구의 간섭으로 크게 제약당할 수밖에 없었다. 즉, 국왕이 왕권강화를 목적으로 측근세력을 지원하고 원간섭기구의 내정간섭을 제어하지 못함으로써, 도평의사사는 그 본래의 기능과 권한을 행사할 수 없었다.

공민왕대 이후 도평의사사의 위상은 원간섭기의 그것에 비해 크게 신장된 것으로 보인다. 이 시기에 도평의사사가 기능을 강화할 수 있었던 것은 정동행성의 혁파 등을 통해 원의 내정간섭에서 벗어남으로써 그 전기를 마련하게 되었고, 홍건적과 왜구의 침입에 따른 전시체제의 지속과 개혁정치의 추진 등이 그 계기가 되었다. 공민왕대 이후 도평의사사의 활동은 150여 회의 사례를 찾을 수 있었는데, 시기별로 보면 공양왕대에 집중되었고, 우왕대에도 어느 정도 활발한 모습을 보인 반면, 공민왕대에는 상대적으로 저조한 편이었다.

이 시기 도평의사사는 정치·경제·군사·사회·문화 각 부문과 관련하여 왕명을 수행하거나 정책을 건의하고, 자체적으로 현안문제를 협의 처리하는 형식으로 활동을 전개하고 있었다. 이 같은 도평의사사의 활동은 정책의 의결뿐만 아니라 행정적 기능도 수행한 것으로서 그 기능과 위상이 변화·발전하고 있음을 말해주고 있다. 그러나 공민왕대 이후 도평의사사의 활동도 매 시기 왕권과 권력층의 동향에 따라 신장되거나 위축당하고, 굴절되는 모습을 보이고 있었다. 신돈집권기와 우왕대에는 內宰樞制가 시행됨으로써 도평의사사의 기능과 권한이 제약당하고 있었다. 외형적으로는 도평의사사가 국정운영의 중심기구로 자리하고 있었지만, 실질적으로는 이들 내재추가 그 권한을 행사하고 있었던 것이다. 공양왕대에 도평의사사의 활동은 극대화되는 것으로 나타나고 있다. 그러나 이 같은 활동도 신왕조를 개창하려는 이성계파의 정치적 목적이 반영된 것이었다는 점에서, 도평의사사가 독자성을 유지하면서 그 기능과 권한을 행사하는 데 한계를 보이고 있었다.

게재 논문 출전

제1장 고려초기 정치제도의 정비

김갑동, 「고려 태조 초기의 중앙관부와 지배세력」, 『사학연구』 71, 2003.
권영국, 「고려 초 순군부의 설치와 기능의 변화」, 『한국사연구』 135, 2006.
김대식, 「고려초기 중앙관제의 성립과 변화」, 『역사와현실』 68, 2008.

제2장 고려전기 정치제도에 대한 검토

신수정, 「고려전기 재상의 구성에 대한 재고」, 『실학사상연구』 7, 1996.
이진한, 「고려시대 본품항두」, 『역사와현실』 54, 2004.
박용운, 「고려시기의 행영병마사에 대한 고찰」, 『한국중세사연구』 25, 2008.

제3장 고려전기 정치제도의 운영과 구조

이정훈, 「고려전기 삼성제와 정사당」, 『한국사연구』 104, 1999.
최정환, 「고려 재상제도와 정사당」, 『한국중세사연구』 25, 2008.
박재우, 「고려전기 6부 판사의 운영과 권력관계」, 『사학연구』 87, 2007.

제4장 고려후기 정치제도의 변화

김창현, 「고려후기 도평의사사 체제의 성립과 발전」, 『사학연구』 54, 1997.
김광철, 「고려후기 도평의사사 연구」, 『한국중세사연구』 5, 1998.

찾아보기

412